判例にみる
慰謝料
算定の実務

升田 純 著

発行 民事法研究会

はしがき

　本書は、現代社会において、損害賠償のうち慰謝料が認められる事例を裁判例をとおして明らかにし、分析し、紹介しようとするものである。本書は、すでに民事法研究会から出版し、公にしている『風評損害・経済的損害の法理と実務』『判例にみる損害賠償額算定の実務』の続編であり、三姉妹の一編として位置づけているものである。

　慰謝料（古くは、慰藉料と記載することが多かった）は、筆者にとっては、大学法学部の学生であった時期、教科書で読んだ頃から関心をもっていた事柄の一つである。慰謝料は、精神的な苦痛に対する損害賠償として説明されつつ、損害賠償の補完的な機能をももつなどと解説されていた。その数年後、裁判官に任官してみれば、損害賠償請求訴訟において慰謝料が主張されることは通常であるだけでなく、精神的な苦痛以外の場合にも相当広く主張されていることがわかり（筆者は、裁判官に任官した後、最初に担当した訴訟の一つとして薬害事件である東京スモン訴訟があった）、その内容と慰謝料額の算定のあり方等に一層関心をもっていたところである。

　筆者が裁判官、弁護士等として法律実務の分野で経験を積むにつれ、慰謝料の利用される分野、適用範囲が拡大される傾向がみられるようであり、精神的な苦痛の損害賠償とか、損害賠償の補完的機能という意義を超える事例が裁判例上存在することがわかるとともに、このような事例が次々と登場するようになった。本書の執筆は、拡大する慰謝料の利用範囲、適用範囲の現状を現代社会の時点を切り口として分析し、紹介しようと思い立ったのがきっかけである。本書の執筆の企画は、数年も前に始まり、本格的に裁判例等の資料の収集、データベース化を行っていたものの、いくつかの事情により頓挫し、ようやくまとめることができたものである。

　本書は、慰謝料が損害として主張され、これを認める裁判例を各種の事件を類型化したうえ、分析し、紹介するものであるが、実にさまざまな事件で個人、法人等を問わず慰謝料を認める裁判例がみられ、現在もなお拡大傾向

がうかがわれるものである。慰謝料が認められるとしても、その損害の実態として具体的にどのような権利・法益の侵害があるのか、慰謝料を認める要件は何であるのか、慰謝料額の算定基準が何であるのか、どのような事情を考慮して慰謝料額を算定するのか等の視点を中心にして関連する裁判例を分析し、紹介している。

　本書で取り上げた裁判例は、各種の事件を類型化して取り上げているが、各類型の代表的、あるいは典型的なものとはいいがたいものもある。本書では各種の類型の事件のうち、一つの事例として参考になりそうな裁判例、比較的最近の裁判例を取り上げているが、実際の事件の対応においては他の裁判例をも考慮して利用していただきたい。本書で取り上げた裁判例を分析してみると、常々推測していたところであるが、慰謝料額の算定基準が明確でない裁判例が多いこと、考慮した事情や諸事情の考慮の仕方が明確でない裁判例が通常であること、慰謝料を認める実質的な権利・利益の侵害が精神的な苦痛だけでなく、人格権・人格的利益の侵害、非財産的損害、証明できない財産的損害の代替的損害等広い範囲に及んでいることがわかる。

　慰謝料は、今後も、各種の事件につき損害賠償の一つとして盛んに利用されることが予想されるが、慰謝料の認められる範囲、慰謝料額の算定基準、慰謝料額の算定のあり方、慰謝料額の算定の考慮事情と考慮のあり方等は、重要な課題として残っているということができる。今後とも、慰謝料をめぐる諸課題について実用的な研究が必要であることが痛感される。本書が、前掲書とともに、少しでも実務の参考になれば、喜びも一入である。

　なお、本書も、長年の企画を諦めることなく出版に漕ぎ着けることができたのは、民事法研究会の田口信義社長と編集部の南伸太郎氏に負うところが大であり、最後に御礼を申し上げるものである。

　　平成30年5月

　　　　　　　　　　　　　　　　　　　　　　升　田　　　純

『判例にみる慰謝料算定の実務』

●目　次●

第1章　慰謝料の認定・算定の考え方

1　慰謝料の意義……………………………………………………………… 1
　(1)　損害賠償の規定と慰謝料…………………………………………… 1
　(2)　損害賠償の実務と慰謝料…………………………………………… 3
2　慰謝料の機能……………………………………………………………… 4
　(1)　人身損害を主張する場合の慰謝料………………………………… 5
　(2)　人身損害以外を主張する場合の慰謝料…………………………… 5
　(3)　慰謝料に関する主張・立証の程度………………………………… 7
3　慰謝料に関する法的な枠組み…………………………………………… 9
　(1)　民法709条、710条との関係………………………………………… 9
　(2)　財産的損害と精神的損害との関係…………………………………10
　(3)　無形の損害……………………………………………………………11
4　慰謝料をめぐる判例の歴史と現状──慰謝料請求権の実質と法的
　　な根拠………………………………………………………………………13
　(1)　訴訟物の個数…………………………………………………………13
　(2)　慰謝料の認定・算定の理由…………………………………………15
5　最高裁判例における加害行為の類型……………………………………19
　(1)　虚偽の出生届…………………………………………………………20
　(2)　夫婦関係の侵害………………………………………………………21
　　(ア)　貞操等の侵害に関する慰謝料請求／21
　　(イ)　未成年の子に対する監護等の侵害に関する慰謝料請求／22
　　(ウ)　不倫相手への慰謝料請求／24
　(3)　離婚と財産分与、慰謝料……………………………………………25
　(4)　内縁の不当破棄………………………………………………………29

- (5) 慰謝料請求権と相続との関係……………………………………………32
- (6) 雇用上の差別……………………………………………………………32
- (7) 道路における自動車の騒音……………………………………………33
- (8) 航空機の騒音……………………………………………………………37
- (9) 工場の操業………………………………………………………………47
- (10) 交通事故後のうつ病の罹患、自殺……………………………………49
- (11) 電車内の商業宣伝放送…………………………………………………50
- (12) 氏名の呼び方……………………………………………………………50
- (13) 意思決定の自由…………………………………………………………53
  - (ア) 保険契約締結に関する意思決定／53
  - (イ) 住宅の譲渡契約締結に関する意思決定／55
  - (ウ) 治療行為に関する意思決定／57
- (14) 医療過誤と延命利益……………………………………………………58
- (15) 輸血の同意………………………………………………………………60
6 民事訴訟法248条の裁判例……………………………………………………62
7 改正民法と損害賠償責任………………………………………………………66
- (1) 債務不履行責任…………………………………………………………66
- (2) 売買の担保責任…………………………………………………………68
- (3) 請負の担保責任…………………………………………………………70
- (4) 不法行為責任……………………………………………………………71

第2章　離婚等による慰謝料

1　離婚による慰謝料

1　婚姻後短期間のうちに破綻の原因をつくった夫に対する慰謝料請求（京都地判平成2・6・14判時1372号123頁）……………………………77
2　婚姻後短期間のうちに破綻の原因をつくった妻に対する慰謝料請

求（岡山地津山支判平成3・3・29判時1410号100頁）……………………80
　3　婚姻関係が長年継続した場合の離婚における夫に対する慰謝料請
　　　求（広島高岡山支判平成16・6・18判時1902号61頁）……………………82
　4　婚姻関係が長年継続した場合の離婚における夫および不貞関係に
　　　ある者に対する慰謝料請求（仙台地判平成13・3・22判時1829号119
　　　頁）……………………………………………………………………………84

2　面会交流の拒否による慰謝料

　1　面会交流を拒否した元の妻に対する慰謝料請求（静岡地浜松支判
　　　平成11・12・21判時1713号92頁）……………………………………………86
　2　夫の面会交流権を侵害した妻に対する慰謝料請求（熊本地判平成
　　　27・3・27判時2260号85頁）……………………………………………………88

3　不貞行為による慰謝料

　1　地位を利用して情交関係を継続した経営者・債権者に対する慰謝
　　　料請求（名古屋地判平成4・12・16判タ811号172頁）……………………91
　2　内縁関係を破棄した不貞の男性に対する慰謝料請求（京都地判平
　　　成4・10・27判タ804号156頁）…………………………………………………94
　3　通信制高校の未成年女性生徒の性的自由を侵害した成人男性生徒
　　　に対する慰謝料請求（横浜地判平成5・3・23判タ813号247頁）…………96
　4　不貞行為のうえ子を出産した妻、不貞行為の相手方に対する慰謝
　　　料請求（東京高判平成7・1・30判時1551号77頁）………………………98

第3章　学校教育における慰謝料

　1　説明とは異なる内容の授業を行った進学塾の経営者に対する慰謝
　　　料請求（静岡地富士支判平成8・6・11判時1597号108頁）……………103
　2　私立高等学校において無免許者による授業を実施した学校法人に

目　次

　　　対する慰謝料請求（秋田地判平成9・12・19判時1656号134頁）………105
　3　野球専門学校において十分でない内容の教育を行った学校法人に
　　　対する慰謝料請求（大阪地判平成15・5・9判時1828号68頁）…………108
　4　私立大学入学試験において合格者の父母の属性を理由とする入学
　　　不許可処分を行った学校法人に対する慰謝料請求（東京地判平成
　　　18・2・20判タ1236号268頁）………………………………………………111
　5　私立中学校・高等学校において入学後に教育内容を変更した学校
　　　法人に対する慰謝料請求（東京高判平成19・10・31判時2009号90頁）…114
　6　私立高等学校において不当な退学処分を行った学校法人に対する
　　　慰謝料請求（大阪地判平成20・9・25判時2057号120頁）………………117

第4章　いじめによる慰謝料

　1　中学校における中学生のいじめによる自殺に係る慰謝料請求（東
　　　京高判平成6・5・20判時1495号42頁）……………………………………122
　2　幼稚園におけるいじめを理由とする退園処分に係る慰謝料請求
　　　（札幌地判平成8・9・25判時1606号113頁）………………………………125
　3　保育所の幼児のいじめに係る慰謝料請求（東京高判平成18・2・
　　　16判タ1240号294頁）…………………………………………………………127
　4　高等学校の生徒のいじめによる自殺に係る慰謝料請求（横浜地判
　　　平成18・3・28判タ1235号243頁）…………………………………………130
　5　中学校の生徒のいじめによる統合失調症の罹患に係る慰謝料請求
　　　（広島地判平成19・5・24判タ1248号271頁）……………………………133
　6　中学校の生徒のいじめによる転校に係る慰謝料請求（京都地判平
　　　成22・6・2判タ1330号187頁）……………………………………………137

第5章　雇用関係による慰謝料

1 整理解雇をした公法人に対する慰謝料請求（東京地判平成18・11・29判時1967号154頁）･････････････････････････････････････ 143
2 女性従業員らに対する雇用上の不当な差別的取扱いをした会社に対する慰謝料請求（東京地判平成21・6・29判時2052号116頁）･･････ 146
3 区役所における受動喫煙の危険性から職員を保護しなかった区に対する慰謝料請求（東京地判平成16・7・12判タ1275号231頁）･･････ 149

第6章　セクハラ・パワハラ等による慰謝料

1 カラオケにおいてダンスに勧誘するなどした上司に対する慰謝料請求（東京地判平成16・1・23判タ1172号216頁）･････････････････ 155
2 女性の部下にセクハラをした上司に対する慰謝料請求（東京地判平成16・5・14判タ1185号225頁）･･････････････････････････････ 157
3 女性研究員にセクハラをした大学教授に対する慰謝料請求（東京地判平成17・4・7判タ1181号244頁）･･････････････････････････ 159
4 セクハラを理由として大学教授に懲戒処分をした国立大学法人に対する慰謝料請求（東京地判平成17・6・27判時1897号129頁）･･････ 161
5 選手育成にパワハラをした大学ラグビー部のヘッドコーチ等に対する慰謝料請求（東京地判平成25・6・20判時2202号62頁）･･･････ 164
6 上司が部下職員の私的な交際に介入したことによる市に対する慰謝料請求（福岡高判平成25・7・30判時2201号69頁）････････････ 167
7 派遣先従業員が派遣労働者にパワハラをしたことによる派遣先会社に対する慰謝料請求（大阪高判平成25・10・9労判1083号24頁）･････ 170
8 従業員にパワハラをした会社代表者に対する慰謝料請求（東京地判平成26・12・10判時2250号44頁）････････････････････････････ 173
9 女子学生にセクハラをした大学助教授に対する慰謝料請求（東京地判平成18・5・12判タ1249号167頁）･･････････････････････････ 175
10 大学講師にアカハラ・パワハラをした大学教授に対する慰謝料請

目 次

　　　求（東京地判平成19・5・30判タ1268号247頁）……………………177

第7章　ストーカー等による慰謝料

1　ファンの役者へのストーカー行為に係る慰謝料請求（大阪地判平成10・6・29判タ1038号236頁）……………………………………181
2　男女交際クラブにおけるストーカー行為に係る慰謝料請求（東京地判平成10・11・26判タ1040号242頁）…………………………183
3　飲食店の客によるストーカー行為に係る慰謝料請求（大阪地判平成12・12・22判タ1115号194頁）……………………………………185
4　母の交際相手によるわいせつ行為に係る慰謝料請求（福岡高判平成20・2・15判タ1284号245頁）……………………………………187

第8章　村八分による慰謝料

1　村八分による人格権の侵害に係る慰謝料請求①（津地判平成11・2・25判タ1004号188頁）……………………………………………191
2　村八分による人格権の侵害に係る慰謝料請求②（大阪高判平成25・8・29判時2220号43頁）……………………………………………193

第9章　近隣迷惑行為による慰謝料

1　鉄道の騒音に係る慰謝料請求（東京地判平成22・8・31判時2088号10頁）………………………………………………………………199
2　解体業者の工事騒音に係る慰謝料請求（さいたま地判平成21・3・13判時2044号123頁）…………………………………………………201
3　住民が飼育する犬の鳴き声に係る慰謝料請求（大阪地判平成27・12・11判時2301号103頁）…………………………………………203

目　次

第10章　マンショントラブルによる慰謝料

1　マンションの建築による眺望阻害に係る慰謝料請求（大阪地判平成10・4・16判時1718号76頁）……………………………………………208

2　マンションの建築による風害に係る慰謝料請求（大阪地判平成13・11・30判時1802号95頁）……………………………………………211

3　マンションの建築による日照阻害・風害等に係る慰謝料請求（広島地判平成15・8・28判タ1160号158頁）…………………………214

4　マンションの階下店舗の騒音等に係る慰謝料請求（東京地判平成17・12・14判タ1249号179頁）…………………………………………218

5　マンションの階上の騒音に係る慰謝料請求（東京地判平成19・10・3判時1987号27頁）……………………………………………………221

6　マンションにおける猫への餌やりに係る慰謝料請求（東京地立川支判平成22・5・13判時2082号74頁）……………………………223

7　マンションにおける子どもの騒音に係る慰謝料請求（東京地判平成24・3・15判時2155号71頁）……………………………………226

8　マンションにおける居住者の歌声に係る慰謝料請求（東京地判平成26・3・25判時2250号36頁）……………………………………228

第11章　契約締結・取引・サービス等による慰謝料

1　契約締結上の過失による慰謝料

1　マンションの賃貸借契約締結を拒絶した所有者等に対する慰謝料請求（大阪地判平成5・6・18判時1468号122頁）……………………235

2　建築協定に違反する建物の建築工事請負契約をした建築業者に対する慰謝料請求（大津地判平成8・10・15判時1591号94頁）…………237

3　マンションの駐車場の利用契約締結等の説明を怠った分譲業者に

9

対する慰謝料請求（横浜地平成9・4・23判時1629号103頁）............... 240
4　条例に基づく土地贈与を撤回した地方自治体に対する慰謝料請求
　（長野地判平成10・2・13判タ995号180頁）.............................. 243
5　事業譲渡契約締結を拒絶した産婦人科医師に対する慰謝料請求
　（東京高判平成19・12・17判タ1285号159頁）........................... 247

2　取引上の義務違反による慰謝料

1　防音性能を備えていないマンションを販売した分譲業者に対する
　慰謝料請求（福岡地判平成3・12・26判時1411号101頁）.............. 251
2　日照等の被害が発生したマンションを販売した分譲業者等に対す
　る慰謝料請求（東京地判平成13・11・8判時1797号79頁）............ 254
3　マンションにおけるペットの飼育に関する不正確な説明をした分
　譲業者に対する慰謝料請求（大分地判平成17・5・30判タ1233号267
　頁）.. 257
4　中古マンションにおける自殺に関する告知・説明をしなかった売
　主に対する慰謝料請求（東京地判平成20・4・28判タ1275号329頁）..... 261
5　マンションの売れ残り住戸を値下げ販売した住宅供給公社に対す
　る慰謝料請求（大阪高判平成19・4・13判時1986号45頁）............. 264
6　高齢者賃貸住宅における緊急時対応サービスの過誤に関する提供
　業者に対する慰謝料請求（大阪高判平成20・7・9判時2025号27頁）..... 267
7　旅行約款の解除条項に関する説明を怠った旅行業者に対する慰謝
　料請求（東京地判平成16・1・28判タ1172号207頁）.................... 271
8　取引経過の開示を拒否した消費者金融業者に対する慰謝料請求
　（札幌地判平成13・6・28判時1779号77頁）............................... 274
9　動物病院におけるペットの治療過誤に関する獣医師等に対する慰
　謝料請求①（横浜地判平成18・6・15判タ1254号216頁）............... 276
10　動物病院におけるペットの治療過誤に関する獣医師等に対する慰
　謝料請求②（東京高判平成19・9・27判時1990号21頁）................ 279

3　経済的損害に係る慰謝料

1　建物の瑕疵に関する建築請負人に対する慰謝料請求①（福岡高判平成11・10・28判タ1079号235頁）……………………………281

2　建物の瑕疵に関する建築請負人に対する慰謝料請求②（札幌地小樽支判平成12・2・8判タ1089号180頁）……………………284

3　水漏れを発生させた階上の居住者に対する慰謝料請求（東京地判平成14・12・20判タ1138号137頁）……………………………286

4　タンクローリー車の爆発事故によって店舗が損壊したことに関する運送会社に対する慰謝料請求（東京地判平成15・7・1判タ1157号195頁）……………………………………………………………290

5　不当な漁業の不免許処分をした地方自治体に対する慰謝料請求（札幌地判平成6・8・29判タ880号169頁）………………………293

第12章　専門職のサービスによる慰謝料

1　受任事件の事務処理を遅延させた弁護士に対する慰謝料請求（東京地判平成21・3・25判タ1307号174頁）………………………298

2　辞任の際に事件処理状況等の説明を怠った弁護士に対する慰謝料請求（鹿児島地名瀬支判平成21・10・30判時2059号86頁）…………301

3　元依頼者の秘密を紹介者に告げる等した弁護士に対する慰謝料請求（大阪地判平成21・12・4判時2105号44頁）……………………305

4　刑事弁護において弁護過誤のあった弁護士に対する慰謝料請求（東京地判平成22・5・12判タ1331号134頁）……………………307

5　従業員へのパワハラが行われた弁護士法人に対する慰謝料請求（東京地判平成27・1・13判時2255号90頁）………………………309

6　成年後見人の業務妨害等をした税理士に対する慰謝料請求（東京地判平成26・7・9判時2236号119頁）……………………………311

7 有資格者による工事監理を受けられなかったことに係る慰謝料請求（東京地判平成17・12・28判時1950号103頁） ………………… 313
8 子どもの連れ去りに協力したカウンセラーに対する慰謝料請求（名古屋地判平成14・11・29判タ1134号243頁） ………………… 316
9 介護施設の運営業者に対する慰謝料請求（東京地判平成26・2・24判時2223号56頁） ……………………………………………… 318

第13章　外国人差別による慰謝料

1 店舗における外国人への退去要求に係る慰謝料請求（静岡地浜松支判平成11・10・12判時1718号92頁） ………………………… 323
2 公衆浴場における外国人の入浴拒否に係る慰謝料請求（札幌地判平成14・11・11判時1806号84頁） …………………………… 326

第14章　悪質商法による慰謝料

1 国際結婚の強制、虚偽の離婚届に係る慰謝料請求（京都地判平成5・11・25判時1480号136頁） ……………………………………… 331
2 ワンクリック詐欺に係る慰謝料請求（東京地判平成18・1・30判時1939号52頁） …………………………………………………… 334
3 在宅ワークのあっせん等を勧誘文言とする商品販売に係る慰謝料請求（東京地判平成18・2・27判タ1256号141頁） …………… 337
4 自己啓発セミナーにおける暴力的行為等に係る慰謝料請求（東京地判平成19・2・26判時1965号81頁） …………………………… 339
5 長期にわたる執拗な勧誘による教材販売に係る慰謝料請求（東京地判平成20・2・26判時2012号87頁） …………………………… 342
6 振り込め詐欺に係る慰謝料請求（東京地判平成21・3・25判時2041号72頁） ………………………………………………………… 344

7　デート商法に係る慰謝料請求（東京地判平成26・10・30金商1459号52頁）·· 346

第15章　不当請求・不当訴訟の提起等による慰謝料

1　不当な仮差押えの執行による慰謝料

1　不当な仮差押えの申請・執行をした者に対する慰謝料請求（神戸地判平成元・10・31判時1371号127頁）······································ 352
2　不当な仮差押えの申立てをした者に対する慰謝料請求（大阪地判平成9・3・28判タ970号201頁）·· 355

2　不当な訴訟の提起等による慰謝料

1　不当な訴訟の提起等をした者に対する慰謝料請求（東京地判平成2・12・25判時1379号102頁）··· 358
2　従業員の横領に係る不当な訴訟の提起をした会社に対する慰謝料請求（広島高判平成25・12・24判時2214号52頁）···························· 361

3　その他の不当な請求による慰謝料

1　原因関係の消滅した小切手を取立てに回した会社に対する無形の損害の賠償請求（東京地判平成13・10・26判タ1111号158頁）············· 363
2　不当な支払督促の申立てをした貸金業者に対する慰謝料請求（東京地判平成20・2・29判タ1319号206頁）···································· 367
3　不当な報酬の支払請求をした経営コンサルタントに対する慰謝料請求（東京地判平成23・12・27判時2145号49頁）····················· 369
4　違法な求償債権の取立てをした保証業者に対する慰謝料請求（大阪地判平成22・5・28判時2089号112頁）································· 372

第16章　自力救済等による慰謝料

1　建物の元所有者の動産の廃棄処分をした者に対する慰謝料請求（東京地判平成14・4・22判時1801号97頁） ……………………… 376
2　不法な家財道具の搬出等をした賃貸人・管理業者に対する慰謝料請求（大阪高判平成23・6・10判時2145号32頁） ………………… 379
3　不法な家財道具の撤去・処分等をした保証業者に対する慰謝料請求（東京地判平成24・9・7判時2171号72頁） ………………… 381

第17章　原因究明に係る慰謝料

1　患者の死因の事後説明を誤った医師等に対する慰謝料請求（広島地判平成4・12・21判タ814号202頁） ……………………………… 386
2　患者の死因究明の措置をとらなかった病院に対する慰謝料請求（東京地判平成9・2・25判時1627号118頁、東京高判平成10・2・25判時1646号64頁） ……………………………………………… 389
3　児童の自殺に関する適切な調査・説明をしなかった地方自治体に対する慰謝料請求（札幌地判平成25・6・3判時2202号82頁） ……… 394
4　患者の自殺に関する的確な説明をしなかった病院に対する慰謝料請求（大阪高判平成25・12・11判時2213号43頁） ………………… 397
5　羊水検査の報告を誤った医師等に対する慰謝料請求（函館地判平成26・6・5判時2227号104頁） ……………………………………… 400

第18章　名誉毀損・プライバシー侵害による慰謝料

1　名誉毀損による慰謝料

1　週刊誌による法人に対する名誉・信用毀損に係る慰謝料請求（東

京地判平成20・2・13判タ1283号174頁）·················· 408
2　週刊誌による個人に対する名誉毀損に係る慰謝料請求（東京地判
　　平成21・2・4判時2033号3頁）···························· 411
3　スポーツ紙による芸能人に対する名誉毀損に係る慰謝料請求（大
　　阪地判平成22・10・19判時2117号37頁）···················· 413
4　テレビ報道による経営者に対する名誉毀損に係る慰謝料請求（札
　　幌地判平成23・2・25判時2113号122頁）···················· 415
5　テレビ放映による国会議員に対する名誉毀損に係る慰謝料請求
　　（東京地判平成25・1・29判時2180号65頁）·················· 417
6　ウェブサイト上の地方議会議員に対する名誉毀損に係る慰謝料請
　　求（千葉地松戸支判平成21・9・11判時2064号88頁）·········· 420
7　ウェブサイト上の専門職に対する名誉毀損に派生する不当な懲戒
　　請求・告訴に係る慰謝料請求（東京地判平成23・5・25判タ1382号
　　229頁）·· 422
8　動画インターネットウェブサイト上のテレビ局等に対する名誉毀
　　損等に係る慰謝料請求（東京地判平成23・4・22判時2130号21頁）······· 424
9　弁護士等の客観的根拠を欠いた告訴、ブログへの記載等の名誉毀
　　損に係る慰謝料請求（長野地上田支判平成23・1・14判時2109号103
　　頁）·· 427
10　株主への文書送付による代表取締役に対する名誉毀損に係る慰謝
　　料請求（東京地判平成24・12・19判時2189号71頁）············ 430
11　警察官の駐車違反者に対する名誉感情を害する発言に係る慰謝料
　　請求（東京高判平成25・8・23判時2212号33頁）·············· 433
12　労働基準監督署の担当者の侮辱的な言動に係る慰謝料請求（和歌
　　山地判平成17・9・20判タ1235号164頁）···················· 436
13　論文の著者順位の変更に係る慰謝料請求（東京地判平成8・7・
　　30判時1596号85頁）······································ 438

目次

> **2 プライバシー侵害による慰謝料**

1 ウェブサイトに送信・登録された顧客情報の流出に係る慰謝料請求（東京地判平成19・2・8判時1964号113頁）……………………441
2 市役所の臨時的任用職員による戸籍情報の漏えいに係る慰謝料請求（京都地判平成20・3・25判時2011号134頁）………………445
3 議員宿舎の建替え計画に反対する住民に関する個人情報の漏えいに係る慰謝料請求（東京地判平成21・4・13判時2043号98頁）………447
4 病院による文書送付嘱託前の診療情報の提供等に係る慰謝料請求（さいたま地川越支判平成22・3・4判時2083号112頁）……………451
5 社会通念上受忍すべき限度を超えた態様での防犯カメラの設置等に係る慰謝料請求（東京地判平成21・5・11判時2055号85頁）………454
6 監視カメラの動画を利用したテレビ番組の映像の一部につきウェブサイトへの掲載に係る慰謝料請求（東京地判平成22・9・27判タ1343号153頁）……………………………………………………457
7 タウンミーティングへの参加者抽選において行われた作為的な選別に係る慰謝料請求（大阪高判平成21・9・17判時2068号65頁）………460

> **第19章　その他の類型の慰謝料**

1 法定相続人に遺言執行状況の報告等をしなかった遺言執行者等に対する慰謝料請求（東京地判平成19・12・3判タ1261号249頁）………466
2 税理士に脱税の指導を受けたという虚偽の供述をした被告人に対する慰謝料請求（名古屋地判平成20・10・9判時2039号57頁）………469
3 親族らによる精神病院への入院の強制に係る慰謝料請求（東京地判平成22・4・23判時2081号30頁）………………………………472
4 犯罪被害者への公判期日の不通知に係る慰謝料請求（大阪地判平成24・6・14判時2158号84頁）……………………………………474

5 軟禁、偽証強要に係る慰謝料請求（京都地判平成18・5・25判タ1243号153頁）……………………………………………………… 476
6 県による猟銃所持許可に係る慰謝料請求（宇都宮地判平成19・5・24判タ1255号209頁）……………………………………… 479

・判例索引／483
・著者紹介／492

【凡　例】

民集　最高裁判所民事裁判例集　　　判タ　判例タイムズ
集民　最高裁判所裁判集民事　　　　金商　金融・商事判例
家月　家庭裁判月報　　　　　　　　労判　労働判例
判時　判例時報

第1章　慰謝料の認定・算定の考え方

1　慰謝料の意義

　慰謝料という言葉は、本書の内容である法律の実務とか、訴訟において使用されるだけでなく、日常生活においてもよく耳にし、目にする言葉である。慰謝料の意味は、話し手、書き手によって異なるところがあろうが、おおむね精神的な損害とか、精神的なダメージに対する償いの意味で使用されていることが多いであろう。このような日常生活で使用される慰謝料という言葉は、法律の実務や訴訟において使用される意味とさほど異なるものではない。慰謝料という言葉は、日常生活にも相当に広く浸透していることがうかがわれる。しかし、法律実務、訴訟において使用されている慰謝料は人の精神的な損害にとどまるのか、正確な意味は何であるのか気にはならないだろうか。

　損害賠償に関する基本法である民法においては、慰謝料とか、精神的な損害といった言葉は使用されていないが、学説上も、判例上も、法律の実務上も慰謝料が当然に認められるものとして議論されている。自明の概念である。本書は、損害賠償に関する判例と法理を解説するものであり、主として民法709条、710条に基づく損害賠償責任（これは、不法行為に基づく損害賠償責任のことである）における慰謝料の意義、位置づけ、内容等を解説するものである（民法の他の条文に基づく損害賠償についても関連する範囲で解説する）。

(1)　損害賠償の規定と慰謝料

　慰謝料という言葉が民法の各種の規定に使用されていないことから、慰謝料については、まず、民法の損害賠償に関する各種の条文に基づく損害賠償責任と慰謝料との関係が問題になる。たとえば、民法415条の規定は、債務不履行責任に関する基本規定であるが、債務不履行に基づく損害賠償責任に

は慰謝料が含まれるかとか、同法570条の規定は、売買の瑕疵担保責任に関する規定であるが、この責任の中に慰謝料が含まれるか等が問題になってきた（平成32年4月1日施行予定の改正民法においては、瑕疵の概念がなくなり、売買の担保責任に基づく損害賠償責任は債務不履行によるものに改正された。改正民法564条参照）。この問題は、民法の損害賠償に関する個々の規定ごとに、損害賠償責任の性質等を考慮して解釈されているところであり、前者の場合には、議論が相当にあるものの、一定の範囲の債務不履行では慰謝料が含まれると解され、後者の場合には、否定的に解されてきた。慰謝料といっても、法律の解釈上、損害賠償責任が認められる場合であっても、慰謝料が認められないことがある。

　慰謝料という言葉が世間で広く使用され、精神的な損害の賠償であるとの一般的な理解があり、精神的な苦痛を前提とするように考えられているが、株式会社等の法人とか、自立した精神状態のない乳幼児等に慰謝料が認められるかが問題になっている。前者の問題については、法人につき慰謝料を認めた裁判例もあるし、無形の損害という損害を認めるものもある。後者の問題については、慰謝料を認めることに判例上も、学説上も異論が見出せない（法律を専門的に学習し始めた段階では、一応悩まされた問題である）。

　慰謝料は、精神的な損害に対する賠償という意義をもつとしても、これ以外の損害、これ以外の類型の損害に認められるものであると考えられるが、その外延はどの範囲に及ぶかの問題が生じる（精神的な損害に対する賠償という定義・意義の慰謝料は、本来的な慰謝料と呼ぶことができ、それ以外の定義・意義の慰謝料を拡大された定義・意義の慰謝料と呼ぶこともできる）。それだけではない。そもそも精神的な損害という場合、その「精神的な」の意味はどのように理解すべきであるかの問題もある。これらの問題は、現在の法律の実務、裁判例における重要な問題であり、本書を企画した動機の一つである。本書は、裁判例を紹介しつつ、これらの問題を説明することにしている。結論的にいえば、慰謝料の言葉は、精神的な損害との意味合いが強いが、その実質が精神的な事情には必ずしもとどまらないものであるし、慰謝料とは異

なる類型の損害あるいは損害賠償にも認められる事例があることである。この意味では、慰謝料は相当に融通無碍に利用されている損害賠償の概念であり、裁判官の裁量的な判断によってその有無・額が判断されることと相まって、裁判官等の一部の法律の実務関係者に使い勝手のよいものになっている。

(2) 損害賠償の実務と慰謝料

訴訟を含む損害賠償の実務においては、慰謝料という損害項目が広く使用されているが、現在、少なくとも、個人の損害賠償に限定されず、株式会社等の法人の損害賠償についても使用されることがあること、個人の精神的苦痛に対する損害賠償の意味に使用されることが多いものの、文字どおりの精神の問題に限定されず使用されていること、個人の精神の問題以外の場合、どのような権利・法的な利益の侵害に使用されるかは必ずしも明らかではないものの、人格的権利・人格的利益の侵害に使用されることが多いし、個人の意思・生活の機会・期待の侵害に使用されることがあること、裁判例においては、慰謝料を肯定する場合、その具体的な内容・実質につき説示しないことが少なくないこと、裁判例においては、他の類型の損害に関する主張を排斥したうえ、この事情をも考慮して慰謝料を肯定し、あるいは慰謝料の額を算定するものがあること（慰謝料の補完的機能、調整的機能として議論されている）、特定の種類の慰謝料（たとえば、交通事故等における人身損害の場合の死亡慰謝料、入通院慰謝料等）については、裁判例上、相当程度に定型化・定額化されていること、裁判例においては、慰謝料の額の算定は裁判官の相当に広い裁量によって判断されていること、裁判例においては、特定の額の慰謝料を算定する具体的な根拠とか、詳細な根拠が説示されることは稀であることといった特徴がある。なお、慰謝料のこれらの特徴は、最高裁判所の判例上確定したものもあれば、下級審の裁判例においてまちまちな判断が示されたものもあるため、損害賠償の実務においてこれらの特徴のみに依存して損害項目として主張することには、不透明さ、リスクが残っている。

このような慰謝料の特徴は、損害賠償の実務において損害項目として慰謝料を主張する場合、主張の前提となる意義を十分に理解して主張することが

重要であるとともに、他の類型・性質の損害を主張する場合との利害得失を十分に検討して慰謝料を主張するかどうかを判断することが重要である。

なお、最判昭和52・3・15民集31巻2号289頁、判時849号75頁は、民事訴訟法198条2項にいう仮執行により被告の受けた損害の意義が問題になった事案について、「民訴法198条2項にいう仮執行により被告の受けた損害とは、仮執行と相当因果関係にある財産上及び精神上のすべての損害をいうものと解するのが、相当である。けだし、この条項が仮執行をした原告の原状回復義務及び損害賠償義務につき特に定めを設けたのは、原告が判決未確定の間に仮執行をするという特別な利益を与えられていることに対応して、右判決が変更された場合、仮執行を利用した原告に対し、被告が仮執行により被った不利益を回復させる義務を課することとするのが公平に適するとの考慮に出たものと認めるべきであり、したがつて、同条項にいう仮執行により被告の受けた損害とは、損害のうちの特定のものに限定されるものではなく、仮執行と相当因果関係にある全損害をさすものと解するのが叙上の法意にそうものというべきであるからである」と判示し、一見して財産上の紛争と考えられる事件の損害として、財産上の損害と精神上の損害がありうるとし、判例上、損害の概念を明らかにしている。

2　慰謝料の機能

すでに説明したように、訴訟を含む損害賠償の実務においては、慰謝料という言葉は多義的であるだけでなく、慰謝料の意義も、前記の特徴を有するものであることから、損害賠償を請求する者は、個人にしろ、法人にしろ、法的な根拠、被った損害の内容等を考慮し、事実関係上も、法的にも損害賠償を請求することが認められるかを予想しながら、どのような内容、どのような位置づけとして慰謝料を損害項目として主張するかを検討することが重要である。損害賠償を請求する者がどのような場合、どのような内容・額の慰謝料を請求するかは、個々の事案ごとに、請求者自ら、あるいは弁護士等の法律実務家の助言を得て検討し、判断すべき事柄であり、事案によっては

その判断基準が明確になっていることがあるが、その判断基準が明確でない事案も少なくないのが現状である。

(1) **人身損害を主張する場合の慰謝料**

個人であって、人身損害を主張する場合には、損害の原因が交通事故であっても、その他の原因であっても、交通事故に関する損害賠償の実務における慰謝料の考え方が妥当するものと解されている（その具体的な内容は、公益財団法人日弁連交通事故相談センター『交通事故損害額算定基準――実務運用と解説』、公益財団法人日弁連交通事故相談センター東京支部『民事交通事故訴訟損害賠償額算定基準』に紹介されているところであり、毎年改訂されるこれらの書籍が法律の実務で使用されることが多い）。

(2) **人身損害以外を主張する場合の慰謝料**

個人であって、人身損害以外の損害を主張する場合には、主張される損害の性質・実質・内容が多様であり、個々の事案ごとに慰謝料の性質・内容・額を考慮して慰謝料を損害項目とすべきかを検討するほかないが、この場合であっても、名誉毀損を法的な根拠として主張する場合には、慰謝料を主張することが一般的である。

個人の名誉毀損が法的な根拠として慰謝料を主張する場合、裁判の実務においては長年にわたってさしたる根拠もなく、「100万円の賠償のルール」によって慰謝料の額が算定されていた。筆者の批判を受けて、この「100万円の賠償のルール」が「400万円・500万円の賠償のルール」に増額され、500万円程度の慰謝料の額を算定する裁判例も登場したが、最近は、このルールも減額傾向がみられる。この分野においては、慰謝料が一般的に認められるとともに、その額の基準が一応形成されているということができよう。もっとも、個人が名誉毀損の被害を受け、損害が発生した場合であっても、個人が個人事業者、会社の経営者等の役員、事業者の従事者であり、名誉毀損が事業にも影響を与えるようなときは（このような名誉毀損は、信用毀損とか、名誉・信用毀損と呼ばれることがある）、損害の内容が単に精神的なものにとどまらず、事業にも悪影響を及ぼすことがあるが、この場合には、事業上の

損害も典型的な慰謝料とは別に賠償すべきことがある（法律の実務においては、このような損害を含め、慰謝料として主張されたり、判断されることがある）。

　個人であって、人身損害以外の損害である物の損害、営業上の損害を主張する場合には、物の損害等とは別の損害項目として慰謝料を主張することができるか、別の損害項目ではなく、物の損害等を含めて慰謝料の損害を主張することができるかが問題になることがある。前者の問題については、慰謝料の性質・実質に関する考え方によるところがあるが、物、営業の性質、被害者との関係等の事情によっては慰謝料が別の損害として認められることがあり、これを認めた裁判例もある。もっとも、このような場合における慰謝料の額の算定は、明確な基準、具体的な基準がないため、相当に困難である。他方、後者の問題については、物の損害等を含めて慰謝料の損害を主張することができるということはできるが、物の損害等を主位的に主張する場合と比べると、損害賠償額が低額になるおそれがあるため、主位的に主張することは避けられることが多いであろう。

　個人が損害として慰謝料を主張する場合には、個人が乳幼児であっても、判断能力を欠く高齢者等であっても、意思、判断の有無・程度を問わず、慰謝料が認められる。この意味でも、慰謝料は、精神的な苦痛に対する損害賠償の場合であっても、必ずしも現実的な苦痛が発生したことを要件とするものではないと解される。

　株式会社等の法人が損害を主張する場合には、名誉毀損（信用毀損を含む）、無形の損害を主張する場合を除き、慰謝料が主張されることはない（仮に主張される事例があるとしても、法律の実務上、見出せないほどである）。

　法人が名誉毀損の被害を受け、損害を主張する場合、慰謝料が主張されることが多いし、裁判例において慰謝料を認める事例も多い。この場合、法人の損害として無形の損害を主張し、これを認める裁判例もある。このような法律の実務、裁判例は、本来の慰謝料の観点からみても、個人につき拡大された慰謝料の観点からみても、慰謝料の定義・意義が拡大されているというほかはないが（これも、拡大された定義・意義の慰謝料ということができる）、

実際上、主張する当事者、弁護士等も、裁判官もそのような拡大した定義・意義につきさほど意識をしていないものと推測される（名誉毀損の各種の書籍、論文において議論が盛んであるという状況にはない）。もっとも、法人が名誉毀損の被害を受けた場合には、法人が主に受ける損害は、法人の経営、評価、事業、個々の取引に与える悪影響が基本であり、これらの価値の低下、事業上の逸失利益等の損害を適切に算定することが重要であるが、このような法人の被害の実態に即した主張、あるいはこれを認める裁判例が少ないのが実情であるところ、このような傾向が改善されれば、法人の名誉毀損の事例で慰謝料を安易に認める傾向も変化が生じるであろう。

法人が無形の損害を主張する場合には、無形の損害の性質・実質が多義的であり、この場合にも主張・立証や判断の仕方・内容も、個人の慰謝料の場合と同様にその実質を明確に主張・立証、認定することなく、裁判所の裁量によってその額が算定されることが一般的である。

(3) 慰謝料に関する主張・立証の程度

慰謝料は、他の類型・性質の損害と異なるところが多いが、法律の実務において最も重要なことは、損害の発生、因果関係の存否・範囲、損害額の算定について主張・立証の程度が異なるところである。法律の実務においては、損害の発生だけでなく、損害額の算定についても、損害賠償を請求する者において主張・立証責任を負うと解するのが確定した判例であり、この場合の立証は民事訴訟における他の法律要件の立証と同様に、厳格な証明が必要である（その例外が民事訴訟法248条である）。慰謝料の場合には、その主張は内容の具体性についても相当に概括的な主張がされる事例が多いし、その立証は個別具体的な証拠が提出されない等、相当に抽象的・概括的な立証によって行われることが多い（裁判例においては、特に本来的な慰謝料については極めて簡単な事実認定を基に、慰謝料の発生、慰謝料の額を認定するものも多いし、ある程度の理由を説示するものであっても、他の法律要件と比べると、相当に簡単な理由を付すものが一般的である）。

慰謝料における損害額の算定は、特定の分野では相当程度定額化し、損害

額に関する立証も特に行われていないものがあるし、他の分野であっても、当事者の立証があったとしても、裁判官が相当に広い裁量によって算定するのが一般的であり、前記のとおり、その具体的、詳細な理由が判決に示されないのも一般的である。裁判例の中には、本件に現れた諸般の事情を総合考慮し、金いくらの慰謝料を認めるのが相当であるといったものも少なくないだけでなく、典型的な理由の一つである。

また、慰謝料は、損害賠償の一つの類型であり、被害者が被った損害の塡補という性質・目的を有するものである。慰謝料は、前記のとおり、これを認める前提となる事実関係の認定、その額を算定する根拠を具体的に、詳細に示すことなく判断することができると解されているため、厳格で個別具体的な主張・立証が必要である類型・種類の損害の補完的な役割が期待されたり、加害者の悪性を考慮した制裁的な機能が議論されたりしている。前者の場合には、損害の意味を厳格に解すると、そもそも他の類型・性質の損害を認めることができないのに（認められない程度も多様であり、訴訟においては、他の類型・性質の厳格な証明が認められないという場合である）、慰謝料を調整的・補完的に認めることを肯定することになるが、これもまた、本来の慰謝料でなく、拡大された定義・意義の慰謝料であり、これを認める裁判例がある（学説上これを認めるものもある）。一方、後者の場合には、特に人身損害、人格的な権利・利益の侵害による損害については、加害者の悪意・害意が慰謝料の額の算定にあたって考慮することができるとの考え方は法律の実務において否定されていないが、さらに制裁的な慰謝料を認めようとする見解（英米法における懲罰的損害賠償のことと解されている）も提唱されているところ、日本の損害賠償制度上これを否定するのが判例である。

慰謝料は、訴訟を含む法律の実務において、本来の意味の慰謝料のほかに、拡大された定義・意義の慰謝料も認められているが、後者の慰謝料については、その実質、外延が必ずしも明らかではないし、外延は相当に流動的である。

3 慰謝料に関する法的な枠組み

　慰謝料の意味・意義は、一口で言って、日常的に使用されているものの、相当にあいまいで、流動的なところがあるが、その法的な根拠をめぐる議論もあり、特に不法行為における慰謝料につき議論されている。

(1) 民法709条、710条との関係

　不法行為に基づく損害賠償に関する基本規定は、民法709条であり、同条は、「故意又は過失によって他人の権利又は法律上保護される利益を侵害した者は、これによって生じた損害を賠償する責任を負う」と定めているところ、同条の損害に慰謝料が含まれるかが問題になっている。慰謝料は、民法709条の損害に含まれるとの積極説があるのに対し、消極説もあり、これは、慰謝料の根拠条文は民法710条であると解するものである（同条は、財産以外の損害の賠償に関する規定であると位置づけられている）。最判昭和39・1・28民集18巻1号136頁、判時363号10頁も、少なくとも民法710条が慰謝料の根拠法文であるとの見解を示している。

　民法709条であっても、同法710条であっても、いずれでも慰謝料が不法行為に基づく損害として賠償責任が認められるのであれば、日常生活に影響するものではないし、法律の実務においても目くじらを立てるほどの問題ではないということもできる。もっとも、慰謝料の損害賠償が争点になった場合には、最終的には法律の条文の適用として問題を設定することになるため、具体的にどの条文のどの規定の解釈、適用が問題になっているのかを明らかにすることが必要であり、この意味では意義のある問題である。筆者は、慰謝料が問題になった場合には、民法709条、710条の二つの条文を引用することにしているが、これは、これらの条文がいずれも慰謝料に関係する条文であること、同法709条の損害には慰謝料も含まれること、同法710条は具体的・確認的に慰謝料を定めたものであることを根拠としている。なお、民法709条、710条の各規定の解釈において、同法710条は、人格権的権利として身体・自由・名誉を列挙し、これらの権利を害した場合だけでなく、他人の

財産権を害した場合においても、財産的損害だけでなく、非財産的損害、すなわち精神的損害につき賠償する責任を負うことを定めるとか、同法710条、711条の眼目は、精神的損害、すなわち慰謝料につき規定したことにあると説明されることがあり（我妻榮ほか『我妻・有泉コンメンタール民法──総則・物権・債権〔第3版〕』367頁）、重要な説明であるが、この説明によると、慰謝料は、精神的損害の賠償であり、精神的損害と非財産的損害とが同じ意味に使用されている。

(2) 財産的損害と精神的損害との関係

不法行為に基づく損害賠償を請求する場合、損害が積極損害、消極損害、精神的損害に分類されることが多いほか、財産的損害と精神的損害（慰謝料ともいう）に分類する見解もある（加藤一郎『法律行為〔増補版〕』151頁）。いずれにしても、精神的損害が他の類型・性質の損害とは別の類型・性質の損害として認められてきたことは明らかであるが、財産的損害と精神的損害との関係が問題になることがある。たとえば、財産権の侵害があった場合、財産的損害のみが認められるのか、これとともに精神的損害が認められるかが問題になることがあり、財産的損害によって損害が補填されるのが原則であるものの、精神的損害も認められる場合があると解されている。最判昭和35・3・10民集14巻3号389頁、判時217号19頁は、長年居住した住宅の被害が問題になった事案について、「不法行為によつては、財産以外に別途に賠償に値する精神上の損害を受けた事実がある以上、加害者は被害者に対し慰藉料支払の義務を負うべきものであることは民法710条によって明らかである。原審〔広島高判昭和33・4・17民集14巻3号402頁〕はその認定した事実関係にもとづき、被上告人は上告人の不法行為により財産損害の賠償と別途に賠償に値する精神上の損害を受けたものとして、慰藉料の請求を認容したのであり、その判断は正当として是認すべく、本件事故が偶然の天災によるものであるとの所論および上告人には損害発生の予見がなかつたとの原審の認定に反するから採るを得ない」と判示し、財産的損害とは別に精神的損害が生じたと認められるかどうかによることを明らかにしている。

(3) 無形の損害

　また、慰謝料が精神的損害の賠償にとどまらないことがあり、法人につき精神的損害が認められるかが問題になることは前記のとおりであり、前掲最判昭和39・1・28は、法人の無形の損害が問題になった事案について、「民法710条は、財産以外の損害に対しても、其賠償を為すことを要すと規定するだけで、その損害の内容を限定してはいない。すなわち、その文面は判示のようにいわゆる慰藉料を支払うことによって、和らげられる精神上の苦痛だけを意味するものとは受けとり得ず、むしろすべての無形の損害を意味するものと読みとるべきである。従って右法条を根拠として判示のように無形の損害即精神上の苦痛と解し、延いて法人には精神がないから、無形の損害はあり得ず、有形の損害すなわち財産上の損害に対する賠償以外に法人の名誉侵害の場合において民法723条による特別な方法が認められている外、何等の救済手段も認められていないものと論結するのは全くの謬見だと云わなければならない。

　思うに、民法上のいわゆる損害とは、一口に云えば侵害行為がなかったならば惹起しなかったであろう状態（原状）を (a) とし、侵害行為によって惹起されているところの現実の状態（現状）を (b) とし $a-b=x$ そのxを金銭で評価したものが損害である。そのうち、数理的に算定できるものが、有形の損害すなわち財産上の損害であり、その然らざるものが無形の損害である。しかしその無形の損害と雖も法律の上では金銭評価の途が全くとざされているわけのものではない。侵害行為の程度、加害者、被害者の年令資産その社会的環境等各般の情況を斟酌して右金銭の評価は可能である。その顕著な事例は判示にいうところの精神上の苦痛を和らげるであろうところの慰藉料支払の場合である。しかし、無形の損害に対する賠償はその場合以外にないものと考うべきではない。そもそも、民事責任の眼目とするところは損害の塡補である。すなわち前段で示した $a-b=x$ の方式におけるxを金銭でカヴァーするのが、損害賠償のねらいなのである。かく観ずるならば、被害者が自然人であろうと、いわゆる無形の損害が精神上の苦痛であろうと、

何んであろうとかかわりないわけであり、判示のような法人の名誉権に対する侵害の場合たると否とを問うところではないのである。尤も法人の名誉侵害の場合には民法723条により特別の手段が講じられている。しかし、それは被害者救済の一応の手段であり、それが、損害塡補のすべてではないのである。このことは民法723条の文理解釈からも容易に推論し得るところである。そこで、判示にいわゆる慰藉料の支払をもって、和らげられるという無形の損害以外に、いったい、どのような無形の損害があるかという難問に逢着するのであるが、それはあくまで純法律的観念であって、前示のように金銭評価が可能であり、しかもその評価だけの金銭を支払うことが社会観念上至当と認められるところの損害の意味に帰するのである。それは恰も民法709条の解釈に当って侵害の対象となるものは有名権利でなくとも、侵害されることが社会通念上違法と認められる利益であれば足るという考え方と志向を同じうするものである。

以上を要約すれば、法人の名誉権侵害の場合は金銭評価の可能な無形の損害の発生すること必ずしも絶無ではなく、そのような損害は加害者をして金銭でもって賠償させるのを社会観念上至当とすべきであり、この場合は民法723条に被害者救済の格段な方法が規定されているとの故をもって、金銭賠償を否定することはできないということに帰結する。

果してそうだとすれば、原判決〔東京高判昭和34・5・27民集18巻1号177頁〕は判示の事実関係のもとで、被上告人の侵害行為に因り上告人の名誉を毀損されたと云いながら、上告人には法人であるの故を以て無形の損害の発生するの余地がないものとし、上告人の本訴金員の請求を一蹴し去ったのは、原判決に影響を及ぼすこと明らかな重要な法律に違背した違法ありというを憚らないものであって、論旨は結局理由あるに帰し、原判決は到底破棄を免れない」と判示し、精神的損害の根拠が民法710条であること、同条は精神的損害のみに関する規定ではなく、すべて無形の損害に関するものであること、法人には無形の損害が認められること、民法上の損害とは、一口にいえば侵害行為がなかったならば惹起しなかったであろう状態（原状）を（a）

とし、侵害行為によって惹起されているところの現実の状態（現状）を（b）としa－b＝xとし、そのxを金銭で評価したものが損害であること（このような考え方は、通常、差額説と呼ばれている）、その損害のうち数理的に算定できるものが、有形の損害、すなわち財産上の損害であること、そうでないものが無形の損害であること、無形の損害は侵害行為の程度、加害者、被害者の年令資産その社会的環境等各般の情況を斟酌して金銭の評価は可能であること等を明らかにしている。この判例は、損害に関する基本的な考え方を明らかにしたものであり、現時点では、いささか古色蒼然とした言い回しであるが、重要な内容を明らかにしている。

4 慰謝料をめぐる判例の歴史と現状──慰謝料請求権の実質と法的な根拠

　慰謝料は、不法行為等に基づく損害賠償責任における損害項目の一つであるが、他の損害項目との関係、慰謝料の実質的な内容、慰謝料の算定根拠・基準、慰謝料が認められる法的な責任の内容等をめぐる諸問題が生じる。これらの諸問題は、民法その他の損害賠償責任の根拠となる法律の規定・性質等を踏まえて、個々の事案ごとに検討することが必要であるとともに、最高裁判所の判例、下級審の裁判例を検討することによって慰謝料に関する法理を明らかにすることが必要である。

　下級審の裁判例については、第2章以下において、さまざまな類型ごとに紹介するが、ここでは、最高裁判所の判例が存在する分野について、判例を紹介しておきたい。

(1) 訴訟物の個数

　訴訟、法律の実務においては、訴訟物という言葉が使用されることがあり、法律の実務家以外にはわかりにくいことがあり、損害賠償の実務においても同様な言葉が使用されることがある。議論があるが、訴訟物は民法等に基づき認められる権利（損害賠償権もその一つであり、代表的な権利である）のことと解することで足りるであろう。訴訟物については、その内容、個数が問

題になることがあり、たとえば、損害賠償請求権（損害賠償債権と呼ぶこともできる）については、民法709条に基づく損害賠償請求権、同法415条に基づく損害賠償請求権等、法的な根拠が異なる損害賠償請求権が同じ権利であるか、異なる権利であるかとか、同法709条に基づく損害賠償請求権であっても、逸失利益、治療費等の実損、慰謝料等の損害項目ごとに異なる権利であるのか、1個の権利であるのか等が問題になる。このような問題は、訴訟を提起する場合の取扱い（たとえば、訴訟を提起する場合、判決の主文によって判断されるべき事項を特定することが必要であるとする民事訴訟法246条の適用においてどのような内容の権利が申し立てられたかとか（判決においては申し立てられた事項の範囲内で判決すべきことになり、これを超えて判決することは許されないが、これは、処分権主義と呼ばれる法理である）、一部請求にあたるのかが問題になることがある）や、消滅時効の適用の仕方において重要な違いが出るため、無視できない問題である。

最判昭和48・4・5民集27巻3号419頁、判時714号184頁は、不法行為による損害賠償の場合、同一事故により生じた同一の身体傷害を理由として財産上の損害と精神上の損害との賠償を請求する場合における請求権および訴訟物は、1個であるとする見解を明らかにしており、「本件のような同一事故により生じた同一の身体傷害を理由とする財産上の損害と精神上の損害とは、原因事実および被侵害利益を共通にするものであるから、その賠償の請求権は1個であり、その両者の賠償を訴訟上あわせて請求する場合にも、訴訟物は1個であると解すべきである。したがって、第1審判決〔大阪地判昭和41・4・14民集27巻3号434頁〕は、被上告人Ｘの1個の請求のうちでその求める全額を認容したものであって、同被上告人の申し立てない事項について判決をしたものではなく、また、原判決〔大阪高判昭和43・6・5民集27巻3号439頁〕も、右請求のうち、第1審判決の審判および上告人の控訴の対象となった範囲内において、その一部を認容したものというべきである」と判示している。

現在の損害賠償の実務においては、この判例が損害賠償請求権の訴訟物に

関する先例になっているだけでなく、損害項目について主張された各種の損害額を超えて額を認定したりする判決も見かけることがある（これは、前掲最判昭和48・4・5の申立事項に関する処分権主義の問題ではなく、当事者の主張がないのに事実関係を認定することができるかの弁論主義の問題である）。特に慰謝料の場合には、他の類型・種類の損害と異なり、前提となる事実関係の主張・立証、認定が抽象的であるうえ、額の主張・立証、算定も具体的な根拠が示されることなく行われることが通常であるため、裁判所の裁量的な判断が、当事者の申立てや主張・立証とは異なって行われることがある（慰謝料の補完的機能・調整的機能がこの傾向を裏づけることがある）。

(2) 慰謝料の認定・算定の理由

損害賠償の実務において、損害の一つとして慰謝料を主張したり、逆にこれに反論したりする場合、どのような事実関係を主張・立証すれば裁判所の有利な判断が得られるかは、当事者、法律実務家にとって重大な関心事である。損害賠償を請求する訴訟において判決がされ、慰謝料が認められる場合であっても、どのような理由によって、どの程度の慰謝料が認められたかは重大な関心事である。実際には、本書で紹介する多様な内容の慰謝料を認めた裁判例を読んで、分析しても、具体的で、詳細な理由を理解できず、裁判所の判断に納得できないことがある。

最判昭和47・6・22判時673号41頁は、人身損害事故における慰謝料の認定、額の算定が問題になった事案について、慰謝料額算定の理由の説示として違法がないとされ、事故によって蒙った傷害の部位程度、入院の期間、入院中に受けた治療の内容、後遺症の状態、年令等を具体的に認定したうえ、これら一切の事情を考慮すれば慰謝料としては40万円を相当とする旨の判断が、理由の説示に関して所論の違法はないとした事例であるが、「原判決〔東京高判昭和46・11・30判例集未登載〕（その引用する第1審判決〔東京地八王子支判昭和45・8・6判例集未登載〕を含む。以下同じ。）は、被上告人が本件事故によって蒙つた傷害の部位程度、入院の期間、入院中に受けた治療の内容、後遺症の状態、被上告人の年令等を具体的に認定したうえ、これら一切の事情

を考慮すれば本件慰藉料としては金40万円を相当とする旨判示しているのであって、その判断は、挙示する事実関係にもとづき正当として是認することができ、理由の説示に関して所論の違法はない」と判示している。この判例は、慰謝料一般の認定・算定についてみられるものである。

　また、最判昭和38・3・26集民65号241頁は、婚姻・内縁を破綻させた第三者の不法行為に基づく慰謝料額の認定が問題になった事案について、慰謝料額の認定は、原審（福岡高判昭和34・10・23判例集未登載）の裁量に属する事実認定の問題であり、その額が著しく不相当であって経験則もしくは条理に反するような事情でもない限り、その不当をもって上告理由とはなし得ないと判示した事例として紹介されているものであるが、裁判所の裁量についての限界も言及している。

　最判昭和56・10・8判時1023号47頁は、「慰藉料の額は、裁判所の裁量により公平の観念に従い諸般の事情を総合的に斟酌して定めるべきものであることは当裁判所の判例とするところであり（最高裁昭和51年(オ)第952号同52年3月15日第三小法廷判決・民集31巻2号289頁）、原審〔東京高判昭和55・11・25判時990号191頁〕の適法に確定した事実関係のもとにおいて原審の算定した慰藉料の額が著しく不当なものということはできない」と判示し、慰謝料の額は裁判所の裁量により公平の観念に従い諸般の事情を総合的に斟酌して定めるべきものであることを明らかにしている。

　もっとも、裁判所の裁量についての限界が現実に問題になった判例として、最判平成6・2・22民集48巻2号441頁、判時1499号32頁は、雇用者の安全配慮義務違反によりじん肺にかかったことを理由とする損害賠償請求が問題になった事案について、「原審〔福岡高判平成元・3・31民集48巻2号776頁〕は、右33名の慰謝料の額について、基本的に管理区分を重視するが、管理四該当者のうち原審における鑑定の結果軽度の障害と判定された者については、これを減額事情として斟酌すべきであるとした上、戦前及び終戦直後において本件安全配慮義務の履行が必ずしも容易であったとはいえないこと、石炭鉱業の社会的有用性及び被上告人が戦中・戦後に果たした社会的役割、上告

人ら元従業員がその管理区分に対応する労働者災害補償保険法、厚生年金保険法に基づく保険給付を受けていること等のすべての事情を考慮して、〔A〕死者を含む管理四該当者（18名）につき1200万円、〔B〕管理四該当者のうち鑑定により軽度の障害と判定された者（11名）につき1000万円、〔C〕管理三該当者（2名）につき600万円、〔D〕管理二該当者（2名）につき300万円とするのが相当と判断し、なお、弁護士費用については右各慰謝料額の1割に当たる金員を相当とした上、右上告人らの請求中、被上告人に対し右各慰謝料額及び各弁護士費用の合計額を超える金員の支払を求める部分を棄却した。

　しかしながら、慰謝料額に関する原審の右判断は是認することができない。その理由は、次のとおりである。

　元来、慰謝料とは、物質的損害ではなく精神的損害に対する賠償、いわば内心の痛みを与えられたことへの償いを意味し、その苦痛の程度を彼此比較した上、客観的・数量的に把握することは困難な性質のものであるから、当裁判所の先例においても、『慰謝料額の認定は原審の裁量に属する事実認定の問題であり、ただ右認定額が著しく不相当であって経験則又は条理に反するような事情でも存するならば格別』である（最高裁昭和35年(オ)第241号同38年3月26日第三小法廷判決・裁判集民事65号241頁）とされている。

　しかし、ここで留意を要するのは、上告人らによる本訴請求は慰謝料を対象とするものであるが、物質的損害の賠償は別途請求するというのではなく、かえって他に財産上の請求をしない旨を上告人らにおいて訴訟上明確に宣明し、上告人ら自身これに拘束されているのが本件であることである。

　したがって、上告人らは、被上告人の安全配慮義務の不履行に起因するところの、財産上のそれを含めた全損害につき、本訴において請求し、かつ、認容される以外の賠償を受けることはできないのであるから、本訴請求の対象が慰謝料であるとはいえ、他に財産上の請求権の留保のないものとして、原審が慰謝料額を認定するに当たっても、その裁量にはおのずから限界があり、その裁量権の行使は社会通念により相当として容認され得る範囲にとどまることを要するのは当然である。

以上の考察に立って本件をみるのに、まず、上告人ら元従業員が被上告人の経営する炭鉱において長期間にわたって炭鉱労務に従事した結果、じん肺に罹患したものであること、じん肺が重篤な進行性の疾患であり、現在の医学では治療が不可能とされ、進行する場合の予後は不良であることは、前示のとおりである。

そして管理四該当者はすべて療養を要するものとされているが、前記管理四該当者合計29名の個別の症状の経過及び生活状況に関する原審確定事実によれば、右29名のうち、原審がＡランクに格付けし慰謝料額1200万円をもって相当とした者は、症状が重篤で長期間にわたって入院し、あるいは入院しないまでも寝たり起きたりの状態であったり、呼吸困難のため日常の起居にも不自由を来すという状況にあり、そのままじん肺に伴う合併症により苦しみながら死亡した者もあること、また、原審がＢランクに格付けし慰謝料額1000万円をもって相当とした鑑定により軽度障害と判定された者でも、重い咳や息切れ等の症状に苦しみ、坂道等の歩行は困難で、家でも休んでいることが多く、夜間に重い咳が続いたり呼吸困難に陥るため、家族の介護を要するといった状況にあること、右の29名は総じて、被上告人を退職した後じん肺の進行により徐々に労働能力を喪失して行ったもので、労働者災害補償保険法等による保険給付を受けるまでの間、極めて窮迫した生活を余儀なくされた者が少なくないこと等が明らかである。

これによると、本件において死者を含む管理四該当者の被った精神的損害に対する評価については、一般の不法行為等により労働能力を完全に喪失し、又は死亡するに至った場合のそれに比してさしたる違いを見出すことはできず、したがって、以上の事実関係の下においては、特段の事情がない限り、原審の認定した1200万円又は1000万円という慰謝料額は低きに失し、著しく不相当であって、経験則又は条理に反し、右にみるような慰謝料額認定についての原審の裁量判断は、社会通念により相当して容認され得る範囲を超えるものというほかはない。

この点につき、原判決は種々の事情を挙げているが、被上告人が上告人ら

元従業員の雇用者としてその健康管理・じん肺罹患の予防につき深甚の配慮をなすべき立場にあったことを勘案すれば、本件安全配慮義務の履行が必ずしも容易であったとはいい難い一時期があったことその他、原判決説示の被上告人側の事情を考慮しても、なお前記慰謝料額認定についての原審の裁量判断を正当化するには遠く、結局、原審の右判断には、損害の評価に関する法令の解釈適用を誤った違法があるというに帰着する。そして、このことは、管理四該当者の慰謝料額の認定を前提とするとみられる管理三及び管理二該当者各2名の慰謝料額の認定判断にも、同様の違法があることを裏付けるものであって、以上の違法は原判決の結論に影響を及ぼすことが明らかである」と判示し、炭鉱労務に従事してじん肺にかかった者またはその相続人が、雇用者に対し、財産上の損害の賠償を別途請求する意思のない旨を訴訟上明らかにして慰謝料の支払いを求めた場合に、じん肺が重篤な進行性の疾患であって、現在の医学では治療が不可能とされ、その症状も深刻であるなど判示の事情の下において、その慰謝料額を、じん肺法所定の管理区分に従い、死者を含む管理四該当者につき1200万円または1000万円、管理三該当者につき600万円、管理二該当者につき300万円とした原審の認定には、その額が低きに失し、著しく不相当なものとして、経験則または条理に反する違法があることを明らかにしている。

　この判例は、裁判所の慰謝料額の算定が低額にすぎ、裁判所の裁量を誤ったものとしているが、その逆の場合もありうることは当然である。また、この判例は、損害賠償の一律請求、包括請求と考えられる損害賠償額の主張を前提とし（単純化していえば、財産上の損害を含めた慰謝料として損害賠償を請求する方法である）、この類型の慰謝料について判断したものであることも注目される。

5　最高裁判例における加害行為の類型

　以下、慰謝料を認め、あるいは認めうるものとして紹介されている最高裁判所の判例を、加害行為の類型ごとに紹介したい。

(1) 虚偽の出生届

　まず、婚姻外の子について、祖父母の実子として虚偽の出生届をされた私生子の慰謝料請求権が問題になった最判昭和40・12・17判時440号33頁がある。この判決は、不法行為に基づく慰謝料の請求について、これを否定したものであるが、「被上告人らの上告人に対する本件金員請求債権に対し、上告人が相殺の意思表示に供した反対債権たる金50万円の慰藉料請求権の原因として主張されている共同不法行為は、被上告人○○スヨ、同○○夕子が○○善五郎と共謀して、右夕子が私生子である上告人を生んだことによる同女の世間態や将来のみを考えて、上告人が真実親子関係にない○○善五郎、被上告人スヨ両名の子であるとして虚偽の出生届をしたというものであって、そのため上告人としては、真実の父親に対する相続権を行使することができず、真実の母親からの愛情も受けることもできなかったし、また、このような届出がなされなければ、上告人としては早く独立して生計を立てることができたはずであったのに、右被上告人らとの生活の中心となって働いてきたあげく、現在のように孤独の立場に置かれるようになつたことにより、前同額相当の精神的苦痛を負うに至ったというのが上告人の原審における主張である。

　しかし、原判決は、右被上告人らが右の届出をしたのは、被上告人夕子の将来もさることながら、上告人が私生子として世間からべっ視されることを防止する意図であったことが明らかであり、出生当時上告人主張のように果して実父に対する認知の請求がたやすく容認されるような客観的状況にあったかどうかは明らかでないし、前記意図から推すと、右被上告人らには、かかる届出によって上告人主張のような権利を侵害することの認識がなかったことは極めて明白であると判示して、上告人主張の不法行為の成立を否定しているのである。

　右原判示は、その認定の事実関係のもとで、右被上告人らは右届出の当時上告人主張のような結果の発生を予見しまたは予見しうべき事情になかったことが明白であるとして、上告人の所論抗弁を排斥しているものと解せられ、

右原審の認定判断は、記録に徴し肯認できる」と判示している。

　(2)　**夫婦関係の侵害**

　次に、夫婦関係が第三者によって侵害され、不法行為に基づく慰謝料が請求された事例を紹介するが、次のような判例が公表されている。

　㋐　**貞操等の侵害に関する慰謝料請求**

　最判昭和44・9・26民集23巻9号1727頁、判時573号60頁は、男性に妻のあることを知りながら情交関係を結んだ女性の男性に対する慰謝料を請求した事案について、「思うに、女性が、情交関係を結んだ当時男性に妻のあることを知っていたとしても、その一事によって、女性の男性に対する貞操等の侵害を理由とする慰藉料請求が、民法708条の法の精神に反して当然に許されないものと画一的に解すべきではない。すなわち、女性が、その情交関係を結んだ動機が主として男性の詐言を信じたことに原因している場合において、男性側の情交関係を結んだ動機その詐言の内容程度およびその内容についての女性の認識等諸般の事情を斟酌し、右情交関係を誘起した責任が主として男性にあり、女性の側におけるその動機に内在する不法の程度に比し、男性の側における違法性が著しく大きいものと評価できるときには、女性の男性に対する貞操等の侵害を理由とする慰藉料請求は許容されるべきであり、このように解しても民法708条に示された法の精神に反するものではないというべきである。

　本件においては、上告人は、被上告人と婚姻する意思がなく、単なる性的享楽の目的を遂げるために、被上告人が異性に接した体験がなく若年で思慮不十分であるのにつけこみ、妻とは長らく不和の状態にあり妻と離婚して被上告人と結婚する旨の詐言を用いて被上告人を欺き、被上告人がこの詐言を真に受けて上告人と結婚できるものと期待しているのに乗じて情交関係を結び、以後は同じような詐言を用いて被上告人が妊娠したことがわかるまで1年有余にわたって情交関係を継続した等前記事実関係のもとでは、その情交関係を誘起した責任は主として上告人にあり、被上告人の側におけるその動機に内在する不法の程度に比し、上告人の側における違法性は、著しく大き

いものと評価することができる。したがって、上告人は、被上告人に対しその貞操を侵害したことについてその損害を賠償する義務を負うものといわなければならない。また、被上告人の側において前記誤信につき過失があつたとしても、その誤信自体が上告人の欺罔行為に基づく以上、上告人の帰責事由の有無に影響を及ぼすものではなく、慰藉料額の算定において配慮されるにとどまるというべきである」と判示し、貞操等の侵害を理由とする女性の男性に対する慰謝料請求が許されることを明らかにしている。なお、この判例上、重要な争点になっているのは、不法行為に基づく慰謝料の請求について、民法708条の規定（不法原因給付）の適用の可否、当否であるところ、この判例は、同条の適用を肯定したこと、情交関係を誘起した責任が主として男性にあり、女性の側におけるその動機に内在する不法の程度に比し、男性の側における違法性が著しく大きいものと評価できるときには、女性の男性に対する貞操等の侵害を理由とする慰謝料請求は許容されること（要するに、男性と女性の双方の違法性の程度を比べ、違法性が著しく大きくなければ、慰謝料の損害賠償請求権を行使することができるとする法理）を明らかにしたものとしても参考になる。

(イ) 未成年の子に対する監護等の侵害に関する慰謝料請求

最判昭和54・3・30民集33巻2号303頁、判時922号3頁は、妻および未成年の子のある男性と肉体関係をもち同棲するに至った女性の不法行為に基づいて、未成年の子から慰謝料を請求することができるかが問題になった事案について、「夫婦の一方の配偶者と肉体関係を持った第三者は、故意又は過失がある限り、右配偶者を誘惑するなどして肉体関係を持つに至らせたかどうか、両名の関係が自然の愛情によって生じたかどうかにかかわらず、他方の配偶者の夫又は妻としての権利を侵害し、その行為は違法性を帯び、右他方の配偶者の被つた精神上の苦痛を慰謝すべき義務があるというべきである。

したがって、前記のとおり、原審〔東京高判昭和50・12・22民集33巻2号324頁〕が、Aと被上告人の関係は自然の愛情に基づいて生じたものであるから、被上告人の行為は違法性がなく、上告人X_1に対して不法行為責任を

負わないとしたのは、法律の解釈適用を誤つたものであり、その誤りは、判決に影響を及ぼすことが明らかである。

妻及び未成年の子のある男性と肉体関係を持つた女性が妻子のもとを去つた右男性と同棲するに至った結果、その子が日常生活において父親から愛情を注がれ、その監護、教育を受けることができなくなったとしても、その女性が害意をもって父親の子に対する監護等を積極的に阻止するなど特段の事情のない限り、右女性の行為は未成年の子に対して不法行為を構成するものではないと解するのが相当である。けだし、父親がその未成年の子に対し愛情を注ぎ、監護、教育を行うことは、他の女性と同棲するかどうかにかかわりなく、父親自らの意思によって行うことができるのであるから、他の女性との同棲の結果、未成年の子が事実上父親の愛情、監護、教育を受けることができず、そのため不利益を被ったとしても、そのことと右女性の行為との間には相当因果関係がないものといわなければならないからである。

原審が適法に確定したところによれば、上告人 X_2、同 X_3、同 X_4（以下「上告人 X_2 ら」という。）の父親である A は昭和32年ごろから被上告人と肉体関係を持ち、上告人 X_2 らが未だ成年に達していなかった昭和42年被上告人と同棲するに至つたが、被上告人は A との同棲を積極的に求めたものではなく、A が上告人 X_2 らのもとに戻るのをあえて反対しなかったし、A も上告人 X_2 らに対して生活費を送っていたことがあったというのである。したがって、前記説示に照らすと、右のような事実関係の下で、特段の事情も窺えない本件においては、被上告人の行為は上告人 X_2 らに対し、不法行為を構成するものとはいい難い」と判示し、妻および未成年の子のある男性が他の女性と肉体関係をもち、妻子のもとを去って女性と同棲するに至った結果、未成年の子が日常生活において父親から愛情を注がれ、その監護、教育を受けることができなくなったとしても、女性の行為は、特段の事情のない限り、未成年の子に対して不法行為を構成するものではないことを明らかにしている。

最判昭和54・3・30判時922号8頁も、同様な問題を取り扱った事案につい

て、「夫及び未成年の子のある女性と肉体関係を持った男性が夫や子のもとを去った右女性と同棲するに至った結果、その子が日常生活において母親から愛情を注がれ、その監護、教育を受けることができなくなったとしても、その男性が害意をもって母親の子に対する監護等を積極的に阻止するなど特段の事情のない限り、右男性の行為は、未成年の子に対して不法行為を構成するものではない。けだし、母親がその未成年の子に対し愛情を注ぎ、監護、教育を行うことは、他の男性と同棲するかどうかにかかわりなく、母親自らの意思によって行うことができるのであるから、他の男性との同棲の結果、未成年の子が事実上母親の愛情、監護、教育を受けることができず、そのため不利益を被ったとしても、そのことと右男性の行為との間には相当因果関係がないものといわなければならないからであり、このことは、同棲の場所が外国であっても、国内であっても差異はない。

したがって、前記のとおり、原審〔大阪高判昭和53・8・8判例集未登載〕が特段の事情の存在を認定しないまま、いずれも成年に達していなかった被上告人X_1らのもとを去ったAと同棲した上告人の行為と同被上告人らが不利益を被ったことの間に相当因果関係があることを前提に上告人の行為が同被上告人らに対する関係で不法行為を構成するものとしたのは、法令の解釈適用を誤り、ひいては、審理不尽の違法をおかしたものというべく、右違法は、判決に影響を及ぼすことが明らかである」と判示している。

(ウ) **不倫相手への慰謝料請求**

最判平成8・6・18家月48巻12号39頁は、妻が夫と関係のあった女性に対して慰謝料を請求し、この請求が信義則に反して許されないかが問題になった事案について、「前記一の事実関係によると、上告人は、譲次から婚姻を申し込まれ、これを前提に平成2年9月20日から同年11月末ころまでの間肉体関係を持ったものであるところ、上告人がその当時Aと将来婚姻することができるものと考えたのは、同元年10月ころから頻繁に上告人の経営する居酒屋に客として来るようになった被上告人が上告人に対し、Aが他の女性と同棲していることなど夫婦関係についての愚痴をこぼし、同2年9月初

めころ、Aとの夫婦仲は冷めており、同3年1月には離婚するつもりである旨話したことが原因を成している上、被上告人は、同2年12月1日にAと上告人との右の関係を知るや、上告人に対し、慰謝料として500万円を支払うよう要求し、その後は、単に口頭で支払要求をするにとどまらず、同月3日から4日にかけてのAの暴力による上告人に対する500万円の要求行為を利用し、同月6日ころ及び9日ころには、上告人の経営する居酒屋において、単独で又はAと共に嫌がらせをして500万円を要求したが、上告人がその要求に応じなかったため、本件訴訟を提起したというのであり、これらの事情を総合して勘案するときは、仮に被上告人が上告人に対してなにがしかの損害賠償請求権を有するとしても、これを行使することは、信義誠実の原則に反し権利の濫用として許されないものというべきである」と判示し、妻が女性に夫との夫婦仲が冷めており離婚するつもりである旨を話したことが不倫の原因をなしているうえ、不倫関係を知った妻が、同女に対して単に口頭で慰謝料の支払要求をするにとどまらず、夫の同女に対する暴力を利用してさらに金員を要求したことなどの事情を勘案すると、妻が慰謝料請求権を行使することは信義則に反し権利の濫用として許されないとした事例として参考になる。

(3) **離婚と財産分与、慰謝料**

婚姻関係が破綻すると、離婚の問題が現実化するが、離婚においては、親権者等の決定、財産分与、慰謝料等の問題を解決することが必要になる（なお、離婚の慰謝料は、離婚に至るまでの配偶者の一方の他方に対する不法行為に基づくものもあるし、離婚に有責である者に対する慰謝料のこともある）。このうち、財産分与と慰謝料は、密接な関係にあり、同時に交渉し、解決することもできるし、別の問題として解決することもできる。

最判昭和31・2・21民集10巻2号124頁、判時73号18頁は、離婚の場合における慰謝料請求権と財産分与請求権の関係が問題になった事案について、「離婚の場合に離婚した者の一方が相手方に対して有する財産分与請求権は、必ずしも相手方に離婚につき有責不法の行為のあったことを要件とするもの

ではない。しかるに、離婚の場合における慰藉料請求権は、相手方の有責不法な行為によって離婚するの止むなきに至ったことにつき、相手方に対して損害賠償を請求することを目的とするものであるから、財産分与請求権とはその本質を異にすると共に、必ずしも所論のように身体、自由、名誉を害せられた場合のみに慰藉料を請求し得るものと限局して解釈しなければならないものではない。されば、権利者は両請求権のいずれかを選択して行使することもできると解すべきである。ただ両請求権は互に密接な関係にあり財産分与の額及び方法を定めるには一切の事情を考慮することを要するのであるから、その事情のなかには慰藉料支払義務の発生原因たる事情も当然に斟酌されるべきものであることは言うまでもない。ところで、これを本件について見ると、被上告人は本訴において慰藉料のみの支払を求めているのであって、すでに財産分与を得たわけではないことはもちろん、慰藉料と共に別に財産分与を求めているものでもない。それ故、所論の理由により慰藉料の請求を許されずとなすべきでないこと明らかであるから、所論は理由がない」と判示し、離婚の場合の慰謝料請求権は、相手方の有責不法な行為によって離婚するの止むなきに至ったことにつき、相手方に対して損害賠償を請求することを目的とするものであること、これは、財産分与請求権とはその本質を異にすること、これは、身体、自由、名誉を害せられた場合のみに慰謝料を請求しうるものと限局して解釈しなければならないものではないこと、権利者は両請求権のいずれかを選択して行使することもできること、権利者が財産分与請求権を有することは、慰謝料請求権の成立を妨げるものではないことを明らかにしたものであり、重要な先例となっている。

最判昭和46・7・23民集25巻5号805頁、判時640号3頁は、離婚による慰謝料と財産分与との関係が問題になった事案について、「本件慰藉料請求は、上告人と被上告人との間の婚姻関係の破綻を生ずる原因となった上告人の虐待等、被上告人の身体、自由、名誉等を侵害する個別の違法行為を理由とするものではなく、被上告人において、上告人の有責行為により離婚をやむなくされ精神的苦痛を被ったことを理由としてその損害の賠償を求めるものと

解されるところ、このような損害は、離婚が成立してはじめて評価されるものであるから、個別の違法行為がありまた婚姻関係が客観的に破綻したとしても、離婚の成否がいまだ確定しない間であるのに右の損害を知りえたものとすることは相当でなく、相手方が有責と判断されて離婚を命ずる判決が確定するなど、離婚が成立したときにはじめて、離婚に至らしめた相手方の行為が不法行為であることを知り、かつ、損害の発生を確実に知ったこととなるものと解するのが相当である。原判決〔福岡高判昭和42・11・7民集25巻5号821頁〕（その引用する第1審判決〔福岡地直方支判昭和41・12・6民集25巻5号814頁〕を含む。以下同じ。）の確定した事実に照らせば、本件訴は上告人と被上告人との間の離婚の判決が確定した後3年内に提起されたことが明らかであって、訴提起当時本件慰藉料請求権につき消滅時効は完成していないものであり、原判決は、措辞適切を欠く部分もあるが、ひつきよう、右の趣旨により上告人の消滅時効の主張を排斥したものと解されるのであるから、その判断は正当として是認することができる。

　離婚における財産分与の制度は、夫婦が婚姻中に有していた実質上共同の財産を清算分配し、かつ、離婚後における一方の当事者の生計の維持をはかることを目的とするものであって、分与を請求するにあたりその相手方たる当事者が離婚につき有責の者であることを必要とはしないから、財産分与の請求権は、相手方の有責な行為によつて離婚をやむなくされ精神的苦痛を被ったことに対する慰藉料の請求権とは、その性質を必ずしも同じくするものではない。したがって、すでに財産分与がなされたからといって、その後不法行為を理由として別途慰藉料の請求をすることは妨げられないというべきである。もっとも、裁判所が財産分与を命ずるかどうかならびに分与の額および方法を定めるについては、当事者双方におけるいっさいの事情を考慮すべきものであるから、分与の請求の相手方が離婚についての有責の配偶者であって、その有責行為により離婚に至らしめたことにつき請求者の被った精神的損害を賠償すべき義務を負うと認められるときには、右損害賠償のための給付をも含めて財産分与の額および方法を定めることもできると解すべき

である。そして、財産分与として、右のように損害賠償の要素をも含めて給付がなされた場合には、さらに請求者が相手方の不法行為を理由に離婚そのものによる慰藉料の支払を請求したときに、その額を定めるにあたっては、右の趣旨において財産分与がなされている事情をも斟酌しなければならないのであり、このような財産分与によつて請求者の精神的苦痛がすべて慰藉されたものと認められるときには、もはや重ねて慰藉料の請求を認容することはできないものと解すべきである。しかし、財産分与がなされても、それが損害賠償の要素を含めた趣旨とは解せられないか、そうでないとしても、その額および方法において、請求者の精神的苦痛を慰藉するには足りないと認められるものであるときには、すでに財産分与を得たという一事によって慰藉料請求権がすべて消滅するものではなく、別個に不法行為を理由として離婚による慰藉料を請求することを妨げられないものと解するのが相当である。所論引用の判例（最高裁昭和26年(オ)469号同321年2月21日第三小法廷判決、民集10巻2号124頁）は、財産分与を請求しうる立場にあることは離婚による慰藉料の請求を妨げるものではないとの趣旨を示したにすぎないものと解されるから、前記の見解は右判例に抵触しない。

　本件において、原判決の確定したところによれば、さきの上告人と被上告人との間の離婚訴訟の判決は、上告人の責任のある離婚原因をも参酌したうえ、整理タンス1棹、水屋1個の財産分与を命じ、それによって被上告人が右財産の分与を受けたというのであるけれども、原審は、これをもって、離婚によつて被上告人の被つた精神的損害をすべて賠償する趣旨を含むものであるとは認定していないのである。のみならず、離婚につき上告人を有責と認めるべき原判決確定の事実関係（右離婚の判決中で認定された離婚原因もほぼこれと同様であることが記録上窺われる。）に照らし、右のごとき僅少な財産分与がなされたことは、被上告人の上告人に対する本訴慰謝料請求を許容することの妨げになるものではないと解すべきであり、また、右財産分与の事実を考慮しても、原判決の定めた慰藉料の額をとくに不当とすべき理由はなく、本訴請求の一部を認容した原判決の判断は、正当として是認することが

できる」と判示し、配偶者が離婚による慰謝料を請求する場合には、配偶者の身体、自由、名誉等を侵害する個別の違法行為を理由とするものではなく、他方の配偶者の有責行為により離婚をやむなくされ精神的苦痛を被ったことを理由としてその損害の賠償を求めるものであること、離婚による慰謝料請求権は、他方の配偶者が有責と判断されて離婚を命ずる判決が確定するなど、離婚が成立したときに初めて、離婚に至らしめた相手方の行為が不法行為であることを知り、かつ、損害の発生を確実に知ったこととなるから、その時から民法724条所定の消滅時効が進行すること、すでに財産分与がなされたからといって、その後不法行為を理由として別途慰謝料の請求をすることは妨げられないこと、裁判所が財産分与を命ずるかどうか並びに分与の額および方法を定めるについては、当事者双方における一切の事情を考慮すべきものであり、分与の請求の相手方が離婚についての有責の配偶者であって、その有責行為により離婚に至らしめたことにつき請求者の被った精神的損害を賠償すべき義務を負うと認められるときには、損害賠償のための給付をも含めて財産分与の額および方法を定めることもできること、すでに財産分与がなされた場合においても、それが損害賠償の要素を含めた趣旨とは解されないか、または、その額および方法において分与請求者の精神的苦痛を慰謝するに足りないと認められるものであるときは、請求者は、別個に、相手方の不法行為を理由として離婚による慰謝料を請求することを妨げられないことを明らかにしいる。この判例もまた、離婚による慰謝料と財産分与との関係を明らかにした重要な先例である。

　(4)　内縁の不当破棄

　婚姻後の離婚ではないが、内縁の場合にも、内縁関係が不当に破棄されることがある。この場合、内縁関係にあった者が不当な破棄をした者に対して離婚と同様に、各種の権利を行使することができるか、慰謝料を請求することができるか等が問題になる。

　最判昭和33・4・11民集12巻5号789頁、判時147号4頁は、内縁の不当破棄があった場合に不法行為が認められるかが問題になった事案について、

「いわゆる内縁は、婚姻の届出を欠くがゆえに、法律上の婚姻ということはできないが、男女が相協力して夫婦としての生活を営む結合であるという点においては、婚姻関係と異るものではなく、これを婚姻に準ずる関係というを妨げない。そして民法709条にいう『権利』は、厳密な意味で権利と云えなくても、法律上保護せられるべき利益があれば足りるとされるのであり（大審院大正14年(オ)第625号、同年11月28日判決、民事判例集4巻670頁、昭和6年(オ)第2771号、同7年10月6日判決、民事判例集11巻2023頁参照）、内縁も保護せられるべき生活関係に外ならないのであるから、内縁が正当の理由なく破棄された場合には、故意又は過失により権利が侵害されたものとして、不法行為の責任を肯定することができるのである。されば、内縁を不当に破棄された者は、相手方に対し婚姻予約の不履行を理由として損害賠償を求めることができるとともに、不法行為を理由として損害賠償を求めることもできるものといわなければならない」と判示し、内縁を不当に破棄された者が相手方に対し不法行為を理由として損害の賠償を求めることができることを明らかにしている。この判例は、内縁関係にある者の個々の不法行為を理由とするものではなく、内縁の不当な破棄を理由とする不法行為の成立を認めるものであり、離婚につき有責である配偶者の不法行為と同様な法理を認めるものである。

　最判昭和38・2・1民集17巻1号160頁は、第三者が内縁関係を破綻させた場合において不法行為が認められるかが問題になった事案について、「内縁の当事者でない者であっても、内縁関係に不当な干渉をしてこれを破綻させたものが、不法行為者として損害賠償の責任を負うべきことは当然であって、原審〔大阪高判昭和37・3・27民集17巻1号167頁〕の確定するところによれば、本件内縁の解消は、生理的現象である被上告人の悪阻による精神的肉体的変化を理解することなく、懶惰であるとか、家風に合わぬなど事を構えて婚家に居づらくし、里方に帰った被上告人に対しては恥をかかせたと称して婚家に入るを許さなかった上告人らの言動に原因し、しかも上告人 Y_1 は右被上告人の追出にあたり主動的役割を演じたというのであるから、原審が右

上告人Y₁の言動を目して社会観念上許容さるべき限度をこえた内縁関係に対する不当な干渉と認め、これに不法行為責任ありとしたのは相当である」と判示し、内縁関係に不当な干渉をしてこれを破綻させた第三者は、不法行為者として損害賠償の責任を負うことを明らかにしている。

最判平成16・11・18判時1881号83頁は、婚姻外の男女の関係を一方的に解消したことにつき不法行為責任が認められるかが問題になった事案について、「前記の事実関係によれば、①上告人と被上告人との関係は、昭和60年から平成13年に至るまでの約16年間にわたるものであり、両者の間には2人の子供が生まれ、時には、仕事の面で相互に協力をしたり、一緒に旅行をすることもあったこと、しかしながら、②上記の期間中、両者は、その住居を異にしており、共同生活をしたことは全くなく、それぞれが自己の生計を維持管理しており、共有する財産もなかったこと、③被上告人は上告人との間に2人の子供を出産したが、子供の養育の負担を免れたいとの被上告人の要望に基づく両者の事前の取決め等に従い、被上告人は2人の子供の養育には一切かかわりを持っていないこと、そして、被上告人は、出産の際には、上告人側から出産費用等として相当額の金員をその都度受領していること、④上告人と被上告人は、出産の際に婚姻の届出をし、出産後に協議離婚の届出をすることを繰り返しているが、これは、生まれてくる子供が法律上不利益を受けることがないようにとの配慮等によるものであって、昭和61年3月に両者が婚約を解消して以降、両者の間に民法所定の婚姻をする旨の意思の合致が存したことはなく、かえって、両者は意図的に婚姻を回避していること、⑤上告人と被上告人との間において、上記の関係に関し、その一方が相手方に無断で相手方以外の者と婚姻をするなどして上記の関係から離脱してはならない旨の関係存続に関する合意がされた形跡はないことが明らかである。

以上の諸点に照らすと、上告人と被上告人との間の上記関係については、婚姻及びこれに準ずるものと同様の存続の保障を認める余地がないことはもとより、上記関係の存続に関し、上告人が被上告人に対して何らかの法的義務を負うものと解することはできず、被上告人が上記関係の存続に関する

法的な権利ないし利益を有するものとはいえない。そうすると、上告人が長年続いた被上告人との上記関係を前記のような方法で突然かつ一方的に解消し、他の女性と婚姻するに至ったことについて被上告人が不満を抱くことは理解し得ないではないが、上告人の上記行為をもって、慰謝料請求権の発生を肯認し得る不法行為と評価することはできないものというべきである」と判示し、一方的に関係を解消しても、不法行為が認められない事例を提供している。

(5) 慰謝料請求権と相続との関係

慰謝料は、被害者の精神的な苦痛に対する賠償であると理解されることが多いところ、慰謝料請求権が成立するには、被害者の意思表示が必要であるか、慰謝料請求権が相続の対象になるか等が問題になってきた。

最判昭和43・5・28判時520号52頁は、不法行為による慰謝料請求権は相続の対象となるかが問題になった事案について、「不法行為による精神的苦痛にもとづく損害の賠償を請求する権利、すなわち、慰藉料請求権は、被害者本人が右損害の賠償を請求する旨の意思表示をしなくても、当然に発生し、これを放棄、免除する等特別の事情が認められないかぎり、その被害者の相続人がこれを相続することができると解して、被上告人らがその被相続人である亡Aの本件慰藉料請求権を相続したものと認定した原審〔大阪高判昭和41・9・12判例集未登載〕の判断は、当裁判所昭和38年(オ)第1408号昭和42年11月1日大法廷判決（民集21巻9号2249頁）の判旨に照らし、正当として首肯することができる」と判示し、不法行為による慰謝料請求権が相続の対象になること、被害者が生前に請求の意思を表明しなくても、相続の対象となることを明らかにしている。

(6) 雇用上の差別

株式会社等の法人、個人事業者との関係で雇用契約を締結し、雇用関係にある者が職場等において監視、ハラスメント、差別等の対象になることがあるが、これらの者が法人等に対して人格的利益を侵害され、不法行為に基づき慰謝料を請求することができるかが問題になることがある。

最判平成7・9・5判時1546号115頁は、「所論の点に関する原審〔大阪高判平成3・9・24労判603号45頁〕の事実認定は、原判決挙示の証拠関係に照らして肯認するに足りるところ、これらを含む原審の適法に確定した事実関係によれば、上告人は、被上告人らにおいて現実には企業秩序を破壊し混乱させるなどのおそれがあるとは認められないにもかかわらず、被上告人らが共産党員又はその同調者であることのみを理由とし、その職制等を通じて、職場の内外で被上告人らを継続的に監視する態勢を採った上、被上告人らが極左分子であるとか、上告人の経営方針に非協力的な者であるなどとその思想を非難して、被上告人らとの接触、交際をしないよう他の従業員に働き掛け、種々の方法を用いて被上告人らを職場で孤立させるなどしたというのであり、更にその過程の中で、被上告人 X_1 及び同 X_2 については、退社後同人らを尾行したりし、特に被上告人 X_2 については、ロッカーを無断で開けて私物である『民青手帳』を写真に撮影したりしたというのである。そうであれば、これらの行為は、被上告人らの職場における自由な人間関係を形成する自由を不当に侵害するとともに、その名誉を毀損するものであり、また、被上告人 X_2 らに対する行為はそのプライバシーを侵害するものでもあって、同人らの人格的利益を侵害するものというべく、これら一連の行為が上告人の会社としての方針に基づいて行われたというのであるから、それらは、それぞれ上告人の各被上告人らに対する不法行為を構成するものといわざるを得ない」と判示し、不法行為に基づく慰謝料請求権が認められた事例を提供している。

(7) 道路における自動車の騒音

社会においてはさまざまな公共施設、設備が設置、管理され、一般の用に提供されているし、企業、個人等も私的な施設、設備を設置、運営しているが、これらの諸活動によって騒音、振動、汚染物質の排出等が発生し、あるいは発生のおそれがあることがある。これらの諸活動は、活動の主体が自由に行うことができたり、社会的に有用な活動であったりし、活動自体が違法であるということはできない。これらの諸活動によって悪影響を受ける住民

らが具体的な被害、あるいは被害のおそれを主張し、活動の主体らに対して損害賠償等を請求する訴訟を提起することがあるし、抽象的な被害のおそれを主張して同様な訴訟を提起する事例もみられる。これらの訴訟においては、被害の救済の内容として慰謝料が主張されることが多いが、これらの諸活動の違法性の判断基準が何か（受忍限度の法理が裁判例によって採用されているが、被害の類型・種類、活動の内容・態様等を考慮し、どのような具体的な判断基準によって判断するか等が問題になる）、損害の内容は何か、慰謝料が認められるか、慰謝料額の算定基準は何か等の問題がある。

最判平成7・7・7民集49巻7号1870頁、判時1544号18頁は、一般国道等の道路の周辺住民が受けた自動車騒音の屋外騒音による道路の設置・管理者の道路の設置または管理に瑕疵があるか、生活妨害等の慰謝料が認められるか等が問題になった事案について、「国家賠償法2条1項にいう営造物の設置又は管理の瑕疵とは、営造物が通常有すべき安全性を欠いている状態、すなわち他人に危害を及ぼす危険性のある状態をいうのであるが、これには営造物が供用目的に沿って利用されることとの関連においてその利用者以外の第三者に対して危害を生ぜしめる危険性がある場合をも含むものであり、営造物の設置・管理者において、このような危険性のある営造物を利用に供し、その結果周辺住民に社会生活上受忍すべき限度を超える被害が生じた場合には、原則として同項の規定に基づく責任を免れることができないものと解すべきである（最高裁昭和51年(オ)第395号同56年12月16日大法廷判決・民集35巻10号1369頁参照）。そして、道路の周辺住民から道路の設置・管理者に対して同項の規定に基づき損害賠償の請求がされた場合において、右道路からの騒音、排気ガス等が右住民に対して現実に社会生活上受忍すべき限度を超える被害をもたらしたことが認定判断されたときは、当然に右住民との関係において右道路が他人に危害を及ぼす危険性のある状態にあったことが認定判断されたことになるから、右危険性を生じさせる騒音レベル、排気ガス濃度等の最低基準を確定した上でなければ右道路の設置又は管理に瑕疵があったという結論に到達し得ないものではない。原判決〔大阪高判平成4・2・20民集49

巻7号2409頁〕は、本件道路からの騒音、排気ガス等がその近隣に居住する被上告人らに対して現実に社会生活上受忍すべき限度を超える被害をもたらしたことを認定判断した上で、本件道路の設置又は管理に瑕疵があったとの結論を導いたものであり、正当として是認することができる。

営造物の供用が第三者に対する関係において違法な権利侵害ないし法益侵害となり、営造物の設置・管理者において賠償義務を負うかどうかを判断するに当たっては、侵害行為の態様と侵害の程度、被侵害利益の性質と内容、侵害行為の持つ公共性ないし公益上の必要性の内容と程度等を比較検討するほか、侵害行為の開始とその後の継続の経過及び状況、その間に採られた被害の防止に関する措置の有無及びその内容、効果等の事情をも考慮し、これらを総合的に考察してこれを決すべきものである（前記大法廷判決参照）。

これを本件についてみるのに、原審の適法に確定したところによれば、原審認定に係る騒音等がほぼ一日中沿道の生活空間に流入するという侵害行為により、そこに居住する被上告人らは、騒音により睡眠妨害、会話、電話による通話、家族の団らん、テレビ・ラジオの聴取等に対する妨害及びこれらの悪循環による精神的苦痛を受け、また、本件道路端から20メートル以内に居住する被上告人らは、排気ガス中の浮遊粒子状物質により洗濯物の汚れを始め有形無形の負荷を受けていたというのである。他方、本件道路が主として産業物資流通のための地域間交通に相当の寄与をしており、自動車保有台数の増加と貨物及び旅客輸送における自動車輸送の分担率の上昇に伴い、その寄与の程度が高くなるに至っているというのであるが、本件道路は、産業政策等の各種政策上の要請に基づき設置されたいわゆる幹線道路であって、地域住民の日常生活の維持存続に不可欠とまではいうことのできないものであり、被上告人らの一部を含む周辺住民が本件道路の存在によってある程度の利益を受けているとしても、その利益とこれによって被る前記の被害との間に、後者の増大に必然的に前者の増大が伴うというような彼此相補の関係はなく、さらに、本件道路の交通量等の推移はおおむね開設時の予測と一致するものであったから、上告人らにおいて騒音等が周辺住民に及ぼす影響を

考慮して当初からこれについての対策を実施すべきであったのに、右対策が講じられないまま住民の生活領域を貫通する本件道路が開設され、その後に実施された環境対策は、巨費を投じたものであったが、なお十分な効果を上げているとまではいえないというのである。そうすると、本件道路の公共性ないし公益上の必要性ゆえに、被上告人らが受けた被害が社会生活上受忍すべき範囲内のものであるということはできず、本件道路の供用が違法な法益侵害に当たり、上告人らは被上告人らに対して損害賠償義務を負うべきであるとした原審の判断は、正当として是認することができ、その過程に所論の違法はない。論旨は採用することができない」。

「所論は、要するに、本件道路からの騒音、排気ガス等により受忍限度を超える被害を受けた者とそうでない者とを識別するためにした原判決の基準の設定に、理由不備、理由齟齬、経験則違反の違法、国家賠償法2条1項の解釈適用を誤った違法があるというものである。

身体的被害に至らない程度の生活妨害を被害の中心とし、多数の被害者が全員に共通する限度において各自の被害につき一律の額の慰謝料という形でその賠償を求める事案において、各自の被害が受忍限度を超えるかどうかを判断するに当たっては、侵害行為の態様及び被害の内容との関連性を考慮した共通の基準を設定して、これに基づき受忍限度を超える被害を受けた者とそうでない者とを識別することに合理性があるというべきである。原審の適法に確定した事実関係によれば、本件においては、共通の被害である生活妨害によって被る精神的苦痛の程度は侵害行為の中心である騒音の屋外騒音レベルに相応するものということができるところ、原審は、前記1の諸要素を考慮した上、公害対策基本法9条に基づく環境基準及び騒音規制法17条1項にいう指定地域内における自動車騒音の限度の各値をも勘案して、㈠ 居住地における屋外等価騒音レベルが65以上の騒音に暴露された被上告人らは、本件道路端と居住地との距離の長短にかかわらず受忍限度を超える被害を受けた、㈡ 本件道路端と居住地との距離が20メートル以内の被上告人らは、(1) その全員が排気ガス中の浮遊粒子状物質により受忍限度を超える被害を

受けた、(2) 騒音及び排気ガスによる被害以外の心理的被害等を併せ考えると、屋外等価騒音レベルが60を超える騒音に暴露された者が受忍限度を超える被害を受けたと判断したものである。要するに、原判決は、受忍限度を超える被害を受けた者とそうでない者とを識別するため、居住地における屋外等価騒音レベルを主要な基準とし、本件道路端と居住地との距離を補助的な基準としたものであって、この基準の設定に不合理なところがあるということはできず、所論の違法はない。論旨は、原審の専権に属する証拠の取捨判断、事実の認定を非難するか、又は原判決を正解しないでこれを非難するところに帰し、採用することができない」と判示し、一般国道等の道路の周辺住民がその供用に伴う自動車騒音等により受けた被害が社会生活上受忍すべき限度を超えるとして道路の設置または管理に瑕疵があるとされた事例判断を提供している。

(8) 航空機の騒音

騒音は、道路だけでなく、社会生活、経済活動上、さまざまな場所において発生し、損害賠償をめぐる紛争として問題になることがあるが、空港、航空機の基地においても多数の訴訟が提起されている。

最大判昭和56・12・16民集35巻10号1369頁、判時1025号39頁は、航空機の離着陸のためにする国営空港の設置または管理の瑕疵等が問題になった事案について、過去の損害の賠償請求に関する判断のうち、国家賠償法2条1項の解釈適用につき、「所論は、要するに、国家賠償法2条1項にいう営造物の設置又は管理の瑕疵とは当該営造物自体について存する物的な欠陥をいうものと解すべきところ、原判決〔大阪高判昭和50・11・27民集35巻10号1881頁〕は、営造物の設置・管理行為の欠陥が前記の瑕疵にあたるとの見解のもとに、国が立地条件の劣悪な本件空港についてジェット機等の大量就航を前提として拡張を計画し、国際空港に指定したこと自体あるいは本件空港にジェット機を就航させ、発着機数を増加させ、B滑走路を新設するなどして被害防止対策が遅れがちのまま本件空港の供用を継続して周辺住民に損害を与えたことが営造物の設置又は管理の瑕疵にあたるとしたのであつて、右は国

家賠償法の解釈適用を誤つたものであり、また、この点に関する原判決の判断過程には理由不備の違法がある、というのである。

　国家賠償法2条1項の営造物の設置又は管理の瑕疵とは、営造物が有すべき安全性を欠いている状態をいうのであるが、そこにいう安全性の欠如、すなわち、他人に危害を及ぼす危険性のある状態とは、ひとり当該営造物を構成する物的施設自体に存する物理的、外形的な欠陥ないし不備によつて一般的に右のような危害を生ぜしめる危険性がある場合のみならず、その営造物が供用目的に沿つて利用されることとの関連において危害を生ぜしめる危険性がある場合をも含み、また、その危害は、営造物の利用者に対してのみならず、利用者以外の第三者に対するそれをも含むものと解すべきである。すなわち、当該営造物の利用の態様及び程度が一定の限度にとどまる限りにおいてはその施設に危害を生ぜしめる危険性がなくても、これを超える利用によつて危害を生ぜしめる危険性がある状況にある場合には、そのような利用に供される限りにおいて右営造物の設置、管理には瑕疵があるというを妨げず、したがつて、右営造物の設置・管理者において、かかる危険性があるにもかかわらず、これにつき特段の措置を講ずることなく、また、適切な制限を加えないままこれを利用に供し、その結果利用者又は第三者に対して現実に危害を生ぜしめたときは、それが右設置・管理者の予測しえない事由によるものでない限り、国家賠償法2条1項の規定による責任を免れることができないと解されるのである。

　本件についてこれをみるのに、本件において被上告人らが主張し、かつ、原審が認定した本件空港の設置、管理の瑕疵は、右空港の施設自体がもつ物理的・外形的欠陥ではなく、また、それが空港利用者に対して危害を生ぜしめているというのでもなくて、本件空港に多数のジエツト機を含む航空機が離着陸するに際して発生する騒音等が被上告人ら周辺住民に被害を生ぜしめているという点にあるのであるが、利用者以外の第三者に対する危害もまた瑕疵のうちに含まれること、営造物がその供用目的に沿つて利用されている状況のもとにおいてこれから危害が生ずるような場合もこれに含まれること

は前示のとおりであるから、本件空港に離着陸する航空機の騒音等による周辺住民の被害の発生を右空港の設置、管理の瑕疵の概念に含ましめたこと自体に所論の違法があるものということはできない。そして、原審の適法に確定したところによれば、本件空港は第一種空港として大量の航空機の離着陸を予定して設置されたものであるにもかかわらず、その面積はこのような機能を果たすべき空港としては狭隘であり、しかも多数の住民の居住する地域にきわめて近接しているなど、立地条件が劣悪であつて、これに多数のジエット機を含む航空機が離着陸することにより周辺住民に騒音等による甚大な影響を与えることは避け難い状況にあり、しかも本件空港の設置・管理者たる国は右被害の発生を防止するのに十分な措置を講じないまま右空港をジエット機を含む大量の航空機の離着陸に継続的に使用させてきた、というのである。そうすると、のちに上告理由第四点の一ないし四について判示するとおり右供用の違法性が肯定される限り、国家賠償法2条1項の規定の解釈に関しさきに判示したところに照らし、右事実関係のもとにおいて本件空港の設置、管理に瑕疵があるものと認めた原審の判断は正当というべきである。原判決に所論の違法はなく、論旨は採用することができない。

　……所論は、要するに、原判決は、㈠⑴　検証における主観的、感観的な印象を重視し、また、⑵　被上告人らの陳述書及びアンケート調査のような、その性質上主観的な誇張や偏りを免れない証拠資料に高い証拠価値を認め、⑶　被害の悪循環と相互影響というような合理的根拠に乏しい漠然とした観念をあたかも1個の経験法則であるかのように取り扱つて事実の認定、判断の基礎とした点において、また、㈡　航空機（ジエット機）の排気ガスを被上告人らの居住地域における大気汚染の原因であるとたやすく認定した点において、それぞれ経験則違背、理由不備又は理由齟齬の違法を犯したものである、というのである。

　しかしながら、人が、本件において問題とされているような相当強大な航空機騒音に暴露される場合、これによる影響は、生理的、心理的、精神的なそればかりでなく、日常生活における諸般の生活妨害等にも及びうるもの

あり、その内容、性質も複雑、多岐、微妙で、外形的には容易に捕捉し難いものがあり、被暴露者の主観的条件によつても差異が生じうる反面、その主観的な受けとめ方を抜きにしてはこれを正確に認識、把握することができないようなものであることは、常識上容易に肯認しうるところである。したがつて、原審が検証を実施した際に受けた印象や、被上告人らの陳述書、アンケート調査等に所論のような主観的要素が含まれているからといつて、その証拠価値を否定することができないことはもちろん、原審がこれらに対してかなり高い証拠価値を認めたとしても、そのことをもつて直ちに採証法則ないし経験則違背の違法があるとすることはできない。また、前記航空機騒音の影響による前記各種被害の間にはその性質上相互に影響し合う関係があるとする原審の見解も、必ずしも根拠のないものということはできず、被害の認定判断にあたつてこれを考慮したことが所論のように合理性を欠くものともいえない。

　……所論は、要するに、本件損害賠償請求は、航空機騒音等によつて被上告人らが肉体的・精神的被害を受け、日常生活にも著しい妨害を受けていることを理由とするものであるから、その性質上当然に、被上告人ら各自について、それぞれの被害発生、その内容、右各被害と加害行為との間の因果関係の存在を個別的かつ具体的に認定判断する必要があるにもかかわらず、原判決は、㈠　この一般原則を無視し、右のような個別的、具体的な立証を不必要とし、被上告人らの具体的生活条件、居住条件のいかんによつて航空機騒音等による被害の内容及び程度につき生ずるはずの差異を一切捨象し、被上告人らに一律一様の被害が生じているものと認定判断した点において、また、㈡　殊に、被上告人らの主張する耳鳴り、難聴その他の身体的被害について、主として本人の陳述やアンケート調査のような主観的色彩の強い証拠資料に依拠し、医学的・客観的資料によらず、また、疫学的手法を用いることもなく、たやすく被上告人らの一部にそのような身体的被害が生じ、かつ、少なくとも本件航空機による騒音等がその一因となり、又はなつている可能性があると認定するとともに、一部住民につきそのような事実が認められる

以上、他の住民についても同種被害の発生ないしはその危険性の存在を肯定すべく、各自につき具体的に被害発生の有無や危険性の存在と程度を確定する必要がないとしている点において、法令の解釈適用を誤り、経験則に違背し、理由不備ないし理由齟齬の違法を犯したものである、というのである。

原判決が、本件空港に離着陸する航空機の騒音等による被上告人らの被害につき、その精神的被害を等しいものとし、また、睡眠妨害を含む日常生活の妨害も、各人の生活条件に応じて発現の具体的態様に相違があるにせよ、被上告人ら全員に共通するものとし、更に身体的被害についても、被害発生の可能性は騒音等に暴露されている地域の住民の全員に同一であり、一部の者に被害が生じていれば、その他の者にも同様の危険性があると認めるべきであるとしていることは、所論のとおりである。

確かに、被上告人らの本件損害賠償請求は、本件空港に離着陸する航空機の騒音等により被上告人らを含む周辺地域の住民が被つている被害を一体的にとらえ、これを１個の権利侵害として、被上告人らがそれら住民の全体を代表するといつたような立場においてこれに対する救済を求めるものではなく、被上告人各自の被つている被害につき、それぞれの固有の権利として損害賠償の請求をしているのであるから、各被上告人についてそれぞれ被害の発生とその内容が確定されなければならないことは当然である。しかしながら、被上告人らが請求し、主張するところは、被上告人らはそれぞれさまざまな被害を受けているけれども、本件においては各自が受けた具体的被害の全部について賠償を求めるのではなく、それらの被害の中には本件航空機の騒音等によつて被上告人ら全員が最小限度この程度まではひとしく被つていると認められるものがあり、このような被害を被上告人らに共通する損害として、各自につきその限度の慰藉料という形でその賠償を求める、というのであり、それは、結局、被上告人らの身体に対する侵害、睡眠妨害、静穏な日常生活の営みに対する妨害等の被害及びこれに伴う精神的苦痛を一定の限度で被上告人らに共通するものとしてとらえ、その賠償を請求するものと理解することができる。もとより右のような被害といえども、被上告人ら各自

の生活条件、身体的条件等の相違に応じてその内容及び程度を異にしうるものではあるが、他方、そこには、全員について同一に存在が認められるものや、また、例えば生活妨害の場合についていえば、その具体的内容において若干の差異はあつても、静穏な日常生活の享受が妨げられるという点においては同様であつて、これに伴う精神的苦痛の性質及び程度において差異がないと認められるものも存在しうるのであり、このような観点から同一と認められる性質・程度の被害を被上告人全員に共通する損害としてとらえて、各自につき一律にその賠償を求めることも許されないではないというべきである。原判決は、右のような観点に立つて、被上告人らの主張する被害事実につき、本件空港に離着陸する航空機の騒音等の性質、内容、程度に照らし、周辺住民としてこれに暴露される被上告人ら各自がひとしく少なくともその程度にまでは被つているものと考えられる被害がどのようなものであるかを把握するという見地から、被害及び因果関係の有無を認定判断しているのと解されるのであり、そうである以上、損害賠償の原因となるべき被上告人らの被害について一律的な判断を示し、各人別にそれぞれ異なつた被害の認定等を示していないことは、あえて異とするに足りないのである。そして、右の点に関し、本件空港に離着陸する航空機の被上告人らの居住する地域に及ぼす騒音等の性質、強度、頻度等が原判決において認定されたようなものである場合において、被上告人らのすべてに共通して原判示のような不快感、いらだち等の精神的苦痛及び睡眠その他日常生活の広範な妨害を生ずるとした原審の認定判断は、原判決挙示の証拠関係に照らし、是認することができないものではなく、また、身体的被害についても、本件のような航空機騒音の特質及びこれが人体に及ぼす影響の特殊性並びにこれに関する科学的解明が未だ十分に進んでいない状況にかんがみるときは、原審が、その挙示する証拠に基づき、前記のような航空機の騒音等の影響下にある被上告人らが訴える原判示の疾患ないし身体障害につき右騒音等がその原因の一つとなつている可能性があるとした認定判断は、必ずしも経験則に違背する不合理な認定判断として排斥されるべきものとはいえず、被上告人らすべてが、右のよ

うな身体障害に連なる可能性を有するストレス等の生理的・心理的影響ないし被害をひとしく受けているものとした判断もまた、是認することができないものではない。もつとも、原判決の判示のうちには、単なる身体的被害発生の可能性ないし危険性そのものを慰藉料請求権の発生原因たる被害と認めているかにみえる箇所があるところ、そのような可能性ないし危険性そのものを直ちに慰藉料請求権の発生原因たるべき現実の被害にあたるということができないことはいうまでもないが、右判示は、そのような可能性ないし危険性を帯有する前記のような生理的・心理的現象をもつて慰藉料請求権の発生原因たる被害と認めた趣旨のものと解することができないものではないのである。以上の点に関する論旨は、ひつきよう、原判決を正解しないでこれを論難するか、又は原審の専権に属する証拠の取捨判断、事実の認定を非難するものにすぎないというべきである。

　なお、本件における被害の問題は、単に被上告人らにつきその主張するような共通被害が生じたかどうかの点のみに限られるものではなく、のちに上告理由第四点の一ないし四について判示するように、本件空港供用の違法性の判断については、右供用に伴う航空機の離着陸の際に生ずる騒音等が被上告人らを含む周辺住民らの全体に対しどのような種類、性質、内容の被害をどの程度に生ぜしめているかが一つの重要な考慮要素をなすものと解されるところ、この場合における被害の総体的な認定判断においては、必ずしも全員に共通する被害のみに限らず、住民の一部にのみ生じている特別の被害も考慮の対象となしうるのであり、原判決が、右のような、必ずしも被上告人ら全員に共通する被害とまではいえないものについても詳細な認定を施し、かつ、住民のうち特殊な生活条件、身体的条件を有する者について生ずる特別の被害をも加えて総体的な評価判断を示しているのも、右の見地からされたものと解されるのである。してみると、原判決中の右の点に関する判示部分は、さきの被上告人らに共通する被害の認定部分と一見矛盾するかのような観を呈するけれども、これをもつて理由齟齬の違法があるものとすることはできない。

第1章　慰謝料の認定・算定の考え方

　……所論は、要するに、原判決は、過去の損害に対する慰藉料額の算定にあたり被上告人ら各自の個別的な被害の態様、程度、内容及び各年ごとの被害程度の相違に応じて賠償額に合理的な差等を設けず、B滑走路供用開始以前の時期については被上告人らの居住地区ごとに、右供用開始以後の時期については全地区を通じ一律に賠償額を定めた点において、法令の解釈適用を誤り、ひいては審理不尽、理由不備の違法を犯したものである、というのである。

　一般に慰藉料額の算定にあたつては、被害者各自の個別的な被害の態様、内容、程度や時の経過に伴う被害状況の変動等が重要な判断要素となるものであることはいうまでもない。しかしながら、本件訴訟において、被上告人らは、ひとしく本件空港に発着する航空機の騒音等に基づいて昭和40年1月1日以降引き続き損害を受けてきたとして、居住地区及び居住期間により若干の差等を設け、昭和45年1月1日又は昭和47年1月1日の前後で損害額算定の方法を異にするほかは各被上告人につき一律に算定した慰藉料の支払を求め、その主張する損害の主要部分も被上告人らに共通するものであるところ、このような被上告人らの請求の性格に照らせば、裁判所としては、請求の本旨を没却しない程度において長期的な時間区分により概括的に被害状況の変動をとらえたうえ、各時期につき被上告人全員に終始共通して生ずる被害のみを対象としてこれに相応する慰藉料の額を定めれば足り、それ以上に各被上告人の個別的な被害の態様、内容、程度及びその刻々の変動について認定判断し、これに対応する慰藉料額を定めなければならないものではない。原審は、以上述べたところと同様の見解に立ち、被上告人の慰藉料の額を定めるにあたり、その適法に確定した事実関係のもとにおいて被上告人らの被害の程度、従来の被害防止対策が不十分であつたことを含む侵害の経過を考慮し、被上告人らの被つている精神的苦痛、身体的被害の危険性及び生活妨害の主要な部分は全員に共通であることを理由として、被害者側の個別的事情としては居住地域及び当該地域における居住期間を斟酌すれば足りるとし、B滑走路供用開始の以前と以後とによつて被害の程度の差が生じたものとし

て金額に差等をつけたほかは居住地域と居住期間に応じ一律に慰藉料額を算定したものと解されるのであつて、右算定方法は一応合理性を有するものとして是認することができないものではなく、その過程に所論の違法があるとすることはできない。論旨は、採用することができない。

……所論は、要するに、本件においては将来における慰藉料請求発生の基礎たるべき事実関係の変動が予想されるにもかかわらず、原判決は、右事実関係を現時において確定しうるとし、しかも慰藉料額の算定にあたつてB滑走路供用開始後の事実関係の変動及び将来における民家防音工事等の対策の進展を考慮することなく将来生ずべき損害に対する慰藉料請求を認容したものであり、この点において法令の解釈適用を誤り、審理不尽、理由不備、理由齟齬の違法を犯したものである、というのである。

民訴法226条はあらかじめ請求する必要があることを条件として将来の給付の訴えを許容しているが、同条は、およそ将来に生ずる可能性のある給付請求権のすべてについて前記の要件のもとに将来の給付の訴えを認めたものではなく、主として、いわゆる期限付請求権や条件付請求権のように、既に権利発生の基礎をなす事実上及び法律上の関係が存在し、ただ、これに基づく具体的な給付義務の成立が将来における一定の時期の到来や債権者において立証を必要としないか又は容易に立証しうる別の一定の事実の発生にかかつているにすぎず、将来具体的な給付義務が成立したときに改めて訴訟により右請求権成立のすべての要件の存在を立証することを必要としないと考えられるようなものについて、例外として将来の給付の訴えによる請求を可能ならしめたにすぎないものと解される。このような規定の趣旨に照らすと、継続的不法行為に基づき将来発生すべき損害賠償請求権についても、例えば不動産の不法占有者に対して明渡義務の履行完了までの賃料相当額の損害金の支払を訴求する場合のように、右請求権の基礎となるべき事実関係及び法律関係が既に存在し、その継続が予測されるとともに、右請求権の成否及びその内容につき債務者に有利な影響を生ずるような将来における事情の変動としては、債務者による占有の廃止、新たな占有権原の取得等のあらかじめ

明確に予測しうる事由に限られ、しかもこれについては請求異議の訴えによりその発生を証明してのみ執行を阻止しうるという負担を債務者に課しても格別不当とはいえない点において前記の期限付債権等と同視しうるような場合には、これにつき将来の給付の訴えを許しても格別支障があるとはいえない。しかし、たとえ同一態様の行為が将来も継続されることが予測される場合であつても、それが現在と同様に不法行為を構成するか否か及び賠償すべき損害の範囲いかん等が流動性をもつ今後の複雑な事実関係の展開とそれらに対する法的評価に左右されるなど、損害賠償請求権の成否及びその額をあらかじめ一義的に明確に認定することができず、具体的に請求権が成立したとされる時点においてはじめてこれを認定することができるとともに、その場合における権利の成立要件の具備については当然に債務者においてこれを立証すべく、事情の変動を専ら債務者の立証すべき新たな権利成立阻却事由の発生としてとらえてその負担を債務者に課するのは不当であると考えられるようなものについては、前記の不動産の継続的不法占有の場合とはとうてい同一に論ずることはできず、かかる将来の損害賠償請求権については、冒頭に説示したとおり、本来例外的にのみ認められる将来の給付の訴えにおける請求権としての適格を有するものとすることはできないと解するのが相当である。

　本件についてこれらをみるのに、将来の侵害行為が違法性を帯びるか否か及びこれによつて被上告人らの受けるべき損害の有無、程度は、被上告人ら空港周辺住民につき発生する被害を防止、軽減するため今後上告人により実施される諸方策の内容、実施状況、被上告人らのそれぞれにつき生ずべき種々の生活事情の変動等の複雑多様な因子によって左右されるべき性質のものであり、しかも、これらの損害は、利益衡量上被害者において受忍すべきものとされる限度を超える場合にのみ賠償の対象となるものと解されるのであるから、明確な具体的基準によつて賠償されるべき損害の変動状況を把握することは困難といわなければならないのであつて、このような損害賠償請求権は、それが具体的に成立したとされる時点の事実関係に基づきその成立

の有無及び内容を判断すべく、かつまた、その成立要件の具備については請求者においてその立証の責任を負うべき性質のものといわざるをえないのである。したがつて、別紙当事者目録記載の番号1ないし239の被上告人ら（原判決別紙二の第一ないし第四表記載の被上告人らないしその訴訟承継人ら）の損害賠償請求のうち原審口頭弁論終結後に生ずべき損害（この損害の賠償の請求に関する弁護士費用を含む。）の賠償を求める部分は、権利保護の要件を欠くものというべきであつて、原判決が右口頭弁論終結ののちであることが記録上明らかな昭和50年6月1日以降についての上記被上告人らの損害賠償請求を認容したのは、訴訟要件に関する法令の解釈を誤つたものであり、右違法が判決に影響を及ぼすものであることは明らかである。それゆえ、論旨は理由があり、その余の論旨について判断するまでもなく、原判決中右将来の損害の賠償請求を認容した部分は破棄を免れず、第一審判決中右認容された請求に関する部分はこれを取り消して本訴請求中右請求にかかる訴えを却下すべきである」と判示し、空港の付近住民による一律の慰謝料請求に関する重要な判断を示している。

(9) **工場の操業**

工場の操業、稼働についても、前記(7)の国道における自動車の騒音と同様な問題が生じる。

最判平成6・3・24判時1501号96頁は、隣接地住民が工場の操業に起因する騒音、粉じん等により被害を受けていると主張し、工場の経営主体に対して慰謝料を請求し、工場の操業が違法であるか等が問題になった事案について、「工場等の操業に伴う騒音、粉じんによる被害が、第三者に対する関係において、違法な権利侵害ないし利益侵害になるかどうかは、侵害行為の態様、侵害の程度、被侵害利益の性質と内容、当該工場等の所在地の地域環境、侵害行為の開始とその後の継続の経過及び状況、その間に採られた被害の防止に関する措置の有無及びその内容、効果等の諸般の事情を総合的に考察して、被害が一般社会生活上受忍すべき程度を超えるものかどうかによって決すべきである。工場等の操業が法令等に違反するものであるかどうかは、右

の受忍すべき程度を超えるかどうかを判断するに際し、右諸般の事情の一つとして考慮されるべきであるとしても、それらに違反していることのみをもって、第三者との関係において、その権利ないし利益を違法に侵害していると断定することはできない。

　このような見地に立って本件を検討するのに、前記事実関係によると、被上告人の住居は、被上告人住所地にあった旧建物の２、３階から、同地上に建て替えられた新建物の10階西側部分に替っており、新建物は本件工作物に面した南側には窓などの開口部がほとんどないというのであるから、原審［東京高判平成元・8・30判時1325号61頁］認定のように粉じんの流入がなくなっただけではなく、騒音についても、被上告人の住居に流入する音量等が変化し、被上告人が本件工作物の操業に伴う騒音によって被っている被害の質、程度が変化していることは、経験則上明らかである。したがって、被上告人の現在の住居に流入する騒音の音量、程度等、ひいてはそれによる被上告人の被害の程度の変化について審理し、これをも考慮に入れて本件工作物の操業に伴う騒音、粉じんによる被上告人の被害が社会生活上の受忍すべき程度を超えるものであるかどうかを判断すべきものである。また、原審は、前記のとおり、㈠　被上告人住所地は、相当の交通騒音が存在する地域に属すること、㈡　本件工作物の操業に伴う騒音は、瞬間的な砂利投下音を別にすると環境騒音とほぼ同レベルであり、しかも、窓を閉めることによって室内に流入する騒音は相当低下すること、㈢　上告会社において、騒音、粉じんに対する各種の対策を講じ、それが相応の効果を挙げていることなどの事実を確定しているのであって、これらの事実も右の判断に当たって考察に入れなければならない。

　ところが、原審は、被上告人の現在の住居に流入する騒音の程度等について審理せず、漫然と被上告人の被害が続いていると認定した上、前記のような各判断要素を総合的に考察することなく、上告会社の違法操業の態様が著しく悪質で違法性が高いことを主たる理由に、上告会社の本件工作物の操業に伴う騒音、粉じんによって上告人の権利ないし利益を違法に侵害している

と判断したものであるから、原審の右判断には、法令の解釈適用の誤り、ひいては審理不尽、理由不備の違法があり、右違法が原判決の結論に影響を及ぼすことは明らかである」と判示し、工場の操業による近隣住民の騒音、粉じん等による被害が違法であるかの判断につき受忍限度の法理を採用していること、本件では受忍限度の判断基準において考慮すべき事情として現在の住居に流入する騒音の程度等について審理せず、漫然と住民の被害が続いていると認定したことは、各判断要素を総合的に考察することなく、工場の操業に伴う騒音、粉じんによって住民の権利ないし利益を違法に侵害したと判断したことが誤りであることを明らかにしている。

　⑽　**交通事故後のうつ病の罹患、自殺**

　交通事故によって被害を受けた者は、被害の内容に応じて各種の損害賠償を加害者に対して請求することができ、その損害の中には後遺症慰謝料、入通院慰謝料が含まれているが、被害者が交通事故後、うつ病に罹患したり、自殺した場合、通常の損害賠償とは別にこれらにつき慰謝料を請求することができるかが問題になることがある。

　最判平成5・9・9判時1477号42頁は、交通事故後、被害者に重大な身体障害を伴う後遺症がなかったものの、精神的衝撃を受け、補償交渉が円滑に進まなかった等の事情から、自殺した場合に自殺と事故の因果関係が問題になった事案について、「本件事故により勝が被った傷害は、身体に重大な器質的障害を伴う後遺症を残すようなものでなかったとはいうものの、本件事故の態様が勝に大きな精神的衝撃を与え、しかもその衝撃が長い年月にわたって残るようなものであったこと、その後の補償交渉が円滑に進行しなかったことなどが原因となって、勝が災害神経症状態に陥り、更にその状態から抜け出せないままうつ病になり、その改善をみないまま自殺に至ったこと、自らに責任のない事故で傷害を受けた場合には災害神経症状態を経てうつ病に発展しやすく、うつ病にり患した者の自殺率は全人口の自殺率と比較してはるかに高いなど原審の適法に確定した事実関係を総合すると、本件事故と勝の自殺との間に相当因果関係があるとした上、自殺には同人の心因的要因も

寄与しているとして相応の減額をして死亡による損害額を定めた原審の判断は、正当として是認することができ、原判決に所論の違法はない」と判示し、本件の事情の下、事故と被害者の自殺との間の因果関係を肯定したものであるが、特に交通事故の補償交渉が円滑に進行しなかったことなどが原因となって、被害者が、災害神経症状態に陥り、その状態から抜け出せないままうつ病になり、その改善をみないまま自殺に至ったことを考慮していること、心因的要因も寄与していることを明らかにしている。

(11) 電車内の商業宣伝放送

社会においては、騒音に限らず、さまざまな内容・程度の音がさまざまな目的で利用されているが、騒音にあたるかとか、受忍限度を超えるものか等は、音のする場所、音のする時間、音の内容・程度、音の提供目的等の事情によって異なるだけでなく、音を聞く者の感受性にも影響を受ける。

最判昭和63・12・20判時1302号94頁は、市営地下鉄の列車内における商業宣伝放送が違法であるかが問題になった事案について、「原審〔大阪高判昭和58・5・31判タ504号105頁〕が適法に確定した事実関係のもとにおいて、被上告人の運行する大阪市営高速鉄道（地下鉄）の列車内における本件商業宣伝放送を違法ということはできず、被上告人が不法行為及び債務不履行の各責任を負わないとした原審の判断は、正当として是認することができ、その過程に所論の違法はない」と判示し、本件の事実関係の下で商業宣伝放送が違法でないことを明らかにしているが、違法であると判断された場合には、慰謝料が認められる可能性がある。

(12) 氏名の呼び方

個人は、誰でも氏名を有しており、他人から正確に呼んでもらうことを想定しているが、読み方が複数あったり、辞書にもない字であったり、そもそもその字の読み方でない読み方をしていたり、いわゆる「キラキラネーム」であって読みづらかったりし、正確に読むことが困難であることは少なくなく、誤って呼ばれることは少なくない。筆者も、「升田」の文字が読めないため、「べんだ」と呼ばれることがあるが、想定された呼び方であり、返事

をすることにしているし、この程度で精神的苦痛が生じたとは感じない。筆者は、他人の名前で読みづらいとか、複数の読み方が想定されたりした場合には、本人に読み方を聞くことにしているが、同様の対応を見かけることは少なくない。外国人の読み方については、国際的にみて、一定・一律の基準があるとはいえないし、筆者も外国人の呼び方がまちまちであることを経験したことがある（筆者も諸外国の人にとっては外国人であり、いくつかの呼び方をされたことがある）。

　最判昭和63・2・16民集42巻2号27頁、判時1266号9頁は、テレビ放送のニュース番組において在日韓国人の氏名を日本語読みによって呼称した行為が違法かどうかが問題になった事案について、「氏名は、社会的にみれば、個人を他人から識別し特定する機能を有するものであるが、同時に、その個人からみれば、人が個人として尊重される基礎であり、その個人の人格の象徴であって、人格権の一内容を構成するものというべきであるから、人は、他人からその氏名を正確に呼称されることについて、不法行為法上の保護を受けうる人格的な利益を有するものというべきである。しかしながら、氏名を正確に呼称される利益は、氏名を他人に冒用されない権利・利益と異なり、その性質上不法行為法上の利益として必ずしも十分に強固なものとはいえないから、他人に不正確な呼称をされたからといって、直ちに不法行為が成立するというべきではない。すなわち、当該他人の不正確な呼称をする動機、その不正確な呼称の態様、呼称する者と呼称される者との個人的・社会的な関係などによって、呼称される者が不正確な呼称によって受ける不利益の有無・程度には差異があるのが通常であり、しかも、我が国の場合、漢字によって表記された氏名を正確に呼称することは、漢字の日本語音が複数存在しているため、必ずしも容易ではなく、不正確に呼称することも少なくないことなどを考えると、不正確な呼称が明らかな蔑称である場合はともかくとして、不正確に呼称したすべての行為が違法性のあるものとして不法行為を構成するというべきではなく、むしろ、不正確に呼称した行為であつても、当該個人の明示的な意思に反してことさらに不正確な呼称をしたか、又は害意

をもって不正確な呼称をしたなどの特段の事情がない限り、違法性のない行為として容認されるものというべきである。更に、外国人の氏名の呼称について考えるに、外国人の氏名の民族語音を日本語的な発音によって正確に再現することは通常極めて困難であり、たとえば漢字によって表記される著名な外国人の氏名を各放送局が個別にあえて右のような民族語音による方法によって呼称しようとすれば、社会に複数の呼称が生じて、氏名の社会的な側面である個人の識別機能が損なわれかねないから、社会的にある程度氏名の知れた外国人の氏名をテレビ放送などにおいて呼称する場合には、民族語音によらない慣用的な方法が存在し、かつ、右の慣用的な方法が社会一般の認識として是認されたものであるときには、氏名の有する社会的な側面を重視し、我が国における大部分の視聴者の理解を容易にする目的で、右の慣用的な方法によって呼称することは、たとえ当該個人の明示的な意思に反したとしても、違法性のない行為として容認されるものというべきである。

　これを本件についてみるに、原審〔福岡高判昭和58・7・21民集42巻2号54頁〕の確定したところによれば、上告人は、韓国籍を有する外国人であり、その氏名は漢字によって『崔昌華』と表記されるが、民族語読みによれば『チョエ・チャン　ホア』と発音されるところ、被上告人は、昭和50年9月1日及び同月2日のテレビ放送のニュース番組において、上告人があらかじめ表明した意思に反して、上告人の氏名を日本語読みによって『サイ・ショウ　カ』と呼称したというのであるが、漢字による表記とその発音に関する我が国の歴史的な経緯、右の放送当時における社会的な状況など原審確定の諸事情を総合的に考慮すると、在日韓国人の氏名を民族語読みによらず日本語読みで呼称する慣用的な方法は、右当時においては我が国の社会一般の認識として是認されていたものということができる。そうすると、被上告人が上告人の氏名を慣用的な方法である日本語読みによって呼称した右行為には違法性がなく、民法709条、723条に基づく謝罪、謝罪文の放送及び新聞紙上への掲載並びに慰藉料の支払を求める上告人の請求を棄却すべきものとした原審の判断は、その余の判断をするまでもなく、結局において正当であるか

ら、首肯するに足りる」と判示し、氏名を正確に呼称される利益が不法行為法上の保護を受けうる利益であること、昭和50年当時テレビ放送のニュース番組において在日韓国人の氏名をそのあらかじめ表明した意思に反して日本語読みによって呼称した行為は、在日韓国人の氏名を日本語読みによって呼称する慣用的な方法が是認されていた社会的な状況の下では違法とはいえないとしたことを明らかにしている。

⑬ 意思決定の自由

　個人も、企業も社会的な活動をし、取引をし、さまざまな活動を行うが、これらの諸活動を行う場合には、自己の意思を自由に決定することが重要であり、前提となっており、特に個人の場合には、その意思決定の自由を尊重すべきことが要請されている。意思決定の自由は、取引等の相手方、関係者等から虚偽の情報を提供されたり、十分な情報を提供されなかったり、心理的、身体的に不当な圧力をかけられたりして侵害されることがあるが、このような場合、意思決定上被害を受けた者がどのような救済を受けることができるかは、契約法、不法行為法等の分野においてさまざまに議論が行われている。たとえば、契約法の分野においては契約の無効、取消し等が問題になるし、不法行為法の分野では、その法的な根拠は複数ありうるとしても、損害賠償責任が問題になる。損害賠償責任が問題になる場合には、損害の発生、損害賠償の範囲、損害額の算定が争点になり、損害として慰謝料が問題になりうるものである。

㋐ 保険契約締結に関する意思決定

　最判平成15・12・9民集57巻11号1887頁、判時1849号93頁は、火災保険契約の申込者が同契約に附帯して地震保険契約を締結するか否かの意思決定をするにあたり保険会社側からの地震保険の内容等に関する情報の提供や説明に不十分・不適切な点があったことを理由とする慰謝料請求の可否が問題になった事案について、「原審〔大阪高判平成13・10・31民集57巻11号2057頁〕の上記判断に係る被上告人らの上記予備的請求（その２）のうちの第２次的請求（慰謝料請求）は、要するに、被上告人らは、上告人側から本件地震保

険に関する事項について適切な情報提供や説明を受けなかったことにより、正確かつ十分な情報の下に地震保険に加入するか否かについての意思を決定する機会が奪われたとして、上告人に対し、これによって被上告人らが被った精神的損害のてん補としての慰謝料の支払を求めるものである。このような地震保険に加入するか否かについての意思決定は、生命、身体等の人格的利益に関するものではなく、財産的利益に関するものであることにかんがみると、この意思決定に関し、仮に保険会社側からの情報の提供や説明に何らかの不十分、不適切な点があったとしても、特段の事情が存しない限り、これをもって慰謝料請求権の発生を肯認し得る違法行為と評価することはできないものというべきである。

　このような見地に立って、本件をみるに、前記の事実関係等によれば、次のことが明らかである。(1)　本件各火災保険契約の申込書には、『地震保険は申し込みません』との記載のある地震保険不加入意思確認欄が設けられ、申込者が地震保険に加入しない場合には、その欄に押印をすることになっている。申込書にこの欄が設けられていることによって、火災保険契約の申込みをしようとする者に対し、①火災保険とは別に地震保険が存在すること、②両者は別個の保険であって、前者の保険に加入したとしても、後者の保険に加入したことにはならないこと、③申込者がこの欄に押印をした場合には、地震保険に加入しないことになることについての情報が提供されているものとみるべきであって、申込者である被上告人らは、申込書に記載されたこれらの情報を基に、上告人に対し、火災保険及び地震保険に関する更に詳細な情報（両保険がてん補する範囲、地震免責条項の内容、地震保険に加入する場合のその保険料等に関する情報）の提供を求め得る十分な機会があった。(2)　被上告人らは、いずれも、この欄に自らの意思に基づき押印をしたのであって、上告人側から提供された上記①～③の情報の内容を理解し、この欄に押印をすることの意味を理解していたことがうかがわれる。(3)　上告人が、被上告人らに対し、本件各火災保険契約の締結に当たって、本件地震保険に関する事項について意図的にこれを秘匿したなどという事実はない。

これらの諸点に照らすと、本件各火災保険契約の締結に当たり、上告人側に、被上告人らに対する本件地震保険に関する事項についての情報提供や説明において、不十分な点があったとしても、前記特段の事情が存するものとはいえないから、これをもって慰謝料請求権の発生を肯認し得る違法行為と評価することはできないものというべきである」と判示し、地震保険に加入するか否かについての意思決定は、生命、身体等の人格的利益に関するものではなく、財産的利益に関するものであること、地震保険の意思決定に関して、保険会社側からの情報の提供や説明に何らかの不十分・不適切な点があったとしても、特段の事情が存しない限り、慰謝料請求権の発生を肯認しうる違法行為と評価することはできないこと、本件では、特段の事情が存するとはいえないとし、慰謝料請求権が認められないことを明らかにしたものである。この判例は、本件につき慰謝料請求権を否定したものであるが、その前提とし、人格的利益に関する意思決定の場合には、意思決定にあたって情報の提供、説明につき事業者に不十分・不適切な点があるときは、慰謝料請求権が認められるとする法理、財産的利益に関する意思決定の場合には、特段の事情がない限り、意思決定にあたって情報の提供、説明につき事業者に不十分・不適切な点があっても、慰謝料請求権が認められないとする法理、特段の事情が認められるときは、慰謝料請求権が認められるとする法理を明らかにした重要な判断を示している。

　㈤　**住宅の譲渡契約締結に関する意思決定**

　最判平成16・11・18民集58巻8号2225頁、判時1883号62頁は、分譲住宅の譲渡契約の譲受人が同契約を締結するか否かの意思決定をするにあたり価格の適否を検討するうえで重要な事実につき譲渡人において説明をしなかったことが慰謝料請求権の発生を肯認しうる違法行為であるかが問題になった事案について、「被上告人らは、住宅公団との間で、その設営に係る団地内の住宅につき賃貸借契約を締結していたが、住宅公団の建て替え事業に当たって、借家権を喪失させるなどしてこれに協力した。⑵　住宅公団と被上告人らとの間で交わされた本件覚書中の本件優先購入条項は、被上告人らに対す

るあっせん後未分譲住宅の一般公募が直ちに行われること及び一般公募における譲渡価格と被上告人らに対する譲渡価格が少なくとも同等であることを前提とし、その上で抽選によることなく被上告人らが確実に住宅を確保することができることを約したものである。(3) そのため、被上告人らは、本件優先購入条項により、本件各譲渡契約締結の時点において、被上告人らに対するあっせん後未分譲住宅の一般公募が直ちに行われ、価格の面でも被上告人らに示された譲渡価格は、その直後に行われる一般公募の際の譲渡価格と少なくとも同等であるものと認識していた。(4) ところが、住宅公団は、本件各譲渡契約締結の時点において、被上告人らに対する譲渡価格が高額に過ぎ、仮にその価格で未分譲住宅につき一般公募を行っても買手がつかないことを認識しており、そのため被上告人ら及び他の建て替え団地の居住者に対するあっせん後直ちに未分譲住宅の一般公募をする意思を有していなかった。(5) それにもかかわらず、住宅公団は、被上告人らに対し、被上告人らに対するあっせん後直ちに未分譲住宅の一般公募をする意思がないことを説明しなかった。

　以上の諸点に照らすと、住宅公団は、被上告人らが本件優先購入条項により、本件各譲渡契約締結の時点において、被上告人らに対するあっせん後未分譲住宅の一般公募が直ちに行われると認識していたことを少なくとも容易に知ることができたにもかかわらず、被上告人らに対し、上記一般公募を直ちにする意思がないことを全く説明せず、これにより被上告人らが住宅公団の設定に係る分譲住宅の価格の適否について十分に検討した上で本件各譲渡契約を締結するか否かを決定する機会を奪ったものというべきであって、住宅公団が当該説明をしなかったことは信義誠実の原則に著しく違反するものであるといわざるを得ない。そうすると、被上告人らが住宅公団との間で本件各譲渡契約を締結するか否かの意思決定は財産的利益に関するものではあるが、住宅公団の上記行為は慰謝料請求権の発生を肯認し得る違法行為と評価することが相当である。上記判断は、所論引用の判例（最高裁平成14年(受)第218号同15年12月9日第三小法廷判決・民集57巻11号1887頁）に抵触するもの

ではない」と判示し、住宅・都市整備公団との間で、団地内の住宅につき賃貸借契約を締結していた者らが、団地の建替事業の実施にあたって、賃貸借契約を合意解約し、住宅を明け渡すなどしたうえ、建替え後の団地内の分譲住宅につき譲渡契約を締結した場合、公団（譲渡人）の設定に係る分譲住宅の価格の適否について十分に検討したうえで譲渡契約を締結するか否かの意思決定をする機会を奪われたことなどの事情の下においては、重要な事実につき譲渡人において説明をしなかったことが慰謝料請求権の発生を肯認しうる違法行為であること、譲渡人が譲受人の譲渡契約を締結するか否かを決定する機会を奪ったものであり、譲渡人が説明をしなかったことは信義誠実の原則に著しく違反するものであること、譲渡契約を締結するか否かの意思決定は財産的利益に関するものではあるものの、本件の事情の下においては、譲渡人の行為は慰謝料請求権の発生を肯認しうる違法行為と評価することが相当であることを明らかにしている。

　　　㈦　治療行為に関する意思決定

　最判平成17・9・8判時1912号16頁は、帝王切開術による分娩を強く希望していた夫婦に経膣分娩を勧めた医師の説明が夫婦に対して経膣分娩の場合の危険性を理解したうえで経膣分娩を受け入れるかどうかの判断の機会を与えるべき義務を負うかどうかが問題になった事案について、「以上の諸点に照らすと、帝王切開術を希望するという上告人らの申出には医学的知見に照らし相応の理由があったということができるから、被上告人医師は、これに配慮し、上告人らに対し、分娩誘発を開始するまでの間に、胎児のできるだけ新しい推定体重、胎位その他の骨盤位の場合における分娩方法の選択に当たっての重要な判断要素となる事項を挙げて、経膣分娩によるとの方針が相当であるとする理由について具体的に説明するとともに、帝王切開術は移行までに一定の時間を要するから、移行することが相当でないと判断される緊急の事態も生じ得ることなどを告げ、その後、陣痛促進剤の点滴投与を始めるまでには、胎児が複殿位であることも告げて、上告人らが胎児の最新の状態を認識し、経膣分娩の場合の危険性を具体的に理解した上で、被上告人医

師の下で経膣分娩を受け入れるか否かについて判断する機会を与えるべき義務があったというべきである。ところが、被上告人医師は、上告人らに対し、一般的な経膣分娩の危険性について一応の説明はしたものの、胎児の最新の状態とこれらに基づく経膣分娩の選択理由を十分に説明しなかった上、もし分娩中に何か起こったらすぐにでも帝王切開術に移れるのだから心配はないなどと異常事態が生じた場合の経膣分娩から帝王切開術への移行について誤解を与えるような説明をしたというのであるから、被上告人医師の上記説明は、上記義務を尽くしたものということはできない」と判示し、医師が帝王切開術による分娩を強く希望していた夫婦に経膣分娩を勧めた場合、分娩方法の選択にあたっての重要な判断要素となる事項をあげて、経膣分娩によるとの方針が相当であるとする理由について具体的に説明するとともに、経膣分娩の場合の危険性を具体的に理解したうえで、当該医師の下で経膣分娩を受け入れるか否かについて判断する機会を与えるべき義務があったこと、本件では医師が説明を尽くしたといえないことを明らかにしたものであり、分娩方法についての妊婦夫婦の判断の機会を与えるために、医師の分娩方法の選択に関する説明義務を認めたものとして参考になる。この判例の説示する妊婦夫婦の意思決定は、分娩方法の選択という人格的利益に関するものであり、この意思決定の自由が奪われた場合には、慰謝料請求権が認められることになる。

(14) **医療過誤と延命利益**

医師の医療過誤が問題になる場合、医師の診断、治療が医療水準に適合したときは、医師の過失が否定されるのに対し、医療水準に適合しないときは、医師の過失と患者の死亡等の結果との間に因果関係が否定されれば、医師の債務不履行責任、不法行為責任は否定されるのが原則である。しかし、近年、医師の診断、治療が医療水準に適合しなかった場合、因果関係が認められないとしても、患者が医療水準に適合した治療等を受けていたならば、患者が死亡の時点で生存していた相当程度の可能性があるときは、患者の可能性の侵害として不法行為責任が認められるとの法理が形成されてきている。この

ような患者の可能性の侵害、あるいは期待の侵害が患者が死亡した場合のみに認められるのか、患者の死亡以外の医療水準に適合しない場合にも、適切な医療を受ける機会の侵害として、妥当するのか今後の議論が予想される。なお、同様なことは、弁護士の弁護過誤の場合にも問題になりうるものであり、弁護士が通常の弁護士の水準に適合しない事務処理をした場合、その弁護士の過失と依頼者の勝訴判決等の有利な結果との間に因果関係が認められないときは、弁護士の債務不履行責任、不法行為責任が否定されるのか、法的な責任が認められる可能性があるのかが（適切な弁護士の事務処理を受ける機会が侵害されたことについて、弁護士の法的な責任を認めるかどうかである）、すでに下級審の裁判例で問題になっている（現在、弁護士の法的な責任の肯定説と否定説があるが、近年は、前者が有力になりつつある）。

　最判平成12・9・22民集54巻7号2574頁、判時1728号31頁は、医師が過失により医療水準にかなった医療を行わなかったことと患者の死亡との間の因果関係の存在は証明されないが、医療が行われていたならば患者がその死亡の時点においてなお生存していた相当程度の可能性の存在が証明される場合における医師の不法行為の成否が問題になった事案について、「原審〔東京高判平成8・9・26民集54巻7号2611頁〕は、右事実関係に基づき、A医師が、医療水準にかなった医療を行うべき義務を怠ったことにより、Bが、適切な医療を受ける機会を不当に奪われ、精神的苦痛を被ったものであり、同医師の使用者たる上告人は、民法715条に基づき、右苦痛に対する慰謝料として200万円を支払うべきものとした。

　論旨は、原審の右判断を不服とするものである。

　……本件のように、疾病のため死亡した患者の診療に当たった医師の医療行為が、その過失により、当時の医療水準にかなったものでなかった場合において、右医療行為と患者の死亡との間の因果関係の存在は証明されないけれども、医療水準にかなった医療が行われていたならば患者がその死亡の時点においてなお生存していた相当程度の可能性の存在が証明されるときは、医師は、患者に対し、不法行為による損害を賠償する責任を負うものと解す

るのが相当である。けだし、生命を維持することは人にとって最も基本的な利益であって、右の可能性は法によって保護されるべき利益であり、医師が過失により医療水準にかなった医療を行わないことによって患者の法益が侵害されたものということができるからである。

原審は、以上と同旨の法解釈に基づいて、Ａ医師の不法行為の成立を認めた上、その不法行為によってＢが受けた精神的苦痛に対し同医師の使用者たる上告人に慰謝料支払の義務があるとしたものであって、この原審の判断は正当として是認することができる」と判示し、医師が過失により医療水準にかなった医療を行わなかった場合、患者がその死亡の時点においてなお生存していた相当程度の可能性の存在が証明されるときは、医師は、患者がこの可能性を侵害されたことによって被った損害を賠償すべき不法行為責任を負うことを明らかにしている。

(15) **輸血の同意**

社会においては相手方に対する不利益な結果をもたらす行為をしたり、相手方の利益を侵害する行為をしたりすることがあり、この場合、原則として相手方の同意、承諾が必要になることがある。医師の診断、治療を受け、手術等の身体的な侵襲を伴う場合には、インフォームド・コンセントが必要であるとされているが、これが典型的な同意の問題である。

最判平成12・2・29民集54巻2号582頁、判時1710号97頁は、宗教上の信念からいかなる場合にも輸血を受けることは拒否するとの固い意思を有している患者に対して医師がほかに救命手段がない事態に至った場合、輸血するとの方針をとっていることを説明しないで手術を施行して輸血をした医師に不法行為責任が認められるかが問題になった事案について、「本件において、Ｙ₁医師らが、Ａの肝臓の腫瘍を摘出するために、医療水準に従った相当な手術をしようとすることは、人の生命及び健康を管理すべき業務に従事する者として当然のことであるということができる。しかし、患者が、輸血を受けることは自己の宗教上の信念に反するとして、輸血を伴う医療行為を拒否するとの明確な意思を有している場合、このような意思決定をする権利は、

人格権の一内容として尊重されなければならない。そして、Aが、宗教上の信念からいかなる場合にも輸血を受けることは拒否するとの固い意思を有しており、輸血を伴わない手術を受けることができると期待して医科研に入院したことをY₁医師らが知っていたなど本件の事実関係の下では、Y₁医師らは、手術の際に輸血以外には救命手段がない事態が生ずる可能性を否定し難いと判断した場合には、Aに対し、医科研としてはそのような事態に至ったときには輸血するとの方針を採っていることを説明して、医科研への入院を継続した上、Y₁医師らの下で本件手術を受けるか否かをA自身の意思決定にゆだねるべきであったと解するのが相当である。

　ところが、Y₁医師らは、本件手術に至るまでの約1か月の間に、手術の際に輸血を必要とする事態が生ずる可能性があることを認識したにもかかわらず、Aに対して医師研が採用していた右方針を説明せず、同人及び被上告人らに対して輸血する可能性があることを告げないまま本件手術を施行し、右方針に従って輸血をしたのである。そうすると、本件においては、Y₁医師らは、右説明を怠ったことにより、Aが輸血を伴う可能性のあった本件手術を受けるか否かについて意思決定をする権利を奪ったものといわざるを得ず、この点において同人の人格権を侵害したものとして、同人がこれによって被った精神的苦痛を慰謝すべき責任を負うものというべきである。そして、また、上告人は、Y₁医師らの使用者として、Aに対し民法715条に基づく不法行為責任を負うものといわなければならない」と判示し、患者が、輸血を受けることは自己の宗教上の信念に反するとして、輸血を伴う医療行為を拒否するとの明確な意思を有している場合、このような意思決定をする権利は、人格権の一内容として尊重されなければならないこと、医師らにおいて患者が宗教上の信念からいかなる場合にも輸血を受けることは拒否するとの固い意思を有しており、輸血を伴わない手術を受けることができると期待して入院したことを知っていたなどの本件の事情の下では、医師らは、手術の際に輸血以外には救命手段がない事態が生ずる可能性を否定しがたいと判断した場合には、患者に対して輸血するとの方針をとっていることを説明し

て、医師らの下で手術を受けるか否かを患者自身の意思決定に委ねるべきであること、本件では、医師は、患者が手術を受けるか否かについて意思決定をする権利を奪われたことによって被った精神的苦痛を慰謝すべく不法行為に基づく損害賠償責任を負うことを明らかにしたものである。この判例は、医療の分野における患者の自己決定権の尊重を原則とする立場を明らかにしたものである。

6　民事訴訟法248条の裁判例

　法律の実務の現場において損害賠償が問題になる場合、損害の種類・性質によっては、損害の発生の有無、損害額の算定について明確な判断が著しく困難であるとか、事実上不可能な事態がないではない。なお、同様な事態は、損害賠償を請求する者が故意、あるいは損害賠償のルールを無視する等して十分かつ適切な証拠を提出しないことによっても生じるが、この場合には、主張に係る損害を否定することが相当であることはいうまでもない。

　損害の種類・性質によって損害の発生の有無、損害額の算定が著しく困難である等の場合、従来は、慰謝料として損害を認めたり、無形の損害として損害を認めたり、控え目な算定の法理に従って損害額を算定したりする方法がとられてきたが（事案によっては損害が否定されることもあった）、民事訴訟法248条が新設された後は、事案によっては同条の適用によって損害額の裁量認定の方法がとられる事例がみられるようになっている。同条は、「損害が生じたことが認められる場合において、損害の性質上その額を立証することが極めて困難であるときは、裁判所は、口頭弁論の全趣旨及び証拠調べの結果に基づき、相当な損害額を認定することができる」と定め、損害額の立証、算定を一定の要件の下で緩和しているものである。同条が適用されるためには、損害の発生が証明されていること、損害の性質その他その額を立証することが極めて困難であることが要件になっている。もっとも、下級審の裁判例の中には、同条の適用の要件を満たさないのに、同条を適用したり、同条の趣旨に照らして同条の内容と同様な判断を示したりするものもあり、

同条の適用上の問題がみられるところがある。

民事訴訟法248条の適用が問題になった公刊された裁判例等は、次のとおりである。

- 東京高判平成10・4・22判時1646号71頁（マンションの建築勧誘に関する契約締結上の過失による損害）
- 大阪高判平成10・5・29判時1686号117頁（競業禁止による損害）
- 東京地判平成10・9・18判タ1002号202頁（税理士の助言過誤による損害）
- 東京地判平成10・10・12判時1653号54頁（特許権の侵害による損害）
- 東京地判平成10・10・16判タ1016号241頁（建築基準法違反の建物による損害）
- 札幌地浦河支判平成11・8・27判タ1039号243頁（不正貸付けによる損害）
- 東京地判平成11・8・31判時1687号39頁（火災による動産焼失の損害）
- 奈良地判平成11・10・20判タ1041号182頁（談合による損害）
- 浦和地判平成11・11・30判時1725号152頁（ガス供給設備の所有権侵害の損害）
- 横浜地判平成12・9・6判時1737号101頁（建築反対の住民運動による損害）
- 大阪地判平成12・9・7判タ1067号200頁（競業禁止特約違反による損害）
- 東京地判平成12・10・31判時1768号107頁（営業秘密の侵害による損害）
- 宇都宮地判平成12・11・15判時1741号118頁（血統牛でない精液の販売による損害）
- 東京地判平成13・5・30判タ1071号160頁（事故による後遺症が残った者の将来損害）
- 東京高判平成13・7・16判時1757号81頁（県の行政事務処理の過誤による損害）
- 東京高判平成14・1・31判時1815号123頁（不正競争による損害）
- 東京高判平成14・3・13判タ1136号195頁（賃貸借の契約締結上の過失による損害）

- 東京地判平成14・3・25判タ1117号289頁（サービス契約の途中解約による損害）
- 東京地判平成14・3・28判時1793号133頁（データベースの複製権の侵害による損害）
- 東京地判平成14・4・22判時1801号97頁（建物内の動産類処分の損害）
- 東京地判平成15・7・1判タ1157号195頁（得意先喪失の損害）
- 東京地判平成15・7・31判タ1150号207頁（事業者の逸失利益）
- 福岡高判平成16・1・20判タ1159号149頁（組合の施設使用の不許可による損害）
- 甲府地判平成17・2・8判タ1220号147頁（談合による損害）
- 大阪高判平成17・3・29判時1912号107頁（仮処分の不当執行による損害）
- 金沢地判平成17・8・8判タ1222号181頁（談合による損害）
- 大阪地判平成17・12・15判時1936号155頁（意匠権の侵害による損害）
- 最判平成18・1・24判時1926号65頁（特許権に対する質権の損害）
- 大阪地判平成18・4・27判時1958号155頁（販売制限による損害）
- 東京地判平成18・4・28判時1944号86頁（談合による損害）
- 東京地判平成18・8・25判タ1239号169頁（教育研究集会の施設使用の不許可による損害）
- 東京高判平成18・8・30金商1251号13頁（隠れた瑕疵のあるマンションの損害）
- 大阪高判平成18・9・14判タ1226号107頁（談合による損害）
- 東京地判平成18・10・31判時1962号125頁（停電による工場の操業停止による損害）
- 東京地判平成18・11・17判タ1249号145頁（火災による家財道具焼失の損害）
- 東京地判平成18・11・24判時1965号23頁（談合による損害）
- 東京高判平成19・1・31判タ1263号280頁（教育研究集会の施設使用の不許可による損害）

- 東京地判平成19・10・26判時2012号39頁（談合による損害）
- 大阪高判平成19・10・30判タ1265号190頁（談合による損害）
- 東京高判平成20・1・31判時2005号92頁（雇用における男女差別による損害）
- 東京地判平成20・3・12判タ1295号242頁（瑕疵ある建物の建築による損害）
- 東京地判平成20・4・28判タ1275号329頁（自殺建物の購入による損害）
- 福岡高判平成20・5・29判時2025号48頁（差押えに係る茶葉の損害）
- 最判平成20・6・10判時2042号5頁（採石権の侵害による損害）
- 東京高判平成20・7・9金商1297号20頁（株式取得に係る損害）
- 東京高判平成21・2・24判タ1299号186頁（談合による損害）
- 東京高判平成21・2・26判時2046号40頁（有価証券報告書等の虚偽記載による株式を取得した者の損害）
- 東京地判平成21・5・21判時2047号36頁（有価証券報告書の虚偽記載による株式を取得した者の損害）
- 東京高判平成21・5・28判時2060号65頁（談合による損害）
- 東京地判平成21・6・18判時2049号77頁（有価証券報告書の虚偽記載による株式を取得した者の損害）
- 東京地判平成21・7・9判タ1338号156頁（有価証券報告書の虚偽記載による株式を取得した者の損害）
- 名古屋地判平成21・8・7判時2070号77頁（談合による損害）
- 名古屋地判平成21・12・11判時2072号88頁（談合による損害）
- 東京高判平成21・12・25判時2068号41頁（営業損害）
- 大津地判平成22・7・1判タ1342号142頁（談合による損害）
- 東京高判平成23・3・23判時2116号32頁（談合による損害）
- 横浜地横須賀支判平成23・4・25判時2117号124頁（火災による動産焼失の損害）
- 福岡地判平成23・9・15判時2133号80頁（営業損害）

- 東京高判平成23・11・30判時2152号116頁（有価証券報告書の虚偽記載による株式を取得した者の損害）
- 東京地判平成24・6・22金商1397号30頁（報告書の虚偽記載による株式を取得した者の損害）
- 高知地判平成25・2・8判タ1390号209頁（談合による損害）
- 福岡地判平成25・3・28判時2209号49頁（価格決定権の侵害の損害）
- 東京高判平成25・8・30判時2209号10頁（営業損害）
- 東京高判平成26・3・27判時2230号102頁（株価の下落損害）

7　改正民法と損害賠償責任

　債権法の改正と呼ばれる民法の改正は、平成32年4月1日に施行されることになっている。

　損害賠償に関する民法は、その根拠ごとに規定が設けられているが、債権法（民法第3編）に主要な部分が規定されていることから、一応改正の対象になっている。

　債権法に規定が設けられている損害賠償については、その根拠は、債務不履行責任（民法415条）、売買の担保責任、請負の担保責任、不法行為責任（民法709条以下）が主要なものである。

(1)　**債務不履行責任**（現行民法・改正民法415条以下）

　改正民法における債務不履行責任は、次のような内容になっているが、法定利率を除き、従来の損害賠償の実務に特に影響があるものではない。

（債務不履行による損害賠償）

第415条　債務者がその債務の本旨に従った履行をしないとき又は債務の履行が不能であるときは、債権者は、これによって生じた損害の賠償を請求することができる。ただし、その債務の不履行が契約その他の債務の発生原因及び取引上の社会通念に照らして債務者の責めに帰することができない事由によるものであるときは、この限りでない。

2　前項の規定により損害賠償の請求をすることができる場合において、債権者は、次に掲げるときは、債務の履行に代わる損害賠償の請求をすることができる。
一　債務の履行が不能であるとき。
二　債務者がその債務の履行を拒絶する意思を明確に表示したとき。
三　債務が契約によって生じたものである場合において、その契約が解除され、又は債務の不履行による契約の解除権が発生したとき。

（損害賠償の範囲）
第416条　債務の不履行に対する損害賠償の請求は、これによって通常生ずべき損害の賠償をさせることをその目的とする。
2　特別の事情によって生じた損害であっても、当事者がその事情を予見すべきであったときは、債権者は、その賠償を請求することができる。

（中間利息の控除）
第417条の2　将来において取得すべき利益についての損害賠償の額を定める場合において、その利益を取得すべき時までの利息相当額を控除するときは、その損害賠償の請求権が生じた時点における法定利率により、これをする。
2　将来において負担すべき費用についての損害賠償の額を定める場合において、その費用を負担すべき時までの利息相当額を控除するときも、前項と同様とする。

（過失相殺）
第418条　債務の不履行又はこれによる損害の発生若しくは拡大に関して債権者に過失があったときは、裁判所は、これを考慮して、損害賠償の責任及びその額を定める。

（金銭債務の特則）
第419条　金銭の給付を目的とする債務の不履行については、その損害賠償の額は、債務者が遅滞の責任を負った最初の時点における法定利

率によって定める。ただし、約定利率が法定利率を超えるときは、約定利率による。

(2) 売買の担保責任（現行民法563条以下・改正民法562条以下）

売買の担保責任については、民法の改正によって、その構造と性質が変更されているが、瑕疵の概念や法定責任説の考え方が放棄され、担保責任が契約責任、債務不履行責任として取り扱われることになっている。損害賠償責任については、債務不履行責任として取り扱われることになっている（改正民法564条）。

（買主の追完請求権）

第562条 引き渡された目的物が種類、品質又は数量に関して契約の内容に適合しないものであるときは、買主は、売主に対し、目的物の修補、代替物の引渡し又は不足分の引渡しによる履行の追完を請求することができる。ただし、売主は、買主に不相当な負担を課するものでないときは、買主が請求した方法と異なる方法による履行の追完をすることができる。

2　前項の不適合が買主の責めに帰すべき事由によるものであるときは、買主は、同項の規定による履行の追完を請求することができない。

（買主の代金減額請求権）

第563条 前条第1項本文に規定する場合において、買主が相当の期間を定めて履行の追完の催告をし、その期間内に履行の追完がないときは、買主は、その不適合の程度に応じて代金の減額を請求することができる。

2　前項の規定にかかわらず、次に掲げる場合には、買主は、前項の催告をすることなく、直ちに代金の減額を請求することができる。

一　履行の追完が不能であるとき。

二　売主が履行の追完を拒絶する意思を明確に表示したとき。

三　契約の性質又は当事者の意思表示により、特定の日時又は一定の期間内に履行をしなければ契約をした目的を達成することができない場合において、売主が履行をしないでその時期を経過したとき。

四　前3号に掲げる場合のほか、買主が前項の催告をしても履行の追完を受ける見込みがないことが明らかであるとき。

3　第1項の不適合が買主の責めに帰すべき事由によるものであるときは、買主は、前2項の規定による代金の減額を請求することができない。

(売主の損害賠償請求及び解除権の行使)

第564条　前2条の規定は、第415条の規定による損害賠償の請求並びに第541条及び第542条の規定による解除権の行使を妨げない。

(移転した権利が契約の内容に適合しない場合における売主の担保責任)

第565条　前3条の規定は、売主が買主に移転した権利が契約の内容に適合しないものである場合(権利の一部が他人に属する場合においてその権利の一部を移転しないときを含む。)について準用する。

(目的物の種類又は品質に関する担保責任の期間の制限)

第566条　売主が種類又は品質に関して契約の内容に適合しない目的物を買主に引き渡した場合において、買主がその不適合を知った時から1年以内にその旨を売主に通知しないときは、買主は、その不適合を理由として、履行の追完の請求、代金の減額の請求、損害賠償の請求及び契約の解除をすることができない。ただし、売主が引渡しの時にその不適合を知り、又は重大な過失によって知らなかったときは、この限りでない。

(目的物の滅失等についての危険の移転)

第567条　売主が買主に目的物(売買の目的として特定したものに限る。以下この条において同じ。)を引き渡した場合において、その引渡しがあった時以後にその目的物が当事者双方の責めに帰することができない事由によって滅失し、又は損傷したときは、買主は、その滅失又は損

傷を理由として、履行の追完の請求、代金の減額の請求、損害賠償の請求及び契約の解除をすることができない。この場合において、買主は、代金の支払を拒むことができない。

2　売主が契約の内容に適合する目的物をもって、その引渡しの債務の履行を提供したにもかかわらず、買主がその履行を受けることを拒み、又は受けることができない場合において、その履行の提供があった時以後に当事者双方の責めに帰することができない事由によってその目的物が滅失し、又は損傷したときも、前項と同様とする。

（競売における担保責任等）

第568条　民事執行法その他の法律に基づく競売（以下この条において単に「競売」という。）における買受人は、第541条及び第542条の規定並びに第563条（第565条において準用する場合を含む。）の規定により、債務者に対し、契約の解除をし、又は代金の減額を請求することができる。

2　前項の場合において、債務者が無資力であるときは、買受人は、代金の配当を受けた債権者に対し、その代金の全部又は一部の返還を請求することができる。

3　前2項の場合において、債務者が物若しくは権利の不存在を知りながら申し出なかったとき、又は債権者がこれを知りながら競売を請求したときは、買受人は、これらの者に対し、損害の賠償を請求することができる。

4　前3項の規定は、競売の目的物の種類又は品質に関する不適合については、適用しない。

(3)　**請負の担保責任**（現行民法634条以下・改正民法636条以下）

　請負の担保責任についても、民法の改正によって、その構造と性質が変更されているが、瑕疵の概念の放棄や報酬減額請求権の導入等の改正がみられるものの、損害賠償の実務には基本的には影響がないと考えられる。

> **(請負人の担保責任の制限)**
> **第636条** 請負人が種類又は品質に関して契約の内容に適合しない仕事の目的物を注文者に引き渡したとき（その引渡しを要しない場合にあっては、仕事が終了した時に仕事の目的物が種類又は品質に関して契約の内容に適合しないとき）は、注文者は、注文者の供した材料の性質又は注文者の与えた指図によって生じた不適合を理由とする履行の追完の請求、報酬の減額の請求、損害賠償の請求及び契約の解除をすることができない。ただし、請負人がその材料又は指図が不適当であることを知りながら告げなかったときは、この限りでない。
>
> **(目的物の種類又は品質に関する担保責任の期間の制限)**
> **第637条** 前条本文に規定する場合において、注文者がその不適合を知った時から1年以内にその旨を請負人に通知しないときは、注文者は、その不適合を理由として、追完の履行の請求、報酬の減額の請求、損害賠償の請求及び契約の解除をすることができない。
> 2 　前項の規定は、仕事の目的物を注文者に引き渡した時（その引渡しを要しない場合にあっては、仕事が終了した時）において、請負人が前項の不適合を知り、又は重大な過失によって知らなかったときは、適用しない。
>
> **第638条** 削除
> **第639条** 削除
> **第640条** 削除

(4) 不法行為責任

不法行為に関する709条、710条、711条、712条、713条、714条、715条、716条、717条、718条、719条、720条、721条、723条の各規定については、改正はされていない。

もっとも、損害賠償請求権の消滅時効について、724条の2の新設、167条

の改正が重要な変更にあたるものであり、人の生命または身体を害する不法行為、債務不履行の損害賠償請求権の消滅時効に変更が加えられていることに注意が必要である。

> (損害賠償の方法、中間利息の控除及び過失相殺)
> **第722条** 第417条及び第417条の2の規定は、不法行為による損害賠償について準用する。
> 2 被害者に過失があったときは、裁判所は、これを考慮して、損害賠償の額を定めることができる。
>
> (不法行為による損害賠償請求権の消滅時効)
> **第724条** 不法行為による損害賠償の請求権は、次に掲げる場合には、時効によって消滅する。
> 一 被害者又は法定代理人が損害及び加害者を知った時から3年間行使しないとき。
> 二 不法行為の時から20年間行使しないとき。
>
> (人の生命又は身体を害する不法行為による損害賠償請求権の消滅時効)
> **第724条の2** 人の生命又は身体を害する不法行為による損害賠償請求権の消滅時効についての前条第1号の規定の適用については、同号中「3年間」とあるのは、「5年間」とする。
>
> (債権等の消滅時効)
> **第166条** 債権は、次に掲げる場合には、時効によって消滅する。
> 一 債権者が権利を行使することができることを知った時から5年間行使しないとき。
> 二 権利を行使することができる時から10年間行使しないとき。
> 2 債権又は所有権以外の財産権は、権利を行使することができる時から20年間行使しないときは、時効によって消滅する。
> 3 前2項の規定は、始期付権利又は停止条件付権利の目的物を占有する第三者のために、その占有の開始の時から取得時効が進行すること

を妨げない。ただし、権利者は、その時効を更新するため、いつでも占有者の承認を求めることができる。

（人の生命又は身体の侵害による損害賠償請求権の消滅時効）
第167条　人の生命又は身体の侵害による損害賠償請求権の消滅時効についての前条第1項第2号の規定の適用については、同号中「10年間」とあるのは、「20年間」とする。

第2章　離婚等による慰謝料

　家族、親族等の関係にある者、その周辺の関係者が不法行為を行った場合、その損害は、不法行為の動機・目的、内容・態様によって異なるところがあるが、家族関係、親族関係の破綻、破壊が損害である場合には、精神的苦痛、人格権の侵害、人格的利益の侵害が典型的な損害の内容であるということができる。これらの損害の賠償は、慰謝料の賠償と考えられ、訴訟実務においても慰謝料が認められている。もっとも、家族関係・親族関係の破綻・破壊による損害の賠償が慰謝料に限定されるかは、一律に断定することはできず、事案によっては、経済的損害が認められる可能性がある。このような慰謝料について、その額をどのような基準によって算定するか、その前提となる事実関係としてどのような事情が関連し、考慮されるかは、明確な基準があるとはいいがたいのが現状である。

　家族関係・親族関係の破綻等に関する不法行為のうち、離婚の場合には、財産分与との関係が従来判例上問題になってきた時期がある。現在では、財産関係の清算、離婚後の扶養という本来の財産分与のほか、離婚に伴う損害賠償も含めて財産分与として解決することもできるし、本来の財産分与とは別に解決することもできるとして取り扱われている。本書の関心事からいえば、離婚に伴う損害賠償は、離婚につき有責者である配偶者が他の配偶者に対して不法行為に基づき負う損害賠償責任であるということになる。この場合の損害の実体は、基本的には夫婦関係（婚姻関係）の喪失・破壊による損害ということになるが、離婚原因によっては、原因に係る加害行為（不法行為）による他の類型の損害、たとえば、身体、財産に対する侵害、名誉の毀損、プライバシーの侵害、侮辱、性的な人格的利益の侵害、扶養の侵害等の損害もある。これらの損害のうち、夫婦関係の喪失・破壊による損害額の算定については、婚姻期間、婚姻関係の実情、有責行為の内容・態様・程度、

有責行為の期間・経過、被害の内容・程度、離婚後の生活状況、婚姻・離婚前後の財産状況等の諸事情を考慮して適切な慰謝料額を算定することになる。他の類型の損害額の算定については、いずれも夫婦間だけで問題になるものではなく（この場合における算定の基準があるとはいえない）、他の類型の不法行為に基づく損害賠償においても発生し、問題になるものであるから（むしろ他の類型の不法行為において問題になることが多い）、これらの不法行為の事例を参考にすることができる。

内縁の場合には、内縁関係が破綻したときは、破綻につき有責者が相手方に対して離婚の慰謝料に準じて損害賠償を請求することができる。

家族、親族間で家族関係、親族関係を悪化・破綻させる行為がされた場合にも、不法行為が認められることがあるが、この場合の損害は、この関係の内容、悪化・破綻の実情、加害行為の内容・態様・程度、被害の内容・程度等の諸事情を考慮して適切な慰謝料額を算定するほかはないであろう。

家族・親族関係を破綻させる等の不法行為が家族・親族によってされる場合のほか、これらの関係にない者によってされる場合もある。このような事例のうち、典型的なものが夫婦のうち一方の配偶者が第三者と不貞行為をした場合や夫婦関係に一方の配偶者の親が干渉し、離婚する等した場合である。第三者が家族・親族関係に干渉する等し、この干渉等が違法なものである場合には、この関係を悪化・破綻させることは、被害を受けた者の人格権、人格的利益の侵害という損害を生じさせることになる。この場合の損害は、この関係の悪化・破綻の実情、干渉等の加害行為の内容・態様・程度、被害の内容・程度等の諸事情を考慮して適切な慰謝料額を算定することになる。これらの事例のうち、配偶者と第三者との不貞行為による夫婦関係の悪化・破綻の場合には、最近、この場合の損害賠償額を収集し、紹介した書籍が出版され、利用されているが、個々の事案の諸事情を考慮して適切な慰謝料額を算定するほかないとはいえ、慰謝料額の集積事例として参考になり、同様な試みが他の類型の事例においても行われることが期待されよう。

本書においては、夫婦の離婚の事例、離婚後の元妻の面接交渉（面会交

流）拒否の事例、妻の情交関係の継続の事例、内縁の破棄の事例、男女の学生間の貞操侵害の事例、妻の不貞行為の事例を紹介している。紹介した各裁判例は、個々の事案の特徴があり、その特徴を前提した判断であるとの制約は免れないが、検討のきっかけとして参考になろう。

1　離婚による慰謝料

 婚姻後短期間のうちに破綻の原因をつくった夫に対する慰謝料請求

〔判　　例〕　京都地判平成 2・6・14判時1372号123頁
〔慰謝料〕　500万円

―【事件の概要】―

　X（女性）は、大学卒業後、エレクトーン講師として働いていたが、知人の紹介で、Y（男性）と見合いをし、昭和63年4月、婚姻届出をし、フランスの教会において結婚式を挙げた。Xは、同年6月、家を出て別居をし、同年7月、協議離婚をした。XとYは、その間、性交渉をもたなかった。Xは、Yに対してYが性的不能者であることを秘して結婚し、離婚のやむなきに至らせた等と主張し、不法行為に基づき慰謝料1000万円の損害賠償を請求したものである。

●主張の要旨●
本件では、慰謝料として1000万円の損害が主張された。

●判決の概要●
本判決は、XとYの間で性交渉がなかったのは、Yが性交渉をすることに思いが及ばなかったか、性交渉をする気がなかったか、性的能力に問題があったのかのいずれかであり、これが婚姻破綻の原因であるとし、不法行為を肯定し、慰謝料として500万円の損害を認め、請求を一部認容した。

判決文

4　結局、被告が性交渉に及ばなかった真の理由は判然としないわけであるが、前記認定のとおり被告は性交渉のないことで原告が悩んでいたことを全く知らなかったことに照らせば、被告としては夫婦に置いて性交渉をすることに思いが及ばなかったか、もともと性交渉をする気がなかったか、あるいは被告に性的能力について問題があるのではないかと疑わざるを得ない。

5　そうだとすると、原告としては被告の何ら性交渉に及ぼうともしないような行動に大いに疑問や不審を抱くのは当然であるけれども、だからと言って、なぜ一度も性交渉をしないのかと直接被告に確かめることは、このような事態は極めて異常であって、相手が夫だとしても新妻にとっては聞きにくく、極めて困難なことであるというべきである。

　したがって、原告が性交渉のないことや夫婦間の精神的つながりのないことを我慢しておれば、当面原被告間の夫婦関係が破綻を免れ、一応表面的には平穏な生活を送ることができたのかもしれず、また、昭和63年6月20日Ａの面前で感情的になった原告が被告方に二度と戻らないなどと被告との離婚を求めるものと受け取られかねないことを口走ったことが、原被告の離婚の直接の契機となったことは否めないとしても、以上までに認定したような事実経過のもとでは原告の右のような行為はある程度やむを得ないことであるといわなければならない。むしろ、その後の被告の対応のまずさはすでに認定したとおりであって、特に同年7月2日Ａ方での原告との話し合いにおける被告の言動は、なんら納得のいく説明でないし、真面目に結婚生活を考えていた者のそれとは到底思えず、殊に、被告は右話し合いの前から最終結論を出し、事態を善処しようと努力することなく、事前に離婚届を用意するなど、原告の一方的な行動によって本件婚姻が破綻したというよりは、かえって被告の右行動によってその時点で直ちに原被告が離婚することとなったのであるといわざるを得ない。

6　そうすると、本件離婚により原告が多大の精神的苦痛を被ったことは明らかであり、被告は原告に対し慰謝料の支払をする義務があるところ、以上の説示で明らかなとおり、原被告の婚姻生活が短期間で解消したのはもっぱら被告にのみ原因があるのであって、原告には過失相殺の対象となる過失はないというべきであるから、被告の過失相殺の主張は失当である。

7　そして、前記認定の事実や右説示のほか、諸般の事情を総合考慮すると、本件離婚のやむなきに至らせたとして被告が原告に支払うべき慰謝料は500万円をもって相当と認める。

●慰謝料認定の考え方●

　本件は、婚姻後、性的交渉がなく、短期間のうちに離婚したため、妻が夫に対して損害賠償責任を追及した事件であり、妻が慰謝料1000万円の損害を主張したものである。

　本判決は、夫婦が性的交渉をもたなかった原因が夫にあるとし、夫に婚姻破綻の原因があるとし、不法行為を肯定したこと、慰謝料として500万円の損害を認めたことに特徴があり、婚姻後短期間のうちに破綻の原因をつくった夫の不法行為による慰謝料として500万円という比較的高額な損害を認めた事例判断として参考になる。

婚姻後短期間のうちに破綻の原因をつくった妻に対する慰謝料請求

〔判　例〕　岡山地津山支判平成3・3・29判時1410号100頁
〔慰謝料〕　150万円

【事件の概要】

Xは、離婚後、高校時代の友人Aの妹Y₁が離婚して実家に帰っていることを知り、AにY₁の紹介を依頼した。Xは、Aの紹介で、Y₁と交際を始め、昭和61年9月、結婚した。Y₁は、婚姻後、Xとの性交渉を拒否し、昭和63年6月、協議離婚をした。Xは、Y₁、その母Y₂に対して性交渉の拒否により正常な婚姻関係を継続することが不可能であることを知っていた等と主張し、不法行為に基づき慰謝料500万円の損害賠償、指輪の返還を請求したのに対し、Y₁が反訴として婚姻費用の分担42万円、慰謝料500万円、持参金50万円の支払いを請求したものである。

●主張の要旨●

本件では、婚姻の破綻について、夫の慰謝料500万円、妻の慰謝料500万円が損害として主張された。

●判決の概要●

本判決は、離婚原因がY₁の性交渉の拒否であるとし、Y₁の不法行為を肯定し、慰謝料として150万円の損害を認めたが、Y₂については、前婚の原因がY₁の性交渉の拒否であったことを告知すべき法的な義務はないとし、Y₂の責任を否定し、指輪の返還も認め、XのY₁に対する本訴請求を一部認容し、Y₂に対する本訴請求を棄却し、Y₁の反訴請求の一部を却下し、その余の請求を棄却した。

判決文

3　原告・被告Y₁間の婚姻は、前記検討の結果からすると、結局被告Y₁の男性との性交渉に耐えられない性質から来る原告との性交渉拒否により両者の融和を欠いて破綻するに至ったものと認められるが、そもそも婚姻は一般には子孫の育成を重要な目的としてなされるものであること常識であって、夫婦間の性交渉もその意味では通常伴うべき婚姻の営みであり、当事者がこれに期待する感情を抱くのも極当たり前の自然の発露である。

しかるに、被告Y₁は原告と婚姻しながら性交渉を全然拒否し続け、剰え前記のような言動・行動に及ぶなどして婚姻を破綻せしめたのであるから、原告に対し、不法行為責任に基づき、よって蒙らせた精神的苦痛を慰謝すべき義務があるというべきである。

4　しかして、原告に認められるべき慰謝料額は、本件に顕れた一切の事情を総合勘案し、金150万円が相当である。

●慰謝料認定の考え方●

本件は、夫と妻が婚姻後、短期間のうちに妻の性交渉の拒否から協議離婚したことから、夫が妻、その母親に対して損害賠償責任を追及した事件であり、夫が慰謝料として500万円の損害を主張したものである（なお、妻も反訴において慰謝料として500万円の損害を主張しているが、離婚原因に照らし、説明を省略する）。

本判決は、離婚原因が妻の性交渉の拒否であるとしたこと、妻の離婚に係る不法行為を肯定したこと、妻の母の前婚の原因が性交渉の拒否であったことを告知すべき法的な義務はないとし、不法行為を否定したこと、夫の慰謝料として150万円の損害を認めたことに特徴があり、婚姻後短期間のうちに破綻の原因をつくった妻の不法行為による慰謝料として150万円の損害を認めた事例判断として参考になる。

なお、浦和地判昭和60・9・10判タ614号104頁（500万円）、京都地判昭和62・5・12判時1259号92頁（200万円）も参考になる。

婚姻関係が長年継続した場合の離婚における夫に対する慰謝料請求

〔判　例〕　広島高岡山支判平成16・6・18判時1902号61頁
〔慰謝料〕　500万円

【事件の概要】

X（妻）とY（夫）は、昭和48年11月、婚姻し、4名の子がいる。Xは、平成9年11月、自宅を出て、Yと別居している。Yは、同族会社であるA有限会社を経営してきた。Xは、Yに対して不貞等を理由に婚姻関係が破綻している等と主張し、離婚、慰謝料2000万円、弁護士費用1500万円の賠償を請求し、財産分与を申し立てたものである。

第1審判決（岡山地判平成14・9・25判例集未登載）は、請求を一部認容したため、X、Yが控訴した。

●主張の要旨●
本件では、弁護士費用のほか、慰謝料2000万円の損害が主張された。

●判決の概要●
本判決は、XとYの婚姻関係が破綻したことを認め、X、Yを中心とする同族会社名義の財産も財産分与の対象になるとしたうえ、慰謝料として500万円、弁護士費用50万円の損害を認め、財産分与を詳細に認定、判断し、各控訴に基づき原判決を変更し、請求を一部認容した。

判決文

(1) 慰謝料額について

上記一で認定した本件婚姻破綻に至る経緯に照らすと、1審原告が相当な精神的苦痛を被ったことは明らかであり、これを慰謝するには金500万円とするのが相当である。

●慰謝料認定の考え方●

　本件は、長年婚姻関係が継続したところ、妻が自宅を出て別居し、夫に対して離婚を請求し、財産分与の申立てをするとともに、損害賠償責任を追及した控訴審の事件であり、妻が慰謝料2000万円の損害を主張したものである。

　本判決は、婚姻関係の破綻を認め、財産分与を認めたこと、夫に離婚原因があるとし、慰謝料500万円、弁護士費用50万円の損害を認めたことに特徴があり、婚姻関係が長年継続した場合の離婚における慰謝料500万円を認めた事例判断として参考になる。

婚姻関係が長年継続した場合の離婚における夫および不貞関係にある者に対する慰謝料請求

〔判　例〕　仙台地判平成13・3・22判時1829号119頁
〔慰謝料〕　離婚する夫につき500万円、不貞関係にある者につき300万円

【事件の概要】

XとY₁は、昭和42年6月、婚姻し、その後、長男、長女が生まれた。Xは、婚姻当時、会社に勤務していたが、平成7年、仕事を辞め、専業主婦をしていた。Y₁は、婚姻当時、市役所に勤務していたが、平成9年3月、定年退職し、その後は無職である。Y₁は、平成11年頃からY₂と不貞関係にあり、Xの要求にもかかわらず、不貞関係が続いていた。Xは、Y₁に対して婚姻関係の破綻を主張し、離婚、慰謝料500万円の賠償、財産分与を請求し、Y₂に対して不貞行為に係る不法行為に基づき慰謝料500万円の賠償を請求したものである。

●主張の要旨●

本件では、夫について離婚慰謝料として500万円、不貞関係にある者について慰謝料として500万円の損害が主張された。

●判決の概要●

本判決は、Y₁の不貞行為により婚姻関係が破綻したことを認め、離婚慰謝料として500万円の損害、不貞行為の慰謝料として300万円の損害を認め、不動産、預貯金のほか、退職共済年金の30％の財産分与を認め、請求を一部認容した。

判決文

(4) 慰藉料について

　本件婚姻が破綻した原告が被告らの不貞関係にあることは前記のとおりであるところ、本件婚姻の破綻及びそれに至る過程の事情によって原告が受けた苦痛、被告らの有責性の程度（特に、被告Y_1は原告に対して配偶者としての貞操義務を負っている。）、本件婚姻の期間が33年以上に及んでいることなど本件に表れた諸事情を総合すると、被告Y_1が原告に対して支払うべき離婚慰藉料は500万円が相当であり、被告Y_2が不法行為による損害賠償として原告に支払うべき慰藉料は300万円が相当である。

●慰謝料認定の考え方●

　本件は、長年婚姻関係を続け、退職した後に夫が不貞行為を行ったことから、妻が夫に対して離婚、財産分与とともに慰謝料の賠償を求め、不貞関係にあった者に慰謝料の賠償を請求した事件である。本件では、夫について離婚慰謝料として500万円、不貞関係にある者について慰謝料として500万円の損害が主張されたものである。

　本判決は、婚姻関係の破綻を認めたこと、離婚慰謝料として500万円の損害を認めたこと、不貞行為による慰謝料として300万円の損害を認めたことに特徴があり、その旨の事例判断として参考になる。

2 面会交流の拒否による慰謝料

面会交流を拒否した元の妻に対する慰謝料請求

〔判　例〕　静岡地浜松支判平成11・12・21判時1713号92頁
〔慰謝料〕　500万円

【事件の概要】

　X（夫）とY（妻）は、平成4年11月、婚姻し、平成6年1月、長男Aが出生した。Yは、平成7年7月、Yが実家に帰り、別居が始まった。Yは、平成7年8月、離婚の調停を申し立てる等し、Xは、夫婦関係の調整、Aとの面接交渉を求める等したが、紛争が長期化したところ、平成10年6月、離婚の調停が成立し、YはXに対し、Aと2カ月に1回、1回につき2時間程度面接することを認める等の内容が含まれていた。本件調停の成立後、平成10年7月、XがYにAとの面接を求め、具体的な場所、日時の協議が調ったが、Yが現れなかった。Xは、Yに対して面接交渉の拒否を主張し、不法行為に基づき慰謝料500万円の損害賠償を請求したものである。

●主張の要旨●

本件では、慰謝料として500万円の損害が主張された。

●判決の概要●

　本判決は、YがXからの面接交渉を拒否していることは、Xの親権が停止されているとはいえ、父親としての愛情に基づく自然の行為を妨害するとし、不法行為を肯定し、慰謝料として500万円の損害を認め、請求を全部認

容した。

判決文

2　以上のとおり、被告が原告の許を離れて別居するに至ったのは、本件調停の経過や調停離婚成立の過程を併せ考慮すれば、決して原告が自己本位でわがままであるからというのではなく、むしろ、被告の親離れしない幼稚な人格が、家庭というものの本質を弁えず、子の監護養育にも深く考えることなく、自己のわがままでしたことであって、そのわがままな態度を原告に責任転嫁しているものという他はなく、右被告の別居に至る経過が今回の面接交渉拒否の遠因となるとする被告の主張は到底採るを得ない。

四　なお、学資保険の未払保険料金30万円の支払は、必ず被告の預金口座に振り込むことが条件であったと、被告は主張するが、これとても〈証拠略〉によってもこれを認めるに足りず、そもそも被告が満期返戻金を受領する際に贈与税または一時所得による所得税が課税されるとしても、せいぜい10パーセント内外の経済的負担を被告が一時的に負うにすぎないものというべく、到底父性原理の習得という重大な人間的価値と比較すれば、被告の右主張は採るに足りない言いがかりという他はない。

　第四、以上のとおりであるとすれば、被告が原告に対してAとの面接交渉を拒否したことは、親権が停止されているとはいえ、原告の親としての愛情に基く自然の権利を、子たるAの福祉に反する特段の事情もないのに、ことさらに妨害したということができるのであって、前項で検討した諸事情を考慮すれば、その妨害に至る経緯、期間、被告の態度などからして原告の精神的苦痛を慰謝するには金500万円が相当である。

●慰謝料認定の考え方●

　本件は、夫婦が調停離婚をし、調停において元の夫に子の面接交渉を認める条項が定められていたところ、元の妻がこれを拒否したため、元の夫が元の妻に対して損害賠償責任を追及した事件であり、元の夫が慰謝料500万円の損害を主張したものである。

　本判決は、元の妻の子に関する元の夫の面接交渉の要求を拒否したことにつき不法行為を肯定したこと、慰謝料として500万円の損害を認めたことに特徴があり、元の妻の面接交渉の拒否に係る不法行為に基づく慰謝料として500万円という比較的高額な慰謝料額を認めた事例判断として参考になる。

第2章　離婚等による慰謝料

夫の面会交流権を侵害した妻に対する慰謝料請求

〔判　例〕　熊本地判平成27・3・27判時2260号85頁
〔慰謝料〕　20万円

【事件の概要】

　X（夫）とY₁（妻）は、平成19年3月、婚姻し、平成22年、長男A、平成24年、次男Bが出生した。Y₁は、Xの暴力等を理由に、平成24年10月、別居し、Bを監護し、Xは、Aを監護していた。Y₁は、夫婦関係調整（離婚）調停を申し立てたところ、平成25年4月、当分の間別居し、婚姻解消等するまでの間、Aの監護者をY₁、Bの監護者をXと定め、Y₁がBと、XがAをそれぞれ月2回程度面会交流すること等を内容とする調停が成立した。前記調停事件が係属中、5回程度面会交流が実施されたが、平成25年7月に予定された分については、Y₁が断ったため、実施されなかった。Y₁は、同年8月、弁護士Y₂に依頼し、再度、夫婦関係調整（離婚）調停を申し立てたところ、Xが履行勧告の申立てをし、家庭裁判所が勧告をした。XとY₁、Y₂は、以後、面会交流の実施等をめぐる紛争が発生し、交渉が行われた。Xは、Y₁、Y₂に対して面会交流の拒否を主張し、不法行為に基づき慰謝料500万円の損害賠償を請求したものである。

●主張の要旨●

本件では、慰謝料として500万円の損害が主張された。

●判決の概要●

　本判決は、調停の成立によって当事者は調停に従って面会交流を実施するため日時等の詳細につき誠実に協議すべき条理上の注意義務（誠実協議義務）を負っているとし、正当な理由なく一切の協議を拒否した場合や、相手方が

2 面会交流の拒否による慰謝料

到底履行できないような条件を提示したり、協議の申入れに対する回答を著しく遅滞しているなどとして社会通念に照らし事実上協議を拒否した場合には、面会交流権を侵害するものとして不法行為を構成するとし、本件では、Y_1 らが X の面会交流権の行使を妨げたとし、共同不法行為を肯定し、慰謝料として20万円の損害を認め、請求を一部認容した。

判決文

エ　10月以降

(ア) 10月以降も、原告と被告 Y_2 の間で面会交流に関する協議が行われたが、この間、被告 Y_2 はメールではなく専ら書面郵送の方法により原告に連絡をしている。

　被告 Y_2 から原告に送付された書面には、メールを使用しない理由として、「意見の対立がみられるため、争点を明確化し、適格に解決すべく」との記載があるが、本件は時効中断や形成権の行使等の書面による証拠化が必要な事案ではないし、感情的対立を防ぐため電話よりも書面郵送の方が優れている部分もあるにせよ、メールによる連絡が可能であり実際に九月まではそのようにされていた本件において、あえて時間のかかる書面郵送を用いることにつき、合理的な理由は見当たらない。これに、被告らは第二調停事件において改めて面会交流のルールを作成すること（すなわち、本件調停の効力を失わせること）を求めていたこと及び10月21日以降は書面郵送による協議すら行った形跡がないこと（被告らは○○家庭裁判所からの履行勧告に対しても応対していない。）を併せ考慮すると、原告が被告 Y_2 に対して面会交流の方法等について必要以上とも思える説明を求めていたことや法律専門家である弁護士は交渉手段の選択について裁量の幅を有していることを考慮しても、被告 Y_2 の上記行為は第二調停事件において調停期日が指定されるまで面会交流を行わない目的をもってする意図的な遅延行為であることが推認され、これを覆すに足りる客観的証拠はない。

(イ) 第二調停事件が係属した後であっても本件調停に基づく誠実協議義務が否定されるものではないことは上記ウ(イ)説示のとおりであって、特に6月以降は面会交流が途絶えており子の福祉の観点から早急な面会交流の再開が求められている状況に照らし、被告 Y_2 は、速やかに面会交流が実施できるようにするための誠実協議義務を負っていたことが明らかである。そして、原告に受任通知を送付し被告 Y_1 の代理人として原告との交渉窓口となっていた弁護士である被告 Y_2 は、このことを認識していたか、そうでないとしてもその法律知識、能力をもってすれば極めて容易にこれを認識し得たというべきであ

る。
　そうすると、被告Y_2が10月上旬以降第二調停事件において面会交流に関する協議を行うまでの間原告からの協議の申入れに対して速やかに回答せず、殊更に協議を遅延させ面会交流を妨げた行為につき、弁護士の専門家としての裁量の範囲を考慮しても、なお社会通念上の相当性を欠くものとして誠実協議義務の違反があり、不法行為を構成するというべきである。
　また、〈証拠略〉によれば、被告Y_1は被告Y_2から原告との協議の状況について随時報告を受け相談していたことが認められるので、被告Y_1についても、被告Y_2の上記行為につき主観的関連共同性があり共同不法行為責任を負うものというのが相当である。

(3)　慰謝料額
　上記認定の事実経過等本件にあらわれた諸般の事情を総合考慮すると、本件の慰謝料は20万円が相当である。

●慰謝料認定の考え方●

　本件は、夫婦関係が悪化し、別居した状況において子の面会交流等に関する調停が成立し、夫が妻に子の面会交流を求めたものの、拒否される等したため、夫が妻、代理人である弁護士に対して損害賠償責任を追及し、夫が慰謝料500万円の損害を主張したものである。

　本判決は、調停の成立によって当事者は調停に従って面会交流を実施するため日時等の詳細につき誠実に協議すべき条理上の注意義務（誠実協議義務）を負うとしたこと、本件では、妻、代理人である弁護士の誠実協議義務違反の共同不法行為を肯定したこと、慰謝料として20万円の損害を認めたことに特徴があり、妻による夫の面会交流権の侵害、妻の弁護士による同様な面会交流権の侵害に係る共同不法行為を肯定した事例判断として参考になるとともに、面会交流権の侵害による慰謝料として20万円の損害を認定・算定した事例判断としても参考になる。

3 不貞行為による慰謝料

地位を利用して情交関係を継続した経営者・債権者に対する慰謝料請求

〔判　例〕　名古屋地判平成4・12・16判タ811号172頁
〔慰謝料〕　元従業員につき300万円、その夫につき100万円

【事件の概要】

　Yは、美容院を経営していたところ、X_1が美容院に勤務し、昭和62年春頃、退職した。Yは、同年8月頃から、X_1に在職中に貸し付けた金員の返済を求めるようになり、情交関係をもつなら、1回5万円の割合で返済したことにする旨を執拗に求め、X_1は、同年12月頃から、Yと情交関係をもつようになった。X_1は、昭和63年6月、X_2と婚姻したが、Yは、そのことを知りながらもX_1との関係を継続するとともに、美容院に勤務するように求め、X_1は、平成元年4月から美容院に勤務し、Yとの関係を継続した。X_1は、平成2年2月、Yとの関係をX_2に打ち明けるとともに、美容院を退職した。X_1、X_2は、Yに対して不法行為に基づき慰謝料（X_1につき、500万円、X_2につき、300万円）の損害賠償を請求したものである。

●主張の要旨●

　本件では、X_1につき、500万円、X_2につき、300万円の慰謝料の損害が主張された。

●判決の概要●

　本判決は、Yが金員の返済を迫られたX_1に、債務の履行、美容院の経営

者の地位を利用して情交関係とその反復を求めたものであるとし、不法行為を肯定し、X_2 との婚姻後には X_2 との関係でも不法行為にあたるとし、X_1 につき300万円、X_2 につき100万円の慰謝料を認め、請求を一部認容した。

判決文

二　以上の事実によると、被告は、被告から金員を借り受け、その返済を迫られていた原告 X_1 に対し、右債務の履行及び前記「○○」の経営者の地位を利用して、原告 X_1 に対し情交関係を求め、更に右情交関係の反復とわいせつ行為の反復を求めたものと解され、右は被告 X_1 に対する不法行為を構成するものと解される。
〔ママ〕

　被告は、原告 X_1 との情交関係は、原告 X_1 の承諾に基づくものであり、不法行為が成立しない旨主張するが、そもそも右承諾が存在したとしても、これにより、不法行為が成立しないと解すべきか疑問があるのみならず、右任意の承諾の事実は本件全証拠によってもこれを認めるに足りないものである。

　もっとも前掲各証拠及び証拠〈証拠等略〉によると原告らは、当時もまたその後も生活に困窮し、電話代の納期における支払をしばしば怠り、通話停止をされることがあった事実等も認められ、また前掲のとおり、原告 X_1 は被告から強いて情交関係を持たされながら、その後も金員の交付を受け、被告の経営する美容院に勤務するとの行動をしている事実も認められ、他方原告らが本訴提起まで警察等に相談に行った事実は本件全証拠によってもこれを認めるに足りないものであるが、そうであるからといって、直ちに原告 X_1 が自発的に情交関係を承諾したものと推認することはできない。

　そして、前記のとおり原告 X_1 は昭和63年7月原告 X_2 と婚姻したところ、その後も被告は原告 X_1 との情交関係、わいせつ行為を継続したというものであり、少なくとも右婚姻後の右行為は原告 X_2 に対する関係でも不法行為を構成するものと解される。

三　被告は、本件につき過失相殺が成立すると主張するが、右事実は本件全証拠によってもこれを認めるに足りない。

　もっとも確かに、情交関係等は被告単独ではできず、原告 X_1 の「同意」がなければ成立しないものであるが、前記のとおり原告 X_1 が自発的に情交関係を承諾したものではないのであり、単に被告との間に情交関係等があったからといって、当然に原告らに過失を認めることはできない。

四　そして前記認定の事実その他本件にあらわれた諸事情を考慮すると、原告らが被告の前記不法行為により被った苦痛に対する慰謝料は、原告 X_1 につき300万円、原告 X_2 に対し100万円をもって相当とするものと解される。

● 慰謝料認定の考え方 ●

　本件は、美容院の経営者が従業員（女性）の退職後、在職中の貸金の返済を求め、経営者の地位を利用して貸金の分割返済に代えて情交関係を求め、従業員が婚姻した後も同様な関係を継続したため、従業員、その夫が経営者に対して損害賠償責任を追及した事件であり、従業員らが慰謝料（従業員につき500万円、夫につき300万円）の損害を主張したものである。

　本判決は、経営者の元従業員に対する不法行為を肯定したこと、婚姻後における夫に対する不法行為を肯定したこと、従業員につき300万円、夫につき100万円の慰謝料を認めたことに特徴がある。本判決は、従業員に対する不法行為は、経営者の地位、債権者の地位を利用した情交関係の継続に係る不法行為であり、夫に対する不法行為は、不貞行為に係る不法行為であるが、それぞれの慰謝料額を算定した事例判断として参考になる。

　なお、最判昭和44・9・26民集23巻9号1727頁、判タ240号141頁、最判昭和54・3・30民集33巻2号303頁、判タ383号46頁も参考になる。

内縁関係を破棄した不貞の男性に対する慰謝料請求

〔判　例〕　京都地判平成4・10・27判タ804号156頁
〔慰謝料〕　300万円

【事件の概要】

X（当時、未成年）は、専門学校の学生の頃、妻子のあるYと知り合った。Xは、Yから妻と別れて結婚する旨の言葉を信じて、肉体関係をもち、妊娠し、子（A）を出産し、同棲生活を送るようになった。Yは、Xと別れ、別居生活をするようになった。Xは、Yに対して内縁関係の不当破棄を主張し、不法行為に基づき慰謝料2000万円、弁護士費用200万円の損害賠償を請求したものである。

●主張の要旨●

本件では、弁護士費用のほか、慰謝料2000万円の損害が主張された。

●判決の概要●

本判決は、Yは、不貞に係る内縁関係に入って妊娠、出産をさせながら、一方的に内縁を破棄したものであるとし、不法行為を肯定し、慰謝料として300万円、弁護士費用30万円の損害を認め、請求を一部認容した。

判決文

二　以上の認定事実に基づき検討するに、被告は、妻子があるにもかかわらず、当時19歳で未婚の原告に対し、妻とは別れると言いながら交際を重ね、妊娠させた上、一旦は原告と内縁生活に入り、子を出産させたが、その出産直後に、一方的に別れたものであって、原告及びAの今後の生活等も考えると、被告が原告に与えた精神的苦痛は大きいものがある。
　他方、原告は、被告に妻子があるのを知りながら同人と交際したものであって、被告の離婚する旨の言葉を信じていたとはいえ、このような結果になった

ことについて、原告にも幾分か責任があることは否定できない。

　これらの事情のほか、原告の年齢、両名の内縁生活の期間等を総合して判断すると、原告の精神的損害に対する慰謝料として、300万円の損害賠償を認めるのが相当である。

●慰謝料認定の考え方●

　本件は、未成年者が妻子ある者から結婚する旨の言葉をかけられる等し、肉体関係をもち、同棲生活をするようになり、妊娠、出産もしたところ、一般的に関係を破棄されたため、女性が男性に対して損害賠償責任を追及した事件であり、女性が弁護士費用のほか、慰謝料2000万円の損害を主張したものである。なお、本件は不貞行為の当事者間の紛争である。

　本判決は、不貞に係る内縁関係を認め、一方的な破棄が不法行為にあたるとし、妻子あることを知りながら関係をもったこと等をも考慮し、慰謝料として300万円、弁護士費用30万円を認めたことに特徴がある。本判決は、妻子ある男性の不貞行為から始まった内縁関係の破棄に係る不法行為を肯定した事例判断として参考になるが、事案の内容に照らすと、慰謝料額を300万円とするのは、いささか低額にすぎるものである。

通信制高校の未成年女性生徒の性的自由を侵害した成人男性生徒に対する慰謝料請求

〔判　例〕　横浜地判平成5・3・23判タ813号247頁
〔慰謝料〕　250万円

【事件の概要】

X（当時、16歳）は、通信制高校に在学中、同じ高校に在学していたY（当時、28歳）と知り合い、Yらと飲食し、飲食後、YがXを自動車で送った途中、ホテルに行き、二度にわたり肉体関係をもった。Yは、翌日もホテルでXと一度肉体関係をもった。Xは、Yに対して無理矢理姦淫されたと主張し、不法行為に基づき慰謝料500万円、弁護士費用100万円の損害賠償を請求したものである。

●主張の要旨●

本件では、弁護士費用のほか、慰謝料500万円の損害が主張された。

●判決の概要●

本判決は、XとYとの間に性行為に関する合意はなかったとし、Yの不法行為を肯定し、慰謝料として250万円、弁護士費用50万円の損害を認め、請求を一部認容した。

判決文

三　〈証拠略〉及び原告本人尋問の結果によれば、本件後、原告は、自暴自棄になり、自殺を考え、家出をしたり、いわゆる非行少女の格好をするなど、8月17日以後の行動はその前日までの原告とはおよそ似ても似つかぬものとなっており、原告が被告の本件加害行為により受けた精神的苦痛はきわめて大きいものであると認められ、その他本件口頭弁論に顕われた一切の事情を斟酌すると、原告の右苦痛を慰藉するには、金250万円が相当である。

●慰謝料認定の考え方●

　本件は、通信制高校の生徒（男性、成人）が他の生徒（女性、未成年者）とホテルで性行為に及んだことから、女性の生徒が男性の生徒に対して損害賠償責任を追及した事件であり、女性の生徒が慰謝料500万円、弁護士費用100万円の損害を主張したものである。なお、本判決は、不貞行為の事案ではないが、成人男性による未成年女生徒に対する性的自由の侵害が問題になった未成年者に対する信頼を裏切った事案との特徴のあるものである。

　本判決は、性行為に関する生徒の合意の成立を否定したこと、男性の生徒の不法行為を肯定したこと、慰謝料として250万円、弁護士費用50万円の損害を認めたことに特徴があり、成人の男性の生徒による未成年の女性の生徒に対する性的自由の侵害に係る不法行為を肯定し、慰謝料として250万円という比較的高額の慰謝料を算定した事例判断として参考になる。

第2章　離婚等による慰謝料

4　不貞行為のうえ子を出産した妻、不貞行為の相手方に対する慰謝料請求

〔判　例〕　東京高判平成7・1・30判時1551号77頁
〔慰謝料〕　300万円

【事件の概要】

　XとY₁は、昭和62年11月、婚姻し、昭和63年10月、別居した。Y₁は、平成元年7月、Y₂を出産した。XとY₁は、別居前相当期間性交渉がなく、別居後には一度性交渉があった。Xは、平成元年11月、Y₁に対して嫡出否認の調停を申し立てたが、不調となり、嫡出否認の訴えを提起したものの、取り下げた。Xは、Y₂に対して親子関係不存在の確認を請求するとともに、Y₁、不貞行為の相手方Y₃に対してY₁とY₃の不貞行為を主張し、不法行為に基づき損害賠償を請求したものである。

　第1審判決（横浜地川崎支判平成5・10・29判例集未登載）は、血液鑑定によってXとY₂の親子関係が否定されないとし、嫡出推定を排除する特段の事情がないとし、確認の訴えを却下し、損害賠償請求を棄却したため、Xが控訴した。なお、控訴審では、各請求の弁論を分離したことから、本件は、損害賠償に係る訴えに限定されている（なお、分離された別件の控訴審判決は、東京高判平成7・1・30判時1551号73頁である）。

●主張の要旨●

　本件では、不貞行為に係る慰謝料として1000万円、不当抗争に係る弁護士費用等の損害が主張された。

●判決の概要●

　本判決は、Y₂がXの子である可能性がないとし、Y₃が父親であると認めるに足りる証拠はないとしたうえ、Y₁の父権侵害に係る不法行為を認め、慰謝料として300万円の損害を認め、Y₃の不貞行為の証拠はないとし、原判

決中、Y_1 に関する部分を取り消し、Y_1 に対する請求を一部認容し、その余の控訴を棄却した。

判決文

四　(控訴人の夫権侵害に関する予備的主張について)

　前記二で述べたとおり、Y_2 は控訴人の子である可能性はなく、被控訴人 Y_1 は、昭和63年10月27日前後に控訴人以外の男性との性交渉によって Y_2 を懐胎したものである。そして、右の性交渉を持った時期は、控訴人と被控訴人 Y_1 とが別居をした後のことであるが、別居後約2週間後のことであり、未だ貞操義務が消滅していると解することはできず、被控訴人 Y_1 の控訴人以外の男性との右性交渉及びこれによる Y_2 の懐胎、出産が控訴人と被控訴人 Y_1 との婚姻関係を回復し難いものにしたことは明らかであるから、これは控訴人に対する不法行為というべきである。

　これによる控訴人の慰藉料について検討すると、婚姻関係がすでに破綻に瀕していたこと、Y_2 が控訴人と被控訴人 Y_1 との間の嫡出子として戸籍上届出がされ、その嫡出性が否定されずにいること(本件と分離された控訴人と Y_2 との間の親子関係不存在確認請求控訴事件について、訴えを却下した1審判決が維持されて控訴が棄却されたことは当裁判所に職務上顕著である。もっとも、右親子関係不存在確認請求事件について訴えが却下されたのは、控訴人において嫡出否認の訴えの出訴期間を徒過したことに原因があることも付言する。)などの事情を斟酌すると、その慰藉料額は300万円をもって相当と認める。

●慰謝料認定の考え方●

　本件は、夫婦が別居後、妻が子を出産したことから、夫が妻、父親と思われる者に対して損害賠償責任を追及した控訴審の事件である。本件では、不当抗争に係る損害のほか、慰謝料として1000万円の損害が主張されたものである。

　本判決は、夫が子の父親である可能性がないこと、妻の夫に対する不貞に係る不法行為を認めたこと、慰謝料として300万円の損害を認めたことを判示したものであり、その旨の事例判断として提供するものである。

第3章　学校教育による慰謝料

　子どもが一人前の社会生活を送るにあたっては、乳幼児、園児、児童、生徒、学生等の未成年、あるいは成年直後の数年間の教育を受けることになるが、これらの期間は、将来の社会生活、職業生活を送るための教育にとって極めて重要な時期である。これらの教育は、家庭においても、地域社会においても、社会生活においても受けることが必要であるが、組織的、体系的な教育を受けることも極めて重要である。組織的、体系的な教育は、保育施設、保育園、幼稚園、小学校、中学校、高等学校、大学が基本となる施設であるが、そのほかにも専門学校、職業学校、学習塾等も重要な教育の役割を分担している。

　近年は、子どもの親の職業生活の選択によって、乳児の時期、あるいは2、3歳の幼児の時期から保育施設、保育園における保育に対する需要が高まり（保育といっても、乳幼児にとっては教育の実質をもつものである）、待機児童問題が政治的、社会的な課題として盛んに議論されたり、保育所・幼稚園等の入所・入園をめぐる紛争が現実化したりしているし（訴訟、仮処分等の裁判になった事例もある）、幼稚園から始まる入試の受験競争が社会的な話題になることもある。もっとも、近年は、少子化の傾向が進行し、大学入試の受験生世代が100万人程度に減少し、さらに100万人を割り込むことも予想されている状況であり（その反面、大学の数は長年増加傾向にあった）、大学の受験生・入学生が減少し（その反面、入学率は50％を相当程度上回っている）、大学定員を割り込む学部、大学も珍しくなく、相当数の大学の経営危機が話題になる等している。大学については、大学卒業の資格・ブランドも、卒業生の能力・質も低下傾向にあり、希望者の全員が大学に入学することができる時期も現実に予想される時代が到来している。従来は、高等学校にしろ、大学にしろ、受験生が競争する受験競争が基本になる時代であったが（受験競争

は、一部では、中学校の入試から本格的に始まるところもある）、最近も一部でみられる現象であり、将来はさらに激化すると予想されるが、高等学校、大学間の受験者、入学者の獲得競争が基本となる時代が到来している。

　現代社会においては、本書第4章で紹介している教育施設におけるいじめも重大な問題として取り上げられているが、教育施設において提供される教育サービスの内容・質とか、教育施設における秩序の維持をめぐる紛争が現実化している。特に教育施設における教育サービスをめぐる紛争は、教育施設の競争が激化すれば、さらに現実化する可能性が高まるということができる。

　大学、高等学校等の学校は、入学者を募集するにあたって、当該学校における教育の特徴、内容等をさまざまな媒体を介して宣伝広告することは、現代社会においてはごく普通の現象であるが、実際の教育内容がこれと異なっていたり、宣伝広告において特定の資格取得を標榜していたのに、その実績が伴っていなかったりした場合、損害賠償をめぐる紛争が発生することがある。

　他方、学校は、入学した生徒、学生等の質、能力の向上を図ることが、学校にとっても、生徒、学生等にとっても極めて重要であり、学則、校則等の規則を制定する等して学校の秩序を維持することが必要である。学校が生徒、学生等に対して退学、停学等の処分をすることも必要であるが、その前提となる事実の認定、処分の当否等をめぐって紛糾し、損害賠償をめぐる紛争が発生することがある。

　また、学校の入学試験についても、試験問題の誤りが指摘される事例も報道されたりしているが、入学試験の誤り（合格であるのに、不合格にされた等）、卒業の認定の誤り（卒業であるのに、卒業が認められなかった等）が主張され、損害賠償をめぐる紛争が発生することがある。

　このような場合における損害の内容・実態は、入学し、学校と在学関係がある生徒、学生らの一定の水準・質・内容の教育を受ける利益の喪失、一定の知識の不取得、一定の資格を得る利益の喪失、一定の資格の不取得、不要

な授業料等の費用の支払い、他の学校への入学等の費用の支出等の損害があ
りうるが、このうち不要な費用の支払いに係る損害は比較的容易に認められ
る可能性があるものの、他の損害は、その具体的な内容、因果関係の存在を
証明することが困難であるし、その損害額を証明することは相当に困難であ
る。この場合、損害として慰謝料が主張されることが多いと推測されるが、
慰謝料の額を認定、算定する判断基準は明らかではないし、判断基準が形成
されているものでもない。

　本書においては、説明と異なる授業の事例、無免許者による授業の事例、
不十分な内容の教育の事例、根拠を欠く入学不許可処分の事例、入学後の教
育内容の変更の事例、不当な退学処分の事例を紹介する。これらの事例にお
いては、損害の実質は、被害者の教育を受ける権利、利益、機会の侵害であ
るが、人格形成上の教育の重要性や資格・知識獲得の機会の重要性を考慮し
て損害の範囲、額を算定することが必要になる。個々の事案の内容によって
は、慰謝料以外の損害を主張することも可能であり、合理的であるが、慰謝
料を主張した場合、慰謝料の額の算定は容易ではない。紹介する事例も参考
としつつ、具体的な損害の実態を立証することによって慰謝料の額の積み上
げを図ることが考えられる。

説明とは異なる内容の授業を行った進学塾の経営者に対する慰謝料請求

〔判　例〕　静岡地富士支判平成8・6・11判時1597号108頁
〔慰謝料〕　生徒ごとに20万円

【事件の概要】

　Yは、進学塾Aを経営し、生徒の募集にあたり、マンツーマン方式、子どもの能力に合わせた指導、教材の使用、子どもに意欲をもたせること、定期試験で80点以上とれる指導等を説明していた。中学生X_1ないしX_6は、平成4年から平成5年までの間、それぞれの父親X_7ないしX_{12}がYと通塾させる契約を締結し、受講料等としてそれぞれ69万円から129万円を支払った。X_1ないしX_6は、実際には説明と異なる内容の授業を受けた。X_1ないしX_6、X_7ないしX_{12}は、Yに対して債務不履行、不法行為に基づきX_1らにつき慰謝料各20万円、弁護士費用、X_7らにつき支払った金額相当額の損害賠償を請求したものである。

●主張の要旨●

　本件では、受講料等として支払った金額相当額、弁護士費用のほか、慰謝料各20万円の損害が主張された。

●判決の概要●

　本判決は、Yが入塾希望の中学生らの父親らに授業内容としてマンツーマン方式等の内容を説明し、高額な受講料を徴収したにもかかわらず、実際には最初の数回は別として、能力に応じたきめ細やかな指導が不可能な10名以上を一つの教室に詰め込み、指導も解説もないままに自習をさせ、生徒からの質問に回答せず、居眠りをする等したとし、父親X_7らに対する債務不履行、生徒X_1らに対する不法行為を肯定し、X_7らの損害を算定し、X_1らにつき各20万円の慰謝料、弁護士費用を認め、請求を全部認容した。

第3章　学校教育による慰謝料

判決文

2　原告生徒らは、本件契約締結時における被告の言動から被告が生徒個々人の個性や能力に応じたきめの細かい指導をしてくれるものと信じて週1回約3時間を費やしてAに通っていたところ、現実には、前記のような被告の指導態度により、学習効果が上がらないことはもとより高校受験を控えた貴重な時間を空費し、かつ、学習意欲にも悪影響を生じていたものである。

被告が本件契約に反して右のような指導態度に終始したことは、原告生徒らに対する不法行為を構成し、被告は、原告生徒らに対し、右不法行為により被った精神的損害を賠償すべき義務がある。

右賠償金額としては、原告生徒らにつき各20万円とするのが相当である。

●慰謝料認定の考え方●

本件は、きめ細かな指導を説明し、高額な受講料を受け取っていた進学塾に入塾した生徒らが説明どおりの授業を受けなかったため、契約を締結した父親ら、入塾した生徒らが進学塾の経営者に対して損害賠償責任を追及した事件である。本件では、父親らは、支払った受講料相当額の損害、生徒らは慰謝料の損害を主張したものである。

本判決は、進学塾の授業の内容が説明どおりでなかったことを認め、進学塾の父親らに対する債務不履行、生徒らに対する不法行為を肯定したこと、父親らの損害として支払った受講料相当額の損害、生徒らの損害として、進学塾における学習効果が上がらないこと、高校受験を控えた貴重な時間を空費し、学習意欲に悪影響を生じたことによる精神的損害の慰謝料各20万円を認めたことに特徴がある。本判決は、進学塾に入塾した生徒らの適切な教育を受ける機会を失った慰謝料として各20万円を認めたことは、参考になる事例判断ということができる。なお、大学進学予備校の教育について債務不履行責任が問題になった類似の裁判例としては、福井地判平成3・3・27判時1397号107頁等がある。

私立高等学校において無免許者による授業を実施した学校法人に対する慰謝料請求

〔判　例〕　秋田地判平成 9・12・19 判時 1656 号 134 頁
〔慰謝料〕　生徒ごとに 5 万円

【事件の概要】

　Y_1 学校法人は、高等学校を設置し、運営しており、平成 2 年 5 月、A（当時の Y_1 の理事長 B の長女であった）を英語指導助手として採用し、A は英語の授業を担当していた。A は、平成 3 年 4 月、Y_1 から講師として採用され、英語の授業等を担当していた。A は、当時、英語等に関する教育職員免許法 3 条に基づく免許を有していなかったが、告発され、罰金に処せられた（B は、Y_1 の理事長を退任した）。X_1 ないし X_{17} は、当時、Y_1 の運営に係る高校に在学し、A の授業を受講した。X_1 ないし X_{17} は、Y_1 のほか、Y_1 の理事 Y_2（当時、Y_1 の高校の校長等を務めていた）、Y_3（当時、Y_1 の高校の事務長を務めていた）に対して教育を受ける権利の侵害を主張し、不法行為に基づき各慰謝料 50 万円、弁護士費用 5 万円につき損害賠償を請求したものである。

● 主張の要旨 ●

　本件では、生徒につき弁護士費用のほか、人格権侵害の損害として各 50 万円が主張された。

● 判決の概要 ●

　本判決は、生徒が適法な資格を有する教師から授業を受ける利益は、単なる反射的利益ではなく、法的に保護されるべき利益であり、Y_2 らが無免許の者による授業に関与していた等とし、Y_1 ないし Y_3 の不法行為を認め、教育を受ける利益の侵害につき非財産的損害として各 5 万円の損害を認め（弁

護士費用として各5000円の損害を認めた）、請求を一部認容した。

判決文

三　争点3について

　前記認定事実によれば、原告らに適法な教師から教育を受けるべき利益が侵害された結果、非財産的損害が発生していることが認められる。

　そこで損害額について検討するに、前記無免許による授業が行われた時間数は前記認定のとおりであるところ、X_{17}を除く原告らの受講すべき数学Ⅰの時間は161時間若しくは171時間であり、原告X_{17}の受講すべき数学Ⅱの時間は、130時間であり、原告らが受講した時間は受講すべき時間数よりもかなり少ないものであったことや、原告らがその後いずれも必要な単位を取得し、卒業、就職、進学している事実等を考え併せると、その額は原告一人当たり5万円が相当であると認められ、また、本件における弁護士費用は原告一人当たり5000円とするのが相当である。

　なお、被告らは、原告らが必要とされる単位を取得し、卒業して進学、就職していることから損害が発生していないと主張するが、免許を有しない教師による授業を受けたという事実が、当時高校生であった原告らに精神的苦痛を与えたことは否めず、また、被告らが本件無免許による授業を受けた原告らの単位取得、卒業、進学について格別の配慮をしたという事実も窺えないから、結局、右の損害はなお発生しているものと言わざるを得ない。

●慰謝料認定の考え方●

　本件は、高校の講師が無免許であったため、生徒らが高校を設置・運営する学校法人らに対して教育を受ける権利の侵害による損害賠償責任を追及した事件であり、生徒らが慰謝料の損害を主張したものである。なお、授業を受けた生徒全員が訴訟を提起したものではない。

　本判決は、生徒が適法な資格を有する教師から授業を受ける利益は、単なる反射的利益ではなく、法的に保護されるべき利益であるとしたこと、生徒らにつき各5万円の慰謝料を認めたことに特徴があり、事例判断として参考になる。本判決は非財産的損害の発生を認める一方、その実質が精神的苦痛であるとするものであるが、その額を5万円と算定する判断には必ずしも具体的な根拠はない。なお、小学校、中学校、高等学校における授業は、各種

の教員免許を有する者によることが必要であるところ（大学においては、このような制約はない）、時々、無免許者による授業の実施、しかも相当の年月の間の授業の実施が発覚する事態が報道されることがあり、本件と同様な問題が生じるおそれがある。

第3章　学校教育による慰謝料

野球専門学校において十分でない内容の教育を行った学校法人に対する慰謝料請求

〔判　例〕　大阪地判平成15・5・9判時1828号68頁
〔慰謝料〕　学生ごとに50万円

---【事件の概要】---

　Y_1学校法人は、野球専門学校を設置・運営しており、Y_2は、理事長、Y_3は、最高顧問、Y_4は、講師兼学園長であった。Y_1は、入学志願者向けの学校案内に、校舎、寮、グランド、テニスコート、プール等の充実した施設の下、特色のある学科が存在し、著名な講師陣による高度な技術指導が行われ、英語、スペイン語等の多種多様な専門性豊かな学科の授業が行われることが記載されていた。X_1ないしX_8は、平成10年4月、平成11年4月、平成12年4月、それぞれ入学金、入学検定料、授業料、施設維持費として100万円ないし222万円を支払い、Y_1に入学した。Y_1における実際の授業は、学科授業が個別指導ではなく、著名な講師陣による実技指導がなく、設備・備品も不十分である等の問題があった。X_1ないしX_8は、Y_1に対して債務不履行、不法行為、Y_2ないしY_4に対して不法行為に基づき入学金等、慰謝料（100万円ないし200万円）、弁護士費用の損害賠償を請求し、X_1らの親であるX_9ないしX_{16}は、Y_1ないしY_4に対して不法行為に基づき慰謝料の損害賠償を請求したものである。

●主張の要旨●

　本件では、学生につき入学金等、弁護士費用のほか、慰謝料（100万円ないし200万円）、学生の親につき慰謝料の損害が主張された。

●判決の概要●

本判決は、Y_1 の学校案内により、Y_1 が負うべき具体的な債務の内容を明らかにし、その本旨に従って履行したとは認められないとし、債務不履行とともに不法行為を肯定し、X_1 ないし X_8 につき入学金等全額、慰謝料各50万円等（X_1 については、加えて、Y_1 が Y_1 の登録抹消証明書の交付を遅延したことによる慰謝料として25万円も認めた）、各弁護士費用の損害を認め、Y_2 の共同不法行為を認め、Y_3、Y_4 については、学校案内に氏名が記載されているものの、積極的な推奨行為をせず、報酬も受け取っていない等とし、不法行為を否定し、X_9 ないし X_{16} については、X_1 らの慰謝料が認められるので、X_9 らの精神的損害も慰謝されたとし、X_1 ないし X_8 の Y_1、Y_2 に対する請求を一部認容し、Y_3、Y_4 に対する請求を棄却し、X_9 らの請求を棄却した。

判決文

(2) 慰謝料（別紙認容額一覧表②）

ア　被告 Y_1 の教育内容等について

(ア)　原告学生らは、プロ野球や社会人野球の世界を目指すなどして、充実した設備のもと、高度な実技指導や内容に富んだ学科授業を受けられるものと期待して被告 Y_1 に入学したものであるが〈証拠等略〉、被告 Y_1 の杜撰な学校運営により、その期待は裏切られ、貴重な時間を浪費させられるという精神的損害を被った。かかる精神的損害を慰謝するには別紙認容額一覧表の各「当事者」欄に対応する同一覧表の各「②慰謝料」欄（ただし、甲事件原告 X_1 については、同欄中の A 欄）記載の金員を下らないものと認めるのが相当である。

(イ)　原告父母らの慰謝料

原告父母らは、自らの子が、プロ野球又は社会人野球の世界を目指すなどして、充実した設備のもと、高度な実技指導や内容に富んだ学科授業を受けられるものと期待して被告 Y_1 に入学させたものであるが、被告 Y_1 の杜撰な学校運営により、その期待は裏切られ、貴重な時間を浪費させたという精神的損害を被ったものと認められる〈証拠等略〉。

しかしながら、上記(ア)のとおり、原告学生らの慰謝料請求が認められ、これによって、同時に、原告父母らの精神的損害も慰謝されたものとみるのが相当であるから、別途、原告父母らが、固有の慰謝料を請求することまでは認められないものというべきである。

●慰謝料認定の考え方●

　本件は、充実した施設・設備の下で著名な講師陣による野球に関する授業、実技を教育するとの内容の野球専門学校の学校案内によって高額な入学金、授業料等を支払って入学したところ、授業、実技、講師陣等が十分でなかったため、学生ら、その親らが専門学校の設置・運営者、理事長、最高顧問、学園長に対して損害賠償責任を追及した事件であり、損害として、学生ら、親らが慰謝料等を主張したものである。

　本判決は、専門学校の設置・運営者の債務不履行、不法行為を肯定したこと、理事長の共同不法行為を肯定したこと、最高顧問、学園長の不法行為を否定したこと、学生らの支払った入学金、授業料等の損害を認めたこと、慰謝料として各50万円の損害を認めたこと、親らについては、子である学生らに慰謝料が認められ、これにより精神的損害が慰謝されたとし、慰謝料を認めなかったことに特徴がある。本判決が十分な野球教育を受けることができなかった学生らにつき各50万円の慰謝料を認めた判断は、期待の侵害の実質を有する慰謝料の算定事例として参考になるものである。また、本判決が学生らの親らについて、子である学生らに慰謝料が認められ、これにより精神的損害が慰謝されたとし、慰謝料を認めなかった判断も、参考になる事例ということができる。

第3章 学校教育による慰謝料

私立大学入学試験において合格者の父母の属性を理由とする入学不許可処分を行った学校法人に対する慰謝料請求

〔判　例〕　東京地判平成18・2・20判タ1236号268頁
〔慰謝料〕　30万円

【事件の概要】

　Xは、社会に重大な脅威を与えた宗教団体の主宰者Aの三女であったが、臨床心理士になることを希望しており、平成16年1月、センター試験A日程を利用する方式によりY学校法人が設置・運営する大学を受験するため、Yの指定する手続をとった。Yは、Xにつき合格と判定し、同年2月、合格通知を送付した。Xは、Yの指定する口座に入学時納付金を振込送金する等し、入学手続を完了した。Yは、同年3月、Xから送付された入学手続書類を点検し、XがAの娘であることを知り、入学許可書の発行を差し控えたうえ、調査・協議等を行い、Xに入学不許可を通知した（なお、Xは、別に臨床心理士の専攻学科が設置されている他の大学の入学試験に合格したが、入学が不許可にされる等し、仮処分命令を得て、学生の地位の保全を図る等した）。Xは、Yに対してXの出生・出自によって差別をした等と主張し、不法行為、債務不履行に基づき慰謝料350万円の損害賠償を請求したものである。

●主張の要旨●

　本件では、慰謝料として350万円の損害が主張された。

●判決の概要●

　本判決は、私立大学も高度に公の性質を有する存在であり、入学試験に合格し、通常であれば当然に入学する資格を得た者について特別に入学不許可にするには、慎重に事実関係を調査し、その結果、入学不許可にしなければ

第3章　学校教育による慰謝料

真にやむを得ない事情がある場合を除いては、違法との評価を免れないとし、本件の不許可処分は違法であり、不法行為にあたるとし、慰謝料として30万円の損害を認め、請求を一部認容した。

判決文

第3　損害について

　第1において認定した事実によれば、原告は、被告の設置するY大学から入学試験に合格しながら入学不許可とされたことにより、Y大学において学ぶ可能性を閉ざされ、これがきっかけで、C大学からも入学許可をいったんは取り消され、裁判所の仮処分によってかろうじてC大学の学生の地位の保全を受けるという苦難を味わう羽目に陥った。そして、被告において、原告の父がAであることを直接の理由として入学を不許可にしたのではないとはいえ、そのことに起因する事情で不許可にしたものであって、原告からすれば、父がA、母がBであるという原告にはどうすることもできない事情により、小学校にすら通っておらず学力が著しく低いところから大学入試に合格するところまで学力を向上させるという多大な努力をしても水の泡と消え、C大学の入学許可取消という事態もあいまって、人生の途が閉ざされたという心境に陥ったものであり、大きな精神的苦痛を被った。

　原告が現在、本人の希望である臨床心理士の専攻学科が設置されているC大学において心理学を学ぶ等して充実した大学生活を送り、大学に行って心理学を学びたいという当初の夢は達成されたことを考慮したとしても、本件の入学不許可により原告の被った精神的苦痛を金銭に評価すると、30万円を下らないものというべきである。

●慰謝料認定の考え方●

　本件は、私立大学の入学試験に合格し、入学手続を完了したところ、大学が合格者とその父親、宗教団体との関係を知り、入学を不許可にしたため、合格者が学校法人に対して損害賠償責任を追及した事件である。

　本判決は、入学試験に合格し、通常であれば当然に入学する資格を得た者について特別に入学不許可にするには、慎重に事実関係を調査し、その結果、入学不許可にしなければ真にやむを得ない事情がある場合を除いては、違法との評価を免れないとしたこと、本件の不許可処分は違法であるとしたこと、

本件の不許可処分は不法行為にあたるとしたこと、慰謝料として30万円の損害を認めたことに特徴がある。本判決は、父母の属性という事情によって多大な努力によっても大学合格ができないこと、大学において学ぶ可能性が閉ざされたこと等の事情を考慮し、慰謝料額を算定した事例判断を提供するものである。

第3章　学校教育による慰謝料

私立中学校・高等学校において入学後に教育内容を変更した学校法人に対する慰謝料請求

〔判　例〕　東京高判平成19・10・31判時2009号90頁
〔慰謝料〕　生徒ごとに約10万円

【事件の概要】

　Y学校法人は、A中学校、B高等学校を設置し、中高一貫校として運営していた。Yは、論語に依拠した独自の道徳授業を中心とした特色のある教育を実践し、偏差値を30台から70台に上げる等、目覚ましい進学実績を達成していた。Xら（X_1ら合計42名）は、その子女をA中学、B高校に入学させ、平成16年7月当時、その子女が在学していた。Yは、平成16年7月、従前のC校長を解任し、D校長が就任した（Cは、その後、地位保全の仮処分を申し立てたが、Cが辞任すること等を内容とする裁判上の和解が成立した）。D校長の就任後、Yは、従前の授業内容を変更した。Xらは、Yに対して、従前の教育内容の履行を請求するとともに、債務不履行、不法行為に基づき学校選択の自由の侵害を主張し、各100万円の慰謝料、一部のXらにつき転校による入学金等の損害の損害賠償を請求したものである。

　第1審判決（東京地判平成18・9・26判時1952号105頁）は、在学契約の当事者は、生徒であるとしたうえ、授業内容の変更が道徳教育以外の教育内容に顕著な質的低下が生じているとの主張・立証はなく、学校選択の自由が侵害されたとまでいうことはできない等とし、請求を棄却したため、Xらが控訴した。

●主張の要旨●

　本件では、各100万円の慰謝料の損害が主として主張された。

● 判決の概要 ●

　本判決は、入学後における教育内容の変更は、十分な理由を説明し、生徒や保護者の不安を取り除こうとする配慮に欠けており、わが子に最善の教育環境を与えたいと入学させた父母の信頼を裏切り、学校選択の自由を不当に侵害したことを認め、不法行為を肯定し、各慰謝料を認め（公表された判決上、一覧表が省略されているが、合計で480万円の慰謝料額が認められた）、原判決を変更し、請求を一部認容した。

判決文

(5)　争点六（損害）について

　上記認定の被控訴人の違法行為の内容、控訴人らの子のうち平成16年度にA・Bに在籍していた人数などの諸事情を総合すると、被控訴人に対し、控訴人らが被った精神的苦痛に対する慰謝料として、別紙「認容金額一覧表」の控訴人欄記載の各控訴人に対し、各対応する同一覧表認容金額欄記載の各金員を支払うよう命ずるのが相当である。

　控訴人X₁は、本件により被った損害として、子の転校に要した費用等を請求するが、上記認定の被控訴人の違法行為が、転校を余儀なくさせるものとまではいえないから、上記損害は、被控訴人の違法行為との間に相当因果関係が認められない。

　以上によれば、控訴人らの請求は、被控訴人に対し、別紙「認容金額一覧表」の控訴人欄記載の各控訴人に対し、各対応する同一覧表認容金額欄記載の各金員及びこれに対する不法行為の後の日である平成17年3月13日から支払済みまで民法所定の年5分の割合による遅延損害金の支払を求める限度で理由がある。

● 慰謝料認定の考え方 ●

　本件は、中高一貫校で独自の特色のある教育を実践していた中学校、高等学校において、校長が解任され、独自色のある教育内容が変更されたため、生徒の父兄が学校の設置・運営者である学校法人に対して損害賠償等を請求した控訴審の事件である。本件では、学校選択の自由の侵害の有無、慰謝料の額が問題になったものである。なお、第1審判決は、学校選択の自由の侵害を否定したものである。

本判決は、わが子に最善の教育環境を与えたいと入学させた父母の信頼を裏切り、学校選択の自由を不当に侵害したことを認めたこと、学校法人の不法行為を肯定したこと、慰謝料については、個々の父兄ごとの額は明らかではないものの、42名の父兄につき合計480万円の慰謝料額を認めたことに特徴があり、一人あたり約10万円の慰謝料額を認めた事例を提供するものである。

私立高等学校において不当な退学処分を行った学校法人に対する慰謝料請求

〔判　例〕　大阪地判平成20・9・25判時2057号120頁
〔慰謝料〕　100万円

―【事件の概要】――――――――――――――――――――――――

　Y_1学校法人は、高等学校を設置し、運営していたところ、Xは、平成16年4月、高校に入学し、平成18年4月以降、3年生に在籍していた。Xは、平成18年10月、3年生のAと口論になった際、頭髪をつかむ等の暴力行為を行った。Y_1の運営に係る高校の校長Y_2は、平成18年10月、Xを退学処分にすることをXに通知した。Xは、その後、B学校法人の設置・運営に係る高校に入学した。Xは、Y_1、Y_2に対して裁量権の逸脱、濫用にあたり、高校教育課程を履修する機会を失ったなどと主張し、不法行為に基づきBの高校に入学したことによる費用のほか、慰謝料500万円、弁護士費用40万円の損害賠償を請求したものである。

●主張の要旨●
　本件では、新規の入学費用、弁護士費用のほか、慰謝料として500万円の損害が主張された。

●判決の概要●
　本判決は、Xの暴力行為は軽微なものとはいえないものの、その日のうちに謝罪し、反省の態度を示したこと、過去の懲戒処分がないこと等を認め、退学処分は社会通念上著しく妥当性を欠くものとし、裁量権を逸脱した違法な退学処分であるとし、不法行為を肯定し、新規の入学費用の一部、慰謝料100万円、弁護士費用10万円の損害を認め、請求を一部認容した。

判決文

(2) 精神的損害

　原告は、本件退学処分により、卒業までわずか3ないし4か月の時期に、高等学校からの退学処分を受けるという不名誉を被ると同時に、将来の進路にも影響を受けかねないことからすれば、少なからぬ精神的打撃を受けたものと認められ、本件暴力行為によって自ら本件退学処分の原因を作出したものであることを考慮しても、原告の精神的苦痛を慰謝するには、100万円を要すると認めるのが相当である。

●慰謝料認定の考え方●

　本件は、高校の生徒が暴力行為を理由に退学処分に処せられ、他の高校に入学することを余儀なくされたため、学校法人、校長に対して損害賠償責任を追及した事件であり、生徒が新規の入学費用等のほか、慰謝料の損害を主張したものである。

　本判決は、生徒による暴力行為を認め、軽微であるとはいえないとしたものの、退学処分が高校の校長の懲戒に関する裁量権の逸脱を認めたこと、他の高校への入学費用の損害、慰謝料100万円、弁護士費用10万円の損害を認めたことに特徴があり、事例判断として参考になる。高校、あるいは生徒によってはさまざまな懲戒事例が発生しており、懲戒処分の前提となる事実認定の過誤、懲戒処分の手続の違法性、懲戒処分の相当性等が問題にされ、懲戒処分の違法性が争われる事例が散見されるが、懲戒処分が違法である場合には、生徒の教育を受ける権利ないし利益が侵害され、これによる損害（精神的苦痛、人格権・人格的利益の侵害）である慰謝料が問題になることが多く、本判決は、このような事例判断を提供するものである。

第4章　いじめによる慰謝料

　小学校、中学校、高等学校等の教育施設におけるいじめの事例が跡を絶たない。いじめを苦にして生徒等が自殺したと疑われる事例が報道等されると、いじめの有無・内容、いじめと自殺との関係、学校関係者の対応の当否、教育委員会の対応の当否、謝罪の要否等が盛んに話題になり、学校側の調査、教育委員会の調査、第三者委員会の設置・調査、告訴、文部科学省への報告等の事態に至ったり、いじめを受けた生徒の遺族等によって訴訟が提起されることもある。

　小学校等の教育施設においては、毎年、その内容・程度を問わなければ、児童、生徒等による児童、生徒等に対する多数のいじめが発生しているようであり、事案によっては教諭等の関与するいじめもあるようである。いじめの事例は、筆者の児童、生徒の時期の体験に照らしても、日常的であったということができるが、現代社会におけるいじめは、その内容・態様・手段・頻度が相当に異なるようである（たとえば、小学校等における児童等の友人関係、教諭との関係、スマートフォン等の利用による人間関係等が大きく異なっているし、児童等を取り巻く家族環境、社会環境も大きく変化している）。また、裁判例を概観していると、幼稚園や保育施設である保育園等においても園児の園児に対するいじめの事例もみられる。

　教育施設等におけるいじめが問題になる場合には、まず、いじめの有無が争点になることが多く（児童等の友人関係、人間関係の変動する状況において発生することが多いし、加害の認識・被害の認識にも齟齬があることが多い）、その立証は容易ではないし、いじめの具体的な内容・態様の立証は相当に困難である。特にいじめによる自殺の事案では、いじめの具体的な状況に関する立証は極めて困難であることが多い。幼児・園児、児童間のいじめについては、幼児・園児、児童の供述の信用性に問題が多いし、児童、生徒であっても、

第4章　いじめによる慰謝料

加害児童等の虚偽の供述をどのように見分け（集団によるいじめの事案等では、事実の隠蔽が図られることは多々みられるところであり、「擦れていない」児童、生徒であるなどと思い込んで、供述の信用性を判断することはできない）、いじめに関する事実をどのように認定するかは相当に困難である。

　小学校等の教育施設等における児童等による児童等に対するいじめは、その内容・態様・程度・期間、被害の内容・態様等の事情が個々の事案ごとに多様であるが、自殺、暴行、傷害等の人身損害が発生した場合には、人身損害に伴う慰謝料が認められることがあり、このような慰謝料は、いじめ固有の損害としての側面は大きくないであろう。他方、暴行等によるいじめが行われたものの、人身損害が発生しない場合とか、いじめが精神的な苦痛、嫌がらせを生じさせる内容・態様のものである場合には、損害として慰謝料のみが問題になるが、いじめが違法であるか、慰謝料を認める程度のいじめであるかの問題を前提として、慰謝料額の算定基準を提示し、慰謝料額を個々の事案ごとに算定することが必要であるところ、算定基準は必ずしも明らかではないし、具体的に妥当な慰謝料額を算定することは相当に困難である。

　児童等によるいじめが損害賠償責任の場面で問題になった場合、一方では些細ないじめであれば、慰謝料を認めるべき必要がないと判断されることもあるし、重大ないじめであれば、いじめが被害児童等の将来にも及ぶ性質に照らすと、教育機会の享受に対する重大な侵害というべきこともあり、相当に高額な慰謝料額を認めるべき必要があることもある。

　本書においては、さまざまな内容・態様のいじめのうち、中学生のいじめによる自殺の事例、いじめを理由とする幼稚園の退園処分の事例、保育所の幼児のいじめの事例、高校生のいじめによる自殺の事例、中学生のいじめの事例（病気の罹患）、中学生のいじめの事例（転校）を紹介する。本書で取り上げた事例だけでも、幼稚園、保育園から高等学校までのさまざまな事例が訴訟において問題になっていることがうかがわれる。これらの裁判例においては、いじめの有無、いじめの内容・態様、被害の内容、自殺等との間の因果関係の有無、損害賠償の範囲、慰謝料を含む損害賠償額の算定が主要な争

点になっているが、いじめに関する証拠の評価も重要な争点になっている。慰謝料の額は、いじめ行為の内容・態様・期間、いじめの被害者の被害の内容・態様に関する判断、評価によるが、単なる精神的な苦痛に対する損害賠償の域を超える損害の評価が必要であることに注意が必要である。個々の事案によることになるが、児童、生徒等としての生活全般の侵害、教育機会の侵害、人間関係の侵害、人間関係の形成の妨害、長時間にわたる精神的な苦痛が損害の基本になるし、長時間にわたる身体的な侵害、病気の治療費、経済的な損害等の損害も認められることがある。

第4章 いじめによる慰謝料

 中学校における中学生のいじめによる自殺に係る慰謝料請求

〔判　例〕　東京高判平成6・5・20判時1495号42頁
〔慰謝料〕　1000万円

---【事件の概要】---

　Aは、昭和59年4月、Y₁都（東京都）のY₂区（中野区）の設置・運営する区立中学校に入学した。中学2年に進級し、B、Cと同じクラスになったところ、B、Cのほか、他のクラスのD、E、Fらが突っ張りグループを形成し、Aは、このグループの使い走りをするようになった。Aは、昭和60年7月頃から、本件グループの使い走りをさせられるだけでなく、いじめられることをおそれ、問題行動をとったり、Bらから暴行を受けるようになった。Aは、同年9月以降、Bらから執拗に暴行を受けたりし、同年11月、Aの死去を想定した葬式ごっこが行われる等した（葬式ごっこには、担任の教諭も参加した）。Aは、同年11月以降、Bらから執拗ないじめ、暴行を受け、Aが本件グループから離脱を図ろうとしたことを知った後は、執拗な暴行を加えられた。Aは、昭和61年2月、家出をし、Aの父親X₁の実家に向けて旅立ち、旅行先の国鉄の駅で自殺した。Aの両親X₁、X₂は、Y₁、Y₂に対して、債務不履行、国家賠償法1条1項に基づき逸失利益、慰謝料1500万円、固有の慰謝料各500万円、弁護士費用の損害賠償、Bの両親Y₃、Y₄、Cの両親Y₅、Y₆に対して不法行為に基づき同様な内容の損害の損害賠償を請求したものである。

　第1審判決（東京地判平成3・3・27判時1378号26頁）は、Bらのいじめを認めたものの、自殺の予見可能性がなかったとし、B、Cの各両親の監督義務違反の不法行為を肯定し、学校側の安全保持義務違反を認め、慰謝料300万円、弁護士費用各50万円を認め、請求を一部認容したため、

X₁らが控訴し、Y₁、Y₂、Y₃、Y₄が附帯控訴した。

●主張の要旨●

本件では、Aの逸失利益、弁護士費用のほか、Aの慰謝料1500万円、X₁らの固有の慰謝料各500万円が損害として主張された。

●判決の概要●

本判決は、Aの自殺につき予見可能性がないとしたものの、Aの受けた肉体的、精神的苦痛が深刻甚大であるとし、慰謝料として1000万円の損害、弁護士費用各150万円を認め、Y₁の国家賠償法3条1項、Y₂の同法1条1項の各責任を肯定し、Y₃、Y₄、Y₅、Y₆の各共同不法行為を肯定し、各控訴に基づき請求を一部認容し、各附帯控訴を棄却した。

判決文

1 以上のところからすれば、Aが昭和60年10月頃から昭和61年1月30日までの間継続的に本件いじめを受けたことにより被った肉体的、精神的苦痛は誠に深刻かつ甚大なものであったというべきであり、前記のような本件いじめの内容、右いじめに対するAの対応、被控訴人Y₃ら、同Y₄ら及び中野富士見中学校の教師ら並びに控訴人らの対応その他諸般の事情を考慮すると、Aの右苦痛を慰謝するには1000万円が相当というべきである。

被控訴人らは右損害賠償額の算定に当たってはA及び控訴人らの過失を斟酌すべきである旨主張するが、前記のような本件いじめの内容及びそれをめぐる経過等からすれば、A及び控訴人らに関する事情を慰謝料額の算定に当たって考慮すべき事情の一つとすることは当然として、A及び控訴人らにはいまだ右損害賠償額の算定について過失相殺をすることを相当とするほどの過失があるとは認められないから、被控訴人の右過失相殺の主張は失当である。

2 本件事案の内容、本件訴訟の経過及び内容その他の事情に照らし、本件訴訟の提起、追行を被控訴人ら訴訟代理人弁護士に委任したことによって生ずる弁護士費用のうち控訴人らに賠償を求め得る相当因果関係のある損害は150万円と認めるのが相当である。

●慰謝料認定の考え方●

　本件は、中学2年生が所属していた突っ張りグループの同級生らに執拗かつ悪質ないじめ、暴行を長期にわたって繰り返して受け（葬式ごっこが行われ、担任の教諭が参加する等した）、自殺したため、被害者の両親が加害者の両親ら、都、特別区に対して損害賠償責任を追及した控訴審の事件である。なお、加害者である生徒らに対する損害賠償責任は追及されていない。

　本判決は、中学生の自殺の予見可能性を否定したこと、担当の教諭の過失を認め、区の国家賠償法1条1項の責任を肯定したこと、都の同法3条1項の責任を肯定したこと、加害生徒の両親らの監督義務違反による不法行為を肯定したこと、慰謝料は、長期にわたる執拗ないじめによる肉体的、精神的苦痛が深刻甚大であるとし、1000万円が相当であるとしたことに特徴がある。本判決は、いじめによる自殺についての因果関係の存在を否定し、その範囲で損害賠償額を算定したものであるが、自殺による損害も認められる場合には、逸失利益も含めて算定されることになる。生徒に対するいじめにつき自殺との因果関係が認められない場合には、生徒の平穏な学校生活の妨害、教育機会の妨害のほか、私生活上の影響があるときは、平穏な日常生活の妨害等の人格権、あるいは人格的利益の侵害が主要な内容になるものである。また、いじめの内容・態様・期間、いじめの及ぶ悪影響の範囲等の事情によっては、これらの内容・態様の人格権の侵害、人格的利益の侵害を超える場合もあり、そのような場合には、個々の事情を考慮して慰謝料の対象となる不利益を認定し、慰謝料の額を算定することが必要である。本判決は、前記のとおり、1000万円の慰謝料額を認めたものであるが、いじめの内容・態様・期間によっては認められる範囲の慰謝料額であり、参考になる事例判断ということができる。

幼稚園におけるいじめを理由とする退園処分に係る慰謝料請求

〔判　例〕　札幌地判平成8・9・25判時1606号113頁
〔慰謝料〕　園児につき10万円、両親につき各20万円

【事件の概要】

Y_1 学校法人は、幼稚園を運営していたところ（Y_2 は、理事長兼園長）、X_2、X_3 の子 X_1 が本件幼稚園の年少組、年中組に通園していたが、他の園児らを押したり、かじったり、泣かせたり、クレヨンを取り上げたり等し、他の父母らが退園処分を求めることがあったりしたことから、Y_1 が X_1 を退園処分にした。X_1 らは Y_1 らに対して不当な退園処分であると主張し、不法行為に基づき慰謝料（X_1 につき、300万円、X_2、X_3 につき各100万円）の損害賠償を請求した。

● 主張の要旨 ●

本件では、慰謝料（X_1 につき、300万円、X_2、X_3 につき各100万円）の損害が主張された。

● 判決の概要 ●

本判決は、X_1 には、一応問題行動があったが、いじめはなく、それと同視するのは相当でないとし、X_2 らに問題を指摘開示のうえ説明し、十分な弁明の機会を与える等すべきであったものの、説明努力、対応の理解を求める努力、問題行動に見合う処分に向けた適正な手続が履践されていないから、本件退園処分が正当といえないとし、不法行為を認め（X_1 につき慰謝料10万円、X_2 らにつき慰謝料各自20万円の損害を認めた）、請求を認容した。

判決文

一　以上によれば、被告 Y_2 が、被告学園の理事長兼園長として学園側の一任を受

けてした本件退園処分は、原告らに対する不法行為及び原告らとの間での在園契約の趣旨にも悖り、債務不履行をも構成し、いずれにせよその不適切な対応の範囲内で損害賠償の責任を負い、被告 Y_2 の右行為は、同人が職務を行うにつきなされたものであるから、被告学園は民法44条1項に基づき同じく原告らに対し損害賠償責任を負う。

そして、原告らは、本件退園処分により、それぞれ精神的損害を被ったことが推認できるところ、被告らの対応の問題点は既に指摘したところであり、他方、原告 X_1 自身はともかくとして、同児を監督監護すべき立場にある原告ら両親にも、被告らが指摘するような極端な問題性は本件証拠上認められないにしても、前記のように、原告 X_1 に問題行動が存在し、幼稚園側や父母らが原告 X_1 の当該行動を問題視し、それなりに原告ら両親にその問題性を伝えようとしているにもかかわらず、原告らに都合の良い解釈理解にのみ終始していることは、原告ら両親には、原告 X_1 の本件幼稚園における行動についての平素の理解不足ひいては同児の監督不行届のあったことも否めないものというべきである。

そうすると、右の諸事情のほか本件訴訟に現れた一切の事情を総合勘案すれば、その損害に対する慰謝料としては、原告 X_1 については金10万円、原告 X_2 及び原告 X_3 については各金20万円が相当である。

●慰謝料認定の考え方●

本件は、幼稚園の園児が他の園児にいじめをしたこと等が問題になり、幼稚園が退園処分をしたところ、園児、その両親が幼稚園の設置・運営者に対して損害賠償責任を追及した事件であり、損害として各人の慰謝料（園児につき300万円、両親につき各100万円）が主張されたものである。

本判決は、園児には問題行動があったことを認めたものの、退園処分が正当でないとして不法行為を肯定し、園児の慰謝料10万円、両親につき慰謝料各20万円の損害を認めたものである。本判決が園児の退園処分は正当でないとし、不法行為を肯定した判断には議論が予想されるが、慰謝料は、本件の一切の事情を考慮し、認定、算定したものであるところ、園児の行動の問題性、両親の対応の問題性も考慮されたことに特徴があり、事例判断として参考にする場合には、その特徴に留意することが重要である。

保育所の幼児のいじめに係る慰謝料請求

〔判　例〕　東京高判平成18・2・16判タ1240号294頁
〔慰謝料〕　10万円

【事件の概要】

　X_1（当時4歳ないし6歳。女児）、平成9年4月、保育園（法令上は保育所）に入園し、保育園に通園していたところ、A（当時4歳ないし6歳。男児）が、平成11年5月、他の保育園から本件保育園に転園してきた。Aは、平成13年から平成14年にかけて、X_1にいじめ、性的嫌がらせを繰り返した。X_1、その親権者である親X_2は、Aの両親Y_1、Y_2に対していじめによるPTSDの罹患等を主張し、民法714条に基づき、また、Y_1らよる虚偽の事実の吹聴を主張し、X_1について慰謝料（いじめによる570万円、名誉毀損による50万円）、X_2について治療費、診断書作成費用、休業損害、慰謝料（名誉毀損による150万円、固有の慰謝料30万円）、弁護士費用の損害賠償、謝罪文の交付、無言電話の差止めを請求したものである。

　第1審判決（東京地判平成17・9・27判タ1240号298頁）は、Aによる一部のいじめ、性的嫌がらせを認めたものの、PTSDの罹患を否定し、Y_1らによる名誉毀損を否定し、請求を棄却したため、X_1らが控訴した。

●主張の要旨●

　本件では、親の治療費、診断書作成費用、休業損害、弁護士費用のほか、幼児についての慰謝料（いじめによる570万円、名誉毀損による50万円）、親についての慰謝料（名誉毀損による150万円、固有の慰謝料30万円）の損害が主張された。

●判決の概要●

　本判決は、事実認定は原判決を引用し、PTSDの罹患を否定したものの、X_1の身体的・精神的損害を認め、Y_1らにおいてAが保育園で他の園児に加害行為に及んでいることを知っていたものであり、粗暴な振る舞いをすることのないよう対応すべき義務を怠ったとし、民法714条1項所定の責任を肯定し、原判決を変更し、慰謝料（X_1につき10万円、X_2につき主張を排斥した）、弁護士費用の損害を認め、請求を一部認容した。

判決文

6　損害額について

　前記のとおり、控訴人X_1は、Aの加害行為によって、身体的、精神的損害を被ったものと認めることができる。しかしながら、Aによる加害行為は、保育園における保育中にされたもので、態様において悪質とまではいい難い上、控訴人X_1の損害の程度も必ずしも深刻なものとはいえない（Aの加害行為により、控訴人X_1に、身体的、精神的な痕跡や後遺障害が生じたといえないことは、前記のとおりである。）。さらに、Aがした加害行為の中には控訴人X_1の言動に誘発されたとうかがわれないわけではないものが含まれていることは、前記のとおりであって、これらの事情を勘案すれば、控訴人X_1に支払われるべき慰謝料は、10万円とするのが相当というべきである（控訴人X_1は、当審において、カウンセリングに要した費用相当額の損害賠償を請求するが、同費用は、控訴人X_1におけるPTSDの罹患ないしは精神障害を発症したことを前提とするものと解されるところ、控訴人X_1においては、PTSDに罹患したということはできず、また、控訴人X_1において、Aの不法行為と相当因果関係のある精神障害の発症を認め難いことは、前記引用に係る原判決の説示するとおりであるから、控訴人X_1の上記請求は、前提を欠き、失当といわざるを得ない。）。

　また、控訴人らが、原審において、本件訴訟の提起、追行を弁護士に委任していたことにかんがみれば、本件においては、控訴人X_2において、弁護士費用相当の損害を被ったものと認め、2万円の限度で損害賠償を認めるのが相当である（なお、控訴人X_2は、当審において、原審及び当審で要した印紙代、切手代相当の損害賠償を請求するが、これらの費用は、訴訟費用に当たり、本判決の主文で当事者双方に負担を命じるべきものであるから、不法行為による損害として処理すべきものではない。）。

　なお、控訴人X_2も、控訴人X_1が肉体的、精神的、性的に傷つけられたことに基づく固有の慰謝料を請求しているが、控訴人X_1が被った損害は、暴行等の程度にとどまることは前記のとおりであって、このような事情にかんがみれば、Aの

控訴人 X_1 に対する加害行為により、控訴人 X_2 が、控訴人 X_1 の生命が害された場合に比肩するか又はその場合に比して著しく劣らない程度の精神上の苦痛を受けたということはできず、自己の権利として、固有の慰謝料請求権を取得したということはできないから、控訴人 X_2 の上記請求は理由がない（最高裁判所第一小法廷昭和43年9月19日判決・民集22巻9号1923頁参照）。

●慰謝料認定の考え方●

　本件は、保育所に通園する女児が、他の幼児（男児）からいじめ等を受けたため、女児、その親が男児の両親に対して損害賠償責任を追及した控訴審の事件であり、女児、親の慰謝料等が損害として主張されたものである。

　第1審判決は、男児によるいじめ、性的嫌がらせの一部を認めたが、女児らの主張に係るPTSDの罹患を否定し、損害賠償責任を否定した。

　本判決は、PTSDの罹患を否定したものの、男児によるいじめ、性的嫌がらせによる身体的・精神的損害を認め、不法行為を肯定し、女児につき10万円の慰謝料の損害を認めたものである。本件のいじめは、幼児という精神的な成長の過程にある時期において悪質ないじめが繰り返されたものであり、発達過程にある人格権の侵害という特徴がある。保育所におけるいじめ、性的嫌がらせといった事件が発生すること自体、幼児の保育・教育における現代社会の問題を浮き彫りにした事件であるということができるが、女児が受けた被害に対する慰謝料は、いじめによるものとして10万円を認めた判断は、本件の諸事情を考慮して算定した事例として参考になる。もっとも、被害者の年齢、期間、加害者の行為の内容、態様等の事情に照らすと、低額にすぎるとの印象が残る。

第 4 章　いじめによる慰謝料

高等学校の生徒のいじめによる自殺に係る慰謝料請求

〔判　例〕　横浜地判平成18・3・28判タ1235号243頁
〔慰謝料〕　加害生徒につき50万円、県につき300万円

【事件の概要】

Aは、平成10年4月、Y_4県（神奈川県）の設置・運営に係る高校に入学し、吹奏学部に入部していた。Y_1、Y_2、Y_3は、Aと同じクラスに所属し、また、吹奏学部にも所属していた。Y_1は、平成10年4月下旬頃から、Aに対してアトピーが汚い、トロンボーンが下手である旨等を中傷し、Aの自宅に毎朝迎えに来ることにより心の負担を増大させる等し、Y_2、Y_3は、トロンボーンのパート練習から仲間はずれにする等していた。Aは、同年10月、自宅で自殺を図り、救急車で病院に搬送されたが、2日後に死亡した。Aの両親X_1、X_2は、Y_1、Y_2、Y_3に対して、いじめに係る不法行為に基づき死亡に伴う逸失利益、慰謝料、葬儀費用等の損害賠償、Y_4に対して、クラス担任の教諭、吹奏学部の顧問の教諭がいじめがあることを認識しながら、組織的な対応を怠った等と主張し、国家賠償法1条1項または債務不履行に基づき死亡に伴う逸失利益等の損害のほか、慰謝料各100万円の損害賠償を請求したものである。

● 主張の要旨 ●

本件では、Y_4との関係で死亡に伴う逸失利益等の損害のほか、慰謝料としてX_1、X_2につき各100万円の損害が主張された（なお、Y_1らとの関係では、死亡に伴う各種の損害が主張された）。

● 判決の概要 ●

本判決は、Y_4についてはAの母親X_2が担任の教諭、保健室の教諭にA

の遅刻、早退、欠席が心配であること、同級生からいじめを受けて落ち込んでいること等を伝えたことから、教諭らがAの状態を十分認識し得たとし、Aにつき適切な措置を講じたら、Aの苦悩を相当軽減することができたところ、Aの自殺につき予見可能性があったとはいえないから、損害の範囲は生前のAの精神的苦痛を与えたことに限られるとし、慰謝料300万円、弁護士費用300万円の損害を認め、Y_1については自殺の予見可能性がなかったとし、生前の精神的苦痛の慰謝料50万円を認め、Y_2、Y_3については、きつい言葉を使ったことがあるものの、いじめを否定し、Y_1、Y_4に対する請求を一部認容し、その余の請求を棄却した。

判決文

4 争点(4)（A及び原告らの損害額）について
(1) 被告Y_1について
　被告Y_1が負う責任の範囲は、前示のとおり、Aの生前の精神的苦痛に対するものである。そして、前記認定の加害行為の内容、程度、加害の期間等本件に顕れた一切の事情を斟酌すると、Aが被告Y_1から受けた精神的苦痛の慰謝料は50万円とするのが相当である。
　原告らは、原告ら固有の慰謝料を請求するが、不法行為がAに与えた精神的苦痛に止まる以上、原告ら固有の慰謝料を認めることはできない。（中略）
(2) 被告県について
　被告県が負う責任の範囲も、被告Y_1同様、Aの生前の精神的苦痛に対するものである。そして、前記認定のAの受けた苦悩の内容・程度、期間、被告県が高等学校を設置運営し生徒の生命、身体、心の平穏に関し大きな責任を負う立場にあること等本件に顕れた一切の事情を斟酌すると、被告県との関係では、精神的苦痛の慰謝料は300万円とするのが相当である。
　原告らは、原告ら固有の慰謝料を請求するが、被害がAに与えた精神的苦痛に止まる以上、原告ら固有の慰謝料を認めることはできない。

●慰謝料認定の考え方●

　本件は、高校1年生が同級生らのいじめにより自殺したことから、両親が同級生らのほか、高校の設置・運営者である県に対して損害賠償責任を追及した事件である。

第4章　いじめによる慰謝料

　本判決は、同級生のうち一人のいじめを認めたものの、自殺の予見可能性がなかったとし、不法行為を肯定し、損害賠償の範囲を生前のいじめによる慰謝料に限定し、他の同級生については、きつい言葉があったものの、いじめの不法行為を否定し、県の責任については、担任の教諭らにつき自殺の予見可能性がなかったとしたものの、いじめを受けていたことを認識し得たとし、適切な措置を講じていたら苦悩を相当軽減することができたとし、生前のいじめによる慰謝料の責任を肯定したものである。本判決が同級生の一人のいじめによる法的な責任を肯定したことは当然であるとしても、他の同級生のいじめを否定した事実関係の認定、評価には疑問が残るし、担当の教諭らの法的な責任を肯定した判断は、本判決の認定した事実関係に照らすと、厳格すぎるとの疑問が残る。

　いじめによる慰謝料は、いじめと自殺とか、いじめとうつ病等の病気との因果関係がある場合は別として、平穏な学校生活の妨害、教育機会の妨害のほか、私生活上の影響があるときは、平穏な日常生活の妨害等の人格権、あるいは人格的利益の侵害が主要な内容になるものである。もっとも、いじめの内容・態様・期間、いじめの及ぶ悪影響の範囲等の事情によっては、これらの内容・態様の人格権の侵害、人格的利益の侵害を超える場合もあり、そのような場合には、個々の事情を考慮して慰謝料の対象となる不利益を認定し、慰謝料の額を算定することが必要である。

　本件では、高校生が長期にわたって学校の内外における執拗ないじめを受けたものであり、学校生活、日常生活に及ぶ内容・態様の人格権の侵害という特徴を踏まえた慰謝料の額の算定が必要である。

　慰謝料については、本判決は諸般の事情を考慮して算定した事例判断を提供するものであるが、前記のいじめを実行した同級生の加害行為によるものとして50万円を認めた判断は、低額にすぎるとの疑問があるし、県の担当の教諭らの加害行為によるものとして300万円を認めた判断は、高額にすぎるとの疑問があるだけでなく、同級生によるものと比較して釣り合いがとれないとの疑問がある。

5 中学校の生徒のいじめによる統合失調症の罹患に係る慰謝料請求

〔判　例〕　広島地判平成19・5・24判タ1248号271頁
〔慰謝料〕　600万円

【事件の概要】

　X_1 は、平成12年4月、Y_{12} 市（広島市）の設置・運営する中学校に入学した。X_1 の中学1年当時は、同級生の Y_1 は、たびたび同級生らへのいじめなどの問題行動を起こし、担任の教諭は、Y_1 の両親 Y_2、Y_3 を学校に呼び出し、注意を繰り返していた。X_1 は、中学2年当時、同学年の Y_1 のほか、Y_4、Y_7、Y_{10} から文房具の損壊、首を締め、蹴る等の暴行、小石等を投げる、水をかける等の行為を繰り返して受けた。X_1 は、中学3年当時、Y_1、Y_4 らから教科書、文房具の隠蔽、不登校へのからかい、万引きに伴う恐喝、暴行等を繰り返して受けたが、平成14年6月以降、登校しなくなった。X_1 の母 X_3 は、同年7月、X_1 を病院で受診させたところ、統合失調症の疑いとの診断を受け、治療が始まり、同年11月、その旨の確定診断を受ける等した。Y_1 らは、X_1 が登校しなくなった後も、X_1 の自宅に押し掛け、嫌がらせを行い、中学校を卒業した平成15年3月以降も、X_1 の自宅に押し掛け、嫌がらせを行う等した。X_1、その両親 X_2、X_3 は、Y_1 ないし Y_3、Y_4 とその両親 Y_5、Y_6、Y_7 とその両親 Y_8、Y_9、Y_{10} とその母親 Y_{11} に対していじめによって統合失調症を罹患したと主張し、不法行為に基づき慰謝料、弁護士費用等の損害賠償（X_2 につき治療費、X_3 につき逸失利益の損害も主張された）、Y_{12} に対して、担任の教諭等がいじめに早期に発見し、適切な措置を講ずべきであったと主張し、国家賠償法1条1項に基づき、Y_{13} 県（広島県）に対して、国家賠償法3条に基づき慰謝料、弁護士費用等の損害賠償を請求したものである。

第4章 いじめによる慰謝料

●主張の要旨●

本件では、X_1 につき慰謝料1000万円、X_2、X_3 につき慰謝料各500万円のほか、弁護士費用、X_2 につき治療費、X_3 につき逸失利益の損害が主張された。

●判決の概要●

本判決は、Y_1 らによる2年間の各種のいじめを認め（Y_{10} については一部の関与を認めた）、Y_1 の両親 Y_2、Y_3 につき保護者としての監督義務違反を認め、担任の教諭がいじめを認識することができたのに悪ふざけであると誤認し、防止する措置を講じなかった過失を認め、統合失調症の罹患との事実的因果関係を認め、7割の素因減額をしたうえ、親である Y_5、Y_6、Y_8、Y_9、Y_{11} の監督義務違反を否定し、X_1 の慰謝料として300万円、統合失調症の罹患による慰謝料として300万円、治療費、逸失利益、弁護士費用を認め、X_2、X_3 の各慰謝料を否定し、Y_1、Y_2、Y_3、Y_4、Y_7、Y_{10}、Y_{12}、Y_{13} に対する請求を一部認容し、その余の請求を棄却した。

判決文

6　争点(5)（原告らの損害）について

(1)　原告 X_1 の損害

慰謝料

本件各不法行為の内容に照らし、これによって被った原告 X_1 の精神的苦痛に対する慰謝料は、300万円と認めるのが相当である。ただし、被告 Y_{10} の不法行為は、前示のとおりのものにとどまるから、これによる精神的苦痛に対する慰謝料は30万円と認めるのが相当である。

また、原告 X_1 が統合失調症発症によって被った精神的苦痛に対する慰謝料は、その精神疾患の重大性、治癒の困難性等を考慮すると、1000万円と認めるのが相当である。したがって、賠償義務者の責任額は、その7割を減じた300万円となる。

(2)　原告 X_2 の損害

ア　治療費

原告 X_2 は、原告 X_1 が統合失調症に罹患したため、同人を浅田病院、広島大学病院、木村神経科内科クリニック、袋町クリニックに通院させ、同人の治療費として合計17万7665円を支払ったことが認められる〈証拠略〉。したがって、この損害についての賠償義務者の責任額は、その7割を減じた5万3299円となる。

イ　慰謝料

　原告 X_2 が原告 X_2 の親として本件各不法行為や統合失調症の発症により、自らも精神的苦痛を被ったことは認められるけれども、それが生命を害された場合にも比肩すべき苦痛であるとまではいえないから、これに対する慰謝料を求めることはできない。

(3)　原告 X_3 の損害

ア　逸失利益

　上記1の事実経過、証拠〈証拠略〉及び弁論の全趣旨によれば、原告 X_3 は、広島市の臨時保育士として1日8時間稼働し、1か月平均18万2070円の収入を得ていたこと、しかし、原告 X_1 に統合失調症が発症し、その診療への付添や介助のため、平成14年7月1日から同月12日までの間、4時間しか勤務できず、同月13日から平成16年4月30日まで稼働できなかったことが認められる。したがって、原告 X_3 は、少なくとも22か月間の上記収入額すなわち400万5540円の利益を失ったのであり、これもまた本件各不法行為による損害と認められる。しかし、これは、統合失調症発症による損害であるから、この損害についての賠償義務者の責任額は、その7割を減じた120万1662円となる。

イ　慰謝料

　原告 X_3 の慰謝料請求は、原告 X_1 の慰謝料について判示したと同様の理由から、認められない。

●慰謝料認定の考え方●

　本件は、市立中学校の生徒が同級生らによって約2年間、各種のいじめを受け、統合失調症に罹患したことから、被害者である生徒、その両親がいじめに関与した同級生、それらの親らのほか、市、県に対して損害賠償責任を追及した事件であり、主として慰謝料の損害が主張されたものである。

　本判決は、同級生らの執拗ないじめを認め、統合失調症の罹患との事実的因果関係の存在を認めたうえ（もっとも、高割合の素因減額も認めた）、被害を受けた生徒の慰謝料として合計600万円の損害を認め、両親の慰謝料の主張を排斥したものである。本件のいじめは、中学生が長期にわたって学校の内外における執拗で悪質ないじめを受けたものであり、学校生活、日常生活に及ぶ内容・態様の人格権の侵害という特徴を踏まえた慰謝料の額の算定が必要である。本判決が認定した、いじめの内容・態様・期間に照らすと、300万円の慰謝料額は、一つの参考事例を提供するものであるが、特に実際

にいじめを執拗に行った同級生、その両親の法的な責任を前提とすると、いささか低額にすぎるとの疑問がある。

第4章　いじめによる慰謝料

6 中学校の生徒のいじめによる転校に係る慰謝料請求

〔判　例〕　京都地判平成22・6・2判タ1330号187頁
〔慰謝料〕　50万円

【事件の概要】

X_1は、平成18年4月、Y_3市（京都市）の設置・運営する市立中学校に入学した（X_1の家は、会社を経営し、X_1は、跡継ぎであった）。Y_1は、X_1と同学年であったが（Y_1は、母子家庭であった）、中学1年生のとき問題行動を起こしたことがあった。平成19年、中学2年生のとき、X_1とY_1は同級生になったが、Y_1らがX_1をからかったり、Y_1がX_1に弁当のおかずをせびったり、勝手にX_1の水筒から水を飲むことがあった。Y_1は、同年6月以降、ほぼ毎日、休憩時間中、X_1の肩を殴る暴行を続けたり、他の生徒にX_1にけんかを仕掛けるようにしたり、暴言を言ったり、合唱コンクールの練習の際、X_1に歌わせて、皆で笑うなどした。X_1は、同年10月、市内の他の学区内に転居し、別の中学校に転校した。X_1、その両親のX_2、X_3は、Y_1、その母親Y_2に対していじめに係る不法行為に基づき慰謝料、転居費用、弁護士費用の損害賠償、Y_3に対して不法行為、安全配慮義務違反、国家賠償法1条1項に基づき同様な損害賠償を請求したものである。

●主張の要旨●

本件では、X_1につき慰謝料300万円、X_2、X_3につき転居等費用、弁護士費用の損害が主張された。

●判決の概要●

本判決は、Y_1のX_1に対するいじめを認め、不法行為を肯定したが、Y_2については、具体的な予見ができなかったとし、指導・監督義務違反を否定

し、Y_3 については、担当の教諭が Y_1 の問題行動を認識する都度、注意し、指導していたとし、安全配慮義務違反を否定する等し、慰謝料50万円、弁護士費用5万円の損害を認め、転居といじめとの間の因果関係を否定し、X_1 の Y_1 に対する請求を一部認容し、X_1 のその余の請求、X_2 らの請求を棄却した。

判決文

6　争点(6)（損害及び因果関係）
(1)　原告Aについて
　上記2のとおり、原告 X_1 は、被告 Y_1 から嫌がらせを受け、その都度不愉快な思いをするとともに、本件合唱練習事件のため、結局のところ甲中学校から転校することになったと認められるから、被告 Y_1 は、原告 X_1 の受けた精神的苦痛について損害賠償義務を負う。被告 Y_1 及び被告 Y_2 は、被告 Y_1 の嫌がらせと原告 X_1 の転校とは因果関係はないと主張するが、上記4(1)ア(カ)のとおり、原告 X_1 は強くはないが転校する意思を持っており、原告 X_2 の一存で転校したとまではいえないこと、被告 Y_1 による本件合唱練習事件までの一連の嫌がらせを含めて、原告 X_1 が被告 Y_1 のいる甲中学校に通いたくないと考えるに至ったことは不自然ではないことからすれば、被告 Y_1 の嫌がらせ行為と原告 X_1 の転校との間には相当因果関係がある。なお、後記(2)のとおり、乙中学校への転校との間には相当因果関係は認められない。
　そして、被告 Y_1 の原告 X_1 に対する嫌がらせの期間、態様、転校の経緯等からすると、原告 X_1 の慰謝料は50万円と認めるのが相当であり、弁護士費用としては5万円と認めるのが相当である。
(2)　原告 X_2 及び原告 X_3 について
　被告 Y_1 の嫌がらせにより、原告 X_1 は転校することになったが、上記4のとおり、被告京都市が戊中学校を転校先として提示したことは合理的な判断であり、原告らが戊中学校を拒否した理由は合理的なものとはいえないことからすると、被告 Y_1 の嫌がらせと原告 X_1 の乙中学校への転校との間に相当因果関係はないというべきである。
　よって、被告 Y_1 は、原告 X_2 及び原告 X_3 に対しては損害賠償責任を負わない。

●慰謝料認定の考え方●

　本件は、中学校において中学生が同級生によるいじめ（嫌がらせ）に遭い、転居、転校したため、中学生、その両親が同級生、その親、中学校の設置・

運営者である市の損害賠償責任を追及した事件である。

　本判決は、同級生によるいじめを認め、不法行為を肯定したうえ、慰謝料として50万円の損害を認めたこと、同級生の親の不法行為を否定したこと、担任の教諭につき注意・指導を認め、市の責任を否定したことに特徴がある。本判決は、同級生の行為の内容・態様・期間、転校の経緯等の諸事情を考慮し、慰謝料を50万円と算定したものであるが、被害者が執拗ないじめを受け、いじめの中には暴行もあったこと、いじめの期間が約6カ月に及んだこと、学校生活全般における人格権の侵害であることに照らすと、50万円の慰謝料額が妥当であるかには疑問が残る。

第5章　雇用関係による慰謝料

　個人が生活し、経済活動、社会活動を行う場合、多くの個人にとっては、雇用関係とか、職場は、長時間にわたって生活・活動を行う基本的で重要な関係、あるいは場面である。雇用関係や職場環境は、生活・活動する個人にとって安全で衛生的なものであることは、法律上要請されているところであるが、安全とか、衛生の意味が時代とともに変化しているようである。従来は、生命、身体にかかわる安全性が問題になってきたが、最近は、精神的な安全性が問題になり、メンタルヘルスとか、パワーハラスメント等のハラスメントにも大きな関心がもたれるようになっている。

　雇用、職場環境に起因する慰謝料の問題としては、雇用の場合には、解雇、配置転換、懲戒処分、異動、不当差別等が問題になるときは、雇用上の処分・取扱いの無効確認、雇用関係等の確認、給与の支払い等が法律上問題とされ、これらが認められれば、慰謝料を認めるべき理由がないと考えられることが多いようである。仮にこのような事案につき慰謝料が認められる場合があるとしても、慰謝料を認めるべき具体的な損害の内容を明らかにし、慰謝料額を算定することは容易ではない（そもそも算定基準を具体的に明確にすることは困難である）。もっとも、解雇等にあたって個人のプライバシー、名誉等が侵害されるような特段の事情が認められる場合には、人格権の侵害、人格的利益の侵害として慰謝料が認められることもある。

　他方、職場環境の場合には、個人の身体、健康に被害が発生したようなときは、人身損害の一つとして慰謝料が認められることがあるが（多くの場合、安全配慮義務違反に基づく損害賠償の一つとして認められるであろう）、このような慰謝料は、身体、健康被害に伴う通常の慰謝料であり、職場環境に固有な慰謝料の問題が生じるわけではない。

　職場環境における安全性の要請は、最近、法令上も、実務上も精神的な安

全性の確保にも及ぶところであり、職場のいじめ、嫌がらせ、パワーハラスメント（以下、「パワハラ」という）、セクシュアルハラスメント（以下「セクハラ」という）、ストレスによるうつ病等の精神的な病気の罹患等が実務上問題になっている。職場のいじめ、パワハラ等に起因する個人の損害賠償は、経済的な損害のほか、精神的な損害を内容とすることが多いし、事案によっては精神的な損害のみが問題になることが少なくない。たとえば、いじめ、嫌がらせを取り上げてみると、いじめ、嫌がらせといっても、その内容・態様・継続期間、被害の内容・態様・程度はさまざまであり（裁判例等を概観していると、暴力、傷害等の加害行為を内容とする場合であっても、いじめ、嫌がらせとして議論されていることがあるが、このような加害行為もいじめ等として取り上げると、いじめ等の概念、法的な用語として明確さを欠くことになる）、身体への被害、けが・病気の罹患、医療機関による治療、休職、降給・降格等が生じる場合（深刻な事案では、自殺に至ることもある）、精神的な嫌がらせ、仲間はずれ、叱責等の被害が生じる場合があるが、後者のような場合には、慰謝料が認められる根拠があるとしても、具体的な損害の内容を明らかにし、慰謝料額の算定基準を提示し、慰謝料額を算定することは容易ではない。なお、パワハラ、セクハラ、さらに活動の場面によってはアカデミックハラスメント（以下、「アカハラ」という）、モラルハラスメント（以下、「モラハラ」という）も、雇用・職場環境以外の関係・場面において広く問題にされているが、これらの事案でも慰謝料を認めるべき根拠、慰謝料額の算定基準、慰謝料額の算定が重要であり、困難な課題であるところ、これらの裁判例は、後に第6章において紹介する。

　本書においては、雇用の場のパワハラ等の事例は、第6章においてより広い範囲のパワハラ等の裁判例で紹介することとし、本章においては、雇用関係における紛争のうち慰謝料が争点になった裁判例として、整理解雇の事例、女性に対する差別的取扱いの事例、職場の喫煙規制の事例、部下の私的事項への介入の事例を紹介したい。紹介した各事例における慰謝料の実質は多様であり、単なる精神的な苦痛の問題にとどまらないものであり、雇用関係に

おける多様な関係の侵害が損害として問題になっているものである。これらの事例の慰謝料の額の算定については、被害の実質を認定し、財産的な損害、人格権・人格的利益の損害、具体的な精神的な苦痛等に応じて慰謝料の額を算定するほかはない。

整理解雇をした公法人に対する慰謝料請求

〔判　例〕　東京地判平成18・11・29判時1967号154頁
〔慰謝料〕　100万円

【事件の概要】

Y健康保険組合は、健康保険法に基づき設立された公法人であるところ、Xは、平成10年12月、Yに雇用され、総務課に配置された。Yは、平成17年4月、健康相談室を廃止する必要が生じ（Xは、これらに反対した）、Xを他の職務に転換させることが困難であるとの理由で、解雇予告をし、同年5月末で解雇した（整理解雇。なお、解雇時、Xは、妊娠していた）。Xは、Yに対して整理解雇が無効であると主張し、労働契約上の地位の確認、賃金等の支払い、不法行為に基づき慰謝料300万円の損害賠償を請求したものである。

●主張の要旨●

本件では、慰謝料として300万円の損害が主張された。

●判決の概要●

本判決は、整理解雇が有効かを判断するにあたっては、人員削減の必要性、解雇回避努力、人選の合理性、手続の相当性の4要素を考慮するのが相当であり、使用者は、人員削減の必要性、解雇回避努力、人選の合理性につき主張・立証責任を負い、これらの3要素を総合して整理解雇が正当であるとの結論に達した場合には、従業員が手続の不相当性等信義に反する対応等につき主張・立証責任を負い、整理解雇の正当性があるとの判断が覆されるとし、本件では前記3要素のいずれも立証がされていないとして整理解雇が無効であるとし、解雇された従業員が被る精神的苦痛は、解雇期間中の賃金が支払われることにより慰謝されるのが通常であり、これによってもなお償えない

特段の精神的苦痛が生じた事実が認められるときに初めて慰謝料請求が認められるとし、本件ではYの施策にXが外部機関に相談する等して反対したこと、解雇時Xが妊娠しており、Yも知っていたこと等の事情から特段の事実を認め、慰謝料として100万円の損害を認め、請求を認容した。

判決文

イ　一般に、解雇された従業員が被る精神的苦痛は、解雇期間中の賃金が支払われることにより慰謝されるのが通常であり、これによってもなお償えない特段の精神的苦痛を生じた事実が認められるときにはじめて慰謝料請求が認められると解するのが相当である（同旨　東京地判平成15・7・7労判862号78頁・カテリーナビルディング事件）。

ウ　これを本件についてみるに、前記1(6)ウ、前記3、〈証拠略〉及び弁論の全趣旨によれば、①本件整理解雇は、被告において、退職金規程の改定、健康相談室廃止などの施策を実施しようとしたところ、これに反対する原告が外部機関に相談すること等を快く思わず、整理解雇の要件がないにもかかわらず、本件整理解雇を強行したとこと、②原告は本件整理解雇時妊娠しており、被告は当該事実を知っていたこと、③原告は被告に対し本件整理解雇を撤回し、原職に復帰させるよう要求したが拒否されたことが認められる。

エ　以上によれば、原告は、本件整理解雇により、解雇期間中の賃金が支払われることでは償えない精神的苦痛が生じたと認めるのが相当であり、本件整理解雇の態様、原告の状況等本件証拠等から認められる本件整理解雇の諸事情に照らすと、その慰謝料額は100万円が相当であり、当該判断を覆すに足りる証拠は存在しない。よって、原告の慰謝料請求は100万円の支払を求める限度で理由があるのでこれを認容し、その余は理由がないのでこれを棄却することにする。

●慰謝料認定の考え方●

本件は、公法人が組織の一部を廃止したのに伴い、従業員を解雇したことから、従業員が労働契約上の地位の確認等を請求するとともに、公法人に対して損害賠償責任を追及した事件である。本件では、慰謝料として300万円の損害が主張されたものである。

本判決は、本件の整理解雇がその要件が立証されていないとして無効であるとしたこと、解雇された従業員が被る精神的苦痛は、解雇期間中の賃金が

支払われることにより慰謝されるのが通常であり、これによってもなお償えない特段の精神的苦痛が生じた事実が認められるときに初めて慰謝料請求が認められるとしたこと、本件では従業員が公法人の施策に反対したこと、解雇時従業員が妊娠していたこと等を認め、精神的苦痛が認められる特段の事実を認めたこと、慰謝料として100万円の損害を認めたことに特徴がある。従業員が勤務先の株式会社等から解雇された場合、従業員は労働契約上の地位の確認、未払賃金等の支払いを請求する事例が通常であるが、不法行為に基づき慰謝料の損害賠償を請求する事例は少ないところ、これは、本判決が指摘するように、解雇された従業員が被る精神的苦痛は、解雇期間中の賃金が支払われることにより慰謝されるのが通常であり、これによってもなお償えない特段の精神的苦痛が生じた事実が認められるときに初めて慰謝料請求が認められるとの考え方が背景にあるものと推測される。本判決は、このような意味の公法人の不法行為を肯定し、慰謝料100万円を認めた事例判断を提供するものであるが、微妙な判断であり、議論があろう。

第5章　雇用関係による慰謝料

2 女性従業員らに対する雇用上の不当な差別的取扱いをした会社に対する慰謝料請求

〔判　例〕　東京地判平成21・6・29判時2052号116頁
〔慰謝料〕　各600万円

【事件の概要】

　Y株式会社は、従業員につき資格等級制度が設けられており、多数の資格等級があったところ、平成12年、新人事制度を導入し、新しい多数の資格を導入した。X_1ないしX_9は、いずれも女性であり、長年、Yに勤務していたところ（なお、本件では、ほかに、退職した従業員、死亡した従業員Aの遺族も原告になっているが、その関係は紹介を省略する）、人事考課等につき男性の従業員と比較して不当であるとの不満を抱いていた。X_1、X_2らは、Yに対して資格、賃金等につき男女の差別的取扱いを受けている等と主張し、人事制度上の一定の資格を有することの確認、差額賃金の支払いまたは不法行為に基づき差額賃金相当額の賠償、不法行為に基づき慰謝料、弁護士費用の損害賠償を請求したものである。

●主張の要旨●

　本件では、差額賃金相当額等の損害のほか、雇用上の男女差別に係る慰謝料、弁護士費用の損害が主張された（主張に係る慰謝料額は、判決文上、別紙が省略されているため、不明である）。

●判決の概要●

　本判決は、労働者が男女間の格差を立証すれば、不合理な差別であると一応推定でき、使用者がそれが合理的理由に基づくものであることを立証できない限り、当該格差は女性であることを理由とする不合理な差別であるとし、本件では、旧制度の下でも、新制度では能力主義、成果主義が重視されてい

るものの、男女差別の影響を鋸としているとし、違法な男女差別による処遇があるとしたが、Yの発令がないのに当然に昇格請求権を認めることはできない等とし、資格確認請求、差額賃金支払請求を棄却し、不法行為については、不当な男女間の差別的取扱いに係る不法行為を肯定したものの、差額賃金相当額の算定が困難であるとし、慰謝料として各600万円、弁護士費用として各90万円の損害を認め、請求を一部認容した。

判決文

(3) 損害額
ア　差額賃金相当損害金及び差額退職金相当損害金
　被告において、賃金は資格の格付けに連動する部分があるところ、前述のとおり、資格の格付けについて明確な基準が認められない。また、人事考課の査定が昇給に影響するところ、少なくとも平成5年度～平成16年度における被告の原告ら12人に対する人事考課は、特に不合理な点は見当たらない。そして、原告ら12人は、新制度において、調整給を得て格付けられた資格の上限より高い賃金を得ている。さらに、上述のとおり、不法行為に基づく損害賠償請求権の一部は時効により消滅しているため、原告らが有する損害賠償請求権は、男女の別のない能力主義的、成果主義的色彩の強いころのものである。加えて、本件において、原告ら12人と直接の比較対象とすべき、同年齢で同学歴の勤務実績等が同等の男性社員が証拠上存在しない。
　以上によれば、原告ら12人が本来であれば受けるべき賃金を算定するのは困難であり、したがって、原告らの具体的な差額賃金相当損害金としての損害額を算定することは困難である。また、原告 X_1、同 X_2 及び A が本来であれば退職時に受けるべき賃金を算定するのは困難であるから、当該賃金を基準として算定される本来であれば受けるべき退職金を算定することもまた困難なため、これらの者の具体的な差額退職金相当損害金としての損害額を算定することはできない。そこで、これらの点は、後述の慰謝料算定に当たっての考慮要素にすることとする。
イ　慰謝料
　被告のした男女差別の態様、男女間の格差の程度、従前の経緯、原告ら12人の勤務状況、算定困難な損害について慰謝料で考慮すべきこと、不法行為に基づく損害賠償請求権の一部は時効消滅したこと、退職金は退職時の賃金を基準として算出されるところ、退職した原告 X_1、同 X_2 及び A は、賃金を不当に低くされたため、退職金についても現に不利益を受けていること、A は、自らの体調不良等のため、相当長期間にわたり、休暇、欠勤、休職を繰り返していたこと等の本件に現れた諸般の事情を総合考慮すれば、慰謝料の額としては、原告 X_1 及び同 X_2

については各600万円、同 X_3 及び同 X_4 については A の慰謝料請求権を各2分の1ずつ承継したものとして各200万円、同 X_5、同 X_6、同 X_7、同 X_8、同 X_9、同 X_{10}、同 X_{11}、同 X_{12} 及び同 X_{13} については各300万円と認めるのが相当である。

●慰謝料認定の考え方●

本件は、長年株式会社に勤務した女性の従業員らが資格、賃金等につき男女間の差別的取扱いを受けたと主張し、会社に対して損害賠償責任を追及する等した事件である。本件では、差別に係る差額賃金相当額の損害のほか、慰謝料、弁護士費用の損害が主張された。

本判決は、労働者が男女間の格差を立証すれば、不合理な差別であると一応推定でき、使用者がそれが合理的理由に基づくものであることを立証できない限り、当該格差は女性であることを理由とする不合理な差別であるとしたこと、本件では男女間の不合理な差別があるとしたこと、男女差別に係る会社の不法行為を肯定したこと、差額賃金相当額の損害については、算定が困難であるとし、その主張を排斥したこと、女性従業員らにつき慰謝料として各600万円、弁護士費用として各90万円の損害を認めたことに特徴がある。本判決は、長年にわたる雇用上の女性従業員らに対する不当な差別的取扱いの不法行為を肯定したうえ、差額賃金相当額が算定困難であること等を考慮した慰謝料として600万円の損害を認めた事例判断として参考になるものである。

第 5 章　雇用関係による慰謝料

区役所における受動喫煙の危険性から職員を保護しなかった区に対する慰謝料請求

〔判　例〕　東京地判平成16・7・12判タ1275号231頁
〔慰謝料〕　5万円

【事件の概要】

　Xは、平成7年4月、東京都のY区（江戸川区）に採用され、職員として勤務している。Xの勤務してきた職場には、換気設備は設置されていたが、職員の中には喫煙者もおり、室内で喫煙していた。Xは、Yに対して職場を禁煙にするか、喫煙場所を別に設置する等する必要があったのに、これを怠り、受動喫煙による損害を被ったと主張し、主位的に安全配慮義務違反の債務不履行、予備的に不法行為、国家賠償法1条1項に基づき医療費7650円、慰謝料151万4000円の内金30万8000円の損害賠償を請求した。

●主張の要旨●

　本件では、医療費のほか、慰謝料として30万8000円の損害が主張された。

●判決の概要●

　本判決は、Yは、公務追行のために設置すべき場所、施設、器具等の設置管理または上司の指示の下に遂行する公務の管理にあたって、職員の生命および健康等を危険から保護するよう配慮すべき義務があるとし、施設等の状況に応じ、一定の範囲において受動喫煙の危険性から職員の生命および健康を保護するよう配慮すべき義務を負っていたとしたうえ、本件では一部の勤務期間中特定の職場において義務違反があったとし、債務不履行を肯定し、慰謝料として5万円の損害を認め、請求を一部認容した。

判決文

(1) 争点(1)について説示したとおり、被告の安全配慮義務違反は、平成8年1月12日以降のことであるから、原告の主張する各損害のうちそれより前に生じた損害については、いずれの損害も安全配慮義務違反との因果関係を欠くものである。

(2) そこで、被告の安全配慮義務違反と相当因果関係にある慰謝料について検討するに、前記説示のとおり、原告が、平成8年1月12日に、A課長に対し、原告について受動喫煙による急性障害が疑われ、症状等より、今後、同様の環境下では健康状態の悪化が予想されるので、非喫煙環境下での就業が望まれることなどが記載された医師の診断書を示し、配慮を求めたのであるから、被告は、受動喫煙による急性障害が疑われる原告を受動喫煙環境下に置くことによりその健康状態の悪化を招くことがないよう速やかに必要な措置を講ずるべきであったにもかかわらず、同年4月1日に原告をその希望に沿って異動させるまでの間、特段の措置を講ずることなく、これを放置し、その間、原告において眼の痛み、のどの痛み、頭痛等が継続していたというのであり、かかる義務違反の態様に加え、これにより原告の被った精神的肉体的苦痛の内容、程度、期間等本件に顕れた諸般の事情にかんがみれば、原告に対する慰謝料の金額としては5万円をもって相当と認める。

●慰謝料認定の考え方●

本件は、区役所に勤務する職員が受動喫煙によって損害を被ったと主張し、区役所に対して損害賠償責任を追及した事件であり、慰謝料30万8000円の損害が問題になったものである。

本判決は、区役所は施設等の状況に応じ、一定の範囲において受動喫煙の危険性から職員の生命および健康を保護するよう配慮すべき義務を負うとしたこと、本件では一部の勤務期間につき配慮義務違反を認めたこと、慰謝料として5万円の損害を認めたことに特徴がある。社会では、喫煙派、禁煙派、分煙派等に分かれて公共の場所、職場等における喫煙、禁煙をめぐる議論が行われてきており、時代の進行とともに、禁煙派が増加している傾向にある。本判決は、区役所における職員の執務場所における受動喫煙に対する配慮義務が問題になった事案について、配慮義務を認めるとともに、配慮義務違反

を肯定したものであり、興味深い判断を示したものであるが、慰謝料に関する判断は、その根拠は明らかではないものの、事例判断を提供するものである。

第6章　セクハラ・パワハラ等による慰謝料

　セクハラが訴訟の実務において問題になったのは、さほど古いことではなく、20年ほどの年月を刻む程度であるが、その後、行政上も重大な問題として取り上げられ、雇用の場でも職場環境の重要な課題として取り上げられてきた。最近は、雇用の場以外の場面におけるセクハラの問題が取り上げられ、裁判例としてもみられるようになっている。

　ハラスメントは、これを訳すと、嫌がらせということになるから、セクハラは、性的嫌がらせということになろう。しかし、実際に訴訟等において問題にされているセクハラは、単に嫌がらせとはとうていい得ない内容・態様の行為であり、事案によっては強制わいせつ等の行為もみられるところである。

　セクハラは、雇用の場における同僚、上司・部下の間で問題になるだけでなく、派遣社員、関連業務に従事する社員等に対して行われることがあるし、大学等の教員と学生、大学院生との間、教員間で問題になることがあったり（大学の場で行われるセクハラは、上位にある教員のアカハラとして問題になることもある）、大学等の部活動、団体の活動、特定の目的のための集団の活動の場においても問題になることがある。

　セクハラの問題が顕在化した後、パワハラが問題になる事例が訴訟の実務に登場し、事例の数が増加しているようである。パワハラは、雇用の場で問題になる事例が多くみられるが、社会におけるさまざまな優越的な地位、権限が認められている場面で生じうるものであり、これらの地位・権限が濫用される場合にもみられる。

　パワハラの一つとして、大学等の教育の場でみられる事例がアカハラと呼ばれるハラスメントがある。大学等の教育の場においては、教授等、一定の

地位、権限が認められていることから、学生、大学院生、さらに地位の低い教員、職員に対して地位、権限が濫用されることがあり、アカハラとして問題になる事例がみられる。

　ハラスメントの中には、加害者が被害者にさまざまな場面で、あるいは始終付きまとう態様・方法のものもあり、このような加害者がストーカーと呼ばれることがある。執拗な付きまといは、暴行、傷害等の事態に至ることもあるし、執拗な付きまといによる精神的な恐怖、不安、社会生活の制限等の損害を生じさせるものである。

　「○○ハラスメント」と名づけられなくても、社会生活上、あるいは経済活動上、いじめ、嫌がらせ等のハラスメントが他にもありうるところであり、これらのハラスメントが違法である場合には、被害者が加害者に対して損害賠償責任を追及しうるものである。損害賠償の範囲、内容は、ハラスメントによって人身損害が生じた場合、あるいは経済的損害が生じた場合には、身体への被害、けが・病気の罹患、医療機関による治療等の損害、あるいは経済的に被った不利益の損害につき賠償が認められることになるが、人身損害が生じているとはいえない場合には、慰謝料のみが問題になりうる。後者の場合には、ハラスメントによる精神的な被害の内容・態様・程度等を具体的に明らかにし、慰謝料額の算定基準を提示し、慰謝料額を算定することが必要であるが、これらの主張、立証は容易ではない。

　本書においては、職場のセクハラの事例、大学のセクハラの事例、セクハラを理由とする懲戒処分の事例、大学の運動部のパワハラの事例、職場のパワハラの事例、大学のアカハラの事例等を紹介している（なお、パワハラによって病気に罹患したり、自殺したことが疑われる事例は、損害賠償論の観点からは、人身損害の問題になるため、本書の紹介からは割愛した）。これらのハラスメントによる被害者が被った被害としては、精神的な苦痛の事例もあるが、経済的な損害、雇用の機会の喪失、取引の機会の喪失、身体的な苦痛の事例等もあり、個々の事案の被害の実態に即して損害の種類、範囲を検討することが重要である。なお、従来、ハラスメントは、セクハラ、パワハラ等と個

別の類型化が図られ、訴訟の実務においても類型化されたハラスメントが主張されることが多いようであるが（ハラスメントの類型化によって事案の特徴を裁判官に印象づけようとする訴訟の作戦には有用であろう）、類型化することは必ずしも必要ではなく、違法なハラスメントであることを具体的に主張、立証することが必要であり、足りるというべきである。

第6章 セクハラ・パワハラ等による慰謝料

1 カラオケにおいてダンスに勧誘するなどした上司に対する慰謝料請求

〔判　例〕　東京地判平成16・1・23判タ1172号216頁
〔慰謝料〕　100万円

【事件の概要】

Xは、外国大使館に属するA貿易公団に雇用され、コンサルティング業務を担当するグループに所属して勤務しており、Yは、本件グループのグループリーダーであった。Yは、同僚や部下らを飲み会に誘ったり、スキー、温泉旅行に誘ったり、カラオケに誘ったりする等していた。Xは、平成13年12月末日、退職した。Xは、Yに対して、Yの多数の言動がセクハラにあたると主張し、不法行為に基づき経済的損害（5カ月分の収入、本来得られるはずであった退職金相当額である1489万2262円）、慰謝料1000万円、弁護士費用の損害賠償を請求したものである。

● 主張の要旨 ●

本件では、経済的損害、弁護士費用のほか、慰謝料1000万円が損害として主張された。

● 判決の概要 ●

本判決は、Xの主張に係る多数のセクハラについて、性的な意図をもって誘ったものではないとか、性的な意味合いを有する接触ではなかったとか、性的な誘いを拒絶したことを理由に退職に追い込んだことはない等とし、大半の主張を排斥したが、数名とカラオケに行った際、カラオケに合わせてダンスをしたこと、職場旅行の際、Xの部屋で皆が飲んでいた折、Yが近くにあったXの寝る予定のベッドに横になったこと、同じ職場旅行の飲み会の際、女性の部下からプレゼントされたパンツをズボンの上から引き出して皆に見せたことは、性的な誘いかけや性的嫌がらせではないとしたものの（セ

クハラを否定した)、Xに多大の不快感を与え、社会通念上許容される範囲を超え、不法行為にあたるとし、慰謝料として100万円、弁護士費用10万円の損害を認め、請求を一部認容した。

判決文

3　争点(3)について（原告の損害）
　前記1認定の本件不法行為の態様、原告に与えた影響その他を総合的に勘案し、原告の被った精神的苦痛を慰謝するには100万円が相当である。

●慰謝料認定の考え方●

　本件は、外国の大使館に所属する部署に勤務する女性が上司から多数のセクハラを受けたと主張し、上司に対して損害賠償責任を追及した事件である。
　本判決は、女性の主張する大半のセクハラを否定したこと、一部の行為（数名とカラオケに行った際、カラオケに合わせてダンスをしたこと、職場旅行の際、女性の部屋で皆が飲んでいた折、上司が近くにあった女性の寝る予定のベッドに横になったこと、同じ職場旅行の飲み会の際、女性の部下からプレゼントされたパンツをズボンの上から引き出して皆に見せたこと）もセクハラであることは否定したものの、女性に多大の不快感を与え、社会通念上許容される範囲を超えるとしたこと、上司の不法行為を肯定したこと、慰謝料として100万円の損害を認めたことに特徴がある。本判決が上司の大半の行為につきセクハラを否定した判断は相当であるところ、不法行為を認めた上司の各行為は、その場の状況に照らすと、社会通念上許容される範囲を超えるかは、微妙な判断であり、不法行為を認めるとしても（この不法行為はハラスメントの類型であろう）、慰謝料額が100万円とする判断は、他の類型の慰謝料額、パワハラ、セクハラ等の類型の慰謝料額と比較すると、高額すぎるとの疑問が残る。

第6章　セクハラ・パワハラ等による慰謝料

2 女性の部下にセクハラをした上司に対する慰謝料請求

〔判　例〕　東京地判平成16・5・14判タ1185号225頁
〔慰謝料〕　40万円

【事件の概要】

　X（女性）は、平成11年4月、Y_1株式会社に期間を1年として雇用され、以後、更新を繰り返した。Xは、平成13年8月頃から、Y_1がA株式会社から受注した工事に従事するため、B県所在の工事事務所において勤務するようになった。Y_2は、本件工事事務所の工事長として勤務していた。Xは、Y_1から身体に直接触られたり、愛情告白的な言動をされたりしたとし（Y_2は、Xと二人きりのときでなく、他の従業員、Y_2の妻Zが同席した際の言動であった）、平成14年6月、Zに電話で苦情を申し立て、Xの元上司らにセクハラを申告し、報告書を交付し、所属部に報告書を提出した。Xは、所属部において元上司、Y_2を交えて話合いが試みられ、XがY_2に対して自主退職を求める等したが、解決には至らなかった。Xは、同年7月、弁護士会の仲裁センターに慰謝料の支払いを請求する申立てをしたが、取り下げ、同年9月、Y_1を退職した。Xは、Y_1、Y_2に対して、セクハラにより退職を余儀なくされたと主張し、不法行為に基づき慰謝料200万円、逸失利益225万1666円を請求したのに対し、Y_2、ZがXに対してセクハラがないのに、不当な方法で苦情を申し立てたと主張し、不法行為に基づきY_2につき300万円、Zにつき200万円の慰謝料の損害賠償を請求したものである。

●主張の要旨●

　本件では、主として逸失利益225万1666円の損害のほか、慰謝料200万円の損害が主張された。

第6章 セクハラ・パワハラ等による慰謝料

●判決の概要●

　本判決は、Y_2によるセクハラがあったと認め、Y_2の不法行為を肯定したうえ、Y_1の使用者責任も肯定し、本件の一切の事情を考慮し、慰謝料として40万円を認め（退職との相当因果関係を認めず、逸失利益の主張を排斥した）、他方、Xが正当な権利行使を逸脱した違法性を有する行為をしたとは認められないとし、Xの請求を一部認容し、Y_2、Zの請求を棄却した。

判決文

(2) 慰謝料
　前記で認定した本件各事件の態様や性質（態様は極めて悪質とまではいえないまでも、原告の明示の意思に反し、反復して行われたこと）、原告が本件各事件を契機として結局3年半勤務した被告会社を退職するに至ったこと、原告が被害を申告した後の被告Y_2及び被告会社の対応、その一方で、第3事件は原告が自ら被告Y_2の自宅に赴き、夜遅くまで滞在したために発生しているなど、原告の方にも落ち度がないとはいえないこと、その他本件に現れた一切の事情を考慮すれば、原告の被った精神的苦痛に対する慰謝料は、40万円をもって相当と認める。

●慰謝料認定の考え方●

　本件は、職場の上司による部下の女性に対するセクハラについて、部下が上司、会社に対して損害賠償責任を追及した事件である。
　本判決は、上司による部下の女性に対するセクハラを認め、その不法行為、会社の使用者責任を肯定したこと、慰謝料として40万円の損害を認めたこと、退職とセクハラとの相当因果関係の存在を否定し、逸失利益の損害を認めなかったことに特徴がある。本判決は、職場における上司の部下に対するセクハラの慰謝料として、諸事情を考慮し、40万円の損害を認めた事例判断として参考になる。

第6章　セクハラ・パワハラ等による慰謝料

女性研究員にセクハラをした大学教授に対する慰謝料請求

〔判　例〕　東京地判平成17・4・7判タ1181号244頁
〔慰謝料〕　200万円

【事件の概要】

　Y_2 は、Y_1 国立大学法人の運営する大学・大学院の教授であり、X は、Y_2 が担当するゼミの科目等履修生で留学生であったが、平成11年10月、Y_2 からセクハラを受けたと主張し、Y_1 に救済を申し立てた。Y_1 は、関係する委員会において X らの関係者に対して事情聴取を実施し、セクハラ行為があったと認定する報告をしたことから、評議員会を開催し、平成13年2月、Y_2 につき停職3カ月の懲戒処分を決定した。Y_2 は、同年3月、人事院に対し、本件懲戒処分の審査請求をしたが、人事院は、平成15年6月、本件懲戒処分を承認する判定をした。X は、Y_1 に対して良好な研究・学習環境を提供すべき信義則上の義務違反があると主張し、債務不履行、国家賠償法1条1項、不法行為に基づき、Y_2 に対して、セクハラに係る不法行為に基づき経済的損害500万円、慰謝料500万円、弁護士費用の損害賠償を請求したものである。

●主張の要旨●

　本件では、経済的損害、弁護士費用のほか、慰謝料として500万円の損害が主張された。

●判決の概要●

　本判決は、Y_2 による性的関係を望んでいるような発言、キスをしたり、胸を触るなどの行為がセクハラにあたるとし、不法行為を肯定し、Y_1 の責任については、セクハラが Y_2 の公務員としての職務とは無関係であるとし、国家賠償法1条1項所定の責任を否定し、Y_1 の組織、規程に照らし、信義

則上の義務違反を否定する等し、慰謝料200万円、弁護士費用30万円の損害を認め、Y_1に対する請求を棄却し、Y_2に対する請求を一部認容した。

判決文

(2) 次に、原告が、本件セクハラ行為によって被った精神的苦痛を慰謝するに足りる金員は、被告Y_2の本件セクハラ行為の態様・程度、これにより原告がPTSDに罹患したとまでは認められないものの、多大な精神的苦痛を被ったことが明らかであること、その他本件訴訟に現れた一切の事情を総合考慮すれば、200万円をもって相当と判断する。

●慰謝料認定の考え方●

本件は、大学の教授がゼミの受講生にセクハラをし、受講生が教授、大学に対する損害賠償責任を追及した事件である。なお、本件は、東京地判平成17・6・27判時1897号129頁（後記❹参照）の関連事件である。

本判決は、教授によるセクハラを認め、不法行為を肯定したこと、大学の法的な責任を否定したこと、本件の一切の事情を考慮し、慰謝料として200万円の損害を認めたこと、経済的損害に関する主張を排斥したことに特徴があり、セクハラによる慰謝料額を認定、算定した事例判断として参考になるものである。セクハラに係る不法行為は、性的自由権を侵害するところにその基本的な性質があるが、大学等の場におけるセクハラは、教育の機会を受ける利益を侵害し、ひいては将来の仕事上のキャリアに関する利益を侵害するおそれという損害も生じうるものである。セクハラに係る不法行為に基づく損害は、個々の事案の実態、被害の内容・態様等の事情を考慮して適正な損害額を算定することが重要であり、事案によっては経済的損害も認められるものである。

第6章　セクハラ・パワハラ等による慰謝料

4 セクハラを理由として大学教授に懲戒処分をした国立大学法人に対する慰謝料請求

〔判　例〕　東京地判平成17・6・27判時1897号129頁
〔慰謝料〕　100万円

【事件の概要】

　Xは、Y₁国立大学法人の運営する大学・大学院の教授であり、Y₂は、学長であった。Aは、Xが担当するゼミの科目等履修生であったが、平成11年10月、Xからセクハラを受けたと主張し、Y₁に救済を申し立てた。Y₁は、関係する委員会においてAらの関係者に対して事情聴取を実施し、セクハラ行為があったと認定する報告をしたことから、評議員会を開催し、平成13年2月、Xにつき停職3カ月の懲戒処分を決定した。Xは、同年3月、人事院に対し、本件懲戒処分の審査請求をしたが、人事院は、平成15年6月、本件懲戒処分を承認する判定をした。この間、Y₁は、本件懲戒処分が終了した平成13年5月、Xに対し、当分の間、すべての教育活動の停止、大学運営への参加停止措置を決定し、同措置は、平成16年3月末日まで継続された。Xは、本件懲戒処分、本件停止措置が違法であると主張し、Y₁に対して本件懲戒処分の取消し、Y₂に対して、国家賠償法1条1項に基づき慰謝料1000万円の損害賠償を請求したものである。

●主張の要旨●

本件では、慰謝料として1000万円の損害が主張された。

●判決の概要●

　本判決は、XのAに対するセクハラがあったと認め、本件懲戒処分が相当であったとしたものの、本件懲戒処分が終了した後にも受講生を含む学生

全体の動揺や不安を除去し、学生の適正な教育環境を保全するため、Xが教育課程に復帰するまでの準備期間として、一定期間、教育活動の停止等の措置をとったことは大学の自治を担う評議員会の裁量の範囲内であったが、その準備期間としては人事院の審理が終了し約1年を経過した平成15年3月31日までで十分であり、その後の本件措置は違法であるとし、本件の諸事情を考慮し、慰謝料100万円が相当であるとし、Y_1に対する請求を一部認容し、その余の請求を棄却した。

判決文

5 争点(4)(損害額)について

前記4のとおり、原告は、平成15年4月1日から同16年3月31日までの間の本件停止措置について、被告大学に対し、国家賠償法1条1項に基づき、損害賠償請求権を有する。そして、平成15年4月1日以降本件停止措置が解除されるまでの期間、原告が教育者として学生に対し教育活動をすることができず、教授会にも出席を許されなかったために被った不利益は大きいものがあり、その他本件における諸般の事情を総合考慮すれば、これによって原告が被った精神的苦痛を慰謝するための金額は、100万円を下らないものと認めるのが相当であり、当該判断を覆すに足りる証拠は存在しない。

●慰謝料認定の考え方●

本件は、大学教授がゼミの受講生に対するセクハラを理由に懲戒処分を受け、その後も約3年間の教育活動の停止等の措置を受けたため、教授が大学に対して損害賠償責任を追及した事件であり、教授のセクハラに伴う慰謝料ではなく、大学の懲戒処分、教育活動の停止等の措置(合理的な根拠がなければ、大学の教授に対するパワハラにあたることになる)に伴う慰謝料が問題になったものである。なお、本件は、東京地判平成17・4・7判タ1181号244頁(前記❸参照)の関連事件である。

本判決は、教授によるセクハラがあり、懲戒処分は相当であるとしたこと、教授に対する懲戒処分の終了後、一定の期間、教育活動の停止等の措置をとったことは大学の自治を担う評議員会の裁量の範囲内であるとしたこと、約

3年間の停止等の措置のうち、約1年間は違法であるとしたこと、慰謝料として100万円が相当であるとしたことに特徴がある。本件は、教授のゼミ受講生に対するセクハラを理由とする懲戒処分、教育活動の停止等の措置がとられたことによる、教授に対する大学のパワハラが問題になったということができ、本判決は、教育活動の停止等の措置の一部につき不法行為を肯定したものであり、事例判断として参考になるものである。本件のようなパワハラに係る被害は、教育関係における人格権の侵害であるが、大学の教授という地位に照らすと、名誉権の侵害、通常の社会生活の侵害も含まれるものであり、慰謝料として100万円を認めた本判決の判断は事例として参考になるものである。

第 6 章　セクハラ・パワハラ等による慰謝料

選手育成にパワハラをした大学ラグビー部のヘッドコーチ等に対する慰謝料請求

〔判　例〕　東京地判平成25・6・20判時2202号62頁
〔慰謝料〕　30万円

【事件の概要】

　Y_1 学校法人の大学のラグビー部は、優秀な成績を上げており、Y_2 が監督、Y_3 がヘッドコーチ（Y_3 は、平成22年4月に就任）であった。X_1 株式会社（代表取締役は X_2）は、スポーツ選手に対するトレーニングを業としており、X_3（女性）は、従業員であった。X_1 と Y_1 は、平成21年4月、期間を1年間とし、ラグビー部所属の選手に対するトレーニング等の指導等を内容とする業務委託契約を締結し、X_2、X_3 が派遣された。X_1 と Y_1 は、平成22年4月、契約を更新したが、Y_3 が選手にトレーニングの指導等を行っていた際、あるいはミーティングの際、X_3 が女性であること等を内容とする批判的な発言を繰り返して行った。X_1 は、Y_3 の要求を受け、X_3 を担当からはずし、他の従業員を派遣したが、同年7月、X_1 は、業務の継続が困難であると判断し、本件契約を終了させた。X_1 らは、Y_1 らに対して、Y_3 のパワハラにより本件契約が終了させられ、X_2、X_3 が PTSD に罹患したなどと主張し、不法行為に基づき X_1 につき報酬相当額、X_2、X_3 につき各300万円の慰謝料の損害賠償を請求したものである。

●主張の要旨●

　本件では、会社の契約に基づく業務継続が可能であったことによる報酬相当額のほか、会社の代表者、従業員の各300万円の慰謝料が損害として主張された。

第6章 セクハラ・パワハラ等による慰謝料

●判決の概要●

　本判決は、Y_3 の X_2 に対する言動が人格権を侵害するものでないとしたものの、X_3 に対する言動が女性であることを理由としてトレーナーとしての能力を否定する言動があり、社会通念に照らし、通常人が許容しうる限度を超えたものであるとし、不法行為を肯定し（PTSDの主張は排斥した）、慰謝料として30万円を認め、X_3 の Y_1 らに対する請求を一部認容し、その余の請求を棄却した。

判決文

(1) 原告 X_2 について

ア　以上のとおり、被告 Y_3 の原告 X_2 に対する言動は、同原告の人格権を違法に侵害するものとして、不法行為となり、被告 Y_4 はこれによって同原告が被った精神的苦痛について賠償する義務がある。

　被告 Y_3 の原告 X_2 に対する言動の多くが、女性であることを理由とする合理的な根拠のない非難であること、これらの言動が反復して継続的に行われていること、同原告は、平成22年6月、上記言動を契機とする過呼吸、動悸、不眠、フラッシュバックなどを訴え、エビス心療内科を受診し、1か月弱の期間投薬治療などを受けていることからすれば、同原告が相当程度の精神的苦痛を被ったことが認められる。もっとも、他方で、原告 X_2 は、その後は、心療内科を受診していないこと、同原告は、未だに被告明治大学のラグビー部や被告 Y_3 を連想させる言葉を聞くだけで精神的に不安定な状態になるという証拠〈証拠略〉はあるものの、原告 X_2 に対する本人尋問は、同原告の不出頭のため、実施できず、その状況を確認することはできないことなど、本件に現れた一切の事情を考慮すれば、同原告に生じた精神的苦痛に対する慰謝料は30万円をもって相当と認められる。

イ　原告 X_2 は、慰謝料額算定の際には、被告 Y_3 の言動によって同原告がPTSDに罹患したことを考慮すべきと主張し、診断書〈証拠略〉や診療録〈証拠略〉を提出する（いずれにも、病名としてPTSDが記載されている。）。しかし、PTSDの診断基準としては、DSM-Ⅳ、ICD-10の二つがあるが、いずれの基準においても、発症のきっかけとなる心的外傷体験について生命の危険や身体に脅威を及ぼし、強い恐怖や無力感を感じる程度のものであることが要求されているところ〈証拠略〉、被告 Y_3 の原告 X_2 に対する言動が「生命の危険や身体に脅威を及ぼす」ものとは評価することはできず（〈証拠略〉では、「生命や安全に対する重大な脅威」の例として、自然災害、肉親の急死、自宅の火災、戦闘、暴行、強姦、脅迫、監禁、難民生活、交通災害、重い外傷等が例示されている

が、本件の被告 Y_3 の言動が客観的に見てこれらに例示される程度のものということはできない。)、同原告が上記のPTSDの診断基準を満たしているかは疑問があると言わざるを得ず、これを同原告に生じた損害として慰謝料の考慮要素とすることはできない（もっとも、PTSDと診断される根拠となった原告 X_2 のエビス心療内科における訴えの内容は、前記慰謝料の算定において斟酌した。)。

●慰謝料認定の考え方●

　本件は、著名な大学ラグビー部を擁する学校法人がスポーツトレーニングを業とする会社と業務委託契約を締結し、従業員である女性が選手にトレーニングの指導等を行っていたところ、ラグビー部のヘッドコーチが女性を継続的に批判する言動を繰り返したため、会社が契約を打ち切ったことから、会社、代表者、従業員がヘッドコーチ、学校法人らに対して損害賠償責任を追及した事件である。

　本判決は、ヘッドコーチによる女性の従業員に対する言動がトレーナーとしての能力を否定するものである等とし、不法行為を肯定したこと、本件の諸事情を考慮して慰謝料として30万円の損害を認めたこと、PTSDの主張を排斥したことに特徴がある。近年、セクハラ、パワハラ、アカハラが社会で問題にされるだけでなく、法律実務においても問題になり、事例も増加する傾向がみられる。本件は、大学とラグビー部の選手に対するトレーニングの指導等の業務を受託した会社の従業員が合理的な根拠もなく、ラグビー部のヘッドコーチに批判され続けたパワハラの事件であるが、パワハラによる損害は、パワハラの内容、態様、期間、被害の内容等の事情によるところ、基本的には広範な人格権・人格的利益の侵害ということができる。本判決は、トレーナーとして派遣された女性の従業員につき慰謝料として30万円の損害を認めたものであり、事例判断として参考になる。

第6章　セクハラ・パワハラ等による慰謝料

6　上司が部下職員の私的な交際に介入したことによる市に対する慰謝料請求

〔判　例〕　福岡高判平成25・7・30判時2201号69頁
〔慰謝料〕　30万円

【事件の概要】

　Xは、平成19年4月、Y市に雇用され、職員になったところ、平成20年7月、上司である総務課長Aから呼び出された。Aは、Xに、同じ課の女性Bと男性が抱き合うなどしていたとの通報があったとし、事情を聴取され、「若い子を捕まえて、だまして」などと言われた。当時、Xは、結婚した後、離婚し、独身であったが、Aから別の機会にも呼び出され、「親子くらいの年の差があるのに常識を考えろ」などと言われる等した。Xは、Yに対して、パワハラ等を主張し、国家賠償法1条1項に基づき入院治療費、休業損害、慰謝料、弁護士費用の損害賠償を請求したものである。

　第1審判決（福岡地行橋支判平成25・3・19判例集未登載）は、請求を棄却したため、Xが控訴した。

●主張の要旨●

　本件では、入院治療費、休業損害、弁護士費用のほか、慰謝料が損害として主張された。

●判決の概要●

　本判決は、Xの交際はXらの自主的な判断に委ねるべきであり、職場への悪影響が生じ、これを是正する必要がある場合を除き、Xらの交際に介入するごとき言動を避けるべき義務があるところ、本件ではAの言動は、誹謗中傷、名誉毀損、あるいは故意による人格権の侵害にあたる等とし、慰謝料30万円、弁護士費用3万円の損害を認め（入院治療費、休業損害との因果関

判決文

(2) 慰謝料については、① A課長による不法行為がなされたのが、第1回控訴人面談及び第2回控訴人面談並びにA面談の3回に限られており、これ以外に控訴人に対し不利益がもたらされた事実は認められないこと、② 上記面談は、第2回控訴人面談の最初の部分以外はいずれも庁議室において行われたものであり、面談でのやりとりを聞いた者は、控訴人、A、C係長及びD課長の4名に限定されており〈証拠略〉、控訴人の名誉が毀損された程度（社会的評価が低下した程度）は限られていること、③ 上記のとおり控訴人の症状とA課長の言動等との因果関係は認められないことを考慮すると、30万円の範囲で認めるのが相当であり、弁護士費用については3万円とするのが相当である。

●慰謝料認定の考え方●

本件は、市役所の上司である課長が部下による女性との交際につきたしなめ、交際を辞めるようにするなどの言動をしたため（これがパワハラであると主張された）、部下の職員が市に対して損害賠償責任を追及した控訴審の事件である（第1審判決は、上司の発言の違法性を否定した）。

本判決は、上司の部下に対する言動が、職場への悪影響が生じ、これを是正する場合を除き、避けるべき言動であるとしたこと、本件では、上司の言動が部下の誹謗中傷、名誉毀損、あるいは故意による人格権の侵害にあたるとしたこと、市の国家賠償責任を肯定したこと、慰謝料として30万円の損害を認めたこと、部下の主張に係る入院治療費、休業損害との因果関係を否定したことに特徴がある。本件では、本判決も認めるように、適正な職場環境の確保のために上司が部下に対して必要な意見を述べることも正当化されるものであり、違法な言動か、適法な言動かの境界が明らかではない問題があり、第1審判決と本判決の判断が分かれたことも、そのことが重要な原因になっていると推測される。本判決は、上司の言動を違法と判断したものであるが、逆の判断であっても不合理とはいえないであろう。本判決は、このよ

うな言動に対する判断、評価を前提とし、部下の被害の程度が軽微であることを踏まえ、慰謝料として30万円の損害を認めたものであり、一つの事例を提供するものである。

第6章 セクハラ・パワハラ等による慰謝料

派遣先従業員が派遣労働者にパワハラをしたことによる派遣先会社に対する慰謝料請求

〔判　例〕　大阪高判平成25・10・9労判1083号24頁
〔慰謝料〕　30万円

【事件の概要】

　Xは、平成21年7月、人材派遣業を営むA株式会社と契約を締結し、Aから医薬品等の製造販売等を業とするY株式会社の工場に派遣され、Yのチームに属して労務に従事していた。Xは、数回派遣期間の更新を繰り返し、労務に従事し、本件チームに属するYの社員B、Cの指示、監督を受けていたが、B、Cらから殺すぞ、あほ等と言われて指導される等した。Xは、Aにパワハラを受けている旨を申告し、Yは、Aから同内容の苦情申出を受けたり、Xが県労働局にあっせんを申請する等したものの、解決されなかった。Xは、Yに対して、Bらのパワハラによる不法行為を主張し、慰謝料200万円、弁護士費用の損害賠償を請求したものである。

　第1審判決（大津地判平成24・10・30労判1073号82頁）は、Xの勤務態度に問題があったとしても、反論が困難で、弱い立場にある者をいたぶる意図を有する言動と推認でき、部下に対する指導、教育、注意といった視点から、社会通念上、許容される限度を超えた違法なものである等とし、Yの使用者責任、固有の不法行為責任を認め、請求を認容したため（Bらのパワハラによる慰謝料50万円、Yの固有の不法行為による慰謝料30万円、弁護士費用8万円の損害を認めた）、Yが控訴し、Xが附帯控訴した。

第6章　セクハラ・パワハラ等による慰謝料

●主張の要旨●
本件では、慰謝料として200万円、弁護士費用の損害が主張された。

●判決の概要●
本判決は、Bらの発言が極端な表現を用い、配慮を欠く態様で行われたものであり、業務として日常的に極端な言辞による指導、監督を受けることを受忍しなければならないとはいえないとし、不法行為を認めたものの、Yの固有の不法行為は否定し、原判決を変更し、慰謝料として30万円、弁護士費用3万円の損害を認め、請求を一部認容し、附帯控訴を棄却した。

判決文

(1) 慰謝料について

慰謝料の金額につき、上記のとおり、Bらの言動は、被控訴人に対し、指導を行うに当たって、唐突で極端な言葉を用いて臨む部分があり、Bらはその真意について弁解し、被控訴人には普段の和気あいあいとした交友関係の状況からすれば当然その真意が十分伝わっていたはずであるとの趣旨のことを述べているが、Bらと被控訴人との間に、普段からうち解けた会話ができるような和気あいあいとした交友関係が形成されていたことを認めるに足りる証拠はないし、むしろ、各別紙の会話の内容からは、Bらが正社員で被控訴人が派遣社員であることも手伝って、両者の人間関係は基本的に反論を許さない支配・被支配の関係となっていたということができるのであって、上記に説示したとおり、本件では、職場において適切な労務遂行のために必要な言辞としては、度を超す部分があるというほかはないものである。これらの会話において、被控訴人が性格的に不器用で、言われたことを要領よくこなしたり受け流したりすることのできない、融通の利かない生真面目なタイプであることがうかがわれ、Bらに何とか調子を合わせようとする様子は散見されるものの、総じてこれらの軽口を受け止め切れていないことは容易に認められるところである。そして、これらの言辞を個別にみるときには不適切というに止まるものもあるが、中には被控訴人がその種の冗談は明らかに受入れられないとの態度を示しているのに、繰り返しなされている部分があるのであって、上記のような一方的に優位な人間関係を前提に、被控訴人の上記のような性格を有する人物に対する言辞としては、社会通念上著しく相当性を欠きパワーハラスメントと評価することができるといわざるを得ない。

他方、Bらの発言は監督者として、態様及び回数において、以上のような不注意な逸脱部分はあるものの、被控訴人に対する強い害意や常時嫌がらせの指向があるというわけではなく、態様としても受け止めや個人的な感覚によっては、単

なる軽口として聞き流すことも不可能ではない、多義的な部分も多く含まれていることも考慮すべきである。これらを総合すると、慰謝料額としては全体として30万円と認めるのが相当である。

●慰謝料認定の考え方●

　本件は、派遣労働者が派遣先の職場において指示・監督者の立場にある派遣先の従業員によるパワハラを受けたため、派遣先の会社に対する損害賠償責任を追及した控訴審の事件である。

　本判決は、派遣先の従業員らの発言が極端な表現を用い、配慮を欠く態様で行われ、業務として日常的に極端な言辞による指導、監督を受けることを受忍しなければならないとはいえないとしたこと、従業員らの不法行為を肯定したこと、派遣先の会社の使用者責任を肯定したこと、派遣先の固有の不法行為を否定したこと、慰謝料として30万円の損害を認めたこと（第1審判決は、使用者責任に基づくパワハラの慰謝料50万円、派遣先の固有の不法行為に基づく慰謝料30万円を認めた）に特徴がある。派遣労働者が派遣先の会社に派遣された場合、会社の通常の従業員とは大きく異なり、法律的にも、事実上も弱い立場にあるところ、指導・監督する会社の従業員が横柄な態度、言動に及ぶ事例は少なくないが、本件は、このような職場において派遣労働者に対するパワハラが行われた場合の不法行為の成否、慰謝料額の算定が問題になったものである。本判決の慰謝料を30万円とする判断は、本件の諸事情を考慮したものではあるが、いささか低額にすぎるとの印象は否定できない。

第6章　セクハラ・パワハラ等による慰謝料

従業員にパワハラをした会社代表者に対する慰謝料請求

〔判　例〕　東京地判平成26・12・10判時2250号44頁
〔慰謝料〕　会社・会社代表者それぞれにつき30万円

【事件の概要】

Y_2株式会社は、タクシー事業等を営み、Y_1が代表取締役であった。Y_2においては、「運転チェック」というシステムが採用されており、事故を起こした従業員（乗務員）について、安全運転のための指導等が実施され、Y_1による運転チェックも行われていた。X_1ないしX_6は、Y_2に雇用され、運転手として勤務していたが、運転チェックを受けることになり、その際、Y_1からあほ、辞めろなどの暴言を吐かれる等の暴言、暴行を受けた。X_1、X_2らがY_1、Y_2に対して、不法行為に基づき慰謝料各100万円、弁護士費用、X_5、X_6につきさらに逸失利益の損害賠償を請求したものである。

●主張の要旨●

本件では、主として慰謝料各100万円、弁護士費用の損害が主張された。

●判決の概要●

本判決は、Y_1による暴言、暴行を認め、暴言が社会的に許容される言動を超えるとし、暴行が正当化される余地はないなどとして不法行為を肯定し、Y_2の使用者責任を肯定したうえ、慰謝料として各30万円、弁護士費用の損害を認め（逸失利益の主張を排斥した）、請求を一部認容した。

判決文

被告Y_1による不法行為の内容、態様のほか記録に顕れた一切の事情を総合考慮すると、原告X_1の被った精神的苦痛に対する慰謝料として30万円を認めるのが相

当である。

●慰謝料認定の考え方●

　本件は、タクシー会社の社長が事故を起こしたタクシー運転手（従業員）らに対して安全運転の指導等を行った際、暴言、暴行を行ったため、乗務員らが社長、会社に対して損害賠償責任を追及した事件であるが、事故を起こした運転手に対する安全指導の場におけるパワハラという特徴がある。

　本判決は、社長による暴言、暴行を認めたこと、暴言が社会的に許容される言動を超えるとし、暴行が正当化される余地はないなどとしたこと、慰謝料として従業員につき各30万円の損害を認めたことに特徴があり、事例判断を提供するものである。

第6章 セクハラ・パワハラ等による慰謝料

女子学生にセクハラをした大学助教授に対する慰謝料請求

〔判　例〕　東京地判平成18・5・12判タ1249号167頁
〔慰謝料〕　300万円（200万円は受領済み）

---【事件の概要】---

　Xは、平成4年4月、B大学の外国語科の助教授となり、D女子短期大学の講師を務めていた際、D短大に入学したY₁（女性）と知り合い、Y₁が4年制大学の編入の推薦状を作成したり、E大学に入学した後、Xの研究資料の収集等のアルバイトをした。Y₁は、夫が米国の大学に派遣された際、渡米し、米国大学の大学院に入学した後、Xの依頼により研究資料のコピーを作成したり、Xが渡米した際は、性交渉をもったことがあった。Y₁は、大学院を修了する等し、平成11年4月、C大学の非常勤講師として勤務することになった。Xは、平成12年1月から3月にかけて合計200万円をY₁の預金口座に送金した。Y₁は、平成12年7月、Xのセクハラ行為を理由として、B大学の学長にその旨を申告し、Xは、同年9月、学長の求めにより、Y₁に一切連絡をとらない等の内容の誓約書を作成し、提出した。Y₂株式会社の発行に係るA週刊誌は、平成13年1月、Xの実名でY₁に対するセクハラ等を内容とする記事を掲載した。Xは、Y₁によってセクハラを理由に金銭を喝取した等と主張し、不法行為に基づき、Y₂のほか、編集担当者Y₃ないしY₆に対して名誉毀損に係る不法行為に基づき損害賠償を請求したのに対し、Y₁が反訴としてセクハラ、ストーカー、強姦を主張し、不法行為、債務不履行に基づき損害賠償を請求したものである。

●主張の要旨●

　本件では、セクハラ等について慰謝料1200万円（前記200万円を控除した

1000万円)、弁護士費用の損害が主張された。

● 判決の概要 ●

　本判決は、週刊誌の記事の内容が真実である等とし、名誉毀損を否定し、Y_1 の X に対する言動の不法行為を否定し、Y_1 の主張のうち、強姦を否定したものの、性交渉が非常勤講師の職の紹介と無関係になされたものとはいえない等とし、不法行為を肯定し、慰謝料として300万円（前記200万円は受領済み）、弁護士費用10万円の損害を認め、X の本訴請求を棄却し、Y_1 の反訴請求を一部認容した。

● 判決文 ●

7　原告の不法行為による被告乙山の損害
(1)　被告 Y_1 は、前記1(1)及び(2)並びに3に認定のとおり、原告の言動により著しい精神的苦痛を感じたこと、本件の被侵害利益が女性としての尊厳に関わるものであること等諸般の事情を考慮すると、被告 Y_1 が被った精神的損害に対する慰謝料の額は、300万円とするのが相当である。

　　他方、前提事実(3)のとおり、被告 Y_1 は原告から慰謝料の一部として合計200万円を受領しているから、被告 Y_1 の原告に対する上記請求権は、同額の限度で既に消滅している。

● 慰謝料認定の考え方 ●

　本件は、大学助教授が他の大学において非常勤講師として務めている間、女子学生と知り合ったことがきっかけとなり、後日、性交渉をもつ等したことから、女性が助教授に対して損害賠償責任を追及した事件であり、長年にわたるセクハラ等に係る不法行為が問題になったことに特徴がある（本件は、他の事件もあわせて問題になっているが、セクハラ等の関係以外は紹介を割愛している）。本件では、弁護士費用のほか、慰謝料1200万円の損害が主張されたものである。

　本判決は、性交渉が非常勤講師の職の紹介と無関係になされたものとはいえない等とし、セクハラを認めたこと、慰謝料として300万円の損害を認めたことに特徴があり、その旨の事例判断として参考になる。

第6章　セクハラ・パワハラ等による慰謝料

10　大学講師にアカハラ・パワハラをした大学教授に対する慰謝料請求

〔判　例〕　東京地判平成19・5・30判タ1268号247頁
〔慰謝料〕　5万円

【事件の概要】

Xは、A学校法人の医科大学の講師で、労働組合の執行委員長であり、Yは、同大学の教授で、解剖学教室の主任教授であった。解剖学教室は、Yら8名で構成されていた。Xは、何編かの論文を発表していた。平成15年5月、解剖学教室の月例教室会議が開催され、Yが全員の面前で、Xについてその研究を否定し、会議に出る必要がない等の発言をした。Xも、Yの発言に反論し、Yの発言が過激化した。Xは、Yに対して不法行為に基づき慰謝料500万円、弁護士費用の損害賠償を請求したものである。

●主張の要旨●

本件では、慰謝料500万円、弁護士費用の損害が主張された。

●判決の概要●

本判決は、Yの発言の経過、内容を認定したうえ、主任教授の講師に対する指導であっても、指導される側の人格権を不当に侵害してはならず、指導が社会通念上相当性を逸脱した場合には、違法であり、不法行為を構成し、本件では、主任教授として適切さを欠く等とし、不法行為を肯定し、慰謝料5万円、弁護士費用5000円の損害を認め、請求を一部認容した。

判決文

2　争点(2)（損害）について

前記1で認定したとおり、被告の第1会議における一連の発言及び第2会議以

降、原告を排除しようとした発言は、不法行為となるといわざるを得ないが、前記1で認定した事実によれば、第1会議における被告の発言は、原告に対する指導の趣旨であったこと、原告は、被告に対して「認識不足もはなはだしい。」と発言したり、被告の「実験しろ。」との指導に対して「私の自由ですよ。私の勝手ですよ。私のやりたいようにやります。」というように反抗的な態度をとり、それによって被告の発言が原告に対して厳しくなっていった側面が認められること、原告は、被告の指導を一方的に受け続けていたものではなく、被告の発言に対して適宜原告が反論するというように、議論的色彩が強かったこと、第2会議における被告の発言の趣旨が、原告を恒常的に討論会から排除しようとするものではなかったこと、これまで、被告と原告との間には、トラブルといえるようなものはなかったこと等を総合考慮すると、被告が原告に対して支払うべき慰謝料の額は、5万円とするのが相当である。また、本件においては、同金額の1割である5000円が、弁護士費用として、相当因果関係のある損害であるというべきである。

●慰謝料認定の考え方●

　本件は、医科大学の解剖学教室の月例教室会議における主任教授が講師を批判する等の発言をしたことから、講師が教授に対して損害賠償責任を追及した事件であり、アカハラ、パワハラによる不法行為の成否が問題になったものである。本件では、弁護士費用のほか、慰謝料として500万円の損害が主張されたものである。

　本判決は、教授の講師を批判する発言を認めたこと、教授の発言が講師の反論等によって過激化したこと、教授の講師に対する指導については、指導される側の人格権を不当に侵害してはならないこと、指導が社会通念上相当性を逸脱した場合には、違法であり、不法行為を構成すること、本件では、教授の発言が適切さを欠く等、不法行為を構成すること、慰謝料5万円、弁護士費用5000円の損害を認めたことを判示したものであり、教授の発言が適切さを欠き、不法行為にあたるとし、慰謝料として5万円と認めた事例判断として参考になる。

第7章 ストーカー等による慰謝料

　社会においてさまざまなクレーマーとかハラスメントが話題になっているが、クレーマー、あるいはハラスメントが一段と悪質になったものとして、ストーカーが問題になっている。

　夫婦関係、男女関係、友人関係等の比較的密接な人間関係にあった者同士の間において、関係が破綻する等した後、一方が他方に対して嫌がらせ等を行い、さらにこの段階を超えて、日常的に待ち伏せ、尾行、暴言、暴行等の行為を行うようになることがあるが、このような一線を超えた者がストーカーと呼ばれるようになり、事案によっては重大な犯罪に発展することもある。また、クレーマーがさまざまなきっかけ、経過によってクレームの対象者に対して嫌がらせ等を行い、前記と同様に、ストーカーに発展することもある。

　ストーカーによる犯罪の事例が報道されることがあるが、犯罪の予防が重要であるところ、一定の要件を満たす場合には、ストーカー行為等の規制等に関する法律による対応を警察に求めることができるものの、万全ではない（ストーカー規制法による対応は、刑事的な手続にあたる）。民事法上のストーカーの予防については、訴訟、仮処分によってストーカーの差止請求権を行使することが可能であるものの（ストーカーによって人格権、あるいは人格的利益の侵害を根拠とするものである）、完璧な予防とはいいがたい。

　ストーカーが実際にストーカー行為に及んだ場合には、その救済としては、前記の犯罪として告訴、処罰の方法もあるが、民事手続においては前記の差止請求権の行使のほか、損害賠償を請求する方法も考えられる。損害賠償の内容、範囲については、ストーカーの被害の内容・態様・程度によるが、生活上の利益の侵害、活動の妨害等による慰謝料が含まれることが多いであろう。この場合、慰謝料の額の算定基準は明らかではなく、算定基準が形成さ

れているわけではない。

　本書においては、ストーカー等の事例として、ファンの役者に対する事例、別れた交際相手の事例、飲食店の客の経営者に対する事例、親の交際相手の事例を紹介する。ストーカーによる被害は、単なる精神的な苦痛にとどまるものではないし、ハラスメントの場合と比較しても、生命、身体等に対する具体的な危険が生じることもあることから、平穏な生活に対する侵害、生命身体の危険等の損害が問題になりうる。

ファンの役者へのストーカー行為に係る慰謝料請求

〔判　例〕　大阪地判平成10・6・29判タ1038号236頁
〔慰謝料〕　50万円

【事件の概要】

　Xは、歌舞伎役者であったところ、女性ファンYが他のXのファンに対してXと婚約中であり、近く結婚するなどの虚偽の事実を告げた。Yは、Xの国内各地の公演や宿泊先に付きまとい、異常な態度で観劇する等した。Yは、Xの海外の公演や宿泊先にも同様に付きまとった。Xは、Yに対して、人格権侵害を主張し、劇場への立入禁止、半径200m以内の徘徊禁止、不法行為に基づき慰謝料300万円の損害賠償を請求したものである。

●主張の要旨●

本件では、慰謝料として300万円の損害が主張された。

●判決の概要●

本判決は、Yの言動は、Xが人気商売の歌舞伎役者であることを考慮しても、受忍すべき限度を著しく超えていることを認め、人格権侵害、名誉毀損に係る不法行為を肯定し、損害として慰謝料50万円を認め、請求を認容した。

判決文

　また、被告の右言動は、原告の名誉等を侵害するものであり、不法行為にあたるものと認められるところ、本件に言われた一切の事情を考慮すると、慰謝料は50万円が相当である。

●慰謝料認定の考え方●

　本件は、歌舞伎ファンが特定の歌舞伎役者の公演先、宿泊先に執拗に付きまとい、観劇にあたっては異常な態度を示し、虚偽の事実を周囲に告げたりしたため、歌舞伎役者が付きまとったファンに対して劇場への立入禁止、一定の範囲の徘徊禁止の差止めを求めたほか、損害賠償責任を追及した事件であり、ファンの役者に対するストーカーが問題になった事件である。

　本判決は、受忍限度論を基準として、ファンの役者に対する人格権侵害、不法行為を肯定したこと、慰謝料として50万円の損害を認めたことに特徴がある。本件の慰謝料としてどの程度の額かは必ずしも明確に算定することは困難であるが、本判決は、300万円の慰謝料の主張に対して、50万円の慰謝料を認めたものであるものの（この意味の事例判断を提供するものではある）、減額が必要であったかは疑わしい。本判決は、ストーカー行為に係る不法行為を肯定した事例判断として参考になる。

第7章　ストーカー等による慰謝料

男女交際クラブにおけるストーカー行為に係る慰謝料請求

〔判　例〕　東京地判平成10・11・26判タ1040号242頁
〔慰謝料〕　50万円

【事件の概要】

　X（女性。昭和43年生まれ）は、妻子ある男性Y（昭和18年生まれ）と男女交際クラブにおいて知り合い、交際料をもらうとの合意で性的関係をもった。XとYは、その後、4年間、交際を続けたが、平成8年11月、Xが関係の解消を申し入れたところ、YがXを尾行、待ち伏せ、電話、手紙、面談等を執拗に繰り返し、強迫等を行った。Xは、Yに対して、平穏な生活の侵害、プライバシーの侵害を主張し、不法行為に基づき慰謝料300万円、弁護士費用75万円の損害賠償を請求したものである。

●主張の要旨●

　本件では、弁護士費用のほか、慰謝料300万円の損害が主張された。

●判決の概要●

　本判決は、Yの執拗な行為はその動機が無理矢理復縁を迫るというものではないが、独善的で正当化されないし、付きまといの一連の行為がXの不快感、嫌悪感、不安感を抱かせるものであり、受忍限度を超えているとし、人格権侵害の不法行為を肯定し、慰謝料として50万円、弁護士費用5万円の損害を認め、請求を認容した。

判決文

三　争点3について
　原告と被告のそれまでの交際関係・交際期間、原告の交際解消の理由とその説

明の程度、被告が原告に接触を図った動機、付きまとい行為の期間・態様、これに対し原告がとらざるを得なかった対応、原告・被告の年齢等、本件に現われた一切の事情を考慮すると、被告に賠償させるべき原告の慰謝料は、50万円とするのが相当である。

●慰謝料認定の考え方●

　本件は、男女交際クラブで知り合った男女が交際料の支払いの合意の下で性的関係を続けていたところ、女性が交際の解消を申し入れた後、男性が女性に執拗に付きまとったため、女性が男性に対して損害賠償責任を追及した事件である。

　本判決は、受忍限度の理論を基準として、男性の一連の行為が男女交際の延長ではなく、受忍限度を超えた人格権の侵害を認めたこと、男性の不法行為を肯定したこと、慰謝料50万円、弁護士費用5万円の損害を認めたことに特徴がある。本判決は、交際料の支払いの合意の下における男女において、男性の女性に対するストーカーに係る不法行為を肯定し、慰謝料50万円を認めた事例判断を提供するものである。

飲食店の客によるストーカー行為に係る慰謝料請求

〔判　例〕　大阪地判平成12・12・22判タ1115号194頁
〔慰謝料〕　300万円

【事件の概要】

　Xは、自宅の一部でたこ焼き屋等を営業していたところ、Yが客として来店していた。Yは、その後、他の客がいる前で結婚を迫ったり、他の客がいないときには、自分の気持が押さえられないなどの旨を発言するようになった。Xは、Yに来店を拒絶したところ、電話を掛けたり、玄関前にメモ用紙を置いたり、外出するXを追いかけるなどした。Xは、たこ焼き屋等を閉店し、Yの勤務先に赴き、Yに付きまとわないよう要請し、Yの上司にも指導を要請し、警察にも対応を要請したが、Yの行為が継続した。Xは、Yに対して面談禁止等を求める仮処分を申し立て、審尋期日において、Yが訪問、電話、手紙、面会強要等をしない旨の和解が成立したが、Xが付きまとい行為を継続した。Xは、Yに対してストーカーに係る不法行為に基づき慰謝料500万円の損害賠償を請求したものである（Xは、期日に欠席した）。

●主張の要旨●

本件では、慰謝料500万円の損害が主張された。

●判決の概要●

　本判決は、ストーカー行為に係る不法行為を肯定し、慰謝料として300万円の損害を認め、請求を認容した。

判決文

三　右認定によれば、被告は、原告から明示に本件店舗への来店等を拒絶された

にもかかわらず、その後も執拗なストーカー行為を継続しており、被告のこうした行動は、別件和解の成立後も継続されている。被告の右一連の行動は、原告の生活の平穏を侵害し、原告に本件店舗を閉店することを余儀なくさせたばかりか、不安感、恐怖感等の多大な精神的苦痛を与える違法な行為である。そして、右認定にかかる被告の行動態様、近時一定のストーカー行為を刑罰の対象とする「ストーカー行為等の規制等に関する法律」（平成12年法律第81号）が成立し、ストーカー行為の違法性が社会的にも強く意識されてきていること並びに被告は前記仮処分事件で自己の行為の是非を検討する機会を与えられ、別件和解を成立させながら、これを無視して、その後もストーカー行為を継続していることに照らせば、被告の前記一連の行為は、強い違法性を有するものであり、これらの事情に本件記録に現れた一切の事情をも斟酌すると、原告が被った精神的苦痛を慰謝する慰謝料は、300万円が相当である。

●慰謝料認定の考え方●

　本件は、飲食店を経営する女性に対して、男性の客がさまざまな方法で付きまとったことから、女性が男性に対して損害賠償責任を追及した事件であるが、男性が口頭弁論期日に欠席したものである。

　本判決は、男性が訴訟の提起後もストーカー行為を継続していることを含め、ストーカー行為を認めたこと、慰謝料として300万円の損害を認めたことに特徴がある。

　ストーカー行為による被害は、被害者の生活あるいは仕事全般に及ぶことがあり、精神的損害だけでなく、ストーカーの防止のための実費、経済的損害等の損害が発生することがあり、被害の実体に即した損害の主張・立証、損害額の算定が必要である。本件では、女性が経営していたたこ焼き屋を閉店したという事情があるが、主張された損害は慰謝料であったところ、本判決は、慰謝料として300万円を算定したものであり（主張された慰謝料額は500万円）、事例判断を提供するものである。

4 母の交際相手によるわいせつ行為に係る慰謝料請求

〔判　例〕　福岡高判平成20・2・15判タ1284号245頁
〔慰謝料〕　250万円

【事件の概要】

　X（当時、高校2年生）は、母Aの交際相手であるYが運転する乗用車の助手席に同乗していた。Yには、妻子がおり、元警察官であり、当時、会社を経営していた。Yは、乗用車を運転中、助手席のXに手を伸ばしてわいせつ行為を繰り返したほか、X宅において、Aが不在の際、Xにわいせつ行為を行った（わいせつ行為の内容・態様等は争点になった）。Yは、県少年保護育成条例違反で起訴され、懲役1年2カ月、執行猶予3年の有罪判決を受けた。Xは、Yに対して、不法行為に基づき慰謝料1500万円の損害賠償を請求したものである。

　第1審判決（福岡地判平成19・9・7判タ1284号247頁）は、Xの主張に係るわいせつ行為の一部を認め、Yの不法行為を肯定し、慰謝料150万円の損害を認め、請求を一部認容したため、Xが控訴し、Yが附帯控訴した。

●主張の要旨●

本件では、慰謝料として1500万円の損害が主張された。

●判決の概要●

　本判決は、Xの主張に係るわいせつ行為をすべて認め、慰謝料250万円の損害を認め、原判決を変更し、請求を一部認容した。

判決文

(7)　15頁18行目の「影響を与えたこと」の次に「、控訴人は、今なお、確定し

た刑事事件の判決の事実認定についてすら異を唱え、不自然かつ不合理な弁解に終始し、全く改悛の情が窺えないこと」を加え、19行目の「150万円」を「250万円」に改め、同行目の次に改行のうえ次のとおり加える。

〔第1審判決：福岡地判平成19・9・7〕
2　損害について
　本件わいせつ行為の内容、被告による本件わいせつ行為は本件事件前長期間にわたってなされたわいせつ行為の一環として行われたものであること、原告が、母との関係を慮って黙っていた被告のわいせつ行為を告白したことには、相当な苦痛を伴ったことがうかがえること、原告が本件わいせつ行為の結果、精神的に不安定になり、カウンセリングを受け〈証拠略〉、また、原告の進路にも大きな影響を与えたこと等に照らすと、原告の精神的損害は著しいものと認められるのであって、その慰謝料額は150万円とするのが相当である。

●慰謝料認定の考え方●

　本件は、未成年の女性が母の交際相手からわいせつ行為を繰り返されたため、交際相手に対して損害賠償責任を追及した控訴審の事件であり、損害として慰謝料1500万円が主張されたものである。

　本判決は、未成年の女性の主張に係るわいせつ行為を全面的に認め、慰謝料として250万円の損害を認めたものであり、わいせつ行為による慰謝料額の算定事例として参考になる。

第8章　村八分による慰謝料

　社会的な差別の一つとして、伝統的に村八分が問題になることがある。村落、集落において、共同の規律、慣習に従わない者がいる場合、制裁として共同生活、共同活動から除外し、交際・付き合いを絶つことが村八分と呼ばれている。二分の付き合いは継続されるわけであるが、これは、葬儀と火事（消火）であるとされている（八分は、元服・成人式、婚礼、出産、病気、建築、水害、年忌、旅行などとされているが、現代社会において変化しつつある村落等の付き合いとは事情が異なるところがある）。村八分は、共同絶交とも呼ばれている。

　村落等において住民同士のトラブルが村八分に発展するには、さまざまな経緯、言動、動機があり、差別的な取扱いを受けるに至った者にも原因、落ち度が認められることがあるし、村八分の内容・態様・拘束の程度も多様である。村八分につき不法行為が主張される場合、まず、村八分の内容・態様・拘束の程度、村八分の経緯・言動等の事情によって違法性が判断されることになるが、不法行為が認められる場合の損害賠償の範囲・額は、個々の村八分ごとに被害の内容・態様等の事情によって異なるものである。

　村八分が不法行為にあたる場合、その対象となった者が積極的な損害、経済的な損害を受けることがあるが、このような種類の損害であっても、因果関係（事実的因果関係、相当因果関係）が認められる範囲において損害賠償が認められることになる。村八分による損害としては、村落等における生活関係の侵害、生活利益の侵害、名誉毀損による精神的な苦痛、生活利益の侵害による精神的な苦痛が生じうるが、これらの損害につき慰謝料が認められることが多い。この場合における慰謝料は、精神的な苦痛の損害賠償としてだけでなく、他の損害の補完的な損害賠償としても認められうるものである。

　村八分の不法行為に基づき認められるこれらの慰謝料については、事柄の

第 8 章　村八分による慰謝料

性質上、慰謝料の額の算定基準はないし、形成されているものでもないため、裁判官が村八分に関する前記の諸事情を考慮して裁量的に算定しているのが実情である。

　なお、村八分がさまざまな経過を経て、いったん発生し、仮に訴訟が提起され、慰謝料等の損害賠償請求が認容されたとしても、訴訟に発展した村八分が判決の確定によって容易に解消するともいえないであろう。判決が将来にわたって紛争の凝りを残すおそれがあり、紛争が発生的に発生したり、紛争が継続したりすることがある。

第8章 村八分による慰謝料

1 村八分による人格権の侵害に係る慰謝料請求①

〔判　例〕　津地判平成11・2・25判タ1004号188頁
〔慰謝料〕　30万円

【事件の概要】

　A県内の山間部の集落は、12世帯から構成されていたが、Q夫婦が宗教団体の教会を開く予定で集落内の不動産を購入した。集落内においては簡易水道が利用されていたが、余裕がなく、Qらは、井戸水を掘るように言われており、井戸を掘ったところ、大腸菌が検出され、簡易水道の加入の申込みがされた。平成7年1月頃、申込みに対する投票が公民館で行われ、Xは賛成票を投じたが、8対3で給水を認めないことになった。Q夫婦は、平成7年4月、集落に転入し、Xは、回覧板を回す関係でQ宅を訪問することが多く、Qらが水に不自由していることを知り、同情し、ポリバケツで水を提供する等した。Xは、集落の組長Y_1、住民Y_2らと関係が悪化し、公民館で開催された会合で謝罪されられる等した。Xは、集落の組長、他の住民から仲間はずれ、嫌がらせ等を繰り返して受けるようになった。Xは、Y_1、住民Y_2、Y_3に対して共同絶交宣言（村八分）等に係る共同不法行為に基づき慰謝料300万円、弁護士費用30万円の損害賠償を請求した。

●主張の要旨●

本件では、弁護士費用のほか、慰謝料として300万円の損害が主張された。

●判決の概要●

本判決は、Y_1、Y_2らは、XとQ夫婦との関係を執拗に糾弾し、他の住民と共同して絶交宣言を行う等したものであり、社会通念上許容された範囲を超えたいじめないし嫌がらせにあたるとし、人格権侵害の共同不法行為を肯

定し、慰謝料30万円、弁護士費用3万円の損害を認め、請求を一部認容した。

判決文

1　慰謝料について

　前記一認定事実を前提とすれば、原告は、被告らからの執拗な糾弾・共同絶交宣言・妹弟や娘を巻き込んでの謝罪要求等により、相当程度精神的苦痛を被ったことが推認される。他方、本件紛争に至るについては、原告側にも、無記名投票にQ夫妻への給水に固執したり、右投票の秘密を侵害したり、納税預金の一方的中止を申し出るなど、社会生活を営む上で不適切な言動があったものである。また、原告は、被告らのいじめの結果、体調を崩して入院せざるを得なくなったと主張するが、原告は既に高齢であり（大正10年11月13日生）、本件各証拠を精査しても、被告らのいじめと原告の病気との因果関係を客観的に証明するに足りる証拠はない。

　以上の認定事実を考慮すると、本件において被告らが賠償すべき原告の損害額は30万円と評価するのが相当である。

●慰謝料認定の考え方●

　本件は、山間部の集落における住民が新規の転入者に対する給水の問題をめぐる紛争が発生し、組長らが転入者と親しくした住民に対して執拗に仲間はずれ等を繰り返し、共同して絶交宣言をしたことから、住民が組長らに対して損害賠償責任を追及した事件である。本件では、弁護士費用のほか、慰謝料として300万円の損害が主張されたものである。

　本判決は、集落の組長らの住民に対する執拗な行為、共同絶交宣言が人格権侵害の共同不法行為であることを肯定したこと、慰謝料として30万円、弁護士費用3万円の損害を認めたことに特徴がある。本判決は、村八分に係る人格権の侵害による慰謝料として30万円を認めた事例判断として参考になる。

2 村八分による人格権の侵害に係る慰謝料請求②

〔判　例〕　大阪高判平成25・8・29判時2220号43頁
〔慰謝料〕　各40万円

【事件の概要】

　X_1ないしX_4、Y_1ないしY_4は、いずれもA市内の同一隣保の構成員であるところ、携帯電話の基地局の設置が問題になり、X_1の経営に係る会社の屋上に基地局を設置する工事が開始されようとしていた。Y_1らは、基地局の設置に反対し、X_1らに工事に関する情報提供、近隣住民との懇談会への参加を要求する等したが、X_1らがこれに応じなかった。Y_1らは、基地局の運用が開始されることについて、近隣の住民の同意がないままに行われたことを理由に、近隣との関係が改善されない限り、町行政にかかわりのない個人的な付き合いをしない旨の申合せに同意したこと等を記載した通知書をX_1宅のポストに投函し、Y_2らにも通知書を閲覧させた。X_1は、地方法務局の担当者に村八分にあっていることを相談し、法務局の調査が開始された。X_1ないしX_4は、Y_1ないしY_4に対して、共同絶交宣言が不法行為にあたると主張し、各慰謝料50万円、各弁護士費用5万円の損害賠償を請求したものである（Y_1らは、答弁書を提出したが、出頭しなかった）。

　第1審判決（神戸地社支判平成25・3・26判時2220号46頁）は、Y_1らの行為は、社会通念上許される範囲を超えたいじめ、嫌がらせとうかがわれ、X_1らの人格権を違法に侵害するとし、慰謝料として各40万円、弁護士費用として各4万円の損害を認め、請求を一部認容したため、Y_1らが控訴した。

●主張の要旨●

本件では、弁護士費用のほか、各慰謝料50万円の損害が主張された。

●判決の概要●

本判決は、基本的には第1審判決を引用したうえ、Y_1 らが本件通知書によって村八分ないし共同絶交宣言をしたもので、一連の行為が社会通念上許される範囲を超えた人格権の違法な侵害である等とし（損害に関する判断は、第1審判決を引用した）、控訴を棄却した。

判決文

一　当裁判所も、被控訴人らの各請求は、各自、控訴人らに対し、連帯して44万円及びこれに対する遅延損害金の支払を求める限度で理由があり、その余は理由がないものと判断する。

〔第1審判決：神戸地社支判平成25・3・26〕

二　争点(2)（原告らの損害額（慰謝料額））について

(1)　前記一(1)において認定した事実によれば、原告ら家族は、被告らからの理由のない共同絶交宣言を受けているというべきところ、本件通知書には「今後の誠意ある対応により、近隣との関係が改善されない限りB町行政に関わりのない個人的な付き合いをいたしません」などといった峻烈な内容が記載されている上、原告らに格別の落ち度があったともうかがわれないし、被告らは原告ら及びその代理人弁護士らがその撤回を求めるなどしていたにもかかわらずその態度を改めようとしなかったこと、加えて、被告らの中には原告らと話合いの場を持ちたいと述べる者がいる（前記一(1)ケ参照）一方で、実際にはそのような話合いの場が設けられないまま1年以上が経過していることからすると、原告らは、被告らの上記行為によって相当程度精神的苦痛を被ったことが推認される。

他方、原告らにおいて、上記共同絶交宣言に起因して原告らの家族（未成年の子）の心身に健康被害が生じたと主張するが、被告らによる上記（違法）行為との因果関係を客観的に裏付けるに足りる証拠があるとはいえない（なお、原告 X_1 が患っている不眠症は本件通知書の作成前に発症しているから、これが本件通知書に起因して生じたとはいえないものの、本件通知書等がその症状に影響を及ぼしていると推認されるから、慰謝料の額を決するに当たって一つの事情として斟酌するのが相当である。）。

以上の事情によれば、本件において被告らが賠償すべき原告らの損害額（慰謝料額）は、原告一人当たり40万円と評価するのが相当である。

第8章　村八分による慰謝料

●慰謝料認定の考え方●

　本件は、市内の隣保における住民が携帯電話基地局の設置をめぐる紛争が発生し、基地局を設置した住民らに対して村八分の宣言をしたことから、村八分をされた住民らが近隣の住民らに対して損害賠償責任を追及した控訴審の事件であり、損害として慰謝料各50万円が問題になったものである。

　本判決は、第1審判決同様に、件通知書によって村八分ないし共同絶交宣言をしたもので、一連の行為が社会通念上許される範囲を超えた人格権の違法な侵害であるとしたこと、損害としては、第1審判決が認めた慰謝料として各40万円、弁護士費用として各4万円の損害を認めたことに特徴がある。本判決は、村八分に係る人格権の侵害による慰謝料として40万円を認めた事例判断として参考になる。

第9章　近隣迷惑行為による慰謝料

　個人等が社会で生活し、事業を行う場合、住宅等の建物を所有、賃借する等して、生活の場、事業の場を確保することになるが、建物が共同住宅、オフィスビルであったりすると、他の使用者に騒音、振動、粉塵の飛散、日照妨害、風害、用法違反等によって迷惑をかけないよう使用することが重要であるし、他の使用者等から騒音等の迷惑をかけられると、生活、事業に支障が生じることがある。また、同様な迷惑は、建物の近隣の居住者、事業者らにも迷惑をかけることがあるし、近隣の建物の所有者、使用者らからかけられることもある。近隣の建物らを使用する居住者、事業者らの間では、相互に迷惑をかけ、あるいは逆に迷惑をかけられる地域的、物理的な関係、使用上の関係にあるため、日常的に相互に損害を与え、あるいは損害を被る可能性がある。

　隣接する建物に居住する等し、日常的に生じる近隣における迷惑行為による損害については、生活妨害、健康被害、病気の罹患、建物の使用妨害、業務妨害、建物の損傷等があり、個々の状況ごとに損害の内容・態様は異なる。迷惑行為の内容、損害の実態等の事情によっては治療関係の費用、営業損害、損傷の修繕費用等の損害が認められることがある。個人が被害者である場合には、生活妨害、建物の使用妨害、健康被害の損害が認められることがあるが、健康被害につき病気の入通院費用、治療費、慰謝料等の人身損害が認められるときは別として、精神的な苦痛を内容とする慰謝料が認められることが多い。このような場合の慰謝料の前提となる被害の内容・態様・状況・程度をどの程度認定し、慰謝料額をどのような基準によって算定するかは、過去の裁判例を概観しても、明らかではない。なお、慰謝料以外の損害、たとえば、治療関係の損害、営業損害等の損害が問題になる場合には、その損害

の発生、損害額が証明されれば、因果関係の範囲内（事実的因果関係、相当因果関係）において、損害が認められることはいうまでもない。

　また、近隣における迷惑行為による慰謝料は、その前提として迷惑行為が不法行為として認められるために、違法であることが必要であると解されており（民法709条所定の不法行為の要件として違法性が要件になるかは、議論のあるところであるが、少なくとも迷惑行為の場合には、違法性を要件と解する見解が多いし、裁判例の傾向である）、違法性の判断基準は、受忍限度の法理（被害の内容等が社会生活上、あるいは社会通念上受忍限度を超えるものかどうかを基準とする法理）によることが多いところ、慰謝料の前提となる被害の内容・態様・状況・程度は、慰謝料額の算定の事情であるとともに、違法性の判断の考慮事情でもある。被害の内容等の事情によっては違法性が否定されることがあるから、見方を変えると、慰謝料を肯定するに足りる被害の内容等の事情が認められなければ、迷惑行為の違法性が認められないこともあるということができる。

　建物の居住者等の騒音・振動が問題になる場合、損害発生の原因に関与した者につき不法行為等の法的な根拠に基づき慰謝料の損害賠償責任が追及されるが、このような者としては、たとえば、共同住宅の居住者（所有者、賃借人、同居者等）、共同住宅の管理者（区分所有建物の場合には、管理組合、管理者、管理業者）、隣接建物の居住者、近隣の土地の利用者、隣接建物の建築工事の請負業者、注文者等が取り上げられることがある。

　近隣における迷惑行為の不法行為は、前記の受忍限度の法理によって違法性が判断されることが多いが、前記の被害の内容・態様・状況・程度、迷惑行為の法令違反（条例違反を含む）の有無・内容・程度、迷惑行為の内容・態様・程度・目的・経緯、被害防止・軽減の対策の有無・内容等の事情を考慮して判断されるものである。

　近隣における迷惑行為の中には、近隣の居住者らの間でプライバシーの侵害、名誉毀損、名誉感情の侵害といった類型の不法行為が問題になることがあるが、この場合には、プライバシーの侵害、名誉毀損等に係る損害の考え

方に従って慰謝料が認められることになる。さらに、近隣における迷惑行為であっても、近隣の居住者らの間で傷害事件、殺人事件に発展するようなことがあるが、この場合には、生命、身体に対する侵害に係る損害の考え方に従って慰謝料を含む損害賠償額が認定、算定されることになる。

　本書においては、日常生活において発生する多種多様な近隣迷惑行為のうち、鉄道の騒音の事例、工事の騒音の事例、動物の鳴き声の騒音の事例を紹介する。

鉄道の騒音に係る慰謝料請求

〔判　例〕　東京地判平成22・8・31判時2088号10頁
〔慰謝料〕　居住者につき1月あたり3000円、勤務者につき1月あたり1800円

> 【事件の概要】
>
> Xら（合計118名）は、Y株式会社が経営する鉄道の沿線に居住し、勤務し、またはかつて居住し、勤務していた。Xらは、列車騒音、振動、粉塵、踏切で停車する自動車の排気ガスの大気汚染、高架式工事の騒音等を主張し、人格権に基づき鉄道騒音を一定限度以下にすることの差止め、口頭弁論終結日までの1月あたり3万円の損害賠償を請求したものである。

●主張の要旨●

本件では、損害として口頭弁論終結日までの1月あたり3万円の損害が主張された。

●判決の概要●

本判決は、受忍限度論によって判断し、Xらの住居等に及ぼしている騒音によってXらの利益が侵害される程度も軽微なものとはいいがたいが、生命や身体についての被害が生じるおそれがあるとまでは認められない等とし、差止請求を棄却し、鉄道の一定の範囲に居住している者の騒音が受忍限度を超えるとし、居住者につき1月あたり3000円、勤務者につき1月あたり1800円の損害を認める等し、42名のXらにつき損害賠償請求を一部認容し、他のXらの請求を棄却した。

判決文

3　損害額

　受忍限度を超える被害を受けている原告らが暴露されていた騒音の騒音レベル、被害の内容、被告による騒音低減対策の内容とその効果等、本件記録に現れた一切の事情を考慮すると、小田急小田原線の鉄道騒音によって同原告らに生じた損害に対する賠償額は、1か月当たり3000円とするのが相当である。

　ただし、原告 X_{14}、原告 X_{13} 及び原告 X_{11} は、世帯番号10の建物に勤務していたにすぎず、睡眠妨害が生じたことを重視する必要はないから、これらの者に生じた損害に対する賠償額は、1か月当たり1800円とするのが相当である。

●慰謝料認定の考え方●

　本件は、都内の鉄道の沿線の住民らが列車騒音等がひどいと主張し、鉄道の経営会社に対して損害賠償等を請求し、損害として1月あたり3万円の損害が主張されたものである。

　本判決は、差止請求を棄却したが、損害賠償請求については、一部の住民らの受けた騒音が受忍限度を超えるとし、居住者につき1月あたり3000円、勤務者につき1月あたり1800円の口頭弁論終結日までの損害を認めたものであり、その旨の事例判断として参考になるものである。なお、本判決が認めた損害は、実質的に慰謝料であると考えられ、口頭弁論終結日までの損害賠償請求に限定されているのは、その後の請求が将来給付の訴えの要件（民事訴訟法135条参照）を欠くことに配慮しているものである。

解体業者の工事騒音に係る慰謝料請求

〔判　例〕　さいたま地判平成21・3・13判時2044号123頁
〔慰謝料〕　各10万円

【事件の概要】

　Y_1株式会社は、A市において18階建てのマンションの建築を計画し、土地と地上の建物を購入し、Y_2株式会社に建物の解体工事を注文した。Y_2は、平成18年10月、解体工事に着手し、平成19年7月、工事を終了したが、その間、工程、工事方法等につき近隣の住民X_1、X_2らと協議を行って施工された。X_1、X_2ら（合計19名）は、Y_1、Y_2に対して工事の施工によってアスベストの飛散、騒音、振動等の被害を受けたと主張し、不法行為に基づき慰謝料として各自20万円の損害につき損害賠償を請求した。

●主張の要旨●
本件では、慰謝料として各20万円の損害が主張された。

●判決の概要●
　本判決は、解体工事の一部期間、散発的に、あるいは継続的に94デシベルの騒音が発生したとし、本件土地から85メートルの範囲内の住民らについては、受忍限度を超えていたとし、Y_2の不法行為を肯定し、慰謝料として10万円の損害を認め、Y_1の責任を否定し、一部のX_1らのY_2に対する請求を一部認容し、Y_1に対する請求を棄却した。

判決文

(1) 既に認定したとおり、本件工事により範囲内原告に対し不法行為を構成するのは、平成18年11月末ころから平成19年2月末ころまで、散発的に生じる、

ある程度継続的に94デシベルに達する騒音である。騒音が発生していたのは約3か月間の月曜日から土曜日の午前8時から午後5時ころであったこと、違法な騒音は毎日発生するとは限らず、発生する日も1日中違法な騒音が続いたわけではないことなどからすると〈証拠略〉、慰謝料は、一人当たり10万円が相当である。

●慰謝料認定の考え方●

　本件は、建物の解体工事が施工された際、近隣の住民らが施工業者らに対して騒音等に係る損害賠償責任を追及した事件である。本件では、住民ら各自の慰謝料として20万円の損害が主張されたものである。

　本判決は、解体工事の一部期間、散発的に、あるいは継続的に94デシベルの騒音が発生したとし、本件土地から85メートルの範囲内の住民らについては、受忍限度を超えていたとしたこと、施工業者の騒音に係る不法行為を肯定したこと、慰謝料として住民らにつき各自10万円の慰謝料を認めたことに特徴があり、解体工事に伴う騒音による近隣の住民らの慰謝料10万円を認めた事例判断として参考になるものである。

住民が飼育する犬の鳴き声に係る慰謝料請求

〔判　例〕　大阪地判平成27・12・11判時2301号103頁
〔慰謝料〕　25万円

【事件の概要】

　Xは、山間部にある閑静な住宅地に土地、建物を購入し、居住していたところ、Y_1のその母Y_2は、平成8年頃、X宅から約32.5メートル離れた距離にある建物に居住していた。Y_1らは、平成11年頃から、Y_1宅で雑種犬を飼育し始めたところ、犬が昼夜を問わず鳴き声を出すようになった。Xは、Y_1らに犬の鳴き声につき苦情を述べたり、警察官を同行し、苦情を述べた。Xは、Y_1、Y_2に対して犬の鳴き声によって睡眠障害を伴う神経症に罹患した等と主張し、民法718条1項、709条に基づき治療費等、録音機材購入費等、慰謝料150万円、調停申立費用、弁護士相談料等の損害賠償を請求した。

●主張の要旨●

　本件では、治療費等、録音機材購入費等、調停申立費用、弁護士相談料等、慰謝料150万円の損害が主張された。

●判決の概要●

　本判決は、犬が日常的に比較的大きな音量で、一定の時間、鳴き続けていたものと推認し、Xの睡眠が妨げられる等の生活上の支障が生じており、Y_1らはこれに真摯に受け止めて犬の鳴き声を低減させるための適切な措置を執らなかった等の事情から、犬の鳴き声が受忍限度を超えたものであるとし、民法718条1項所定の責任を肯定し、治療費2万1760円、録音機材購入費5万1450円、慰謝料25万円、弁護士費用3万円の損害を認め、請求を一部認容した。

判決文

(2) 慰謝料

　前記二で説示したとおり、本件犬の鳴き声は、一般社会生活上受忍すべき限度を超えたものであったということができるところ、本件に現れた一切の事情を総合考慮すると、本件犬の鳴き声によって原告に生じた精神的苦痛を慰謝するのに相当な慰謝料の額は、25万円と認めるのが相当である。

●慰謝料認定の考え方●

　本件は、近隣の住民が飼育する犬の鳴き声に住民が苦情を述べる等したが、鳴き声を低減する措置がとられなかったことから、住民が犬を飼育する住民らに対して損害賠償責任を追及した事件である。住宅地で飼育される犬の鳴き声が騒音として問題になることは時々見かけるが、本件は、山間部の閑静な住宅地における犬の鳴き声であること、犬の鳴き声が昼夜を問わないものであったこと、犬の鳴き声が大きかったこと、住民が警察官を同行して苦情を述べる等したこと、民事調停が申し立てられたことに特徴がある。本件では、治療費等、録音機材購入費等、調停申立費用、弁護士相談料等のほか、慰謝料150万円の損害が問題になったものである。

　本判決は、犬が日常的に比較的大きな音量で、一定の時間、鳴き続けていたものと推認したこと、住民には睡眠が妨げられる等の生活上の支障が生じたこと、犬を飼育する住民らが苦情を真摯に受け止めて犬の鳴き声を低減させるための適切な措置をとらなかったこと、犬の鳴き声が受忍限度を超えたものであるとし、民法718条1項所定の責任を肯定したこと、治療費2万1760円、録音機材購入費5万1450円、慰謝料25万円、弁護士費用3万円の損害を認めたことに特徴がある。本判決は、住宅地において飼育されていた犬の鳴き声によって睡眠妨害等の生活上の支障が生じたことを認めたうえ、治療費等のほか、慰謝料として25万円の損害を認めた事例判断として参考になるものである。

第10章　マンショントラブルによる慰謝料

　日本の国土においては、特に平地が少ないとか、人口が大都市に集中している等の事情で、コンクリート造りの共同住宅がさまざまなブランドで「マンション」として盛んに建築、販売され始めたのは、さほど古い時代ではない。共同住宅は、江戸時代にもみられた形式の住宅であるが（「長屋」などと呼ばれていた）、明治維新による社会の近代化が図られた後に広くみられるようになっていたし、一部には同潤会アパート等、コンクリート造りのアパートもみられるようになっていた。

　コンクリート造りの共同住宅もさまざまな形態・権利関係の建物があるが、このうち、1棟の建物を区分して複数の者が所有し合う形態・権利関係の建物については、昭和37年、建物の区分所有等に関する法律（マンション法と呼ばれることが多いが、マンションだけを対象とするものではなく、さまざまな用途、規模の建物を対象とする）が制定され、来るべき規模が拡大する共同住宅の時代に備えることになったのである（マンション法は、当時の建物の実情、法律の実情に照らすと、相当程度時代を先き取りした法律であった）。なお、当時は、賃貸用の共同住宅についても、2DKの構造による多数の建物部分から構成される団地形式の住宅の供給が本格的に開始されていた。

　マンション法の制定後、日本各地で地方から大都市圏への大規模な人口の移動、集中が継続的に行われ、首都圏等の大都市圏における建物の供給の増加、建物の高層化がみられるようになり、中規模、大規模な共同住宅の供給も増加していった。昭和58年、新たなマンションの管理の実情を踏まえ、マンション法の比較的大きな改正が行われた。

　マンションの建築、販売は、経済的な景気の動向、不動産市況の動向によって増減を繰り返してきたが、ストック数は増加傾向にあるだけでなく、20

第10章　マンショントラブルによる慰謝料

階を超える高層マンション、高さが100メートルを超える超高層マンション、戸数が数百を数える大規模なマンションも増加し続けている（超高層マンションは、タワーマンションなどと呼ばれている）。

マンションは、1棟の建物内に多数の区分所有建物が密接不可分な構造として組み込まれて存在し、多数の区分所有者、居住者らが区分所有し、生活しているため、多数の生活関係、法律関係が重畳的に存在しているところに大きな特徴がある。マンションの建築にあたっては、近隣の住民らとの間で紛争が発生する可能性があるし、販売にあたっては、購入希望者、購入者らとの間で紛争が発生する可能性がある。マンションが完成し、購入者らが生活し始めると、区分所有者ら、居住者らの間で多種多様な紛争が発生するし、管理組合、管理者との間でもマンション特有の紛争が発生する。これらの各種の紛争の中には、損害賠償をめぐるものもあり、慰謝料の損害賠償が問題になることもある。

マンションの建築にあたっては、マンションの注文者、施工業者と近隣の住民らとの間において、騒音、振動、粉塵、日照被害、風害、眺望侵害、平穏な生活侵害等による損害賠償をめぐる紛争が発生することがある。

マンションの販売にあたっては、販売業者らと購入希望者、購入者らとの間において、説明義務違反、虚偽の説明等による損害賠償をめぐる紛争が発生することがある。

マンション内の生活にあたっては、騒音、振動、ペットの飼育、共用部分の無断使用、管理規約違反、使用細則違反、総会等での誹謗中傷等による損害賠償をめぐる紛争が問題になることがある。

これらの損害賠償をめぐる紛争の中には、経済的な損害、人身損害が問題になることもあるが、生活侵害、意思決定の侵害、精神的な苦痛、名誉・信用の毀損、名誉感情の侵害等による損害が慰謝料として問題になることがある。この場合には、まず、被害の実態を具体的に主張、立証することが必要であり、これを前提として慰謝料の額を算定することになるが、明確な判断基準が形成されていないのが実情である。

本章においては、以上のようなマンショントラブルをめぐるさまざまな事例を紹介する。マンショントラブルの中には、一見するとマンション以外の事例においても見かけるようなものもあるが、その実情、背景事情もあわせ考慮すると、マンション特有のトラブルであることがわかる。

第10章 マンショントラブルによる慰謝料

マンションの建築による眺望阻害に係る慰謝料請求

〔判　例〕　大阪地判平成10・4・16判時1718号76頁
〔慰謝料〕　120万円

【事件の概要】

　Y株式会社は、平成6年6月頃、大阪府内に土地を取得し、平成9年3月頃、11階建て、13階建て、14階建ての3棟のマンションの建築工事に着手した。Xは、昭和58年10月頃、昭和61年11月頃に付近の丘陵地にあった土地を購入し、建物を建築し、居住していたところ、本件マンションの建築により、北側、西側に市街地等を一望できたのが、眺望が完全に阻害されることになった。Xは、Yに対して、眺望の阻害、著しい圧迫感・威圧感等を主張し、不法行為に基づき不動産価格の下落分700万円、慰謝料300万円の損害賠償を請求したものである。

●主張の要旨●

　本件では、不動産価格の下落分のほか、慰謝料300万円の損害が主張された。

●判決の概要●

　本判決は、特定の場所が眺望の点で特別の価値を持ち、眺望の利益の享受を目的としてその場所に建物が建てられた場合のように、当該建物の所有者らに眺望の利益の享受が社会通念上からも独自の利益として承認されるべき重要性を有すると認められる場合には、法的保護の対象になるとし、本件ではXが周辺の地域から見晴らしのよい土地と紹介され、購入したこと等を認定し、眺望遮断の被害の程度等の事情から社会生活上一般に受忍しうる限度を超えるとし、不法行為を肯定し、不動産価格の下落は眺望の利益の反射的利益にすぎず、変動しうるもので、やむを得ないものの、財産的損害は精

神的損害に包摂されるとし、独立の損害として評価することはできないとし、精神的損害として120万円と算定し、請求を一部認容した。

判決文

四　損害について
1　まず、不動産価格の下落による財産的損害について検討するに、一般に、法的保護に値するだけの眺望の利益が認められる場合において、右眺望の利益が阻害されれば、不動産価格が下落するであろうことは、否定できないことである。

　しかしながら、そもそも、眺望阻害による不法行為の本質は、生活利益であるところの眺望の利益が侵害されることにあるのであって、不動産価格の下落は、右生活利益が侵害されることの反射的利益にすぎず、特に、大都市近郊の未開発住宅地域においては、今後の地域開発の如何によって、地価はいかようにも変動するものであって、右変動はやむを得ないものと評価されることが多いと考えられる。そうすると、本件マンション建築の影響により本件居宅及びその敷地の価格が下落したとしても、右財産的損害は、生活利益の侵害による精神的損害に包摂され、独立の損害として評価することはできないといわねばならない。また、仮にこれを独立の損害と評価することができるとしても、本件においては、「平成8年春ころ、本件居宅の隣の家が売りに出されたが、本件マンションの建築計画のため、相場より安い価格でしか売れなかった。右取引を仲介した業者に、本件居宅の評価を求めると、本件マンションの建築により10パーセント程度の価格低下が予想できるとのことであった。また、他の不動産業者に問い合わせても、一般論として、マンション建築が近隣の不動産価格に影響することは予測できるとのことであった」旨の記載のある原告の陳述書の他は、「本件マンション建築の影響により、本件居宅及びその敷地の価格は、眺望等の面から10パーセント前後割り引かれる」旨記載された物件査定書の写しが証拠として、提出されているのみであって、これらはいずれも、本件居宅及び敷地の価格低下の根拠について、具体的な算定根拠を欠いているもので、受忍限度を考慮に入れているか否かも不明であるし、特に右物件査定書の写しに至っては、作成者が匿名とされているものであるから、これらに十分な信用性を認めることはできない。

　したがって、原告主張の財産的損害については、これを認めることができない。
2　次に、生活利益の侵害による精神的損害について検討するに、原告は、被告の本件マンション建築による眺望阻害によって、従前享受しえた眺望による安堵感や充足感を得ることができなくなったばかりか、威圧感や圧迫感を感じる

ようになったもので、そのことによる原告の精神的苦痛を慰謝するための慰謝料の額としては、前記一6認定の眺望阻害の程度その他諸般の事情に鑑み、120万円と認めるのが相当である（そもそも、眺望阻害による生活利益の侵害は、日照、騒音、臭気等による生活利益の侵害に比べて切実なものとはいえないし、住居地域においては、一般に、住居からの眺望が他人の建物等によって一定の制約を受けることは当然予定されていること等に鑑みれば、眺望阻害による慰謝料の額は、右の程度にならざるをえない）。

●慰謝料認定の考え方●

　本件は、見晴らしのよい丘陵地に自宅を所有し、居住していたところ、眺望を阻害する場所に3棟のマンションが建築されたため、所有者が建築・分譲業者に対して損害賠償責任を追及した事件である。近隣に建物が建築され、従来享有していた眺望が阻害される事例は、日本全国で発生しているが、建物の建築により、圧迫感、威圧感等のほかに、眺望の阻害、侵害を理由に損害賠償責任を追及することができるかは興味深い問題である。観光地、景勝地等において眺望の阻害が問題になる場合には、眺望に重要な価値が認められることを前提として問題が発生するが、市街地においては個々の事案ごとに眺望の意味、価値が検討されることが必要である。眺望が阻害された場合、眺望の利益が損害賠償責任上保護されうることは一般的には認められるから、実際上の問題は、社会通念上受忍限度を超える阻害があったかどうかであろう。

　本判決は、観光地、景勝地の事案ではないものの、周辺の地域、眺望から眺望の独自の利益を認めたこと、マンションの建築が社会通念上受忍限度を超えるとし、建築・分譲業者の不法行為を肯定したこと、不動産価格の下落の損害は独立の損害として評価することができず、精神的損害に包摂されるとしたこと、慰謝料として経済的損害を含め、120万円の損害を認めたことに特徴がある。本判決は、眺望の利益の侵害につき不法行為を肯定した数少ない事例として参考になるとともに、経済的損害を包摂した慰謝料を認定、算定した事例としても参考になるものである。

第10章　マンショントラブルによる慰謝料

マンションの建築による風害に係る慰謝料請求

〔判　例〕　大阪地判平成13・11・30判時1802号95頁
〔慰謝料〕　各60万円

【事件の概要】

　Y_1株式会社は、大阪府内に20階建てのマンションの建築を計画し、Y_2株式会社に建築を請け負わせ、Y_3株式会社がY_2と共に本件マンションを設計した。付近は低層の住宅地であり、近隣にX_1、X_2が建物、敷地を所有し、X_3と共に居住し、X_4が建物、敷地を共有し、X_5、X_6と共に居住していた。Y_1らは、本件マンションの建築につき地元自治会、住民らに対して説明会を開催する等したが、風害等のさまざまな問題が指摘され、継続的に説明会等が行われ、Y_1らは改善の提案をする等した。本件マンションは、平成9年3月、完成され、分譲されたが、Y_1らと地元自治会の間で風害等につき打合せが行われ、その間、X_1らの建物の屋根瓦が台風により飛散し、ベランダのトタン屋根が破損し、雨樋が外れる等の被害が発生した。X_1、X_2らは、Y_1、Y_2、Y_3に対して、風害により住環境が侵害される等したと主張し、不動産の価格低下の損害、慰謝料各500万円、弁護士費用の損害賠償を請求したものである。

●主張の要旨●

　本件では、不動産価格の低下の損害、弁護士費用のほか、慰謝料として各500万円の損害が主張された。

●判決の概要●

　本判決は、X_1らの建物付近の風環境は、本件マンション建築後は人が生活するうえで障害がある程度に変化したと推測でき、現に被害が発生してい

ること、付近はほとんど3階以下の建物が建築されている地区であること等から、本件マンションの建築は社会観念上妥当な権利行使としての範囲を逸脱し、違法な行為にあたるとし、Y_1らの不法行為を肯定し、不動産価値の低下を認めることはできないとしたものの、慰謝料として各60万円、弁護士費用の損害を認め、請求を一部認容した。

判決文

(1) 慰謝料

上記1及び2で認定した事実によれば、原告ら宅付近の風環境が受忍限度を超えて悪化したことが認められ、これにより原告らが精神的苦痛を被ったことが明らかである。

そして、①平成8年秋、遅くとも平成8年12月22日以降、強い風が吹く日に原告らが感じた恐怖心の大きさ、②実際に原告ら建物に生じた物理的被害（ただし、平成10年9月22日の台風7号による被害については、被告《Y_1》において補修済み）、③本件マンション建築前後における被告らとの交渉の経緯、④原告らは、結果的に、風環境の悪化から逃れるため長年住み慣れた環境を離れ、転居を余儀なくされたこと、⑤本件マンション建築前後における風環境のレベル差、⑥原告ら宅が、都市計画法上、第2種中高層住宅専用地域（建ぺい率60パーセント、容積率200パーセント）、第2種高度地域に含まれていること、⑦被告らにおいても建築計画策定については付近住民の意見を考慮して計画変更を行っており、北側公開空地部分を広くとるなどした結果、原告ら宅への風の影響が強まった可能性も否定できないこと等の諸般の事情を総合考慮すれば、原告らが被った精神的苦痛に対する慰謝料としては、原告ら各自につき60万円を認めるのが相当である。

●慰謝料認定の考え方●

本件は、マンションの建築により近隣の建物に風害が発生したため、建物の所有者、居住者らがマンションの分譲業者、建築業者、設計者に対して損害賠償責任を追及した事件である。なお、本件では、マンションの建築前、建築工事の間、建築後、分譲業者、建築業者らと地元の住民の自治会等との間で継続的な打合せが行われ、分譲業者らによる改善の提案がされる一方、実際に周辺の建物に風害が発生したことに特徴がある。

本判決は、建物付近の風環境は、マンション建築後は人が生活するうえで

障害がある程度に変化したと推測でき、マンションの建築は社会観念上妥当な権利行使としての範囲を逸脱しているとし、分譲業者、建築業者、設計者の不法行為を肯定したこと、慰謝料として近隣の建物の所有者、居住者らにつき各60万円の損害を認めたこと、不動産価格の低下の損害を否定したこと、弁護士費用の損害を認めたことに特徴がある。本判決がマンションの建築による近隣の建物の所有者、居住者らに対する風害による不法行為を肯定したことは、参考になる事例判断であるが、慰謝料として各60万円を認めた判断は、本件の諸事情を考慮したものであるものの、所有者と居住者の違い、風害の被害に照らした慰謝料額の基準からは疑問が残るところである。

マンションの建築による日照阻害・風害等に係る慰謝料請求

〔判　例〕　広島地判平成15・8・28判タ1160号158頁
〔慰謝料〕　各40万円～100万円

【事件の概要】

Y株式会社は、A市内の近隣商業地域に土地を取得し、土地を分筆し、それぞれの土地に1棟ずつマンションを建築することを計画した。Yは、周囲の住民らに対する説明会を開催する等し、14階建てのマンション2棟の建築工事を行ったところ、近隣住民の反対が起こったが、平成13年2月、マンションが完成し、分譲された。周囲の大半は、第一種住居地域であり、低層の住宅が中心の地域であった。近隣の住民Xら（合計16名）は、Yに対して、建築工事に伴う振動、騒音等、完成後の日照阻害、風害等の生活被害が発生した等と主張し、不法行為に基づき慰謝料各300万円～600万円の損害賠償を請求したものである。

●主張の要旨●

本件では、慰謝料（各300万円～600万円）の損害が主張された。

●判決の概要●

本判決は、本件マンションの建築により日影被害が発生し、強風で洗濯物が飛ばされ、植木鉢が転がるなどの被害が発生した等とし、各マンションはそれぞれ日影規制に適合しているものの、2棟を当時に建築確認申請した場合には、日影規制に違反しており、Yは、これを免れるため購入した土地を分筆する等したとし、不法行為を肯定し、諸般の事情を考慮し、Xらにつき各40万円～100万円の慰謝料を算定し、請求を一部認容した。

判決文

(3) 損害額について

ア　原告ら宅付近の日照、風環境等が受忍限度を超えて悪化したことが認められ、これにより原告らが精神的苦痛を被ったことが認められる。

イ　そして、各原告の慰謝料額の認定については、それぞれ①日影時間、②本件マンション建設後、原告らの感じた圧迫感等、③本件マンション建設前後における被告との交渉経緯、④原告ら宅（原告 X_9 を除く）が第一種住居区域に位置していること、⑤他の建物による日照への影響、⑥風害の程度等諸般の事情を考慮して算定するのが相当である（なお、原告 X_3、同 X_9、同 X_{13} 及び同 X_{15} が日照被害が問題となる土地建物に現に居住していないことは、発生する慰謝料額に影響がないとはいえないが、原告らにも慰謝料が発生していると考えるべきである。）。

ウ　そこで、本件マンション建設後2年が経過することに加えて、

① 原告 X_1 については、日影時間が長いこと、本件マンションに最も近く、受ける圧迫感や、風害の影響も大きいと認められること等を

② 原告 X_2 については日影時間が長いこと、本件マンション間の北側正面に位置する通りに面する位置に居住していることによる風害の影響の大きさ等を

③ 原告 X_3 については日影時間の長さ、本件マンションに近いことによる風害の影響等を

④ 原告 X_4 については、日影時間、同人宅が原告らの中では本件マンションから遠距離に位置していること等を

⑤ 原告 X_5 については、日影時間同人宅が原告らの中では本件マンションから遠距離に位置していること等を

⑥ 原告 X_6 については、日影時間、本件マンションとの距離等を

⑦ 原告 X_7 については、日影時間、同人宅が原告らの中では本件マンションから遠距離に位置していること等を

⑧ 原告 X_8 については、日影時間、本件マンションとの距離等を

⑨ 原告 X_9 については、日影時間、本件マンションと極めて隣接した位置に同人所有（共有）の建物が存していること等を

⑩ 原告 X_{10} については、日影時間、本件マンションとの距離、賃借建物とはいえ、住居で唯一午前中の採光を得られる時間帯に日照を妨げられていること、本件マンション間の北側正面に当たる通りに面し、風害の影響を受けやすいこと等を

⑪ 原告 X_{11} については、日照時間、本件マンションとの距離等を

⑫ 原告 X_{12} については、日影時間、本件マンションとの距離等を

⑬ 原告 X_{13} については、日影時間、居住してはいないものの、同人の土地と

本件マンションとの距離が近いこと等を
⑭　原告 X_{14} については、日影時間、本件マンションとの距離等を
⑮　原告 X_{15} については、日影時間、本件マンションとの距離等を
⑯　原告 X_{16} については、日影時間、本件マンションとの距離、本件マンションの正面に位置する通りに面し、風害の影響を受けやすいこと等を

それぞれ考慮し、原告らの被った精神的苦痛に対する慰謝料としては、別紙金額目録認容額欄記載のとおり認めるのが相当である。

別紙
金額目録

	原告氏名	請求金額	認容額
1	X_1	金600万円	金100万円
2	X_2	金400万円	金 60万円
3	X_3	金400万円	金 80万円
4	X_4	金300万円	金 30万円
5	X_5	金300万円	金 40万円
6	X_6	金300万円	金 40万円
7	X_7	金300万円	金 30万円
8	X_8	金400万円	金 60万円
9	X_9	金400万円	金 60万円
10	X_{10}	金400万円	金 60万円
11	X_{11}	金400万円	金 60万円
12	X_{12}	金300万円	金 40万円
13	X_{13}	金300万円	金 40万円
14	X_{14}	金400万円	金 60万円
15	X_{15}	金300万円	金 40万円
16	X_{16}	金400万円	金 60万円

●慰謝料認定の考え方●

　本件は、マンションの建築に伴う日照阻害、風害等が問題になり、マンションの完成後、近隣の住民らがマンションの建築・分譲業者に対して損害賠償責任を追及した事件である。近隣の住民らの被害は、日常生活上のものであり、快適な日照、風環境が侵害されたことを内容とするものである。

　本判決は、マンションの建築・分譲業者のマンションの建築・分譲の経緯を重視し、地域性、住民らの被害の実態等を考慮し、不法行為を肯定したこ

と、住民らの慰謝料として各40万円～100万円の損害を認めたことに特徴があり、事例判断として参考になる。

4 マンションの階下店舗の騒音等に係る慰謝料請求

〔判　例〕　東京地判平成17・12・14判タ1249号179頁
〔慰謝料〕　100万円

―【事件の概要】―

　Xは、平成13年1月、複合マンションの1階の専有部分の区分所有者であるA株式会社から賃借し、飲食店を経営していた。Y_2、Y_3は、平成14年1月、地下1階の専有部分を競売によって取得し、Y_1は、Y_2、Y_3から地下1階部分を賃借し、ライブハウスを経営していた。本件ライブハウスから騒音振動が発生し、苦情を受けて改善措置がとられる等したが、トラブルは終息しなかった。Xは、平成16年2月、1階部分をAに明け渡した。Xは、Y_1、Y_2、Y_3に対して、本件ライブハウスの騒音、振動、低周波により損害が発生したと主張し、共同不法行為に基づき経済的な損害（営業上の逸失利益、店舗改修工事費、厨房器具、備品、店舗設備費、原状回復費用）、精神的な損害（300万円）の損害賠償を請求したものである。

●主張の要旨●

本件では、経済的な損害のほか、慰謝料300万円の損害が主張された。

●判決の概要●

　本判決は、Y_1については、騒音振動が都民の健康と安全を確保する環境に関する条例136条、同別表13に定める騒音振動基準を参考にし、受忍限度を超える違法なものであるとし、不法行為を認め、Y_2らについては、賃貸人は、賃借人が他の居住者に迷惑をかけるような態様で専有部分を使用していることを知ったときは、これを是正する義務があるところ、この義務違反を肯定し、営業損害については、騒音等が営業に悪影響を与えたことは認め

られるものの、売上減少にはいろいろな要因が考えられるとし、慰謝料の算定の中で考慮するとし、100万円の慰謝料を認め（店舗改修工事費、厨房器具、備品、店舗設備費、原状回復費用の損害に関する主張は排斥した）、請求を認容した。

判決文

　以上の事情のほか、「よねざわ」の客にビジネスマンが多く、それも平日に集中していること（原告本人）及び前記のとおり、「よねざわ」の営業時間中、午前中はライブ演奏の影響を受けることはほとんどないと解されることに照らせば、ライブ演奏による騒音等が伝播する時間帯は、そもそも「よねざわ」の客が少ない時間帯であったと推測することができる。
　加えて、景気が下降傾向にあったこと〈証拠略〉も、売上げの減少の一因になっている可能性を否定できない。
　　ウ　以上の検討結果によれば、本件地下店舗における騒音等が「よねざわ」の営業に悪影響を与えたことは認められるものの、「アーク」開店後「よねざわ」の閉店までの296日分の売上減少にはいろいろな要因が考えられるところであり、このうちのどの範囲が本件地下店舗における騒音等の伝播による損害とみるべきかは、非常に困難な問題であるから、上記の点は、慰謝料額の算定の中で考慮するのが相当である。（中略）
　(4)　慰謝料
　原告は、本件地下店舗のライブ演奏から生じる受忍限度を超える騒音等によって、営業妨害、生活妨害等を受け、さらに、上記騒音等は、原告に著しい肉体的、精神的苦痛を与えたとして、慰謝料300万円を請求する。
　しかし、本件地下店舗から生じる騒音等によって、原告本人が何らかの肉体的な傷害を負ったことを示す証拠はない。また、証拠〈証拠略〉及び弁論の全趣旨によれば、原告は、本件店舗とは別のところに居住していたことが認められ、本件全証拠によっても、原告が生活妨害を受けたことを認めるに足りない。
　しかし、前記1の事実経過及び証拠〈証拠略〉によれば、本件地下店舗におけるライブ演奏による騒音等は、自己資金等を投入して、初めて店を持ち、自分の理想とするところを実現していこうと努力し、その努力の結果が現れ始め、今後に期待を持っていた原告にとって、大きな精神的苦痛になっていたことは容易に推測できるところである。
　しかも、その後の交渉によっても事態は改善されないどころか、開店当初より、次第にライブ演奏の回数は増え、一か月のうちほとんど毎日演奏が行われるようになったため、今後事態の好転の兆しが見えないものと原告が失望し、それが、閉店を決定した一つの動機になっていることも否定し得ない。

以上の経過によって原告が受けた精神的苦痛のほか、前記(1)に述べた事情、「アーク」開店後の被告らの前記不法行為の態様、その間の交渉の状況等一切の事情を考慮すれば、原告に認めるべき慰謝料は100万円をもって相当と認めるべきである。

●慰謝料認定の考え方●

　本件は、複合マンションの１階部分を賃借して飲食店を経営していたところ、地下１階部分がライブハウスとして賃貸され、その騒音等をめぐるトラブルが発生し、１階部分の賃借人が地下１階部分の共有者、賃借人に対して損害賠償責任を追及した事件である。

　本判決は、ライブハウスを経営する地下１階部分の賃借人について条例を参照して受忍限度を超える騒音振動であるとし、不法行為を肯定したこと、地下１階部分の共有者で、賃貸人について賃借人が他の居住者に迷惑をかけるような態様で専有部分を使用していることを知ったときは、これを是正する義務があるところ、この義務違反による不法行為を肯定したこと、営業損害については、騒音等が営業に悪影響を与えたことは認められるものの、売上減少にはいろいろな要因が考えられるとし、慰謝料の算定の中で考慮するとしたこと、慰謝料として100万円の損害を認めたことに特徴がある。本件は、住宅部分と店舗等の部分が１棟のマンション内に混在する複合マンションにおける１階部分の店舗と地下１階部分のライブハウスの騒音等をめぐるトラブルであり、双方とも改善の努力を行ったものの、訴訟に至った事件である。本判決は、ライブハウスの経営者の不法行為を肯定した判断だけでなく、ライブハウスの賃貸人の不法行為責任も肯定した事例として参考になるものである。また、本判決は、損害について、店舗の売上げの減少が認められるとしたものの、その原因がさまざまであり、慰謝料の考慮事情として考慮するとし、100万円の慰謝料の損害を認めたものであり、一つの見解であるが、営業上の逸失利益を算定できるのではないか、100万円の慰謝料は低額すぎるのではないかの疑問が残るものである。

第10章 マンショントラブルによる慰謝料

5 マンションの階上の騒音に係る慰謝料請求

〔判　例〕　東京地判平成19・10・3判時1987号27頁
〔慰謝料〕　30万円

【事件の概要】

　Xは、妻Aとマンションの一室を持分2分の1ずつ購入し、平成8年7月頃、入居し、居住していた。Yは、その階上の一室を賃借し、妻、子（3、4歳）と居住していた。Xは、Yに子の騒音につき苦情を述べたが、床にマットを敷いたものの、これ以上静かにすることはできない等と告げた。Xは、Yに対して子が部屋の廊下を跳んだり跳ねたりする騒音が受忍限度を超えていると主張し、不法行為に基づき慰謝料200万円、弁護士費用40万円の損害賠償を請求したものである（Yは、その後、マンションを退去した）。

●主張の要旨●

　本件では、慰謝料200万円、弁護士費用40万円が損害として主張された。

●判決の概要●

　本判決は、Yの子の立てる騒音はほぼ毎日であり、午後7時であり、時には深夜に及ぶことがあり、長時間連続することもあり、Yは、音が特に夜間および深夜には階下に及ばないよう子をしつけるなど住まい方を工夫し、誠意ある対応を行うのが当然であるにもかかわらず、不誠実な対応であった等とし、Aは咽喉頭異常感、食欲不振、不眠等の症状が生じたとし、騒音が社会生活上受忍限度を超えるものであるとして不法行為を認め、慰謝料30万円、弁護士費用6万円の損害を認め、請求を一部認容した。

第10章　マンショントラブルによる慰謝料

判決文

　以上の諸点、特に被告の住まい方や対応の不誠実さを考慮すると、本件音は、一般社会生活上原告が受忍すべき限度を超えるものであったというべきであり、原告の苦痛を慰謝すべき慰謝料としては、30万円が相当であるというべきである。

●慰謝料認定の考え方●

　本件は、マンションにおける階上の部屋の子による騒音がひどく、階下の住人が苦情を申し出たものの、解決しなかったことから、階下の住人が階上の住人に対して損害賠償責任を追及した事件である。本件では、弁護士費用のほか、慰謝料200万円が主張されたものである。

　本判決は、階上の住人の子による騒音が夜間、深夜に及び、長時間連続することもある等、受忍限度を超えたものであるとしたこと、階上の住人の対応が不誠実なものであるとしたこと、慰謝料として30万円、弁護士費用6万円の損害を認めたことに特徴があり、マンション内における受忍限度を超える騒音に係る不法行為を肯定し、慰謝料30万円を認めた事例判断を提供するものである。

第10章 マンショントラブルによる慰謝料

マンションにおける猫への餌やりに係る慰謝料請求

〔判　例〕　東京地立川支部判平成22・5・13判時2082号74頁
〔慰謝料〕　各3万円〜13万円

【事件の概要】

　X₁管理組合の管理に係る建物（10戸の区分所有建物からなるタウンハウス）においては、管理規約で他の居住者に迷惑を及ぼすおそれのある動物を飼育しない、他の組合員、占有者に迷惑を及ぼし、不快の念を抱かせ、危害を及ぼすおそれのある行為をしないなどの定めがあった。区分所有者Yは、家族と共に居住しているところ、室内で猫を飼育し、平成14年5月、Yの専用庭において、猫が子猫6匹を出産し、付近の猫に餌を与える等した。マンションの区分所有者らは、Yに猫の飼育、餌やりをしないよう書面で申し入れる等し、X₁は、総会において同様に猫の飼育等をしないことを確認する等したが、Yは、猫の飼育等をやめなかった。X₁のほか、区分所有者、居住者X₂ら（合計17名）は、Yに対して敷地、建物内における猫への餌やりの禁止、損害賠償を請求したものである。

●主張の要旨●

　本件では、弁護士費用のほか、区分所有者らの慰謝料各30万円が損害として主張された。

●判決の概要●

　本判決は、Yが餌を与え始めてからマンションの敷地に現れる猫の数が18匹に達したこと、餌やりだけでなく、ダンボール箱を用いて住みかを提供したこと、糞尿、異臭等が問題になっていること等を認め、不法行為を肯定し、餌やりの差止請求を認容し、X₁の弁護士費用の損害賠償、X₂らの慰謝料と

して各 3 万円～13 万円、弁護士費用の損害を認め、慰謝料請求を一部認容した。

判決文

(ア) 慰謝料額の算定に当たっては、前記 1 (2)の個人原告らが受けた被害を十分考慮する必要がある。

　他方、被告に、地域猫活動の要点についての理解不足により至らない点が多々あり、個人原告らとの対話不足があったといえ、被告の行動が、猫の命を尊重するという動物愛護の精神に基づき、少しずつ地域猫活動の理念に沿うものになってきたこと並びに被害の程度が減少してきたことも、併せ考慮すべきである。

(イ) 上記(ア)の事情に、各個人原告の被告専有部分との距離関係（概して、B 棟の居住者の方が A 棟の居住者よりも被害が大きいと認められる。）、居住歴（原告 X_9 らは、居住期間が短いから、他の個人原告らに比し、慰謝料額が少なくなる。）、建物所有の有無（猫除け対策の際の費用負担は、各専有部分の所有者が負担したと考えられる。）を考慮し、A 棟居住者の慰謝料額を各 5 万円（ただし、原告 X_9 らについては、各 2 万円）、B 棟居住者の慰謝料額を各 8 万円とし、猫除け対策等の点を考慮し、各戸につき各 5 万円（単独所有の場合は所有者に加算し、共有の場合は、2 名に半額ずつ割り付ける。原告 X_9 らについては、各 1 万円とする。）を加算し、各個人原告ごとの慰謝料額を後記ウの慰謝料欄のとおりと認める。

●慰謝料認定の考え方●

　本件は、動物の飼育を限定する管理規約のあるマンションの区分所有者が多数の猫を飼育し、近隣の猫に餌を与える等し、他の区分所有者らが損害賠償を請求した事件であり、猫の飼育等の不法行為の成否、慰謝料の額が問題になったものである。

　本判決は、多数の猫を飼育する等し、糞尿、異臭等が問題になっていること等による不法行為を肯定したこと、区分所有者らの慰謝料として各 3 万円～13 万円の損害を認めたことに特徴があり、猫の飼育等を行った区分所有者の他の区分所有者らに対する不法行為責任を肯定し、慰謝料を認めた事例判断として参考になるものである。猫の飼育等による被害は、マンションにお

ける快適な生活の妨害を内容とする人格権・人格的な利益の侵害であり、本件では、このような生活妨害による慰謝料が問題になったものである。マンションにおいては、一切の動物の飼育を禁止したり、特定の動物の飼育のみを許容したり、一定の手続に従うことによって動物の飼育を許容したりするさまざまな管理規約が制定されており、動物の飼育をめぐるトラブルの発生は少なくない。本件は区分所有者による猫の飼育等が他の区分所有者らとの関係で不法行為にあたるか等が問題になったものであり、猫の飼育等の態様、被害の内容等を踏まえて、不法行為を肯定し、諸事情を考慮して慰謝料額を算定したものである。

第10章 マンショントラブルによる慰謝料

マンションにおける子どもの騒音に係る慰謝料請求

〔判　例〕　東京地判平成24・3・15判時2155号71頁
〔慰謝料〕　各30万円

【事件の概要】

X_1は、平成17年2月、都内のマンションの104号室を購入し、妻X_2と居住していた。Yは、平成18年4月、本件マンションの204号室を購入し、家族と居住していたところ、Yの子A（当時、幼稚園児）が深夜まで室内を走り回り、騒音を発生させた。X_1、X_2は、Yに対して、所有権、人格権に基づき一定の限度を超える騒音の差止め、不法行為に基づき治療費・薬代、騒音測定費用、慰謝料（各30万円）の損害賠償を請求したものである。

●**主張の要旨**●

本件では、治療費・薬代、騒音測定費用、慰謝料として各30万円の損害が主張された。

●**判決の概要**●

本判決は、子どもが飛び跳ねる、走り回る等したことによる騒音は階下の居住者に受忍限度を超えるものであるとし、不法行為を肯定し、一定の時間帯ごとに一定の基準を超える騒音の差止請求を認容し、治療費・薬代、騒音測定費用、慰謝料として各30万円の損害を認め、請求を一部認容した。

判決文

六　そこで進んで、原告らの損害について検討すると、前記認定した騒音発生の始期、午後9時から翌日午前7時までの時間帯にdB（A）の値が40を超え、午前7時から同日午後9時までの同値が53を超えた頻度・程度に照らすと、これ

により原告らがそれぞれ受けた精神的苦痛に対する慰謝料額としては、各30万円が相当である。

●慰謝料認定の考え方●

　本件は、マンション内の階上に居住する子どもが騒音を出したため、階下の居住者らが階上の部屋の区分所有者に対して損害賠償責任等を追及した事件である。

　本判決は、子どもの出す騒音が受忍限度を超えるとしたこと、階上の部屋の区分所有者の不法行為を肯定したこと、階下の居住者らにつき各30万円の慰謝料の損害を認めたことに特徴があり、その旨の事例判断として参考になるものである。マンション内におけるトラブルとして最も多い類型のものが騒音であり（他の類型の賃貸住宅、共同住宅でも同様なトラブルが発生している）、本件もそのような事例の一つである。マンション内の騒音をめぐるトラブルは、騒音に関する関係者の感受性、意識が相当に異なること、いったん騒音問題を意識し始めると、相当の努力をしても問題意識が払拭されないこと、騒音問題が発生すると、悪化の傾向をたどりがちであること、解決の基準が明確でなく、仮に基準が提示されても、関係者が容易には納得しないこと等の特徴があり、事案によっては、関係者の片方、あるいは双方がマンションを退去するまでトラブルが続くことがある。本判決が示した慰謝料が各30万円とした判断は、本件の諸事情を考慮して算定したものであるが、一つの事例として参考になるものである。

第10章 マンショントラブルによる慰謝料

マンションにおける居住者の歌声に係る慰謝料請求

〔判　例〕　東京地判平成26・3・25判時2250号36頁
〔慰謝料〕　各10万円、20万円

【事件の概要】

　X_1は、都内のマンション（商業地域に所在している）の8階の部屋を購入し、妻X_2と居住していた。Y_2、Y_3は、本件マンションの7階の部屋を共有し、平成14年4月、5月頃から、子のY_1が居住していた。Y_1は、ロックミュージシャンであり、ほとんど毎日、長時間にわたってロック調の歌を歌っていた。X_1らは、平成15年以降、本件マンションの管理会社を介して、Y_1に対して歌を歌わないよう注意をしてもらう等したが、止まなかった。X_1らは、Y_1が歌を歌った際、警察を呼んだり、弁護士を介して歌をやめるよう書面で要求する等したが、止まず、平成24年12月、本件マンションから退去した（一度は、売却を試みたが、その後、賃貸した）。X_1は、Y_1に対して一定の時間帯における一定の基準を超える騒音の差止め、Y_1ないしY_3に対して、主位的に、不法行為に基づきマンション売却による転売利益の喪失分、弁護士費用の損害賠償、X_1、X_2は、予備的に、Y_1ないしY_3に対して、不法行為に基づき転居先の家賃相当額、慰謝料（X_1につき、100万円、X_2につき、300万円）、治療費、弁護士費用の損害賠償を請求したものである。

●主張の要旨●

　本件では、マンション売却による転売利益の喪失分、弁護士費用の損害賠償、転居先の家賃相当額、治療費、弁護士費用のほか、慰謝料（X_1につき、100万円、X_2につき、300万円）が損害として主張された。

第10章 マンショントラブルによる慰謝料

●判決の概要●

　本判決は、東京都の都民の健康と安全を確保する環境に関する条例による基準に照らして受忍限度を判断し、Y_1の歌声が深夜の時間帯において入眠を妨げるなどの生活上の支障が生じていたことを認め（X_1らの退去後、賃貸に係る賃借人からは苦情が出されなかった）、差止請求を棄却し、区分所有者は占有者の使用状況について相当の注意を払い、占有者が他の居住者に迷惑をかける状況を認識し、または認識し得たのであれば、その迷惑行為の禁止または改善を求めるなどの是正措置を講ずる義務があるが、本件ではそのような状況はなかったとし、Y_2、Y_3に対する請求を棄却し、売却益の喪失分、家賃、治療費等と騒音との因果関係の存在を否定し、慰謝料（X_1につき、10万円、X_2につき、20万円）、弁護士費用の損害を認め、Y_1に対する損害賠償請求を一部認容した。

判決文

4　争点(4)（原告X_1に生じた損害の額）について
 (1)　（略）
 (2)　予備的主張について
　　ア　（略）
　　イ　前記1に認定した限度の本件不法行為の態様その他本件にあらわれた一切の事情を総合考慮すれば、本件不法行為により原告X_1が受けた精神的苦痛に対する慰謝料額は、10万円をもって相当と認め、また、本訴追行のための弁護士費用相当の損害額としては、2万円をもって相当と認める。
5　争点(5)（原告X_2に生じた損害の額）について
 (1)～(3)　（略）
 (4)　慰謝料及び弁護士費用
　前記1に認定した限度の本件不法行為の態様その他本件にあらわれた一切の事情を総合考慮すれば、本件不法行為により原告X_2が受けた肉体的・精神的苦痛に対する慰謝料額は、20万円をもって相当と認め、また、本訴追考のための弁護士費用相当の損害額としては、4万円をもって相当と認める。

●慰謝料認定の考え方●

　本件は、マンション内における騒音をめぐるトラブルであるが、階下の部屋の区分所有者らの子（ロックミュージシャン）が深夜まで長時間ロック調の歌を歌ったため、階上の部屋の居住者らが階下の居住者、所有者ら（居住者の両親）に対して損害賠償責任等を追及した事件である。

　本判決は、階下の部屋の居住者の深夜の歌が受忍限度を超えるとし、不法行為を肯定したこと、階下の部屋の所有者らの不法行為を否定したこと、慰謝料としてそれぞれ10万円、20万円を認めたこと、売却益の喪失分、家賃、治療費等と騒音との因果関係の存在を否定したことに特徴がある。本件は、東京地判平成24・3・15判時2155号71頁（前記❼参照）とは別の類型のマンション内における騒音をめぐる事件である。本件では、客観的な騒音の程度は、さほどのものではないが、主観的には重大なものと認識されており、騒音問題の複雑さ、解決の困難さを示すものである。本判決は、前記のとおり、階下の部屋の居住者の歌による騒音に係る不法行為を肯定し、慰謝料として、夫につき10万円、妻につき20万円の損害を認めた事例判断として参考になるものである。

第11章　契約締結・取引・サービス等による慰謝料

　個人が社会生活を送り、経済活動を行う場合、さまざまな契約について締結交渉をし、契約を締結し、契約を履行し、あるいは紛争が発生すれば、紛争を解決したりする等、自己の判断と責任によって社会生活、経済活動に関する事項を処理することになる。個人が一日ごとに関係する契約が複数あるし、1カ月間に取り扱う契約は相当多数を数えることになるし、1年間では本人も記憶できない程度の数の契約を取り扱うことになる。現代社会に生きる個人は、契約社会において、契約を利用し、契約に支えられながら生活し、活動しているものである。

　契約をめぐる紛争は、契約の種類・内容だけでなく、契約の交渉から履行に至る各段階等の事情によって多様なものがみられるが、これらの紛争の中には事業者の損害賠償責任をめぐる紛争も多数みられるところである。契約上の損害賠償責任をめぐる紛争においてどのような損害賠償が認められるかは、損害賠償責任の法的な根拠、契約の種類・目的・内容、被害の内容・態様・程度、被害を受けた者の属性等の事情によって異なる。契約上の損害賠償責任において被害者である個人が損害賠償として慰謝料の賠償を受けることがありうるが、契約をめぐる紛争の多くは、契約の不履行が原因となるものであり、契約の不履行による損害賠償は、履行の遅延による損害、履行に代わる損害を賠償するものであり（この場合には、実損とか、逸失利益といった損害賠償が認められる）、原則として慰謝料は認められないということができる。

　契約をめぐる紛争については、さまざまな基準、視点によって分類することができるが、慰謝料の視点からは、契約締結上の過失による損害賠償責任（契約の締結段階における信義則上の義務違反による損害賠償責任）、契約の種

類・目的・内容による契約の分類を基準として慰謝料の問題を取り上げることがわかりやすいと考えられるので、この分類に従って裁判例を紹介したい。

　まず、契約締結上の過失責任は、契約の締結交渉が行われた場合、締結交渉にあたって信義則上認められる義務違反による損害賠償責任を認める法理であるが、大きく分けて2種類の責任が認められている。一つ目は、契約締結が行われ、交渉の当事者が契約の締結に相当の期待を抱く段階において相手方が契約の締結を拒否した場合に認められる責任であり、この場合には、契約が締結されたことを前提とする損害賠償でなく、実損のほか、契約締結に関する期待に係る損害賠償（期待利益の侵害による損害賠償）を認めるものと解されている。契約締結上の過失責任は、その被害者は、個人だけでなく、会社等の法人、団体も被害を受けることがあり、個人が被害者の場合には、期待利益の損害として慰謝料が認められうるが、法人等が被害者の場合には、無形の損害が認められうるものである（なお、従前の判例、裁判例においては、法人、団体に無形の損害が認められる場合、慰謝料として損害が認められることがある）。二つ目は、契約は締結されたものの、契約の締結過程（締結段階）において信義則上の義務違反があった場合に認められる責任であり、この場合には、信義則上の義務（たとえば、説明義務、情報提供義務、告知義務）の違反による損害賠償が認められるが、その実態は、契約の締結過程における締結に係る考慮、判断を誤らせた可能性、蓋然性に係る損害である。説明義務等の信義則上の義務違反による責任は、これらの義務違反による損害の発生、損害賠償の範囲が明確でないことが多いところ、事業者が被害者になる事例もあるが、個人が被害者になる事例が多く、後者の場合には、人格権、人格的利益の侵害による慰謝料を含む損害賠償が認められることがある。これらの場合、仮に慰謝料の損害賠償が認められるとしても、損害の実態が明確でないうえ、その算定基準が明確に形成されているものではないこと等から、慰謝料額の算定は困難である。

　契約をめぐる紛争において損害賠償責任が問題になる場合、その損害賠償責任の法的な根拠としては、大きく分けて、債務不履行責任、不法行為責任、

担保責任（なお、本書においては、平成29年の民法（債権法）の改正前の判例、裁判例を取り上げて紹介しているところ、この民法の改正においては、従来の売主の瑕疵担保責任等は、法定責任説によって理解されていたのに対し、改正後には契約責任説によって規定が改正されているものであり、担保責任と損害賠償の範囲に関する考え方は大きく異なるところがある）があるが、これらの責任のうち、売主の担保責任については信頼利益の賠償のみが認められるのが一般的である（もっとも、請負の担保責任の場合には、特に建物の建築請負契約の担保責任については、慰謝料を認める裁判例が散見されるところである）。不法行為責任の場合には、不法行為によって人格権、人格的利益が侵害されるときや、医療過誤、安全配慮義務違反による損害賠償が認められるときは、損害賠償として慰謝料が認められる。債務不履行責任の場合には、医療過誤、安全配慮義務違反による損害賠償が認められるときは別として、履行遅滞、履行不能、不完全履行によって人格権、人格的利益の侵害が認められることが想定しがたく（理論的に慰謝料が認められないとの見解もある）、実際にも人格権等の侵害の事例は少ない。医療過誤、安全配慮義務違反、生命・身体の侵害の場合には、慰謝料が認められる被害の内容・態様が類型化され、多数の裁判例があることから、慰謝料額の算定基準は相当に明確になっている。他方、人格権・人格的の侵害の場合には、加害行為の内容・態様、被害の内容・態様・程度が大きく異なること等の事情から、慰謝料額の算定基準が明確に形成されているものではなく、慰謝料額の算定は容易ではない。なお、不法行為責任、債務不履行責任によって実損、逸失利益等の損害が認められる場合に慰謝料が認められるかが問題にされることがあるが、実損、逸失利益等の損害賠償が認められることによって被害の補填が認められることが多く、慰謝料を認めるべき損害の発生を認めるべき事情がないことから、慰謝料が認められないことが多い。もっとも、このような場合であっても、慰謝料を認めるべき権利、法益の侵害がある場合には、慰謝料額の算定基準が明確でなく、実際の算定が困難であるとしても、慰謝料を認めることができる。

　契約上の損害賠償責任をめぐる紛争は、契約の目的が商品の売買等の提供

であっても、サービスの提供であっても、債務不履行責任の場合には、個人の生命・身体が侵害された場合や人格権・人格的利益が侵害された場合は別として、慰謝料の損害は認められないものであるし、債務不履行責任の3類型のうち、履行遅滞、履行不能を原因とする場合には、個人の生命・身体の侵害等の損害も認められないのが通常である。債務不履行責任のうち不完全履行を原因とする場合にも、通常は個人の生命・身体の侵害等の損害が認められないが、不完全履行が積極的債権侵害、個人の生命・身体、人格権・人格的利益に関する債務・義務が認められるうえ、その債務の不履行・義務違反が認められる場合に慰謝料の損害が認められる可能性がある。この場合の慰謝料の額の算定基準は、侵害された生命・身体、あるいは人格権・人格的利益の種類、侵害の内容・態様の事情によって判断されるものであり、算定基準が明確にされている分野と明確でない分野がある。

　契約の締結交渉から契約締結、契約の履行・不履行に至るまで契約をめぐる紛争が発生する可能性があるところ、本書においては、まず、契約締結上の過失責任における慰謝料を取り上げ、裁判例を紹介している。次に、各種の取引内容の契約の不履行、違法な行為による慰謝料を取り上げて紹介している。さらに、経済的損害等が認められる場合であっても、その額を算定することが困難である等の事情から、代替的な損害として慰謝料を認める裁判例を取り上げて紹介している。

1　契約締結上の過失による慰謝料

マンションの賃貸借契約締結を拒絶した所有者等に対する慰謝料請求

〔判　例〕　大阪地判平成5・6・18判時1468号122頁
〔慰謝料〕　20万円

【事件の概要】

Xは、在留資格をもつ在日韓国人であり、飲食店を経営していた。Xは、住居が手狭になり、より広いマンションに転居しようと考え、不動産業者であるY₁有限会社に、自分は外国人である旨を告げて、マンションの紹介を依頼した。Y₁は、Y₂らの所有する賃貸マンションの賃借を仲介され、手付金5万円を支払った。Xは、転居準備をしていたところ、Y₂らが日本国籍を有しないことを理由に賃貸借契約の締結を拒否された。Xは、Y₂らに対して賃借権の確認、建物の引渡し、Y₁らに対して不法行為等に基づき財産的損害1万7000円（運送契約の違約金）、精神的損害200万円、弁護士費用50万円の損害賠償を請求したものである。

●主張の要旨●

本件では、財産的損害、弁護士費用のほか、慰謝料として200万円の損害が主張された。

●判決の概要●

本判決は、Y₁らに対する損害賠償請求、Y₂らに対する賃借権の確認、建物の引渡請求は棄却したが、Y₂らの契約準備段階における信義則上の義務違反を認め、引越しのための運送契約の違約金1万7000円、慰謝料20万円の

損害を認め、損害賠償請求を一部認容した。

判決文

2　精神的損害

　原告は、本件賃貸借契約の締結を期待していたところ、その国籍を理由とする締結拒否により契約成立に至らなかったことは前記認定のとおりであるところ、原告がこれにより精神的苦痛を被ったことは明らかである。したがって、被告Y_2らは原告の被った右精神的苦痛をも慰謝すべき義務があると解すべきところ、これまでに判示した諸般の事情を総合考慮すると、その慰謝料の金額は20万円とするのが相当である。

●慰謝料認定の考え方●

　本件は、在留資格をもつ在日韓国人が仲介業者を介してマンションの賃貸借契約の締結交渉をし、最終段階で所有者らが日本国籍のないことを理由に、契約の締結を拒否したため、所有者らに対して損害賠償責任を追及した事件であり、損害として財産的損害1万7000円（運送契約の違約金）、弁護士費用50万円のほか、精神的損害（慰謝料）として200万円の損害が問題になったものである。

　本判決は、マンションの所有者らが仲介業者を利用して賃借人を募集している場合、仲介業者との間で契約交渉が相当程度進行し、入居希望者が契約の成立を確実なものと期待するに至ったときは、合理的な理由なく契約締結を拒絶することは許されないとしたこと、本件では合理的な理由がないとしたこと、信義則上の義務違反を認めたこと、財産的損害1万7000円、慰謝料20万円、弁護士費用5万円の損害を認めたことに特徴があり、契約締結上の過失責任（契約締結段階における信義則上の義務違反）を肯定し、賃貸借契約の締結の期待を裏切られた慰謝料として20万円を認めた事例判断として参考になるものである。

建築協定に違反する建物の建築工事請負契約をした建築業者に対する慰謝料請求

〔判　例〕　大津地判平成8・10・15判時1591号94頁
〔慰謝料〕　200万円

【事件の概要】

Xは、境界間隔に関する協定が締結されている分譲地内に建物を所有していた。Xは、妻の両親（A夫婦）が阪神・淡路大震災により、Xらと同居することになり、建物の建築業者であるY株式会社との間で二世代住宅の建築案を検討し、建物を建築することになった。Xは、建物が建築協定に違反することが判明したため、Yの担当者に質問したところ、担当者が協定を守らない住民もおり、心配ないと説明したことから、建物建築工事請負契約を締結し、建築確認を受けた。Xの旧建物が取り壊されたが、隣地の所有者から抗議を受け、結局、建築を断念し、請負契約を合意解除した。Xは、Yに対して、契約締結上の過失、近隣住民からクレームが付けられ、工事中止のおそれがあることにつき調査・解明、告知・説明義務等の違反による不法行為に基づき旧建物の財産的損害1700万円、慰謝料500万円の損害賠償を請求したものである。

●主張の要旨●

本件では、取り壊された旧建物の損害のほか、慰謝料として500万円の損害が主張された。

●判決の概要●

本判決は、協定の存在を知悉していたYとしては、協定の見通しの判断が困難であったものの、建物を取り壊すまでは適切に調査、解明、工事中止になる危険性を告知、教示すべきであった契約締結上の過失が認められるとし、Yの債務不履行責任を肯定し、建物の損害750万円、慰謝料200万円の

損害を認め、請求を一部認容した。

判決文

　右認定事実によれば、旧建物を取り壊して新建物を建築しようとする原告にとって、本件協定を根拠として境界に関する隣家のクレームが付いた場合に工事中止の危険性があるか否かは、本件請負契約を締結する意思決定に対し重要な事柄であることは疑いを容れないところ、本件協定の拘束力についての見直しは判断困難な事柄ではあるものの、後日被告顧問弁護士が適切に指導していることにかんがみると、本件協定が有効に存続していることを知悉している被告としては、専門の建築請負業者として、信義則又は公正な取引の要請上、本件請負契約を締結する際はもとより、おそくとも旧建物の取り壊しまでの間に、適切に調査、解明して、本件協定違反による新建物の建築工事に着工した場合には工事中止になる危険性があることを告知ないし教示すべき義務があったのに、過失によりこれを怠り、旧建物が取り壊されるまでの間に右工事中止の危険性を告知ないし教示しなかったため、次項の旧建物相当額、慰謝料の損害を与えたものといわなければならない。
〈中略〉
2　慰謝料
　原告は唯一の財産であった旧建物を失った上、新建物の工事を中止せざるを得なくなるという最悪の状態に直面し、かつ、Ａ夫婦と同居するため本件請負契約を締結したのに、現在二世帯に分かれて生活せざるを得なくなる等精神的に多大の苦痛を被ったものというべく、1の損害を賠償するだけでは補われないと認められるが、隣家との交渉の経過等本件に表れた諸般の事情にかんがみると、被告の前記債務不履行によって原告が被った精神的苦痛は200万円をもって相当と認める。

●慰謝料認定の考え方●

　本件は、義理の両親と同居するため、建築協定の存在する宅地における旧建物を取り壊し、二世代住宅の建築請負契約を締結したものの、近隣の住民からクレームを受け、請負契約を合意解約し、二世代住宅の建築を断念した注文者が建築業者に対して損害賠償責任を追及した事件であり、損害として取り壊した旧建物の損害のほか、慰謝料として500万円が問題になったものである。

本判決は、建物の建築を請け負った建築業者が建築協定の存在を熟知していたこと、建築協定の見通しの判断が困難であったものの、建物を取り壊すまでは適切に調査、解明し、工事中止になる危険性を告知、教示すべきであった契約締結上の過失があること、建物の損害790万円、慰謝料200万円の損害を認められることを判示したものであり、建物の建築に関する契約締結上の過失責任を肯定し、建物の財産的損害のほか、二世代で同居できなくなったこと等の慰謝料として200万円の損害を認めた事例判断として参考になるものである。

第11章 契約締結・取引・サービス等による慰謝料

マンションの駐車場の利用契約締結等の説明を怠った分譲業者に対する慰謝料請求

〔判　例〕　横浜地判平成9・4・23判時1629号103頁
〔慰謝料〕　各50万円～5万1000円

【事件の概要】

Y株式会社は、不動産事業を営み、マンションを分譲した。X_1ないしX_{10}（合計10名）は、Yからマンションを購入し、あるいは購入した者の相続人らである。X_1らは、購入にあたって、Yの担当者から駐車場付きの広告、説明を受けて購入したが、実際には個別に第三者の地主A・Bと駐車場の賃貸借契約を締結する必要があった。X_1、X_2らは、Yに対して主位的に債務不履行、予備的に不法行為に基づき経済的損害である駐車場利用権相当額（土地の価格の3割に相当する額であり、1戸あたり117万9000円）、慰謝料（一人あたり10万円。経済的損害が認められない場合には、精神的損害は一人あたり127万9000円と評価すべきである）、弁護士費用（一人あたり21万円）の損害賠償を請求したものである。

●主張の要旨●

本件では、経済的損害（駐車場利用権相当額）、弁護士費用のほか、慰謝料として各10万円（なお、経済的損害が認められない場合には、精神的損害は一人あたり127万9000円と評価すべきであると主張された）の損害が主張された。

●判決の概要●

本判決は、生活手段としての乗用車の重要性を考えれば、売主には駐車場の存否およびその利用契約締結の可否について買主に正確に説明すべき付随義務があるとし、これを怠った場合には、契約締結上の過失責任の問題として、契約締結上の過失の問題として売買契約の成否にかかわらず売主に債務

1 契約締結上の過失による慰謝料

不履行責任が生じ得るとしたうえ、本件ではYに駐車場に関する説明義務違反を認め、損害賠償の範囲は信頼利益に限定されるとし、慰謝料として各50万円から5万1000円の損害を認め、請求を一部認容した。

判決文

四　争点2（原告らの損害）及び争点3（過失相殺）について
1　そこで、原告らに生じた損害について判断するに、前述のとおり、被告の責任は、本件各売買契約上は附随義務にすぎない前述の説明義務の不履行によるものであり、その賠償の範囲はいわゆる信頼利益であると解される。
　ところで、原告らが主張する財産的損害と精神的損害はいずれも被告に本件各売買契約上の給付に関する債務不履行があったことによるものであるが、前記認定のとおり、原告らには本件駐車場に対する継続的利用権を取得し得る契約上の権利はないのであるから、原告らの主張する損害は直ちにこれを被告の賠償責任の範囲内にあると認定することはできない。
2　しかしながら、被告の行った不完全な説明を信じたことにより、原告らに精神的損害が発生したことは、これを容易に認定することができる。すなわち、〈証拠略〉によれば、本件マンションの所在は市街地からやや離れた郊外にあり、最寄りの駅までの交通手段がやや不十分であり、付近住民にとって乗用車の保有は生活上必須であると推認されること、Aから平成6年6月30日を期限として本件駐車場（北側）の賃貸借の終了を通告された原告X_1、同X_2、同X_3、同X_4、同X_5は、その後いずれも本件マンションの自宅から歩いて5分ないし10分ほどの距離にある場所に新たに駐車場を賃借しなければならなくなったことが認められ、当初の予想が裏切られたことにより、精神的苦痛が生じていることは、容易にこれを推認することができる。また、Bから本件駐車場（南側）を賃借しているその余の原告らの駐車場に対する法律関係も、当初予想されていたものよりも不安定なものになったと理解されることとなったということができるから、この点で右原告らに精神的損害が生じていると認めるのが相当である。
3　そして、本件で認定した諸事情を斟酌し、原告らの蒙った精神的損害に対しては、Aから賃貸借終了の通告を受けた原告X_1、同X_5及び同X_2については一人当たり各金50万円、原告X_3については金37万5000円、原告X_4については金12万5000円、Bとの賃貸借契約を締結している原告X_6、同X_7及び同X_8についてはそれぞれ金20万円、原告X_9については金14万9000円及び原告X_{10}については金5万1000円の慰謝料の支払を受けるべきものとするのが相当と判断する（なお、原告X_3及び同X_4並びに原告X_9及び同X_{10}については、本件マンションの1戸の共有持分を有する者であり、右原告らはそれぞれ他の共有持分権者

と経済的一体性をもって本件マンションを購入している点を考慮すれば、その区分所有権の共有持分の割合に応じて慰謝料もまた分配されると考えるのが、他の原告との関係から見ても公平と考えられる。また、原告 X_1、同 X_5 及び同 X_2 については、当初の期待が駐車場の使用不可能によって現実に侵害され、今後も当初の期待通りに回復する見込みがないこと、駐車場が使用できなくなったことは、直接には被告の説明義務違反とは関係ないにしても、被告の右違反行為がなければ、その期待を裏切られることはなかったこと、一方、その余の原告らについては現在もなお駐車場を利用しており、被告会社の担当者の説明義務違反があったにせよ、事実上は右原告らの希望どおり駐車場を利用できていることを考えれば、駐車場を利用できなくなった他の原告らに比べて精神的損害の程度は小さいと認められる。)。

●慰謝料認定の考え方●

　本件は、マンションの分譲が行われ、購入者らが駐車場付きであるとの説明を受けて購入したところ、別に駐車場を確保しなければならなかったため、分譲業者に対して損害賠償責任を追及した事件である。本件では、経済的損害、慰謝料の損害が主張されたが、慰謝料として主位的に各10万円が主張されるとともに、予備的に経済的損害が認められない場合には、経済的損害に相当する損害も慰謝料として主張されたものである。

　本判決は、マンションの売主には駐車場の存否およびその利用契約締結の可否について買主に正確に説明すべき付随義務があるとしたこと、売主が説明義務を怠った場合には、契約締結上の過失責任の問題として、契約締結上の過失の問題として売買契約の成否にかかわらず売主に債務不履行責任が生じうるとしたこと、本件では分譲業者に駐車場に関する説明義務違反を認めたこと、損害賠償の範囲は信頼利益に限定されるとしたこと、経済的損害に関する主張を排斥したこと、慰謝料として購入者らにつき各50万円から5万1000円の損害を認めたことに特徴がある。本判決は、売買契約の売主（マンションの分譲業者）につき駐車場に関する説明義務違反による契約締結上の過失責任を肯定し、損害賠償の範囲が信頼利益に限定されるとし、経済的な損害を含む慰謝料を認めた事例判断として参考になるものである。

1 契約締結上の過失による慰謝料

4 条例に基づく土地贈与を撤回した地方自治体に対する慰謝料請求

〔判　例〕　長野地判平成10・2・13判タ995号180頁
〔慰謝料〕　300万円

【事件の概要】

　Y町（軽井沢町）は、昭和47年3月、開設した町立病院に勤務した医師に通算15年以上勤務した場合には、600平方メートル以内の宅地を与える旨の条例を制定、公布し、医師不足の状況において、医師を募集していた。医師Xは、昭和49年5月、この条例を信じて常勤の医師としてYに任用され、病院に勤務し、平成元年5月、15年が経過したものの、Yが条例を履行しなかった。Xが、平成5年11月、Yに条例の履行を催告したが、Yは、しばらく検討したい旨を回答した後、平成7年3月、条例を廃止し、住宅用地を与えなかった。Xは、Yに対して主位的に、600平方メートル以内の宅地の給付を請求する権利の確認を、予備的に、債務不履行、契約締結上の過失に基づき宅地の価格相当額9300万円、逸失利益5365万円、慰謝料500万円、弁護士費用200万円の損害賠償を請求したものである。

●主張の要旨●

　本件では、宅地の価格相当額、逸失利益、弁護士費用のほか、慰謝料として500万円の損害が主張された。

●判決の概要●

　本判決は、主位的請求を棄却し、契約締結上の過失を否定したが、職員の信頼に反し不測の損害を被らせないようにすべき信義則上の義務があり、本件ではYにこの義務違反があったとし、一種の債務不履行責任を肯定し、宅地価格相当額、逸失利益の主張を排斥したものの、慰謝料として300万円、

第11章　契約締結・取引・サービス等による慰謝料

弁護士費用30万円の損害を認め、予備的請求を一部認容した。

判決文

四　争点4（原告の損害の有無及びその金額）について
1　給付されるべき宅地の価格相当額（塡補賠償）について
　この点に関する原告の主張は、原告の被告に対する宅地給付請求権の存在を前提とするものであるところ、前判示二のとおり、右請求権の存在は認められないから、原告の右主張は前提を欠き理由がない。
2　給与の差額相当額（逸失利益）について
　原告が他の医療機関に勤務していればその主張額どおりの収入が現実に得られたであろうことを認めるに足りる証拠はない。すなわち、原告は、〈証拠略〉を提出して民間における医師の給与水準が高いことを立証しようとするが、右は平成6年度の医師の平均賃金を示すものであって、原告が本件町立病院に勤務していた期間の全般にわたる賃金格差を表わす証拠ではないばかりでなく、他方、〈証拠略〉によって認められる原告が支給を受けてきた給与の額は、一般的には医師の給与が高いことを考慮してもなお低きにすぎるとはいえ、少なくとも他の公立病院医師の給与額よりも低いことを認めるに足りる証拠はないところ、原告は、本件町立病院に勤務していない場合には、他の公立病院に勤務していた可能性も否定できないのであるから、民間病院の勤務医の賃金との格差のみによって逸失利益を立証し得るものではない。したがって、原告のこの点に関する主張も理由がない。
3　慰謝料について
　〈証拠略〉によれば、原告は、大学医学部及び大学院を卒業後、昭和48年5月から1年間長野県上水内郡三水村・牟礼村福祉組合の開設に係る診療所に勤務し、その後、軽井沢町内で開業医としていた実父の勧めにより、被告の常勤職員に任命されて本件町立病院に勤務するようになったこと、その際、本件特別報償条例についても説明を受け、一定年数勤務するとこれを与えられることが右勤務に就く動機の一つとなっていたこと、その後も、勤務年数の条件を充足すれば宅地の給付を受けられるものと期待していたことが認められる。そして、前判示の各事実によれば、被告が本件特別報償に関する条例の規定を改廃することなく放置したことにより、原告が右規定の有効性を疑うことなく宅地の給付を受けられるとの期待を持ち続けていたことは無理もないというべきであり、その期待が実現不能であることを認識できないまま17年に及ぶ勤務期間を終え、その後に至りこれが判明したことにより、原告が精神的な苦痛を受けたであろうことは推測するに難くない。そして、宅地給付の点は、任命の時点では本件町立病院に勤務することの大きな要素となっていたことは疑いなく、その後において、これを受けられないことが判明していれば、直ちに他に職を求めてい

1 契約締結上の過失による慰謝料

たかどうかは証拠上必ずしも断定できないものの、他に勤務条件の有利な稼働先があれば転職していた可能性もまた否定できない。このような原告側の事情、特に本件町立病院に勤務することとなった動機、その後は原告の勤務年数、本件特別報償条例の規定内容その他諸般の事情に照らすと、原告が被告の前判示三の義務違反により被った精神的苦痛を慰謝するための金員としては300万円をもって相当とする。

●慰謝料認定の考え方●

本件は、医師不足に悩む地方自治体（町）が町立病院に勤務した医師に通算15年以上勤務した場合には、600平方メートル以内の宅地を与える旨の条例を制定し、医師を募集し、これに応じた医師が15年勤務した後、地方自治体が条例を廃止して医師の要求を拒否したため、医師が地方自治体に対して損害賠償責任を追及した事件であり、損害として宅地の価格相当額、弁護士費用のほか、慰謝料として500万円が問題になったものである。本件では、地方自治体の極めて不誠実な態度は明らかであるが、医師の期待、信頼、損害の救済の権利、方法が問題になったものであり、本書で取り上げるのは、契約締結上の過失等に基づく損害賠償責任の問題である。

本判決は、給与条例主義との関係で契約締結上の過失を否定したこと、町には職員の信頼に反し不測の損害を被らせないようにすべき信義則上の義務があるとしたこと、本件では町にこの義務違反があったとしたこと、この義務違反は一種の債務不履行責任であるとしたこと、宅地価格相当額、逸失利益に関する医師の主張を排斥したこと、慰謝料として300万円、弁護士費用30万円の損害を認めたことに特徴がある。本判決が否定した契約締結上の過失責任の法理と、肯定した信義則上の義務違反の法理は、それぞれの要件、効果、法理の歴史に照らすと、同じものであるか、あるいは大半が重複する内容であることは別として、本判決が町の信義則上の義務違反を肯定したことは当然の判断というべきである。また、本判決は、損害賠償の範囲、額について、宅地価格相当額、逸失利益の主張を排斥し、慰謝料として300万円、弁護士費用30万円の損害を認めたものであるが、経済的損害を否定した判断

に疑問が残るとともに、仮にこれを否定するのであれば、慰謝料をさらに認めるべきであるのに、低額すぎるとの疑問がある。

事業譲渡契約締結を拒絶した産婦人科医師に対する慰謝料請求

〔判　例〕　東京高判平成19・12・17判タ1285号159頁
〔慰謝料〕　100万円

【事件の概要】

　産婦人科医師Xは、産婦人科医院Aクリニックを経営する医療法人Bの代表者であり、産婦人科医師として稼働していた。Xは、体調不良になり、収入源であった分娩治療を中止し、Aの譲渡をすることとし、後継者を募集していた。産婦人科医師Yは、Xの募集に応じて、譲渡の交渉を行い、交渉がまとまり、契約締結の実行日も決まった。Yは、契約の締結後、分娩診察を再開することとし、その旨を医院内に掲示したことから、分娩診察の予約をする妊婦がいた。Yは、締結が予定された日、妻が反対し、結局、契約を締結するに至らなかった。Xは、体調が不良であったが、予約した妊婦の診察をせざるを得なかった。Xは、Yに対して、Yが正当な理由もなく契約締結を拒否したなどと主張し、契約締結上の過失責任に基づき6200万円の損害賠償を請求したものである。

　第1審判決（横浜地川崎支判平成19・3・9判例集未登載）は、請求を棄却したため、Xが控訴した。

●主張の要旨●

　本件では、詳細な内容は不明であるが、逸失利益、慰謝料等の損害が主張された。

●判決の概要●

　本判決は、YがXに営業（事業）を譲り受けるとの確かな信頼を与えた後になって正当な理由もなく契約締結を拒絶し、信頼を裏切ったとし、契約締

結上の過失を認め、慰謝料として100万円の損害を認め（契約上の違約金が損害である旨の主張は、契約が締結されていないとし、排斥された）、原判決を変更し、請求を一部認容した。

判決文

4　控訴人の損害について
(1)　控訴人は、被控訴人との間で締結することを予定していた契約上の違約金をもって損害額であると主張するが、未だ締結されるに至っていない契約に定められた違約金を請求することはできないのであるから、この主張は失当である。
(2)　次に、控訴人は、次の買い手であるY医師との契約締結に至るまでに要した費用を損害である旨主張するが、被控訴人との契約の締結が保証されていたわけではないから、次の契約交渉で生じる費用は前の契約とは切り離して考えるべきものであり、すると上記費用は同医師との契約交渉の過程で一般に生じる費用の域を出ないものというべきであるから、これを上記の分娩再開によって生じた控訴人の信頼ないし期待を裏切ったことによる損害と評価するのは相当ではない。また、そもそも次項(3)と同様に上記出費は譲渡主体であるAクリニックの営業主体の負担として計上されるべきものであり、これを控訴人個人に計上すべき特段の事情も見いだせないのであるから、この点でも控訴人の主張は失当である。
(3)　また、控訴人は、分娩再開による営業損害及びその他病棟整備などに要した費用をもって損害である旨主張するが、Aクリニックの営業主体は医療法人Bであるから、そもそも上記の損害は同医療法人において生じ得るものと解すべきであって、個人である控訴人が被控訴人に対してそうした損害を当然請求し得るものとはいえない。控訴人は、同医療法人は形骸化しており控訴人と同一視すべきである旨主張するが、控訴人が同医療法人の営業収益をもって税務申告している実態にあること〈証拠略〉を考えてみても、その法人が形骸化しているなどとは認めることができない。
(4)　ところで、控訴人は、心臓疾患を患い、その治療を受ける中で、激務であるAクリニックにおける分娩の取扱いを取りやめ、長年にわたり診療活動を続けてきたことにより地域における信頼と名声を勝ち得るまでになっていた産婦人科医院を処分することを決意し、その処分のための契約交渉が煮詰まる中で、確定的な譲受けの意向を示したと受けとめられる被控訴人の態度を信頼して、被控訴人の経営上の最重点課題である分娩の取扱いを再開することに協力したのであるが、被控訴人が合理的な理由もなく控訴人との契約交渉を一方的に打ち切ったため、いったんは取りやめた分娩の取扱いを自分一

人で再び取り扱わざるを得なくなったのである。すなわち、Aクリニックが地域における個人病院として多くの信頼を獲得してきたことに照らしても、上記の被控訴人の背信行為といういわば内部的な事情により、既に受け付けた分娩の取扱いを易々と撤回することは許されず、やむなく控訴人自身が心臓疾患を抱えながら、暫時24時間の勤務態勢の下に再開された分娩の取扱いに産婦人科医師として従事することを余儀なくされたのである。

被控訴人は、控訴人の上記処理に対し、他の医療機関への紹介や他の産婦人科医師の応援依頼などによって、控訴人による分娩取扱いを避けることが可能であったと主張する。しかし、Aクリニックのような患者との間の個人的な信頼関係を基礎においた個人病院においては、予約を受けた妊婦を本件のような合理性を欠く医療機関側の都合だけで他の医療機関に紹介したり他の産婦人科医に分娩の取扱いを依頼することはその営業上易々と選択できるものではなく、そうしたことから結局のところ控訴人自身が自らその取扱いを行わざるを得なかったのであり、控訴人の対処はそうした状況の下では通常生じ得る事態として、誠にやむを得ない選択であったというべきであり、被控訴人の主張は失当である。

また、被控訴人は、被控訴人が契約交渉を打ち切った後に、自ら分娩の取扱いの手助けをする旨の申し出をしたにもかかわらず、控訴人がこれを断ったことを挙げて、被控訴人には責任がない旨の主張をする。しかし、前記のとおり契約交渉も煮詰まった段階に至って、Aクリニックの営業の譲渡実現への信頼を合理的理由もなく裏切られた当の相手から産婦人科医院の中核的な業務ともいうべき分娩の手伝いを申し出られたからといって、このような信頼関係を失った相手方に控訴人を信頼して集まってきた妊婦の分娩を任せるなどということは到底期待し得ないことというべきであって、控訴人が被控訴人の申し出に応じなかったことは自然かつ合理的な対応であり、被控訴人の責任を左右する事由とはいえない。

(5) 控訴人は、被控訴人の一方的な契約交渉の打ち切りにより、被控訴人と共に従事することを予定していた再開に係る分娩の業務に一人で従事することを強いられた。これは幸いにして程なく次の承継人が現れたことにより1か月余の間に10件を扱うにとどまったが、前記のとおりもともと健康上の理由から自らの営業を廃して本件の経営譲渡を決断していたのであったにもかかわらず取扱いをやめた激務に自ら一人身を再び投じることを余儀なくされたのであり、この間の心労は並々ならないものであって、これによる控訴人の精神的苦痛は甚大なものがあったと推認するに難くなく、被控訴人はこれに対し相当額の金銭をもって慰謝すべき責任がある。控訴人はその業務の従事による適正な報酬を得ることができるがそのことによってそうした苦痛が十分に癒されるものではないというべきである。また、被控訴人との間の交渉が決裂した後に、程なく新たな第三者との間で譲渡に関する契約が成立し、

その結果、控訴人側が被控訴人との間で契約することが予定されていた代金額を上回る譲渡代金を得ることができたという事情も当然には上記の精神的苦痛の発生を妨げるものではない。

そこで、控訴人のそうした精神的苦痛に対しては、上記認定に係る諸事情を勘案すれば、100万円をもって慰謝するのが相当である。

●慰謝料認定の考え方●

本件は、産婦人科医師が体調不良になり、医院を譲渡しようとし、譲受けを希望する産婦人科医師と交渉をし、契約締結日も決まったが、譲受けを希望した医師が契約の締結を拒否したため、譲渡を希望した医師が譲受けを希望した医師に対して損害賠償責任を追及した控訴審の事件であり（第1審判決は請求を棄却した）、慰謝料等の損害が主張されたものである。

本判決は、譲受けを希望する医師が営業を譲り受けるとの確かな信頼を与えた後になって正当な理由もなく契約締結を拒絶し、信頼を裏切ったとしたこと、医院の譲渡契約締結上の過失を肯定したこと、慰謝料として100万円の損害を認めたことに特徴があり、その旨の事例判断を提供するものである。

2　取引上の義務違反による慰謝料

　防音性能を備えていないマンションを販売した分譲業者に対する慰謝料請求

〔判　例〕　福岡地判平成3・12・26判時1411号101頁
〔慰謝料〕　購入者ごとに25万円、各15万円

【事件の概要】

　Y株式会社は、道路を隔ててJR鹿児島本線に接する等、騒音の激しい場所に建築したマンションを分譲販売し、Xら（X_1ないしX_4の4名）は、各区分所有建物を購入した。Yは、分譲販売にあたって遮音性・機密性に優れた高性能防音サッシを使用している旨のパンフレットを利用していた。Xらは、鉄道を通過する列車と踏切警報機の騒音に悩まされた。Xらは、Yに対して睡眠妨害等の被害を主張し、不完全履行、瑕疵担保責任に基づき低下した価格相当の財産的損害、不法行為に基づき慰謝料各100万円の損害賠償を請求したものである。

●主張の要旨●

　本件では、マンションの価格下落に係る財産的損害のほか、慰謝料として各100万円の損害が主張された。

●判決の概要●

　本判決は、マンションの売主は、少なくとも通常人が騒音を気にしない程度の防音性能を有するマンションを提供する債務を負っているとし、本件では騒音が通常人の受忍限度を超え、防音性能を備えていないとして債務不履行（不完全履行）があり、十分な防音性能を欠くことによる価格の下落の財

産的損害を認めたものの、価格の下落額に関する証明を欠くとして、債務不履行、瑕疵担保責任に係る主張を排斥し、不法行為を肯定し、Xら各人につき25万円と15万円の慰謝料を認め、請求を一部認容した。

判決文

二 1　請求原因 2 について判断するに、前記のとおり、被告会社のセールスマンは、本件マンションの販売に当たって、誇大とまでは言えないにしても、被告会社作成のパンフレットに従ってその防音性能を保証する発言をしたこと、原告らは、これを信用し、騒音は気にならないものと思い本件マンションを購入したことがそれぞれ認められる。ところが、前記のように、本件マンションは、十分な防音性能を欠き、それにより、原告らは不眠、不快感といった被害を受けている。そして、被告会社は、本件マンションの売り主なのであるから、防音性能の程度を知っていたか少なくとも知りうべきだったというべきである。

してみると、被告は、故意又は過失により、原告らに対し、不眠、不快感といった精神的損害を与えたものであり、その損害を賠償する責任を負うというべきである。

2　前記のような原告らのマンションと鉄道線路との位置関係、騒音の程度、その影響の程度、前記のとおり被告の債務不履行により原告らが財産的損害を被っていること等諸般の事情を斟酌すれば、右精神的損害を慰謝する額は、原告 X_1 については金25万円、その余の原告らについては各金15万円と認めるのが相当である。

●慰謝料認定の考え方●

本件は、騒音の激しい地域に建築されたマンションが分譲販売され、購入者がマンションの分譲業者に対して損害賠償責任を追及した事件であるが、不完全履行、瑕疵担保責任に基づき低下した価格相当の財産的損害、不法行為に基づき慰謝料各100万円の損害が主張されたものである。

本判決は、マンションの売主は、少なくとも通常人が騒音を気にしない程度の防音性能を有するマンションを提供する債務を負っているとしたこと、本件では騒音が通常人の受忍限度を超え、防音性能を備えていないとし、債務不履行を肯定したこと、財産的損害については、価格の下落に関する証明

がないとし、購入者らの主張を排斥したこと、防音性能を備えていないことにつき不法行為責任を肯定したこと、慰謝料として購入者ごとに25万円、15万円の損害を認めたことに特徴がある。本判決が財産的損害に関する主張を排斥した判断は、現在では、一応民事訴訟法248条の利用がありうるところである。他方、本判決が購入者に25万円と15万円の慰謝料を認めた判断は、事例として参考になるが、この場合の慰謝料は、財産的損害をも含む趣旨で算定されたものである。

日照等の被害が発生したマンションを販売した分譲業者等に対する慰謝料請求

〔判　例〕　東京地判平成13・11・8 判時1797号79頁
〔慰謝料〕　3名につき各300万円、2名につき各150万円

【事件の概要】

Y_1株式会社は、Y_2株式会社を販売代理として、マンションを分譲し、平成8年12月から平成9年3月にかけて、Xら（X_1ないしX_5の5名）は、それぞれ本件マンションの1階、2階部分の区分所有権を購入した。Y_1は、本件マンションの南側に平屋建て建物と敷地を所有していたが、その後、Y_3株式会社に売却した。Y_3は、購入に係る土地上の平屋建て建物を取り壊し、2階建て建物を建築し、他に売却した。Xらは、2階建て建物により日照等が阻害された。Xらは、Y_1、Y_2に対して南側建物が原状以上の建物が建たない旨の虚偽の説明をしたと主張し、Y_3に対して日照等の被害が生じることを知りながら2階建て建物を建築したと主張し、不法行為等に基づきマンションの購入よる負担（借入金利息を含む）と取得した物件の価格を損益相殺した金額、日照権・生活権侵害による慰謝料、弁護士費用の損害賠償を請求したものである。

●主張の要旨●

本件では、マンションの購入よる負担（借入金利息を含む）と取得した物件の価格を損益相殺した金額、弁護士費用のほか、日照権・生活権侵害による慰謝料の損害が主張された（なお、公表された判決文上、個々の項目についての主張に係る損害額は不明である）。

●判決の概要●

本判決は、Y_1、Y_2の各従業員らが本件マンションの南側の土地上には原状以上の高い建物は建たない旨の虚偽の説明をし、Xらがこの説明を聞き、

錯誤に陥って各区分所有権を購入したものであり、Y_3は南側の土地を購入して2階建て建物を建築した場合には、本件マンションの南側の居室に日照等の重大な障害が生じることを知って2階建て建物を建築したとし、Y_1、Y_2、Y_3の共同不法行為を肯定し、Xらの主張に係る大半の損害を認め（慰謝料については、Xらのうち3名につき各300万円、2名につき各150万円の損害を認めた）、請求を一部認容した。

判決文

四　争点五（損害）について
　㈠　原告らは、各原告の損害について、各原告が本件マンションの売買契約の結果出捐もしくは負担した金額（借入金利息を含む）から取得した物件の価格を損益相殺した金額及び本件建物建築による日照権・生活権侵害の精神的苦痛の慰謝料並び弁護士費用であると主張するところ、これらは被告らの共同不法行為と相当因果関係のある損害と認めるのが相当である。以下、各原告について判断する。
　㈡　原告 X_1
ア・イ（略）
ウ　慰謝料・300万円
　如上認定した事実及び本件に顕れた一切の事情を考慮すると、原告 X_1 の受けた精神的損害を慰謝するための慰謝料は300万円と認めるのが相当である。
　㈢　原告 X_2
ア・イ（略）
ウ　慰謝料・300万円
　如上認定した事実及び本件に顕れた一切の事情を考慮すると、原告 X_2 の受けた精神的損害を慰謝するための慰謝料は300万円とするのが相当である。（以下略）
　㈣　原告 X_3
ア（略）
イ　慰謝料・300万円
　如上認定した事実及び本件に顕れた一切の事情を考慮すると、原告 X_3 の受けた精神的損害を慰謝するための慰謝料は300万円とするのが相当である。（以下略）
　㈤　原告 X_4
ア・イ（略）
ウ　慰謝料・150万円
　如上認定した事実及び本件に顕れた一切の事情を考慮すると、原告 X_4 の受けた精神的損害を慰謝するための慰謝料は150万円とするのが相当である。（以下略）

第11章 契約締結・取引・サービス等による慰謝料

㈥ 原告 X_5
ア・イ（略）
ウ 慰謝料・150万円
　如上認定した事実及び本件に顕れた一切の事情を考慮すると、原告 X_5 の受けた精神的損害を慰藉するための慰謝料は150万円とするのが相当である。（以下略）

●慰謝料認定の考え方●

　本件は、マンションの分譲後、分譲業者がマンションの南側の土地を売却し、新所有者が原状以上の建物を建築し、マンションの低層階に日照等の被害が発生したため、低層階の区分所有建物の購入者らが分譲業者、販売代理業者、建築業者に対する損害賠償責任を追及した事件であり、区分所有者らがマンションの購入よる負担（借入金利息を含む）と取得した物件の価格を損益相殺した金額、弁護士費用のほか、慰謝料の損害を主張したものである。

　本判決は、分譲業者、販売代理業者、建築業者の各不法行為を認め、共同不法行為責任を肯定したうえ、個々の区分所有者ごとにマンションの購入よる負担と取得した物件の価格を損益相殺した金額、弁護士費用、日照権・生活権侵害による慰謝料（Xらのうち3名につき各300万円、2名につき各150万円の損害を認めた）の損害を認めたものであり、高額な慰謝料を認めたものである。本判決は、損害の発生、損害額の認定、算定が相当に緩やかなものであり、先例として利用する際には注意が必要である。

3 マンションにおけるペットの飼育に関する不正確な説明をした分譲業者に対する慰謝料請求

〔判　例〕　大分地判平成17・5・30判タ1233号267頁
〔慰謝料〕　購入者ごとに10万円、70万円

【事件の概要】

　Y株式会社は、マンションの分譲販売を行ったが、当初用意した管理規約案においてはペットの飼育に関する規定はなかった。X_1は、平成14年2月、本件マンションの区分所有建物を購入し（ペットの飼育が禁止されていると説明された）、X_2は、平成15年6月、同様に購入し（ペットの飼育が認められていると説明された）、X_3は、同年3月、同様に購入した（X_2と同様な説明を受けた）。本件マンションの購入者・入居者は、平成15年8月、管理組合の設立に向けた説明会を開催し、同日時点でペットを飼育している入居者については一代限りでペットの飼育を認めることが決議された（同年10月、総会においてこの決議を前提とした管理規約が承認された）。X_2は、入居時犬を飼育していたが、犬が死亡したため、平成15年9月、新たに犬の購入を希望したものの、管理組合の理事会で飼育がいったんは承認され、その後、総会で異論が出て、犬を他に売却した。X_1、X_2、X_3は、Yに対してペットの飼育に関する説明義務違反等を主張し、債務不履行、不法行為に基づき慰謝料各100万円、X_2につきさらに犬の購入代金23万円、弁護士費用の損害賠償を請求したものである。

●主張の要旨●

　本件では、犬の購入代金、弁護士費用のほか、慰謝料として各100万円の損害が主張されたが、X_1につき、他の入居者による動物の飼育による苦痛、

X_2 につき、動物飼育の自由の侵害、X_3 につき、犬を飼育できない状態に追い込まれたことによる苦痛が主張された。

●判決の概要●

本判決は、Y の従業員が X_1 からペットの飼育が禁止されているかとの質問を受け、禁止である旨回答し、誤った説明による不法行為を肯定し（慰謝料10万円、弁護士費用1万円の損害を認めた）、X_2 に対してはペットの飼育ができるとの説明がされていたものの、管理組合の決議によって飼育できなくなる危険性があることを具体的に予見できていた等とし、危険性を説明しなかった説明義務違反による不法行為を肯定し（慰謝料70万円、犬の購入代金11万5000円、弁護士費用8万5000円の損害を認めた）、X_3 については、ペットの飼育が可能であるとの説明を受けたものではないとし、不法行為を否定し、X_1、X_2 の請求を一部認容し、X_3 の請求を棄却した。

判決文

2 原告 X_1 の損害賠償請求に対する判断
　(1) 不法行為（又は債務不履行）の成否（略）
　(2) 不法行為による損害の額
　　上記(1)のとおり被告の従業員の行為が不法行為を構成し、被告の販売業務に関連して行われたことは明らかであるから、被告は、原告 X_1 に対し、民法715条により不法行為責任を負うところ、本件決議によりペットが一代限りとなっているものの、原告 X_1 の信頼が損なわれていること、本件決議までの間、ペット類の飼育に関して入居者間で問題が生じ、原告 X_1 が苦情を述べるなどしてその対応を余儀なくされたこと、他方、現在の本件マンションにおけるペット類の飼育状況、原告 X_1 が犬や猫に対して嫌悪感を有するとはいえ、身体的な症状が現れているわけではないこと、ペット類の飼育により本件マンションの客観的な価値が下落したことは認めるに足りないことなどに照らせば、原告 X_1 が受けた精神的苦痛に対する慰謝料としては、10万円と認めるのが相当である。そして、本件訴訟の経過や認容金額等に照らし、不法行為と法律上の因果関係の認められる弁護士費用としては、1万円と認めるのが相当である。
3 原告 X_2 の損害賠償請求に対する判断
　(1) 不法行為（又は債務不履行）の成否（略）
　(2) 不法行為による損害の額

上記(1)のとおり被告の従業員の行為が不法行為を構成し、被告の販売業務に関連して行われたことは明らかであるから、被告は、原告 X_2 に対し、民法715条により不法行為責任を負うところ、原告 X_2 は、子供がいないため、犬を家族の一員として長年可愛がってきたのであって、新しいマンションの購入に当たって、犬の飼育ができることを重要な条件と位置づけていたこと、被告の従業員もその旨を十分認識していたこと、上記のとおり犬を飼育できない事態に至っていることのほか、本件訴訟に至った経緯等その他一切の事情を考慮すると、原告 X_2 が受けた精神的苦痛に対する慰謝料としては、70万円と認めるのが相当である。

　また、新しい犬の購入代金が無駄になったことについては、前記のとおり理事会の承認にとどまり、総会の承認が予定されていたにもかかわらず、これを待たずして購入に至った点において、軽率であったことは否定できず、5割の過失相殺をした上、11万5000円について損害賠償請求を認めるのが相当である。

　そして、本件訴訟の経過や認容金額等に照らし、弁護士費用としては、8万5000円を認めるのが相当である。

●慰謝料認定の考え方●

　本件は、マンションの分譲販売業者が購入者に対してペットの飼育に関する説明をしたところ、購入者らが説明義務違反を主張し、損害賠償責任を追及した事件であり（ペットの飼育については、分譲販売業者の用意した管理規約案、入居者らの集会、管理組合の総会において異なる取扱いがされていたことが背景にある）、購入者らが慰謝料として各100万円等の損害を主張したものである。なお、本件では、各購入者らの主張によると、購入者らに対するペットの飼育に関する説明が異なっていたことが注目される。

　本判決は、購入者の一人については、分譲販売業者がペットの飼育が明確にされていないのに、飼育禁止である旨を説明したことの不法行為を肯定したこと、慰謝料10万円、弁護士費用1万円の損害を認めたこと、購入者のうちペットを飼育していた一人については、ペットの飼育ができなくなることが具体的に予見される状況があるのに、飼育可能であると説明したことの不法行為を肯定したこと、慰謝料70万円、ペットの購入代金11万5000円、弁護士費用8万5000円の損害を認めたこと、他の購入者については、誤った説明

はなかったとし、不法行為を否定したことに特徴がある。ペットの飼育の可否、飼育の条件は、マンションの管理の実務において現在もなお重要な問題になっているところ、マンションごとにさまざまな管理規約、ペット飼育細則が制定されており、マンションの購入者らの関心も高い事項である。本判決は、マンションの分譲販売業者の従業員らが入居者らの集会、管理組合の総会の決議の内容、動向を正確に把握しないまま、ペットの飼育に関する不正確な説明をしたため、その不法行為責任、損害賠償額が問題になった事案について、説明義務違反を肯定したうえ、前記内容の慰謝料を認めた事例として参考になる。

2 取引上の義務違反による慰謝料

中古マンションにおける自殺に関する告知・説明をしなかった売主に対する慰謝料請求

〔判　例〕　東京地判平成20・4・28判タ1275号329頁
〔慰謝料〕　2500万

【事件の概要】

　Y株式会社は、平成16年7月、A、Bからマンション1棟を購入した。A、Bは、本件区分所有建物を共有し、8階、9階部分に居住していたところ、平成15年6月、Aらの子Cが飛び降り自殺していたが、Yが購入した際、重要事項説明書には転落事故があったこと等が記載されていた。Yは、平成17年7月、Xに本件マンションを1億7500万円で売却したが、本件自殺については告知されなかった。Xは、Yに対して本件自殺に関する告知・説明義務違反を主張し、慰謝料4500万円（包括的な損害に関する主張として、慰謝料を主張した）、懲罰的損害賠償2500万円の損害賠償を請求したものである（なお、請求の法的な根拠は、判決文上、明示されていない）。

●主張の要旨●

　本件では、慰謝料4500万円、懲罰的損害賠償2500万円の損害が主張された。

●判決の概要●

　本判決は、Yが本件転落事故が飛び降り自殺によることを知っていたと認め、Xへの告知説明義務違反を肯定し、損害について、慰謝料の主張の実質は、経済的損害であると解したうえ、本件マンションの減価分を検討し、民事訴訟法248条の趣旨に鑑み、損害額を2500万円と算定し、請求を一部認容した。

第11章　契約締結・取引・サービス等による慰謝料

判決文

(3)　ところで、原告は、4500万円の慰謝料請求として包括的な主張をしているところ、原告は、本件不動産購入後、本件死亡事故があったこと、更にそれが飛び降り自殺であったことを知ったものであり、原告本人の供述、原告の陳述書によれば、当該事実を知ったことによって、原告が強い忌避感を抱いたことは明らかである。このような忌避感を抱くことは、誰でも同じであるとはいえないものの、社会の普通の人の中に、強い忌避感を抱く人がいることは公知の事実であり、原告の受け止め方が、相当因果関係を否定すべきほど特殊であるということはできない。それがゆえに、被告側人証も含めて、自殺物件の評価が2割から3割程度は下がると考えられているのであり、証人Dの証言によっても、自殺物件である場合、価格は、2、3割は価格を減額せざるを得ないというのである。

(4)　以上、本件証拠関係により、被告による告知、説明義務違反の結果、原告に生じた経済的損害を各側面から検討しても、その全容を一義的に特定して認定するには至らないが、本件飛び降り自殺があったことを知っていれば本件不動産を購入することはなかったとする原告の主張は、原告が示す忌避感の強さ等に照らせば、首肯し得るものであり、原告が本件不動産を取得してオーナーとなったことについて強い不満を抱いていることは明らかである。原告は、本件損害を慰謝料の名目で請求しているが、実質的には経済的損害を含むものとして請求していることは前記のとおりであり、本件不動産の現実の購入価格である1億7500万円について、自殺物件であることによる減価を25％とみて、2年経過後であることを考慮すると、売買価格は、本来、1750万円程度は減額されるのが通常であったと解し得ること、現実にも、予定していたよりも3年間では540万円の減収となることが予想されること、本件証拠によって認められる原告の精神的苦痛の程度、しかし、これは、経済的観点からの損害の塡補により相当程度軽減される性質のものであると考えられることなど、本件に顕れた諸事情を総合考慮すると、民事訴訟法248条の趣旨に鑑み、本件告知、説明義務違反と相当因果関係の認められる原告の損害額は、2500万円と評価するのが相当であると判断する。なお、原告主張の懲罰的損害賠償請求は、これを認めることができない。

●慰謝料認定の考え方●

　本件は、マンション1棟の売買において、売主が前の売主の家族の自殺につき告知しなかったため、買主が売主に対して損害賠償責任を追及した事件

であり、買主が包括的な損害として慰謝料4500万円の損害を主張したものである。なお、包括的な慰謝料を損害として主張する事例は、過去、大規模な公害、薬害事件で散見されたところであるが、本件のような事案で主張されたことは珍しいものである。

　本判決は、売主が前の売主の家族の自殺を知りながら、買主に告知しなかった告知説明義務違反を肯定したこと、包括的な慰謝料につき判断しなかったこと、包括的な慰謝料の主張が実質的には経済的損害（本件マンションの価格の下落）であると解したこと、民事訴訟法248条の趣旨に鑑み、損害額を2500万円と算定したことに特徴がある。

　従来、経済的損害が主張された事件で、その算定が困難である等の事情から、慰謝料、無形の損害として損害を認め、損害額を算定した裁判例を見かけることがあったが、本判決は、その逆の事例であり、珍しい内容である。また、本判決は、経済的損害の算定が困難であったためであろうか、民事訴訟法248条の趣旨に鑑みることを根拠に、損害額を2500万円と算定しているが、本来、同条の要件を踏まえ、同条の適用の当否を検討し、同条の要件を満たす場合には、同条を適用して判断すべきであるところ、民事訴訟法248条の趣旨に鑑みて判断することには疑問がある。

第11章　契約締結・取引・サービス等による慰謝料

マンションの売れ残り住戸を値下げ販売した住宅供給公社に対する慰謝料請求

〔判　例〕　大阪高判平成19・4・13判時1986号45頁
〔慰謝料〕　1戸あたり100万円

【事件の概要】

Y住宅供給公社は、総戸数203戸のマンションを建築し、1坪あたり平均154万円で分譲販売を開始した。Xら（82名）は、平成11年3月から平成12年3月までの間、譲渡の対価の支払いが完了するまでYの承諾を受けずに第三者に譲渡できない旨の条件で区分所有建物を購入した。本件マンションは、平成13年2月の時点で、70戸が売れ残っていたため、Yは、平成14年11月以降、値下げ販売を開始し、平成15年5月までに1坪あたり平均83万円で販売し、62戸を販売した。Xら（区分所有建物では67戸、総数82名）は、Yに対して値下げ販売が資産価値を著しく低下させるものであって違法であり、誠実に交渉しなかったことが違法である等と主張し、債務不履行、不法行為に基づき価格の下落に係る経済的損害、慰謝料、弁護士費用の損害賠償を請求したものである。

第1審判決（神戸地判平成17・11・24判例集未登載）は、値下げ販売につき債務不履行、不法行為が認められないとし、請求を棄却したため、Xらが控訴した。

●主張の要旨●

本件では、区分所有建物の価格の下落相当の経済的損害、弁護士費用のほか、慰謝料（200万円、一部のXらにつき300万円）が主張された。

●判決の概要●

本判決は、分譲マンションの特性、Yの性格、本件売買契約の特性等を総合考慮すると、マンション等の売れ残り住戸が生じた場合、完売を急ぐあま

り、市場価格の下限を相当下回る廉価でこれを販売すると、既購入者らに損害を被らせるおそれがあるから、信義則上、このような状態を避けるため、適正な譲渡価格を設定して販売を実施すべき義務があるとし、本件では市場価格の下限を10％以上も下回り、当初の分譲予定価格から49.6％値下げして販売したものであり、Yに過失が認められ、不法行為にあたるとし、経済的損害の主張を排斥し、一時的に本来の市場価格以下に購入に係る住戸の価格を低下させられたことによる精神的苦痛が推認されるとし、1戸あたり100万円の慰謝料、10万円の弁護士費用の損害を認め、原判決を変更し、請求を一部認容した。

判決文

(2) 精神的損害

本件マンションの既購入者である控訴人らは、本件不法行為により、少なくとも、一時的には、その購入した住戸の価格を本来の市場価格以下に低下させられ、多大な精神的苦痛を被ったものと推認することができる。したがって、本件不法行為の内容、程度、被控訴人は、本件値下販売を行う際、前記「被控訴人の価格決定の合理性について」において説示したとおり、控訴人らに対し、客観性、合理性を欠く資料に基づいて値下販売の必要性を説明した上、一戸当たり50万円の協力金の支払も、全住戸の8割の同意という実現困難な条件を付して提案をしたものであって、その交渉態度は必ずしも誠実なものであったとはいい難いこと、その他本件記録に現れた一切の事情を総合考慮すると、控訴人らの精神的苦痛に対する慰謝料は、その所有ないし共有する住戸の床面積の多寡にかかわらず、一戸当たり100万円が相当と認められる。

●慰謝料認定の考え方●

本件は、住宅供給公社がマンションを建築、分譲販売したが、相当戸数が売れ残ったため、約3年後、大幅な値下げ販売をしたことから、最初の段階で購入した者らが公社に対して損害賠償責任を追及した事件であり、購入者らが価格の下落による経済的損害、慰謝料（200万円、300万円）、弁護士費用の損害を主張したものである。なお、マンション、あるいは宅地造成の分譲販売については、経済事情、不動産の市況によっては多数の物件が売れ残る

等の事態の発生がみられたところであり、事案によっては訴訟に発展し、判決が公表されているが、大半の判決は、営業の自由等を背景として販売業者等の法的な責任を否定するものであった反面、最判平成16・11・18民集58巻8号2225頁、判時1883号62頁が一定の要件の下で慰謝料請求権を認める判断を示している（なお、この最高裁判決の射程範囲は相当に狭いと解すべきである）。

　本判決は、売残住戸が生じた場合、完売を急ぐあまり、市場価格の下限を相当下回る廉価でこれを販売すると、既購入者らに損害を被らせるおそれがあるから、信義則上、このような状態を避けるため、適正な譲渡価格を設定して販売を実施すべき義務があるとしたこと、本件では市場価格の下限を10％以上も下回り、当初の分譲予定価格から49.6％値下げして販売したとし、不法行為を肯定したこと、経済的損害の主張を排斥したこと、一時的に本来の市場価格以下に購入に係る住戸の価格を低下させられたことによる精神的苦痛が推認されるとし、1戸あたり100万円の慰謝料、10万円の弁護士費用の損害を認めたことに特徴があり、前掲最判平成16・11・18の適用事例として参考になるものである。

高齢者賃貸住宅における緊急時対応サービスの過誤に関する提供業者に対する慰謝料請求

〔判　例〕　大阪高判平成20・7・9判時2025号27頁
〔慰謝料〕　10万円

【事件の概要】

　A（当時、80歳）は、平成18年4月、Bが高齢者向け優良賃貸住宅としてC市長から認定を受けた賃貸住宅につき、Dから賃借し、Y住宅供給公社を管理人として賃貸借契約を締結した。A、Y、E株式会社は、本件賃貸借に伴い、24時間体制でサービスを提供し、パッシブセンサーによる生活異常監視サービスを提供する等の内容の緊急時対応サービス等の利用につき契約を締結した。Eは、生活異常監視サービスをF株式会社に再委託した。Fのサービスコントロールセンターは、平成19年6月、Aの室内センサーが12時間反応していないことを感知し、担当者が本件住宅に急行し、呼び鈴を鳴らしても応答がなく、預かっていた合い鍵を使用して入室を試みたものの、鍵が間違っていたことから入室できなかった。Fの担当者は、Aの子Xに電話をし、前記感知の時点から約1時間後に、Xが鍵をもって急行したが、Aがすでに死亡していた（Xは、Aを単独で相続した）。Xは、Yに対して、合い鍵の管理過誤に係る債務不履行、不法行為に基づき慰謝料600万円、弁護士費用60万円の損害賠償を請求したものである。

　第1審判決（京都地判平成20・2・28判時2025号33頁）は、本件サービス契約によってAに保障されている利益は、一人住まいの高齢入居者でも、自分の身に何かがあったときは、最善の方法で対応を受けることができ、家族に無用な心配や迷惑をかけなくてもよいという安心感をもって生活できることであり、入居者が救助されることまでが保障されてい

るものではなく、本件では安全安心な生活が送れず、実際に期待が裏切られたとして本件サービス契約上の債務不履行を認め、慰謝料10万円、弁護士費用2万円の損害を認め、請求を一部認容したため、Xが控訴し、Yが附帯控訴した。

●主張の要旨●

本件では、弁護士費用のほか、慰謝料600万円の損害が主張された。

●判決の概要●

本判決は、Yが正しい鍵を保管していなかった過失があり、常時安全安心な生活をさせる債務および緊急時に最善の方法で対応すべき債務の不履行であったとし、慰謝料として10万円が相当であるとし、控訴、附帯控訴を棄却した。

判決文

三　損害について
(1) まず、前提事実(4)によれば、亡Aは、パッシブセンサーにより生活異常が感知された平成19年6月3日午前2時ころより約14時間前である同月2日午前11時ころに死亡したと認められるから、被控訴人の上記債務不履行と亡Aの死亡との間に因果関係があるということはできない。
(2) 次に、本件緊急対応サービス契約によって亡Aに保障されている利益は、現実に、入居者が救助されることまでが保障されているものではないとしても、通報やガス警報器等による警報やパッシブセンサーによる監視により、24時間体制で緊急事態を察知し、電話や合鍵の保管等といった契約の範囲内での方法を駆使して、可能な限り、最善の対応を受けること、加えて、そのような約束をすることで、一人住まいの高齢入居者でも、自分の身に何かがあったときには、少なくとも上記方法の範囲で予定されている対応を受けることができ、家族に無用な心配や迷惑をかけなくともよいという安心感をもって生活できることにある。

そうすると、被控訴人は、同契約の不履行が入居者の生命身体に対する結果と因果関係がある場合のみならず、契約上期待され得る対応がなされず、上記のとおりの入居者の生活の安心が侵害された場合にも、それ自体によって生じた損害を賠償する責任を負うというべきである。

そして、その不履行があった場合の損害は、本件緊急対応サービスを受け

ることが、高齢者が家族の者に頼らなくても安心して生活をすることができるという、生活の質に関わるものであることからすれば、単にそれまで支払ってきた対価相当の経済的損害がてん補されることのみで回復されるものではなく、安全安心な生活を送っていなかったこと及び実際にその期待を裏切られたことによる精神的苦痛に対する損害の賠償がなされるべきである。

本件の場合、亡Aが、契約当初から、緊急時には立入りによるサービスまで受けられると信じ、その対価を支払って生活をしていたことにつき、対価を超える精神的損害が観念できるのみならず、さらに、平成19年6月2日、密室状態の本件住宅において、亡Aが虚血性心疾患の緊急事態に陥って以降は、契約当事者としては、パッシブセンサーや通報システムにより、遅くとも異常事態発生から12時間程度の後には、控訴人等周囲の者に迷惑をかけることなく円滑な対処がなされることを当然に期待し得る状態であったのに、合鍵がないためにそれが円滑になされ得なかったのであるから、上記の正当な期待を裏切られたことによる精神的苦痛に対する慰謝料請求権が、亡Aの上記契約上の地位を相続したと認められる控訴人について、発生しているといえる（亡A生存中は、保管されているべきはずの鍵が保管されていなかったというものであり、急を要する事態が発生するまではそのことは明らかとはなっておらず、具体的な損害の形で現実化していないから、本件の場合において、亡A自身に発生する精神的損害はないというべきである。）。

そして、本件での精神的苦痛は、本件緊急対応サービス契約の趣旨、本件緊急対応サービスのサービス料の額、被控訴人の上記一(2)の過失の内容・程度に、実際には、パッシブセンサーの異常検知から約1時間後に亡Aが発見されたこと等一切の事情を考慮すれば、10万円とするのが相当である（なお、上記債務は、期限の定めのない債務であるから、前提事実(6)のとおり控訴人が慰謝料の支払を請求した平成19年7月23日の経過により遅滞に陥る。）。

控訴人は、本件住宅に駆けつけるまでの間、亡Aの死亡時間を知る由もないのであるから、正しい鍵が保管されていれば母は助かったはずと信じてより重大な精神的苦痛に苛まれていたことを慰謝料額に反映させるべき旨主張するが、上記認定説示のとおり、被控訴人は控訴人との関係で本件緊急対応サービス契約自体から発生する義務を負っているわけではなく、亡Aとの関係で生じていた義務が亡Aの死亡後当該処置の終了するまでは控訴人との関係で承継されていたものとみるにすぎないから、上記事由を本件の損害と位置づけることはできない。

●慰謝料認定の考え方●

本件は、見守りサービスが含まれる高齢者用の賃貸借契約が締結され、高齢者が入居していたところ、異常事態を察知したサービスの担当者が住宅ま

で急行したものの、合い鍵でない鍵を持参したため、住宅に入るのが約1時間遅れたことから（入居者はすでに死亡していた）、入居者の相続人が賃貸人兼サービスの提供業者に対して損害賠償責任を追及した控訴審の事件である。本件では、サービスの担当者が急行した時点で入居者がすでに死亡しており、サービスの提供業者の債務不履行等の責任の成否が問題になるとともに、慰謝料として600万円の損害が問題になったものである。なお、第1審判決は、提供業者の債務不履行責任を肯定し、安心安全な生活を送るという期待の侵害につき慰謝料として10万円の損害を認めたものである。

　本判決は、サービス契約上の常時安全安心な生活をさせる債務および緊急時に最善の方法で対応すべき債務の不履行を肯定したこと、損害については第1審判決と同様に10万円の慰謝料、弁護士費用2万円を認めたことに特徴がある。本判決は、24時間体制による緊急時対応サービス等を提供するサービス契約という特徴のある契約を前提とした事業者の法的な責任が問題になった事案について、入居者の救助を内容とする債務を否定したが、常時安全安心な生活をさせる債務および緊急時に最善の方法で対応すべき債務を肯定したものであり、事例判断を提供するものであるが、この債務不履行につき損害の発生、損害額の算定については慎重な検討が必要であり、慰謝料10万円の損害を認めた判断には疑問が残る。

7 旅行約款の解除条項に関する説明を怠った旅行業者に対する慰謝料請求

〔判　例〕　東京地判平成16・1・28判タ1172号207頁
〔慰謝料〕　参加者ごとに各5万円

【事件の概要】

　旅行業を営むY株式会社は、平成13年9月、「西トルキスタン・大シルクロード」と称する海外旅行を主催した。Xら（8名）は、Yと旅行契約を締結し、本件旅行に参加した（合計18名が参加した）。Xらは、本件旅行に出発したが、平成13年9月11日、米国において同時多発テロ事件が発生し、旅行先とされていたトルクメニスタン共和国につき外務省から海外危険情報が発出され、本件旅行が途中で中止された。Xらは、旅行日程の一部につき観光することができず、帰国した。Xらは、Yに対して本件旅行の中止が予測され、旅行約款による取消料なしの解除が可能であり、解除に関する説明義務違反等を主張し、債務不履行、不法行為に基づき旅行代金相当額または同額の慰謝料（57万3000円）の損害賠償を請求したものである（なお、本件訴訟は、当初訴訟代理人によっていたが、訴訟代理人が辞任し、選定当事者として審理が行われた）。

●主張の要旨●

　本件では、旅行代金相当額または同額の慰謝料（57万3000円）の損害が主張された。

●判決の概要●

　本判決は、米国の同時多発テロによって本件旅行の出発の時点で旅行約款による取消料のない解除条項が適用される状況にあったとし、Yの担当者が予定どおり本件旅行を催行し、旅行契約を解除した場合には取消料を徴収し、本件解除条項を適用しない旨を説明したのに、本件解除条項による解除がで

きることを説明すべき義務があったにもかかわらず、これを説明しなかったとし（なお、本件旅行の中止による清算金は、供託されている）、Xらにつき各5万円の慰謝料を認め（旅行代金相当額の財産的損害に関する主張は排斥した）、請求を一部認容した。

判決文

五　争点(4)について
(1) 原告らは、被告の前記義務違反がなければ、原告らは本件旅行に参加せず又は旅行を継続しなかったのであり、これにより支払済みの旅行代金相当額（57万3000円）の財産的損害を受けたと主張する。

　しかし、原告らは、前記のとおり、実際には本件旅行に参加して、平成13年9月25日（11日目）までは予定どおり旅行を継続したのであり、その内容においても、特段の支障があった事情は窺われず、かえって、カザフスタン共和国内にとどまって観光を継続したいとの意見もあったこと、本件旅行を中止すべきではなかったとまで主張する部分があることを考慮すると、被告の各義務違反がなければ旅行に参加せず又は継続しなかったとまでは認め難く、上記旅行代金相当額を損害として主張することはできないというべきである。

(2) しかしながら、被告の前記三(2)の説明義務違反は、その対象事実が取消料の負担なしの解除ができることについてであり、海外危険情報の発出により本件旅行が中止されるおそれがあるかどうか、ひいては原告らの生命及び身体の安全に関する事項を含んでおり、原告らにおいて、本件旅行契約を解除するかどうかの選択判断に影響を及ぼすものと認められ、その損害は、上記選択判断の機会を失わせた不利益であると評価できるから、これに対する慰謝料として、損害額の算定を行うのが相当である。

　そして、既に説示した被告の各義務違反の内容及び程度、本件旅行の中止の理由及びこれに至る経緯等、原告らの受けた不利益等の本件事案における一切の事情を考慮すると、その慰謝料額は、原告一人当たり5万円が相当である。

●慰謝料認定の考え方●

　本件は、旅行業者がシルクロードの一部地域を含む旅行を主催したが、旅行に出発する前に、米国において同時多発テロが発生し、旅行先の危険性が増大したところ、旅行が実施されたものの、途中で中止に至ったため、旅行

に参加した者らが旅行業者に対して損害賠償責任を追及した事件であり、参加者らが旅行代金相当額の慰謝料等を主張したものである。本件では、旅行代金相当額が財産的損害とともに、選択的に慰謝料が主張され、その根拠は契約の履行に関する選択判断の機会の喪失である。

　本判決は、本件では旅行約款中の取消料のない契約の解除が適用される場合であったことを認めたうえ、旅行業者がこの解除条項に関する説明義務違反を認め、財産的損害に関する主張を排斥し、慰謝料として各5万円の損害を認めたものである。本判決は、旅行契約の履行・不履行を選択する機会があったのに、その機会を喪失させたことによる慰謝料を認め、慰謝料額を5万円と算定した事例として参考になる。相当期間の海外旅行は、出発から帰国までの間さまざまな事情によって変更され、中止される可能性があるが、そのような事態に備え、旅行契約、旅行約款に規定が設けられているところ、本判決は、同時多発テロ前に契約を締結し、その後に旅行に出発した事案について、説明義務の範囲、説明義務違反を判断した事例として参考になるものである。

第11章 契約締結・取引・サービス等による慰謝料

8 取引経過の開示を拒否した消費者金融業者に対する慰謝料請求

〔判　例〕　札幌地判平成13・6・28判時1779号77頁
〔慰謝料〕　債務者ごとに各20万円

【事件の概要】

　Ｘら（合計29名）は、消費者金融業を営むＹ株式会社から継続的に金銭を借り入れ、弁済を繰り返していたほか、他の消費者金融業者からも金銭を借り入れる等していた。Ｘらは、多重債務の問題につき弁護士に債務整理を依頼したが、領収証等をほとんど所持していなかった。Ｘらの弁護士は、ＹにＸらとの間の全取引経過の開示を求めたが、Ｙがこれに応じなかった。Ｘらは、Ｙに対して消費者金融取引の過払金の返還を請求するとともに、開示拒否に係る不法行為に基づき慰謝料20万円、弁護士費用の損害賠償を請求したものである。

●主張の要旨●

本件では、弁護士費用のほか、慰謝料20万円の損害が主張された。

●判決の概要●

　本判決は、Ｘら各人につき過払金を認定したほか、信義則から消費者が金融業者に対して全取引経過の開示を求めたときは、金融業者は合理的理由のない限りこれに応じる義務があり、これを拒否したときは不法行為が成立するとし、Ｘら各人につき慰謝料として20万円、弁護士費用５万円の損害を認め、Ｘらの大半の請求を認容した。

判決文

三　これを本件についてみると、被告は、原告らから債務整理の委任を受けた原告ら代理人の受任通知を受け、全取引経過の開示の要求を受けながら、これを

開示せず、そのために原告らと被告との残債務額又は過払金額が確定できず、原告らはやむなく本訴提起をするに至ったのであり、被告が全取引経過を開示しなかったことについて合理的理由は見出し難いから、被告の全取引経過の不開示は、開示義務に反するものであって違法であり、原告らに対する不法行為が成立するというべきである。したがって、被告は、これによって原告らが被った損害を賠償する義務を負う。

そして、前記のとおり、被告の全取引経過の不開示によって原告らの債務整理が遅滞し、原告らの不安が続き、原告らは訴訟を提起せざるを得なかったものであるから、原告らに精神的損害が生じたものと認められ、これを慰謝するには各原告につき20万円が相当であり、弁護士費用も5万円の限度で相当因果関係があるものと判断される。

●慰謝料認定の考え方●

本件は、多重債務者が弁護士に債務整理を依頼し、弁護士が消費者金融業者に全取引経過の開示を求めたのに、金融業者がこれを拒否したため、債務者が金融業者に対して損害賠償責任等を追及した事件であり、債務者が慰謝料、弁護士費用の損害を主張したものである。本判決の当時は、消費者金融業者が取引関係にある債務者に対して全取引経過の開示義務を負うか、仮に開示を拒否した場合に不法行為責任を負うか等が議論されていた状況にあった（消費者金融業者の開示義務については、その後、最高裁判所によって肯定された）。なお、金融業者と債務者との間の全取引経過の開示は、訴訟の提起前だけでなく、訴訟の審理の過程においても文書提出命令等の訴訟手続上の手段によっても求めることは可能である。

本判決は、消費者金融業者が合理的理由なく全取引経過の開示を拒否したときは、不法行為が成立するとしたうえ、精神的苦痛が生じるとし、慰謝料を各債務者ごとに20万円認めたものである。本判決は、本件の当時、前記内容の不法行為を認めた事例判断として参考になるが、慰謝料の額を20万円と算定した判断は、債務者の不都合、他の慰謝料との比較に照らすと、高額にすぎるところである。

動物病院におけるペットの治療過誤に関する獣医師等に対する慰謝料請求①

〔判　例〕　横浜地判平成18・6・15判タ1254号216頁
〔慰謝料〕　20万円

---【事件の概要】---

　Xは、ペットとしてダックスフントを飼育していたところ、出来物ができ、平成14年4月14日、犬猫の病院を経営するY₁有限会社の病院を受診し、獣医師Y₂の治療を受けた。Y₂は、同年4月18日、本件犬を病院に入院させ、本件犬につき各種検査を実施し、細菌による感染症を疑い、抗生物質等を投薬した。本件犬の症状は改善せず、悪化したため、Xは、同年5月9日、本件犬をA大学病院に転医させ、治療を受けさせた。本件犬は、B大学病院において、免疫異常を原因とする無菌性結節性皮下脂肪織炎に罹患していると診断され、ステロイド剤等を投薬され、回復した。Xは、Y₁、Y₂に対して診断、治療の過誤、転院の過誤、説明義務違反を主張し、不法行為、債務不履行に基づき治療費、交通費、慰謝料等の損害賠償を請求したものである。

● 主張の要旨 ●

　本件では、治療費、交通費、慰謝料（300万円）、弁護士費用（39万2000円）の損害が主張された。

● 判決の概要 ●

　本判決は、Y₂らは、遅くとも平成14年5月1日までに、本件犬につき必要量のステロイド剤を投与するか、高次医療機関に転医させるべき注意義務があったとし、これを怠り、本件犬の入院が長期化し、一時瀕死の状態になった等とし、治療費10万5640円、交通費3万円、慰謝料20万円、弁護士費用4万円の損害を認め、請求を一部認容した。

2 取引上の義務違反による慰謝料

判決文

(6) 慰謝料

　被告病院の獣医師らは、本件過失により、Aの入院期間を約1週間長引かせるとともに、Aに間質性肺炎及びDICを発症させ、それに伴い、Aを、一時期、生死が危ぶまれるような状態にしている。

　また、原告は、本件出来物に関するAの治療に関して、何軒もの動物病院を回ったあげく、わざわざ自宅から離れた被告病院を受診し、さらに、被告病院に入院中のAを見舞うため、被告病院の近くのホテルにまで宿泊しているのであり、原告が、本件以前にも、Aに乳腺腫瘍の摘出手術を受けさせていること等の事実を考え合わせれば、原告は、Aに対して、相当に強い愛着を持っていたものと認められる。

　したがって、原告は、被告病院の獣医師らによる本件過失により、精神的損害を被っているものと認められる。

　しかし、飼育動物の死傷に関する慰謝料については、一般に、人間の死傷と同等の金額を認めることはできない。

　また、本件の場合には、一時期、Aが、生死も危ぶまれるような状態になったとはいえ、基本的な過失の内容は、Aの入院を約1週間長引かせたというものにすぎない。

　さらに、被告Y_2も、原告方を訪れた上、十分に謝罪を行っていることが認められる。〈証拠略〉

　加えて、本件出来物の原因が無菌性結節性皮下脂肪織炎であることについては、被告病院以前の動物病院でも原因が分からなかったように、これを解明することは、決して簡単なことではなかったというべきであるから、この点では被告らに宥恕すべき事由があると評価することができる。

　なお、原告は、被告病院においてAの右前足に長期間点滴がされていたために、Aが右前足を引きずるようになってしまったと主張し、また、被告病院への入院後、ストレスにより、Aが絶え間なく吠えるようになってしまったと主張しているが、本件では、これらの点に関して、獣医学的な根拠に基づいた立証が行われたとはいえない。

　これらの諸事情を考慮すれば、本件過失によって原告が被った精神的損害に対する慰謝料としては、20万円が相当である。

●慰謝料認定の考え方●

　本件は、ペット（犬）の診断、治療のため動物病院を受診し、獣医師の治療等を受けたものの、病状が悪化し、他の病院に転医し、回復したため、ペ

ットの所有者が動物病院、獣医師に対して損害賠償責任を追及した事件であり、直接的には動産（ペット）に要した諸費用の損害が主張されたものであるが、慰謝料も主張されたことに特徴がある。

　本判決は、動物病院における獣医師らの治療過誤に係る不法行為を肯定したこと、ペットの治療に要した治療費10万5640円、交通費3万円のほか、慰謝料20万円、弁護士費用4万円の損害を認めたことに特徴がある。ペットの治療については、治療費等の費用につき損害賠償を認めれば足りるとの見解が強いが、本判決は、ペットの所有者の精神的苦痛として慰謝料の損害を認め、慰謝料額を20万円と算定したものであり、一つの見解ではあるものの、議論を呼ぶものである。なお、ペットの法的な位置づけとしては、動産であるものの（もちろん人間ではないから、本件のペットの所有者のように人の傷害を前提とする損害の主張は根拠を欠くものである）、生命のある物、人間と生活を共にする物であるとの中間的な位置づけにあることは否定できない。

10 動物病院におけるペットの治療過誤に関する獣医師等に対する慰謝料請求②

〔判　例〕　東京高判平成19・9・27判時1990号21頁
〔慰謝料〕　各35万円

【事件の概要】

X_1、X_2、X_3 は、飼い犬の子宮蓄膿症治療のために、Y_1 の運営する動物病院を受診した。Y_1 病院の獣医師 Y_2 は、犬につき子宮蓄膿症治療のための卵巣子宮全摘出、口腔内腫瘍治療のための下顎骨切除、乳腺腫瘍切除の手術を同時に行った。その後、犬が死亡した。X_1 ないし X_3 は、Y_1、Y_2 に対して不法行為に基づき治療費、慰謝料、弁護士費用の損害賠償を請求したものである。

第1審判決は、治療行為が適切でなかったとし、Y_2 の不法行為、Y_1 の使用者責任を肯定し、各自治療費6万7113円、慰謝料15万円、弁護士費用5万円を認め、請求を一部認容したため、X_1 ら、Y_1 らの双方が控訴した。

●主張の要旨●

本件では、治療費（Y_1 に支払われたもの）、慰謝料、弁護士費用の損害が主張された（なお、合計額は、X_1 ら各自213万3333円の損害が主張されているが、その内容は判決文上不明である）。

●判決の概要●

本判決は、Y_2 による子宮蓄膿症の診断は慎重さを欠き、不適正であり、各手術の緊急性の判断も慎重さを欠き、不適正であった等とし、犬の死亡との因果関係を認めたほか、下顎骨切除、乳腺腫瘍切除の手術については説明が不十分であり、同意を欠いたまま行われたとして説明義務違反を認め、X_1 ら各自につき治療費5万9406円、慰謝料35万円、弁護士費用6万円の損

害を認め（犬の財産的な損害に関する主張は排斥した）、X_1らの控訴に基づき原判決を変更し、請求を一部認容し、Y_1らの控訴を棄却した。

判決文

(2) 1審原告らの慰謝料

前記認定事実及び前掲各証拠によれば、前記三(2)のとおりの不法行為によりAが死亡したことにより1審原告らがかなりの程度の精神的苦痛を受けたことが認められ、同苦痛に対する慰謝料は、前記認定のような不法行為の内容、とりわけ本件手術の不適切さの程度、獣医師でありながら、3箇所の手術を同時に行う危険性、緊急性についての慎重な判断を欠いたこと、死亡という結果、Aが1審原告らのペットとして約15年間共に生活してきたこと、その他本件記録に顕れた諸般の事情を総合して、1審原告の各自につき35万円が相当であると認める。

なお、1審原告らは新たな犬の購入費40万円を主張するが、Aは15歳の老犬で、1審原告らにとってはかけがえのないペットであったとはいえ、客観的には財産的な価値はなく、いわば財産的損害としての代替品購入費用を損害と認めるのは相当でない。

●慰謝料認定の考え方●

本件は、飼い犬が手術を受けることになり、動物病院を受診し、手術が施行されたが、犬が死亡したことから、飼い主らが病院の運営者、獣医師に対して損害賠償責任を追及した控訴審の事件である。本件では、犬の治療費、弁護士費用のほか、慰謝料の損害が主張されたものである（第1審判決は、慰謝料として各自15万円の損害が認められた）。

本判決は、獣医師の診断、手術が適正でなかったこと、獣医師による手術に関する説明が適正でなかったこと、飼い主各自につき治療費5万9406円、慰謝料35万円、弁護士費用6万円の損害が認められること、犬の財産的な損害に関する主張は理由がないことを判示したものであり、飼い犬の獣医師による手術の過誤、説明不足に関する慰謝料として3人の飼い主の各慰謝料として35万円（合計105万円）を認めた事例判断を提供するものであるが、高額にすぎるとの印象は否定できない。

3　経済的損害に係る慰謝料

建物の瑕疵に関する建築請負人に対する慰謝料請求①

〔判　例〕　福岡高判平成11・10・28判タ1079号235頁
〔慰謝料〕　50万円

【事件の概要】

　Xは、平成5年5月、Yを請負人として、建物の建築請負契約を締結し、Yは、同年12月、建物を建築し、Xに引き渡した。Xは、Yに対して本件建物には2階居間、台所の床の傾き、2階台所の勝手口サッシの竪枠の取付け不良等の瑕疵を主張し、不法行為、瑕疵担保責任に基づき支出済みの修補費用、今後必要な修補費用、慰謝料200万円、弁護士費用の損害賠償を請求し、Yは、反訴として追加工事の代金の支払いを請求したものである。

　第1審判決は、本訴請求を一部認容し、反訴請求を全部認容したため、Yが控訴し、Xが附帯控訴した（なお、反訴請求の全部認容部分は不服申立ての対象にならなかった）。

●主張の要旨●

　本件では、支出済みの修補費用648万9000円、今後必要な修補費用299万6122円、弁護士費用100万3878円のほか、慰謝料200万円が主張された。

●判決の概要●

　本判決は、請負人が故意により建物の瑕疵を生じさせたり、過失によるときであっても、瑕疵が居住者の健康に重大な影響を及ぼす等、反社会性、反

倫理性が強い場合には不法行為が認められるとしたうえ、本件では、そのような反社会性等が認められないとし、不法行為を否定し、建物の瑕疵を認めて瑕疵担保責任を認め、支出済みの修補工事代金、支出予定の修補工事代金の相当額の損害、慰謝料50万円、弁護士費用80万円の損害を認め、控訴および附帯控訴に基づき原判決を変更し、本訴請求を一部認容した。

判決文

3　慰謝料（請求原因㈤(3)）について

　原審における被控訴人本人尋問の結果によれば、被控訴人は、Aによる瑕疵(1)についての補修工事中、受験期の長女を抱えながら、部屋が二つか三つしか使えず、食事も外食やテイクアウトの弁当で済ませる等の不便を約2か月にわたり強いられ、家族の関係もぎくしゃくしたものになりがちであったことが認められる。これらは、瑕疵(1)に係る修復費用相当額の賠償をもって補填できる範囲を超える損害というべきであり、かつ、控訴人において予見可能であったと認められるから、控訴人は、瑕疵担保責任として、これらにより被控訴人が被った精神的損害をも賠償すべき義務を負うものと解するのが相当である。そして、右認定の事実その他本件に現われた一切の事情を斟酌すれば、その慰謝料額は、金50万円が相当である。

　なお、被控訴人は、控訴人が、被控訴人から度重なる補修要求を受けたにもかかわらず不誠実な対応をしたことも慰謝料請求の根拠として主張するところ、原審における被控訴人本人尋問及び同控訴人本人尋問（第2回）の各結果によれば、被控訴人は、本件建物に入居した後、2階床が傾いていることに気付き、平成6年2月ころから、床が傾いているから見に来るようにと控訴人に5回くらい電話をしたにもかかわらず、控訴人が来たのは1回のみであったことが認められる。しかし、請負工事に係る瑕疵修補請求権と請負代金請求権は同時履行の関係に立つところ、被控訴人が反訴請求に係る本件追加契約による代金の支払をしていないことは明らかであるから、控訴人が、瑕疵の修補ないしその前提となる調査をしなかったことをもって、直ちに債務不履行ないし不法行為にあたるとすることはできない（なお、控訴人も、原審における本人尋問（第2回）において、右認定のように本件建物を見に行かなかった理由の一つとして、追加工事代金の支払を受けていないことを挙げている。）。

●慰謝料認定の考え方●

　本件は、建物の建築請負契約が締結され、請負人が建物を建築したが、建

物に瑕疵があり、注文者が請負人に対して損害賠償責任を追及した事件であり、注文者が支出済みの修補費用648万9000円、今後必要な修補費用299万6122円、弁護士費用100万3878円のほか、慰謝料200万円を主張したものである。なお、本件では損害賠償請求の法的な根拠として、不法行為責任、瑕疵担保責任（民法634条）が主張されている。

　本判決は、請負人の不法行為責任の要件を明示し、本件ではその要件に該当しないとして否定したこと、請負人の瑕疵担保責任を肯定したこと、支出済みの修補工事代金、支出予定の修補工事代金の相当額、慰謝料50万円、弁護士費用80万円の損害を認めたことに特徴がある。本判決が建物建築の請負人の瑕疵担保責任に基づく慰謝料を認めたことは、新築の建物の利用ができず、修補費用相当額の損害だけではまかなえないものであるとし、議論がある問題を肯定したものであり、参考になるとともに、慰謝料額を50万円と算定したことは事例を提供するものである。なお、本判決が請負人の不法行為責任につき相当に厳格な要件を設定したことは、現在の判例に照らすと、認められない見解である。

　請負の瑕疵担保責任に基づき慰謝料が認められるかについて、積極説の裁判例として、横浜地判昭和50・5・23判タ327号236頁、名古屋高判昭和57・6・9判時1051号99頁、大阪高判昭和58・10・27判時1112号67頁、大阪地判昭和59・12・26判タ548号181頁、神戸地判昭和61・9・3判時1238号118頁、大阪地判昭和62・2・18判タ646号165頁、神戸地判昭和63・5・30判タ691号193頁がある。

建物の瑕疵に関する建築請負人に対する慰謝料請求②

〔判　例〕　札幌地小樽支判平成12・2・8判タ1089号180頁
〔慰謝料〕　注文者ごとに各50万円

【事件の概要】

　X株式会社は、平成5年6月、Y_1、Y_2から建物の建築工事を請け負い、追加工事も含め、同年10月、建物を完成し、Y_1らに引き渡した。Xは、Y_1らから代金の一部の支払いを受けたが、残額を支払わないとし、Y_1、Y_2に対して残代金の支払いを請求したのに対し、Y_1らが建物に瑕疵があると主張し、瑕疵担保責任に基づき損害賠償請求権（瑕疵の修補費用1720万1000円、慰謝料200万円の損害）との相殺を主張するとともに、Xに対して反訴として相殺後の残額損害の損害賠償を請求したものである。

●主張の要旨●

本件では、瑕疵の修補費用のほか、慰謝料200万円の損害が主張された。

●判決の概要●

本判決は、本件建物には合計28箇所の瑕疵を認め、瑕疵担保責任を肯定し、727万7965円の財産的損害、Y_1らにつき各50万円の慰謝料を認め、代金請求につき大半の相殺を認め、本訴請求を一部認容し、反訴請求を一部認容した。

判決文

4　慰謝料
　被告らは、原告が瑕疵のある本件建物を建築し、瑕疵のあるまま被告らに引き渡したことにより、被告らは精神的苦痛を被ったと主張する。
　物の瑕疵による損害は財産的損害を主とするものであるから、一般には、財産的損害が賠償されれば、精神的損害も回復されるのが通常であると考えられる。

しかしながら、精神的損害が多大であって、財産的損害が賠償されてもなお、回復されない精神的損害が残存する場合には、これを回復するための慰謝料の請求も認められるべきと解するのが相当である。

そこで検討するに、本件建物は新築の住居でありながら、1(一)で認定したとおり既に安全性を欠いており、建物の安全性を確保するために、大引及び梁の交換も含めた修補が必要であること、大引及び梁の交換も含めた修補工事を行う場合には被告らとその家族が一時転居する必要があることなどからすれば、被告らは、原告が瑕疵のある本件建物を建築し、被告らに引き渡したことによって、多大な精神的苦痛を被ったものと認めることができ、3で認定した財産的損害を賠償されても、なお回復されない精神的損害があるというべきである。

そして、これまで認定した本件建物の瑕疵の程度に加え、3で述べたとおり、現実に修補工事を行う場合には3で認定した金額よりも多額の費用が必要になると見込まれるなど、本件訴訟に顕れた一切の事情を考慮すると、被告らの右精神的苦痛に対する慰謝料は、被告ら各自につき50万円、合計100万円とするのが相当である。

●慰謝料認定の考え方●

本件は、建物の建築請負契約が締結され、請負人が建物を建築したが、建物に瑕疵があったところ、請負人が注文者ら（2名）に対して残代金の支払いを請求した（本訴）のに対し、注文者らが瑕疵担保責任に基づく損害賠償請求権による相殺を主張するとともに、相殺後の残損害につき損害賠償を請求した事件であり、注文者らが瑕疵の修補費用1720万1000円、慰謝料200万円の損害を主張したものである。

本判決は、完成された建物につき多数の瑕疵を認め、瑕疵担保責任を肯定したこと、瑕疵の修補費用相当額727万7965円の財産的損害、注文者らにつき各50万円（合計100万円）の慰謝料の損害を認めたこと、相殺に関する大半の主張を認めたことに特徴がある。本判決は、瑕疵につき修補費用相当額727万7965円という高額の財産的損害を認めつつ、財産的損害が賠償されてもなお回復されない精神的損害が残存するとし、慰謝料を100万円認めた事例として参考になる。

第11章　契約締結・取引・サービス等による慰謝料

水漏れを発生させた階上の居住者に対する慰謝料請求

〔判　例〕　東京地判平成14・12・20判タ1138号137頁
〔慰謝料〕　200万円

---【事件の概要】---

　Xは、プロのカメラマンであったところ、都営住宅の2階に居住し、自宅において撮影したフィルムを賃貸するフォトライブラリーを開設し、多数のフィルムを保管していた。Yは、同じ都営住宅の3階（Xの居宅の真上）に居住していたところ、トイレの排水管が詰まって逆流し、溢れた水が階下のXの居宅に浸水し、部屋中が水浸しになった。Xは、Yに対して家財道具、フィルムの一部の使用不能・耐用年数の短縮等の損害が発生したと主張し、土地工作物責任、不法行為に基づきフィルムの耐用年数の短縮、カメラの修理代、動産の廃棄処分、フィルムの乾燥のための電気代、フィルムの賃貸料の逸失利益、慰謝料、弁護士費用の損害賠償を請求したものである。

●主張の要旨●

　本件では、フィルムの耐用年数の短縮（922万円）、カメラの修理代・動産の廃棄処分（58万7216円）、フィルムの乾燥のための電気代（7777円）、フィルムの賃貸料の逸失利益（2024万6135円）、慰謝料（300万円）、弁護士費用（330万円）の損害が主張された。

●判決の概要●

　本判決は、集合住宅に居住する者として、階下の部屋の居住者に水漏れによる被害を生じさせないようにするため、自室内で水漏れを発生させないようにする注意義務があるとし、本件では、住宅の排水管の老朽化が水漏れの一因になっていることは否定できないとしたものの、水漏れによって継続的

な流入を発生させた不法行為を肯定し、カメラの修理代の損害、日用品の廃棄処分の損害、交通費・食費等の約5割の損害、フィルム乾燥のための電気代の損害を認め、フィルムの賃貸料の逸失利益、フィルムの耐用年数の短縮による損害を否定したが、X所有のフィルムの多くが汚水に浸かったり、高度の湿度にさらされたりしたことにより、人格権が侵害され、精神的損害を被ったと推認されるとし、世界中を旅行し、費用と労力をかけて撮影したこと等の一切の事情を総合考慮し、200万円の慰謝料を認め、請求を一部認容した。

判決文

(3) 前記1で認定したところに〈証拠略〉を総合すれば、原告は、本件事故発生後、本件居室の湿度を低下させるためにエアコンと除湿器をフル稼働することを余儀なくされ、これにより、平成12年10月25日から同年11月27日までの間の電気代として7777円を支出したことが認められるので、これについても本件事故と相当因果関係ある損害と認める（これについては、被告も損害として認めている。）。

(4) 原告は、本件事故により原告の所有するフィルムの耐用年数が短縮され、これにより900万円の損害を被ったと主張するが、原告の所有するフィルムに原告の主張するような900万円の客観的価値があることを認めるに足りる証拠はない（のみならず、原告は、原告所有のフィルムを個々に特定して、どれにどれだけの経済価値があるかについて、何ら具体的な主張立証をしない。）。また、前記1で認定したところに〈証拠略〉を総合すれば、少なくとも5枚のフィルムは水に浸かり、使用不能となっていることが認められるものの、これらのフィルムの経済的価値を具体的に認めるに足りる証拠はない。なお、原告は、撮影に要した経費を根拠にして、フィルムの経済的価値を主張するようであるが、高価な費用をかけて撮影したからといって、そのフィルムに経済的価値が発生するわけではないから、その基本的な損害の立論に問題がある。

原告は、原告の経営する本件ライブラリーは本件フィルムを賃貸して賃料収入を上げていたところ、本件フィルムの耐用年数が短縮されたことによって将来得べかりし賃料収入を失ったとして、その損害の賠償を求めている。しかしながら、原告の主張は、本件ライブラリーの利益の面だけを取り出して損害が発生するとするものであるところ、そもそも本件ライブラリーのフィルム賃貸事業が採算性のあるものでなければ、フィルムの耐用年数の短縮によって原告に経済的損害があるということはできないと解される。原告は、本件ライブラ

リーの事業採算性につき何ら具体的に主張立証しないから、フィルムの耐用年数の短縮により原告に経済的損害が発生しているか否か不明というほかない。また、前記のとおり原告の所有するフィルムの経済的価値が不明であることに照らせば、原告の主張する逸失利益は、フィルム自体の固有の価値を超えるものである可能性があり、そうすると、このような損害は、特別損害というべきところ、本件事故によって原告にそのような特別損害が発生することについて、被告に予見可能性があったことを認めるに足りる証拠はないから、原告は、被告に対して、この損害賠償を求めることはできない。

(5) 原告の所有するフィルムの耐用年数が短縮されたことによって、原告にどれだけの経済的損害が発生しているのか不明であり、また、現に水に浸かって使用不能となったフィルムの経済的価値も不明であることは前記(4)で検討したとおりである。

しかしながら、前記1で認定のとおり、本件事故により原告の所有するフィルムの相当数につき耐用年数が短縮されていること、原告は、プロのカメラマンとして生計を立てているものであるから、原告所有のフィルムは、ひとつひとつが芸術家としての原告の作品そのものであるといえるところ、芸術家の作品に対する愛着は、それ自体人格権の一部として、法的に保護されるべきものであると解される。

原告は、本件事故により、その所有するフィルムの多くがトイレから逆流してきた汚水に浸かったり、高度の湿気にさらされたりしたことによって、その人格権を侵害され、少なからぬ精神的損害を被ったものと推認されるから、被告は、この精神的損害を賠償すべきである。

(6) 前記1で認定したところによれば、原告は、本件事故により、亡妻の遺骨箱の外袋が汚損されたほか、亡妻及び亡長女の遺品が汚損され、遺品の廃棄処分を余儀なくされたことが認められるから、これにより、人格権を侵害され、精神的損害を被ったものと認められる。

(7) 以上(5)及び(6)で検討したところに、原告の所有するフイルムの多くは、原告が世界中を旅行し、費用と労力を掛けて撮影したきたものであること〈証拠略〉、これらのフィルムは、キリスト教を信仰している原告の信仰心とも深く関わっているものであること〈証拠略〉などを含めた本件の一切の事情を総合考慮すれば、本件事故により原告が被った精神的損害は、200万円を下らないものと推認される。

●慰謝料認定の考え方●

本件は、プロのカメラマンが集合住宅内の自宅において撮影したフィルムを賃貸するフォトライブラリーを開設する等していたところ、階上の部屋で

発生した浸水事故によってフィルム等が毀損したため、カメラマンが階上の部屋の居住者に対して損害賠償責任を追及し、カメラマンがフィルムの耐用年数の短縮、カメラの修理代、動産の廃棄処分、フィルムの乾燥のための電気代、フィルムの賃貸料の逸失利益、弁護士費用の損害のほか、慰謝料の損害を主張したものである。

　本判決は、集合住宅に居住する者は、階下の部屋の居住者に水漏れによる被害を生じさせないようにするため、自室内で水漏れを発生させないようにする注意義務があるとしたこと、本件では継続的に水漏れを発生させたことによる階上の居住者の不法行為を肯定したこと、カメラの修理代の損害、日用品の廃棄処分の損害、交通費・食費等の約5割の損害、フィルム乾燥のための電気代の損害を認めたこと、フィルムの賃貸料の逸失利益、フィルムの耐用年数の短縮による損害を否定したこと、フィルムに係る損害を含めて人格権の侵害による慰謝料を認めたこと、慰謝料額を200万円としたことに特徴がある。本判決が認定・算定した慰謝料は、撮影されたフィルムの賃貸料の逸失利益という経済的損害を含むものであり、補完的な損害賠償と評価することができるものであり、その旨の事例判断として参考になる。

第11章 契約締結・取引・サービス等による慰謝料

タンクローリー車の爆発事故によって店舗が損壊したことに関する運送会社に対する慰謝料請求

〔判　例〕　東京地判平成15・7・1判タ1157号195頁
〔慰謝料〕　200万円

【事件の概要】

　Y_1株式会社（代表取締役は、Y_2）は、Y_4株式会社から過酸化水素水の処理を依頼され、タンクローリー車に積載し、Y_1の従業員Y_3が運転し、首都高速道路を走行中、同車が道路上で爆発した。タンクローリー車の爆発により道路の側壁が吹き飛ばされ、側壁が道路に面していたビル2階を直撃し、同2階部分でXが経営していた飲食店を全壊にした。爆発の原因は、過酸化水素水とタンク内に残留していた塩化銅溶液が化学反応を起こしたものであった。Xは、Y_1、Y_2、Y_3、Y_4に対して不法行為等に基づき店舗修理代金695万630円、什器備品150万円、食材費38万8929円、営業補償金3915万1940円、慰謝料2600万円、弁護士費用739万9149円の損害賠償を請求したものである。

●主張の要旨●

　本件では、店舗修理代金695万630円、什器備品150万円、食材費38万8929円、営業補償金3915万1940円のほか、慰謝料2600万円の損害が主張された。

●判決の概要●

　本判決は、Y_2のタンクローリー車のタンク内を十分に洗浄する等の注意義務を怠った不法行為を肯定し、Y_1の不法行為も肯定したが、Y_3には事故発生の予見可能性がなく、Y_4にも事故発生の予見可能性がなかったとし、それぞれの不法行為を否定し、損害については、Xが事故後、店舗をそのまま賃貸人に明け渡したものであるとし、店舗の修理代金に係る主張を排斥し、

什器備品等の損害74万3300円、食材の損害20万円、休業損害240万8932円、得意先喪失の補償額80万4500円、慰謝料200万円、弁護士費用60万円の損害を認め、Y_1、Y_2に対する請求を一部認容し、Y_3、Y_4に対する請求を棄却した。

判決文

(4) 慰謝料について

　証拠（原告本人）及び弁論の全趣旨によれば、原告は、本件店舗が全壊する場面に遭遇するなどして恐怖を感じるとともに、本件事故によって、13年間にわたり営業を継続し、自らの生活の糧となっていた本件店舗を一瞬にして失って、大きな絶望を感じたものと認められること、本件事故発生につき原告には一切落ち度はないこと、一方で財産的損害については上記認定のとおり相当額が塡補されること、その他本件口頭弁論に顕れた一切の事情を総合的に考慮すると、本件事故により原告が被った損害を慰謝するための賠償額としては、200万円が相当である。

●慰謝料認定の考え方●

　本件は、高速道路を走行中のタンクローリー車が爆発し、道路の側壁が吹き飛ばされ、道路沿いのビル内にあった店舗（飲食店）が全壊し、店舗の経営者（建物の賃借人であり、個人）がタンクローリー車による運送を行っていた会社（同車の所有者）、その代表者らに対して損害賠償責任を追及した事件であり、店舗の経営者が店舗修理代金、什器備品、食材費、営業補償金、弁護士費用のほか、慰謝料2600万円の損害を主張したものである。

　本判決は、タンクローリー車の爆発原因が積載していた過酸化水素水とタンク内に残留していた塩化銅溶液が化学反応を起こしたとしたこと、タンクローリー車による過酸化水素水の運送を行った会社の代表者がタンクローリー車のタンク内を十分に洗浄する等の注意義務を怠った不法行為を肯定したこと、会社の不法行為を肯定したこと、タンクローリーの運転手、運送を依頼した会社の不法行為を否定したこと、店舗の修理代金相当額の損害は、店舗の経営者が賃貸人に全壊のまま明け渡したものであるとし、損害の発生を

否定したこと、什器備品等の損害74万3300円、食材の損害20万円、休業損害240万8932円、得意先喪失の補償額80万4500円、弁護士費用60万円の損害を認めたほか、慰謝料として200万円の損害を認めたことに特徴があり、本件爆発事故による店舗の個人経営者が被った経済的な損害は重大であり、これにともなって爆発による恐怖、店舗経営の喪失等の事情を考慮して慰謝料の損害を認めた事例判断として参考になるものである。

5 不当な漁業の不免許処分をした地方自治体に対する慰謝料請求

〔判　例〕　札幌地判平成6・8・29判タ880号169頁
〔慰謝料〕　各100万円

【事件の概要】

　X_1、X_2、Aは、共同して定置漁業の免許をY道（北海道）のB知事に申請した。B知事は、C有限会社らも同様の申請をし、競願の状態になったため、海区漁業調整委員会の意見を聞き、答申どおりにCに免許を与えた。X_1らについては、申請に免許を与えない旨の処分がされた。X_1、X_2は、Yに対してBが優先順位の判断を誤った等と主張し、国家賠償法1条1項に基づきX_1につき逸失利益、慰謝料等4510万円（慰謝料500万円）、X_2につき同様に1870万円（慰謝料500万円）の損害賠償を請求したものである。

●主張の要旨●

　本件では、詳細な内容は不明であるが、逸失利益等のほか、慰謝料各500万円の損害が主張された。

●判決の概要●

　本判決は、C会社は漁業法所定の優先権を有するものではない等とし、B知事の処分が違法であるとし、X_1らの主張に係る逸失利益が認められないとしたものの、慰謝料として各100万円、弁護士費用各10万円の損害を認め、請求を一部認容した。

判決文

1　逸失利益
　原告らは、本件漁業権による営業によって、その存続期間である5年間に計1

億円を超える利益が得られたはずであり、これを A との出資額の割合（原告 X_1 は60万円、原告 X_2 及び A は各20万円、〈証拠略〉）で計算すると、原告 X_1 は6000万円以上、原告 X_2 は2000万円以上の収入となり、そこから経費を4割としてこれを控除しても、原告 X_1 は3600万円、原告 X 2 は1200万円の利益を得られたはずであると主張し、原告 X_1 も右主張に沿った供述をしている。

　そこで、原告らの右主張は当否を検討するが、前記のとおり、本件漁業権において、原告ら外1名が C らに優先するのであるから、本来であれば、原告ら外1名が本件漁業権の免許を受け、その存続期間である昭和63年12月31日までの5年間、その営業をなし得たはずであるから、本件不免許処分によって原告ら外1名はその営業利益を得ることができなかったというべきである。

　しかしながら、そもそも、〈証拠略〉によれば、右の間に C が得た利益は別紙計算書1のとおり計418万9778円であり、これを C の共同申請者間における出資割合（51パーセント）を考慮するとしても、その2倍の837万9556円にしかならないところ、原告ら外1名の中にはさけ定置漁業を経営した経験のある者がいないこと（〈証拠略〉）や本件漁業権の着業に要する資金として計上されていた金額は、C らが計360万円である（〈証拠略〉）のに対し、原告ら外1名は計60万円であったこと（〈証拠略〉）等に照らすと、原告ら外1名において C らと同程度の漁獲量を得られたという蓋然性そのものが認められず、また、仮に C らと同程度の漁獲量を得て同程度の利益を得られたとしても、本件漁業権の営業によって原告らが得られたであろう利益を正確に算出するには、原告らがその間に他の漁業で得ていた利益を損益相殺しなければならないが、原告らのこの間の収入は証拠上明らかでないから、原告らそれぞれについて当該年の男女別の賃金センサスによって本件漁業権の漁期（毎年9月1日から11月30日までの3か月間）の収入を推認するに、別紙計算書2のとおり、原告 X_1 は計555万6400円、原告 X_2 は計339万7850円、その合計は895万4250円となり、前記 C らの収入概算を上回ることとなる。

　したがって、原告らの逸失利益を認めることはできない。

2　慰謝料

　本件不免許処分によって、原告らに逸失利益が生じたとは認められないが、本件各処分には原告ら外1名と C らとの間の優先順位を誤った違法があり、道知事ないし海区漁業調整委員会にこれについて過失があることは前記のとおりであって、原告らは、右違法な不免許処分によって精神的損害を受けたことは明らかであるから、本件事案の内容及び結果、原告らが本件漁業権による漁業をできなかったこと、その他本件審理に顕れた一切の事情を考慮すると、原告らが本件不免許処分によって受けた精神的苦痛を慰謝するには、それぞれ100万円をもってするのが相当である（請求額は、原告らそれぞれについて500万円）。

●慰謝料認定の考え方●

　本件は、漁業権の免許の申請をし、競願の状態になり、他の申請者に優先権があるとされ、本来免許を受けることができたものの、免許を受けることができなかったため、申請者らが道に対して損害賠償責任を追及した事件であり、漁業者としての逸失利益、慰謝料等の損害が問題になったものである。

　本判決は、漁業権の免許につき漁業法所定の要件に関する知事の判断に誤りがあり、違法であるとしたこと、申請者らの逸失利益の主張を排斥したこと、漁業をすることができなかったことを含む慰謝料として各100万円、弁護士費用各10万円の損害を認めたことに特徴がある。本判決は、事業者の逸失利益が認められない事案において、事業ができなかったことを含め、慰謝料各100万円の損害を算定した事例判断として参考になるものである。

第12章　専門職のサービスによる慰謝料

　現代社会においては、各種の特定の業務につき多様な専門家が活動している。専門家の専門性については、国家の認定した資格から私的な団体が認定した資格まで多種多様なものがあり、後者の資格の中には資格商法として利用されているものもある。

　社会において活動する専門家のうち、国家の認定した資格（国家資格）を有する者は、その資格を基に活動するものであり、社会の信頼は相当に高いものがある。もっとも、国家資格は法律の規定によって認められるものが通常であるが（国が通知等によって業界団体において資格を付与するもの等もある）、国家資格といっても、資格を有する者に業務の独占を認めるものから業務の独占ではなく、名称の独占的な使用だけを認めるものまであるし、国家資格の要件、手続、試験の内容・程度もさまざまである。

　本章においては、国家資格を有する専門家による不法行為と慰謝料を取り上げているが、このような専門家としては、医師、歯科医師、弁護士、公認会計士、税理士、司法書士、行政書士、宅地建物取引士、建築士等、列挙するには相当の紙数が必要な状況にある。

　専門家が法律等によって認められる業務を行う場合、依頼者や社会の信頼は、相当に高いものがあり、専門家がこの期待に係る水準に満たない業務を行ったときは、依頼に係る契約の債務不履行、あるいは不法行為に基づき損害賠償責任が認められるものである。専門家の損害賠償責任を追及する者は、業務の依頼者が多いであろうが、業務の遂行に関係した者もありうるところであり、専門家が不法行為責任を追及される可能性は狭いわけではない。

　専門家の不法行為が認められる場合、損害の種類、範囲は、依頼に係る業務の内容・態様、被害者の被害の内容・態様等の事情によって異なるところ

であり、被害回復のための実費、経済的な損害、人身損害があるし、精神的な苦痛が生じたときは、慰謝料も認められる。ところで、専門家が行った業務が通常の専門家の水準に満たない程度であるものの、経済的な損害、人身損害等の具体的な損害が発生しなかった場合、損害の発生が一律に否定されるかは重要な問題である。専門家は、国家資格を標榜し、その業務の依頼を受け、資格に応じた水準の業務を行うことが期待されており、その期待には合理的な根拠があるということができるから、期待侵害（あるいは期待権の侵害）として慰謝料を認めるべき場合があるというべきである。もっとも、この期待侵害等による慰謝料額を算定する基準は明確になっておらず、裁判例上その基準が形成されているわけではない。

　本章においては、医師の期待侵害に係る不法行為の事例は紹介していないが（実際には相当数の裁判例が法律雑誌に公表されており、人身損害という被害の性質上相当に高額な慰謝料を認める事例がある）、他の専門家についてはすでにこれを肯定した裁判例があるところ、慰謝料額の算定基準等の明確化については、今後の課題として残されているということができる。

第12章　専門職のサービスによる慰謝料

受任事件の事務処理を遅延させた弁護士に対する慰謝料請求

〔判　例〕　東京地判平成21・3・25判タ1307号174頁
〔慰謝料〕　40万円、相続人につき各2万5000円

【事件の概要】

　XとPは、所有するA土地、B土地の造成をC有限会社に注文し、必要な委任状を交付したところ、Cが無断でA土地をDに、B土地をEに売却し、DがA土地上に建物を建築した。XとPは、昭和63年1月、Eから売買契約の不履行による損害賠償請求訴訟を提起され、弁護士Yを代理人に依頼し、応訴する等した。訴訟は、第1審で敗訴判決を受けたが、控訴審で勝訴判決を受けた。Xは、昭和63年8月、A土地をめぐる紛争（A調停、A訴訟）につき訴訟委任状をYに交付し、着手金を支払うなどした。Yは、平成7年12月に至って、ようやく依頼に係る訴訟をDに対して提起し、第1審判決はおおむねXらの主張を認め、請求を認容し、控訴審において訴訟上の和解をする等した。XとPの相続人であるZ_1ら（Xが選定当事者となった）は、Yに対して委任契約上の債務不履行、不法行為に基づき土地の利用に係る賃料相当損害金、慰謝料各500万円の損害賠償を請求したものである。

●主張の要旨●

　本件では、土地の利用に係る賃料相当損害金のほか、慰謝料各500万円の損害が主張された。

●判決の概要●

　本判決は、弁護士が法律事務を受任したときは、事務内容に応じた合理的期間内に、事務を適切に処理する義務があり、合理的な理由なく事務処理を不当に遅延したときは、依頼者に対して債務不履行責任を負うとし、本件で

は合理的な理由なく事務処理を遅延したとして債務不履行を認め、Xにつき慰謝料40万円、Z_1 らにつき慰謝料各2万5000円の損害を認め、請求を一部認容した。

判決文

4　争点(2)（原告らの損害）について
　前記1のとおり、A土地の明渡請求訴訟の提起が遅延したことについて、被告は原告らに対し、債務不履行責任を負うというべきである。そして、前記認定事実、〈証拠略〉及び弁論の全趣旨によれば、原告は、被告に上記訴訟の提起を委任した後、7年間という長期間にわたり訴訟提起がされなかったことにより、早期の法的解決がかなわないことへの苛立ちや不安を覚えたこと、被告が早期にA土地の明渡請求訴訟を提起すれば、原告の財産的損害をより少なく抑えることができた可能性は相当程度あること（もっとも、あくまで可能性にとどまる。）、原告は、同訴訟の提起が遅れたため、亡Dに交渉を引き延ばされたと感じていることが認められるが、他方で、被告は、平成2年10月ころ、原告の意向を確認した上で、亡Dと訴訟外で交渉をし、平成5年から同6年にかけてはA調停で原告の代理人として交渉をしており、原告と被告との信頼関係は、A訴訟が提起された平成7年12月まで、一応維持されていたことも認められる。これらの事実を総合して考えれば、被告においてA土地の明渡請求訴訟の提起が遅延したことによる原告及び亡P（及び選定者）の精神的損害を慰謝するのに相当な金額は50万円であると認めるのが相当であり、A訴訟や被告との関わりの程度に照らせば、このうち原告（選定当事者）に40万円、他の選定者4名にそれぞれ2万5000円を認めるのが相当である。

●慰謝料認定の考え方●

　本件は、弁護士が依頼者らから訴訟の提起、追行を依頼されたが（訴訟委任状の交付を受けた）、約7年後に訴訟を提起し、第1審判決で勝訴判決を受けたものの、控訴審で訴訟上の和解をしたことから、依頼者らが弁護士に対して損害賠償責任を追及した事件であり、損害として慰謝料各500万円、土地の利用に係る賃料相当損害金が問題になったものである。
　本判決は、弁護士が法律事務を受任したときは、事務内容に応じた合理的期間内に、事務を適切に処理する義務があること、弁護士が合理的な理由な

く事務処理を不当に遅延したときは、依頼者に対して債務不履行責任を負うこと、本件では弁護士が合理的な理由なく事務処理を遅延し、債務不履行を認められること、慰謝料として40万円、各2万5000円の損害が認められることを判示したものであり、弁護士の受任事件の事務処理の遅延に係る慰謝料を認め、前記の各金額の慰謝料額を認めた事例判断として参考になるものである。

2 辞任の際に事件処理状況等の説明を怠った弁護士に対する慰謝料請求

〔判　例〕　鹿児島地名瀬支判平成21・10・30判時2059号86頁
〔慰謝料〕　144万円

【事件の概要】

弁護士Yは、A市に日本弁護士連合会が弁護士過疎問題の解消のために開設した公設事務所の初代所長であり、平成17年3月から平成20年4月までの間、A市で多数の多重債務事件を取り扱っていた。Yは、Xから債務整理を受任したが、委任事務を放置し、異動等にあたって辞任通知を債権者に送付したところ、Xが債権者から給料債権を差し押さえられる等した。Xは、Yに対して委任契約上の債務不履行に基づき慰謝料200万円、弁護士費用20万円の損害賠償を請求したものである（Xの代理人は、2代目の所長である）。

●主張の要旨●

本件では、弁護士費用のほか、慰謝料200万円の損害が主張された。

●判決の概要●

本判決は、受任時の説明義務違反を否定したものの（不適切な発言もあった）、辞任の際において事件処理の状況等につき説明義務を怠ったとし、債務不履行を認め、慰謝料として180万円を認め、公平の見地から2割を減殺した額を損害額（144万円）とし、弁護士費用14万円の損害を認め、請求を一部認容した。

判決文

(1) 慰謝料について

前記認定事実（前記一(4)参照）によれば、被告が説明義務を怠って一方的に辞

任通知を債権者に送付したことにより、原告は、突然債権者に訴訟を提起されて給料の差押えを受けたことから、精神的に落ち込み、職場を約3か月間休職するなどの精神的苦痛を被ったことが認められる。そして、被告にいわば見捨てられて経済的再生の望みを絶たれた原告の心境、給料の差押えを受けたことによって退職を勧められるに至った原告の職場上の立場、女手一つで4人の子供たちを育て、親の面倒を見て家庭生活を築いてきたものの、精神的ストレスによって休職せざるを得なくなり、独り悩む中で家族を残して死ぬことすら考えるに至った原告の精神状態、原告の休職期間その他の本件の諸般の事情を考慮すれば、原告が被った精神的損害に対しては、180万円をもって慰謝するのが相当というべきである。

　もっとも、原告が上記損害を被るに至ったのは、被告が説明義務を怠って一方的に辞任通知を債権者に送付したことによるものであるが、他方で、原告が、被告から人格を否定されるなどして再び心に傷を負うのを恐れて、被告に連絡しなかったことによることも明らかである。

　したがって、損害を公平に分担させるという損害賠償法の理念に照らし、民法418条の過失相殺の規定を適用して、本件の事情を総合的に斟酌すれば、上記損害の合計額180万円の2割を減殺するのが相当である（最高裁昭和43年(オ)第650号同年12月24日第三小法廷判決・民集22巻13号3454頁参照）。

　以上によれば、損害の額は、合計144万円とするのが相当である。

●慰謝料認定の考え方●

　本件は、日本弁護士連合会が設置した公設事務所の所長である弁護士が多数の事件を受任していたところ、依頼者から多重債務の整理を受任した後、異動により依頼者に辞任通知を債権者に送付したが、債権者が依頼者の給料債権を差し押さえたことから、依頼者が弁護士に対して損害賠償責任を追及した事件であり、損害として慰謝料200万円が問題になったものである。

　本判決は、弁護士の受任時の説明義務違反を否定したこと、弁護士の辞任の際において事件処理の状況等につき説明義務を怠ったとし、説明義務違反を肯定したこと、慰謝料として180万円を認めたこと、公平の見地から2割を減殺した額を損害額としたことに特徴があり、弁護士の受任した債務整理事件の辞任の際の説明義務違反を肯定し、慰謝料180万円の損害を認めた事例判断として参考になる。

　なお、本判決については、控訴審判決、関連事件の判決を含め、次のよう

な裁判例が公表されており、最終的には従来の弁護士の法的な義務をより拡大する厳格な説明義務を肯定する判例が形成されていることが注目される。

本判決の控訴審判決である福岡高宮崎支判平成22・12・22判時2100号50頁は、Yが控訴し、Xが附帯控訴したものであるが、この控訴審判決は、Yが辞任の連絡をしなかったものの、Yが相当回電話連絡を試みたこと、それまでにXから連絡がなかったこと等から、Yの説明義務違反を否定し、Yの控訴に基づき原判決中Yの敗訴部分を取り消し、請求を棄却し、Xの附帯控訴を棄却したものである。

もっとも、本判決の関連事件の判決である最判平成25・4・16民集67巻4号1049頁、判時2199号17頁は、Aは、消費者金融業者らから合計約250万円の債務を抱えている等とし、弁護士Yに債務整理を相談し、Yは、Aから債務の返済状況等の事情聴取を実施し、過払金が発生しているとし、過払金を回収すること、他の債権者らに一括弁済する和解を提案し、債務整理をすること、債務整理の費用が30万円であること、報酬が回収額の3割であることなどを説明し、債務整理を目的とする委任契約を締結した後、消費者金融業を営むB株式会社、C株式会社、D株式会社に対して過払金の返還を請求する訴訟を提起し、訴訟上の和解をし、E株式会社、F株式会社に対する支払原資が確保できたと判断し、和解の提案をしたところ、Eが和解に応じたものの、Fが和解に応じなかったことから、Yは、Aに電話をし、Fとの関係は消滅時効を待つとの方針を立て、費用、報酬を控除して金額をAに送金する等したが、AがYによる債務整理に不安を抱き、Yを解任し、弁護士Hに債務整理を委任し、Fと和解をしたため、AがYに対して委任契約上の債務不履行に基づき損害賠償を請求したものである（Aが死亡し、妻Xが相続し、訴訟を承継した）。第1審判決（鹿児島地名瀬支判平成23・8・18金商1418号21頁）は、弁護士の説明義務違反、事務処理の懈怠による債務不履行を認め、慰謝料20万円、弁護士費用2万円の損害を認め、請求を一部認容したため、弁護士が控訴したものである。控訴審判決（福岡高宮崎支判平成23・12・21金商1418号17頁）は、債務整理の方針につき説明義務違反を否定し、

請求を棄却したため、Ｘが上告受理を申し立てたものである。本判決は、消滅時効待ちの不利益やリスクを説明するとともに、債務を弁済する選択肢の説明をすべき義務を負っていた等とし、原判決を破棄し、本件を福岡高等裁判所に差し戻した（福岡高判平成25・10・3判時2210号60頁。この判決は、慰謝料20万円、弁護士費用2万円の損害を認め、Ｙの控訴を棄却した）。

第12章　専門職のサービスによる慰謝料

元依頼者の秘密を紹介者に告げる等した弁護士に対する慰謝料請求

〔判　例〕　大阪地判平成21・12・4判時2105号44頁
〔慰謝料〕　各15万円

【事件の概要】

　X₁、X₂夫婦とその子A、Bは、自動車が故障したことから道路上にいたところ、C運転の大型貨物自動車に衝突され、A、Bが死亡し、X₁、X₂が負傷した。X₁は、勤務するD株式会社の代表取締役Eの紹介により、弁護士Yに損害賠償請求訴訟の追行を委任し、着手金として300万円を支払った。Yは、C、その使用者であるF株式会社に対して損害賠償を請求する訴訟を提起したところ、訴訟の係属中、Eに相談、通知することなく、Yを解任した。YがEに解任の事実を告げ、EがX₁に解任の原因を尋ねたところ、X₁がYが主張する逸失利益の額がCの主張する逸失利益の額よりも低いことなどを指摘した。Eは、Yに逸失利益の点を尋ねたところ、Yが当事者双方の主張が記載された準備書面を見せて双方の主張を解説し、準備書面の一部の写しを作成して交付した。X₁、X₂は、Yに対して着手金等の返還を請求したほか、委任契約上の守秘義務違反、資料の返還拒否等を主張し、債務不履行、不法行為に基づき各30万円の損害賠償を請求し、Yが反訴として報酬の支払いを請求したものである。

●主張の要旨●

　本件では、各30万円の損害が主張された（損害の実質的な内容は、主張を読む限り、不明である）。

●判決の概要●

　本判決は、解任の事実、逸失利益、その基礎となる事実は秘密にあたり、

YがEに開示した行為は守秘義務に違反し、不法行為になるとし（資料の返還拒否の不法行為は否定した）、慰謝料として、X_1ら各自につき15万円を認め、Yの報酬請求権は消滅時効により消滅したとし、X_1らの本訴請求を一部認容し、Yの反訴請求を棄却した。

判決文

(3) 原告らは、上記(1)の被告の守秘義務違反により、原告らが被告を解任した事実や、親として通常第三者に知られることを望まない子の年収や職歴などの私的な事実をE社長に知られ、強いストレスを感じたなどの精神的苦痛を被ったといえる。
　そして、上記守秘義務違反の結果、原告X_1は前記D社で勤務を続けられないと感じて退職することとなることなどの諸事情を勘案すると、被告の不法行為により原告らが被った精神的損害を慰謝するに足りる金額としては、それぞれ15万円をもって相当とする。

●慰謝料認定の考え方●

　本件は、弁護士が依頼者らが勤務する会社の代表者から紹介を受け、依頼者らから訴訟の提起、追行を受任したところ、依頼者らが事務処理の内容に不満を抱き、弁護士を解任し、弁護士が紹介者に解任の事実等を告げる等したため、元依頼者らが弁護士に対して損害賠償責任を追及した事件である。本件では、弁護士の守秘義務違反、精算金の返還拒否が問題にされ、損害として各30万円が主張されたものである。

　本判決は、解任の事実等が秘密にあたり、弁護士が紹介者にそれを告げる等した行為が弁護士の守秘義務に違反するとしたこと、慰謝料として各15万円の損害を認めたことに特徴があり、弁護士の守秘義務違反に係る不法行為を肯定し、元依頼者らの慰謝料各15万円の損害を認めた事例判断として参考になるものである。

　本判決の控訴審判決である大阪高判平成22・5・28判時2131号66頁は、弁護士の守秘義務違反の不法行為を肯定し、慰謝料として各18万円の損害を認めている。

第12章 専門職のサービスによる慰謝料

4 刑事弁護において弁護過誤のあった弁護士に対する慰謝料請求

〔判　例〕　東京地判平成22・5・12判タ1331号134頁
〔慰謝料〕　10万円

【事件の概要】

弁護士Xは、損害保険業を営むY株式会社との間で弁護士賠償責任保険契約を締結していた。Xは、Aから覚せい剤取締法違反被告事件の弁護を受任し、弁護を行ったが、Aが第1審で懲役1年の有罪・実刑判決を受け、控訴したものの、控訴趣意書の提出期限を誤認し、同趣意書を期限までに提出しなかった。Xは、実刑判決が確定したことから、Aとの間で、損害賠償として200万円の支払い、刑務所に入所し出所するまでの賃借部屋の賃料83万7600円の支払いの示談をした。Xは、Yに対して賠償責任保険契約に基づき保険金の支払いを請求したものである。

●主張の要旨●

本件では、保険金の内容として200万円の損害が主張された（なお、弁護士の主張は、慰謝料かどうかは明らかではない）。

●判決の概要●

本判決は、本件刑事事件につき控訴審で執行猶予となる蓋然性はおよそ認めがたいから、執行猶予の判決が得られなかったこととの相当因果関係は認められないが、控訴をして保釈されていることから実刑が確定するまでにはいまだ多少の日数を要するとの期待、打算との相当因果関係があるとし、10万円の慰謝料を認め、請求を一部認容した。

判決文

(3)　もっとも、Aとしては、控訴をしている以上、控訴審において執行猶予付

きの判決を得られるかもしれないとの期待を抱くことはあり得ることであり、仮にその可能性が乏しいと思っていたとしても、控訴をして保釈されていることから実刑が確定するまでには未だ多少の日数を要するとの施設収容の引延ばしの打算はあり得ることであって、このような期待や打算を喪失させたことは、本件保険事故と相当因果関係があるというべきであり、それによって被った損害（相当慰謝料額）については、原告がAに対して法律上の損害賠償責任を負うものとして、本件保険契約上のてん補の対象となると認められる。

そこで、その相当慰謝料額であるが、前記のとおり、控訴審において執行猶予となる蓋然性があったとはおよそ認め難いこと、原告は、Aから、本件被告事件の弁護料として10万円を受領しているのみである一方、Aに対し、保釈保証金の多くを貸し付けていること、施設収容の引延ばしそれ自体の他に、Aがその引延ばしを欲する特別の事情は証拠上認められないことなどの事情に照らせば、原告がAに対して支払うべき相当慰謝料額は、10万円と認めるのが相当である。

●慰謝料認定の考え方●

本件は、刑事弁護を受任した弁護士が第1審で有罪判決を受け、控訴したものの、控訴趣意書を提出期限までに提出せず、有罪判決が確定し、依頼者と示談をしたことから、弁護士賠償責任保険契約を締結している損害保険会社に保険金の支払いを請求した事件であり、保険金の内容として慰謝料200万円（なお、弁護士の主張は、慰謝料かどうかは明らかではないが、本判決は、慰謝料の損害として認識している）が問題になったものである。

本判決は、刑事事件につき控訴審で執行猶予となる蓋然性はおよそ認めがたいから、執行猶予の判決が得られなかったこととの相当因果関係は認められないとしたこと、控訴をして保釈されていることから実刑が確定するまでにはいまだ多少の日数を要するとの期待、打算との相当因果関係があるとしたこと、慰謝料として10万円の損害を認めたことに特徴があり、慰謝料額を10万円と算定した事例判断を提供するものである。

第12章　専門職のサービスによる慰謝料

5　従業員へのパワハラが行われた弁護士法人に対する慰謝料請求

〔判　例〕　東京地判平成27・1・13判時2255号90頁
〔慰謝料〕　20万円

【事件の概要】

　Y弁護士法人は、主として債務整理を取り扱っており、平成25年5月当時、弁護士4名が所属し、従業員は8名、Aは事務局長であった。Xは、平成20年8月、Yにアルバイトとして採用され、同年11月、正社員となった。Yは、平成25年5月、Xに重大なミスがある等とし、解雇した。Xは、解雇の無効等を主張し、Yに対し、雇用上の地位の確認、賃金等の支払い等とともに、Aのパワハラによる不法行為に基づき慰謝料100万円、弁護士費用10万円の損害賠償を請求したものである。

●主張の要旨●

　本件では、弁護士費用のほか、慰謝料100万円が主張された。

●判決の概要●

　本判決は、Yの主張に係る解雇事由を否定し、解雇を無効とする等し（Xは、すでに他の法律事務所に勤務している）、パワハラについては、AがXの机の上に指導書面を置いたこと、業務改善の提案したXに不利益を課すことをほのめかしたこと、他の職員の前で横領であると指摘したこと、接客態度を批判したことが不法行為にあたるとし、慰謝料20万円、弁護士費用2万円の損害を認め、地位確認請求等を棄却し、賃金等の請求の一部を却下したものの、パワハラに係る損害賠償請求等を一部認容した。

判決文

(3)　上記(1)のとおり認定したAの原告に対する不法行為の態様からすれば、原告

に対する慰謝料は20万円、弁護士費用は2万円を相当額と認める。

●慰謝料認定の考え方●

　本件は、弁護士法人において従業員に対するパワハラが行われ、解雇された従業員が弁護士法人に対して損害賠償責任を追及した事件であり、損害として慰謝料100万円が問題になったものである。

　本判決は、弁護士法人の事務局長による従業員に対するパワハラを認めたこと、慰謝料20万円、弁護士費用2万円の損害を認めたことに特徴があり、法令の遵守を基本的な業務とする弁護士事務所における従業員に対するパワハラに係る不法行為を肯定し、慰謝料が認められた事例判断として参考になるものである。

成年後見人の業務妨害等をした税理士に対する慰謝料請求

〔判　例〕　東京地判平成26・7・9判時2236号119頁
〔慰謝料〕　100万円

【事件の概要】

弁護士Xは、Aの成年後見人に選任され、成年後見人の事務として、Aが代表取締役のB有限会社の閉鎖ないし解散手続を遂行しようとした。Bの確定申告手続を行っていた税理士Yは、Xにつき、X法律事務所に約2カ月にわたり誹謗中傷、成年後見人の辞任、廃業を求める文書36通をファクシミリ送信したり、C区社会福祉協議会の運営に係るサポートCの専門相談員にふさわしくない旨の意見を表明したり、Xの所属するD弁護士会に37次に及ぶ懲戒請求をしたり、東京家庭裁判所の後見センターにXがAの財産を処分し、利益を得ている旨の上申書を提出したりした。Xは、Yに対して名誉毀損、業務妨害等を主張し、不法行為に基づき慰謝料300万円の損害賠償を請求したものである。

●主張の要旨●

本件では、税理士による弁護士に対する名誉毀損・業務妨害に係る慰謝料として300万円の損害が主張された。

●判決の概要●

本判決は、Yの名誉毀損・業務妨害による不法行為を認め、慰謝料として100万円の損害を認め、請求を一部認容した。

判決文

六　争点6（原告の損害）について
　被告による上記一ないし三及び五の各不法行為の具体的な内容やその態様、こ

れらの不法行為が一連のものとして行われたという経過、これにより弁護士及び成年後見人である原告が受けた苦痛の内容、程度等の一切の事情を総合すれば、被告の不法行為により原告が被った精神的苦痛に対する慰謝料は、100万円と認めるのが相当である。

●慰謝料認定の考え方●

　本件は、弁護士が高齢者の成年後見人に選任され、成年後見人の業務を遂行し、成年被後見人の経営に係る会社の閉鎖・解散を実施したところ、会社の顧問税理士が弁護士の業務にさまざまな妨害行為を行ったことから、弁護士が税理士に対して損害賠償責任を追及した事件であり、損害として弁護士に対する名誉毀損・業務妨害に係る慰謝料として300万円が問題になったものである。

　本判決は、税理士の不法行為責任を肯定したうえ、慰謝料として100万円の損害を認めたものであり、税理士の不法行為による慰謝料額の算定事例、弁護士が税理士による名誉毀損・業務妨害の被害者になった慰謝料額の算定事例として参考になるものである。

7 有資格者による工事監理を受けられなかったことに係る慰謝料請求

〔判　例〕　東京地判平成17・12・28判時1950号103頁
〔慰謝料〕　100万円

【事件の概要】

　医師Xは、診療所の開設を企画し、平成4年11月、Y有限会社との間で、Xを委託者、Yを受託者として建物新築工事のための基本設計および実施設計並びに工事監理を目的とする契約を締結した。Xは、平成5年2月、A株式会社との間で、代金6800万円で建物の建築請負契約を締結した。Xは、平成4年12月以降、Yに当初工事デザイン料701万円、追加工事デザイン料53万9000円を支払った。Aは、平成5年7月、本件建物を完成し、Xに引き渡し、Xは、Aに当初工事請負代金7004万円、追加変更工事代金508万3325円を支払った。本件建物は、その規模に照らし、一級建築士または二級建築士でなければ設計・監理をすることができないにもかかわらず、Yは、資格者がいなかったし、建築士事務所の登録もなかった。Xは、本件建物の瑕疵、Yの建築士法違反等を主張し、Y、Aに対して不法行為に基づき損害賠償を請求したものである（Aとの間の訴訟は分離された）。

●主張の要旨●

　本件では、建替費用、本件建物の解体費用、慰謝料588万7640円、弁護士費用のほか、建築士法違反の不法行為による損害として設計・監理料相当損害金、慰謝料100万円の損害が主張された。

●判決の概要●

　本判決は、本件建物の一部に瑕疵があることを認めたうえ、Yの監理上の過失を認め、一部の設計上の瑕疵を認め、また、Yの代表者、担当者が建築

士の資格を有しておらず、建築士法所定の建築士事務所の登録をしていなかったことが不法行為にあたるとし、本件建物の瑕疵に係る損害として、補修費用1183万2000円、調査費用150万円、弁護士費用130万円を認め（この部分では、財産的損害を超えて、特段の精神的苦痛を被ったと認めるに足りる証拠はないとし、慰謝料の主張を排斥した）、建築士法違反に係る損害として、資格を有する者による適切な監理を受けられなかったことによる精神的苦痛を認め、100万円の慰謝料を認め、請求を一部認容した。

判決文

(1) 本件建物の瑕疵に基づく損害について
　ア・イ（略）
　ウ　慰謝料
　建築物の欠陥に係る財産的損害については、その損害賠償請求が認められた場合、特段の事情がない限りは、原則として本件建物の欠陥に伴う精神的苦痛は回復されると解されるところ、本件においては、原告が、財産的損害の賠償を超えて、特段の精神的苦痛を被ったと認めるに足りる証拠はない。この点に関する原告の主張は理由がない。

(2) 建築士法違反の不法行為に基づく損害について
　ア　前判示一の(2)のとおり、被告の監理行為には違法性が認められるものの、これにより原被告間の設計・監理契約が直ちに無効とまでいうことはできず、また、被告は、実際に本件工事の監理に従事していたのであるから、同契約に基づいて原告が支払った金員が損害に当たると解することもできない。したがって、経済的損害に関する原告の主張は認めることはできない。

　もっとも、〈証拠略〉によると、原告は、平成5年1月に被告が一級建築士事務所でなく、その資格を有する者がいないことを知ったこと、しかしながら、この時点では、診療所開設計画がかなり進展しており、もはや後戻りできないとの考えから、被告を監理者としたまま、本件工事を進めたこと、そのため、本件工事について監理上の種々の問題が生じ、資格を有する者による適切な監理を受けられないことによる不利益を受けたことが認められる。

　イ　そうすると、原告が、一級建築士の資格を有するものがいない被告との間で監理契約を締結していなければ、原告としても他に資格を有する者を監理者に選任して適切な監理を受けられた可能性があり、したがって、原告は、被告の建築士法に違反する行為により、資格を有する者の監理を受ける機会を逸したと認められ、これにより前判示の経済的損害の塡補では贖うことのできない精神的損害を被ったというべきであり、この損害は相当な金額の慰

謝料をもって回復されなければならない。
　そして、以上の諸点を総合すれば、原告が資格を有する者による適切な監理を受けられなかったことにより被った精神的苦痛を慰謝するに足る金額としては、100万円をもって相当とするというべきである。

●慰謝料認定の考え方●

　本件は、建物を新築するにあたって、建物の設計・工事監理を委託したところ、建築された建物に瑕疵があり、設計・工事監理の受託者が無資格である等建築士法違反があったため、委託者・注文者が受託者に対して損害賠償責任を追及した事件である。本件で主張された慰謝料は、建物の瑕疵による慰謝料と建築士法違反の不法行為による慰謝料である。

　本判決は、建築された建物の一部に瑕疵があることを認めたこと、設計・監理上の過失を認めたこと、瑕疵の補修等に関する損害を認めたものの、財産的損害を超えて、特段の精神的苦痛を被ったと認めるに足る証拠はないとし、慰謝料を否定したこと、建築士の資格を有せず、建築士事務所の登録をしないという建築士法違反の不法行為を認めたこと、建築士法違反に係る損害として、資格を有する者による適切な監理を受けられなかったことによる精神的苦痛を認めたこと、慰謝料として100万円を認めたことに特徴がある。本件は、法令上の資格等が必要な専門家だけが行う業務について、無資格者が行う等した場合、不法行為を構成するか、不法行為が認められる場合、どのような損害が認められるかという興味深い問題を提起したものである。本判決は、この前段の問題につき不法行為を肯定し、後段の問題につき有資格者による適切な業務を受けることができなかったことによる慰謝料を認めたこと（100万円と算定したこと）に意義のある判断である（この類型の損害は、有資格者による適正な業務を利用する機会を失ったとか、利用する期待が裏切られたという損害になる）。なお、後者の問題については、事案によっては、慰謝料以外の損害、たとえば、実損害、逸失利益等の損害が認められる可能性がある。

第12章　専門職のサービスによる慰謝料

子どもの連れ去りに協力したカウンセラーに対する慰謝料

〔判　例〕　名古屋地判平成14・11・29判タ1134号243頁
〔慰謝料〕　30万円

【事件の概要】

　XとAは、夫婦であり、別居中であり、子である長女Bは、Xと同居し、小学校に通学し、長男Cは、同様に保育園に通園していた。Yは、女性のためのカウンセラーとして活動していた。Aは、Yに相談し、B、CをAの下に連れ戻すことになり、Aに付き添い、Aが通学、通園中のB、Cを連れ去った。Xは、Yに対して、Xの親権の侵害、Bらとの平穏な生活の破壊を主張し、不法行為に基づき慰謝料1000万円の損害賠償を請求したものである。

●主張の要旨●

　本件では、慰謝料1000万円の損害が主張された。

●判決の概要●

　本判決は、母が親権を有していても、子の引渡しの手段としては家事審判等の法的手段によるべきであり、実力行使による子の奪取は、法律に定める手続を待っていては子の福祉の見地から許容できない事態が予想されるといった緊急やむを得ない事情のある場合を除いて許されないところ、本件では、そのような事情はなく、社会通念上許容される限度を超えるものであり、Yが子の奪取に同行、加担した行為は違法であるとし、不法行為を肯定し、慰謝料として30万円を認め、請求を一部認容した。

判決文

(2)　原告の損害

被告の上記違法行為により原告の親権は侵害されたものであり、これにより原告が被った精神的苦痛に対する慰謝料の額は、Aが本件子供ら奪取行為に至った経緯、奪取行為の態様、被告の果たした役割等本件に顕れた一切の事情を考慮してこれを30万円と定めるのが相当である。

●慰謝料認定の考え方●

　本件は、女性のためのカウンセラーとして活動していたところ、別居中の夫婦の妻から相談を受け、女性が夫の下で生活している子どもを連れ去ることに協力したため、夫がカウンセラーに対して損害賠償責任を追及した事件であり、子どもの連れ去りによる慰謝料が問題になったものである。

　本判決は、別居中の妻であっても、実力行使によって夫の下で別居中の子どもを連れ去ることは社会通念上許容されず、妻に同行し、加担したことが不法行為にあたるとしたこと、本件の諸事情を考慮して慰謝料を30万円と認めたことに特徴がある。本件のような親権者の依頼による子どもの連れ去りに協力することは、その背景にさまざまな事情があるとしても、専門家として実力行使に関与することは、特段の事情のない限り、不法行為責任を問われることは当然であるが、その損害は、慰謝料のほか、子どもの回復に要する費用等の損害も考えられる。本判決は、慰謝料として30万円の損害を認めたものであるが、その判断基準は明確ではないが、一つの事例判断として参考になるものである。

第12章　専門職のサービスによる慰謝料

介護施設の運営業者に対する慰謝料請求

〔判　例〕　東京地判平成26・2・24判時2223号56頁
〔慰謝料〕　200万円

【事件の概要】

　Xは、第二種知的障害者に認定され、障害程度3度（中度）の総合認定を受け、養護学校を卒業した後、区立作業所に通所していた。Xは、平成18年8月、後見開始決定がされ、Xの父Aが成年後見人に選任された。Xは、Aの自宅で同居していたが、Aの病気等から、区役所から、介護施設としてY₁・NPO法人（代表者は、B）を紹介され、平成19年2月、Y₁との間で、介護施設における介護サービスの提供を受ける契約を締結し、介護施設を利用していた。Xは、Y₁の介護施設においてY₁の従業員Y₂の暴行を受けており、平成23年8月頃、事件が発覚し、Y₂が暴行罪で起訴される等した、Xは、Y₂による暴行等を主張し、Y₁、Y₂に対して不法行為等に基づき慰謝料（1000万円）、自宅付添費用、弁護士費用の損害賠償を請求したものである。

●主張の要旨●

　本件では、自宅付添費用、弁護士費用のほか、慰謝料1000万円の損害が主張された。

●判決の概要●

　本判決は、Y₂によるXに対する暴行等を認定し、介護サービスの事業の執行に際して暴行等が行われたとし、Y₁の使用者責任、安全配慮義務違反、Y₂の不法行為責任を肯定し、Xに治療を要する外傷を生じさせ、日常生活を送るのに現実的な支障を生じさせる程度のものとは認められないとしたものの、介護施設の利用に対するXの期待が著しく損なわれたとする精神的

第12章　専門職のサービスによる慰謝料

な苦痛を認め、慰謝料として200万円、弁護士費用20万円の損害を認め、請求を認容した。

判決文

2　争点(3)について
(1) 前記第2の2で認定したとおり、本件暴行等は、自閉症及び精神遅滞の重複障害を負う原告を介護すべき職務上の責任を負っていた被告Y_2において、妻の病気や原告の介護の負担を原因とするストレスから、原告に対し、介護サービスの最中（主として入浴介護中）に、約5か月間に渡って大声で怒鳴りつけ、約3か月間に渡って肩、背中、尻等を平手で叩く、頭や肩等を浴室の壁に押さえ付けるなどの暴行を繰り返したというもので、原告は、自らの精神遅滞、自閉症のために被告Y_2に抵抗することができず、第三者に相談をすることもできなかったというものである（なお、被告Y_2が、入浴介護の機会以外に暴行等を行っていたことを具体的に確認できる証拠はない。また、本件暴行等が行われていたことについては原告後見人も原告の身体の状況及び言動から気付くことはなかったもので、被告Y_2の暴行等が、原告の身体に治療を要する外傷を生じさせ、あるいは原告が日常生活を送るにおいて現実的な支障を生じさせる程度のものであったとまでは認められない。）。

(2) このように、原告の病状や被告Y_2（被告法人）の介護サービス従事者としての立場、被告Y_2の動機や暴行の態様、本件暴行等が相当程度の期間に渡って逃げ場のない状況で行われたこと、原告本人には何らの落ち度もなく、自らの病状のために本件暴行等に抵抗することも第三者に相談することもできなかったことなどの事情を考慮すれば、被告Y_2の加害行為の態様は悪質であり、原告の被った精神的苦痛は深刻なものというべきである。

　また、原告が本件暴行等によって具体的な傷害やPTSD等の後遺症を負った事実や、医学的観点に照らして原告の自閉症や精神遅滞が具体的に悪化したとの事実を認めるに足りる的確な証拠はないものの、本件暴行等は、原告の病状に対して心因的に悪影響を及ぼすような態様で行われたものと解されるし、前記第2の2(5)ウのとおり、原告においては、本件暴行等を受けた経験から介護施設を利用しなくなり、原告後見人が一人で原告の介護に係る負担を負っている状況が認められることから、被告Y_2の行為によって介護施設の利用に対する原告の期待が著しく損なわれたものと解される。

　以上の事情のほか、本件で認められる一切の事情を総合的に考慮すれば、本件の慰謝料の金額は200万円を下らないものと認めるのが相当である。（なお、原告は、本件暴行等によって愛の手帳の障害程度判定が3度から2度に上がった旨を主張するが、前記第2の2(5)のとおり、愛の手帳2度は、IQが

20ないし34、集団的行動のほとんどが不可能、日常行動に支障があり、常時注意及び配慮が必要である等の特徴がある障害者に判定されるものであるところ、前記第2の2(2)アで認定した平成18年7月8日の診断内容に照らせば、原告は、本件契約を締結する以前から、愛の手帳2度に相当する障害を有していたという可能性を否定できず、原告の前記主張は直ちに採用できないといわざるを得ない。)

●慰謝料認定の考え方●

　本件は、知的障害者で成年被後見人が介護施設の運営業者と施設の利用契約を締結して利用していたところ、運営業者の従業員が暴行を繰り返して加えたことから、被害者が運営業者、従業員に対して損害賠償責任を追及した事件である。本件では、自宅付添費用、弁護士費用のほか、慰謝料1000万円の損害が主張されたものである。本件では、介護施設における知的障害者に対する暴行等が近隣住民の申出、録音等によって発覚したものであるが（従業員は、暴行罪で起訴された）、被害者にとって被害の立証等につき相当な困難があったことがうかがわれるところである。

　本判決は、介護施設の従業員の暴行を認めたこと、従業員の不法行為責任を肯定したこと、介護施設の運営業者の使用者責任、安全配慮義務違反を肯定したこと、Xの被害として、治療を要する外傷を生じさせ、日常生活を送るのに現実的な支障を生じさせる程度のものは認められないとしたこと、介護施設の利用に対する利用者の期待が著しく損なわれたとする精神的な苦痛を認めたこと、慰謝料として200万円の損害を認めたこと等に特徴がある。本判決は、障害を有する者の介護施設のサービスの性質、運営業者の属性を踏まえ、介護施設の利用における期待を重視し、期待侵害による精神的な苦痛を認めたうえ、慰謝料200万円の損害を認めたものであるが、参考になる判断を示したものということができる。

第13章　外国人差別による慰謝料

　社会で生活し、活動していると、生活の場、仕事の場、娯楽の場、取引の場等、さまざまな場面で差別的な取扱いを受けることがある。差別的な取扱いで最も多いのは、男女の差別的な取扱いであるが、たとえば、雇用の場では女性、母性の保護を除き、男女の平等が強く要請され、社会的な活動の場でも男女の差別は是正されてきている。もっとも、近年は、女性専用車が公共交通機関において増加し、その是非をめぐる議論が生じているようである。

　差別的な取扱いは、さまざまな事項につきさまざまな基準によって行われているし、その根拠も、法令、内部規則、使用規則、契約等の根拠に基づくものもあれば、事実上、慣習上行われているものもある。法の下の平等は、憲法上の基本的人権であるが（憲法14条１項）、公的機関、公的分野において適用されるものの（なお、この場合であっても、すべての差別的な取扱いがすべて禁止されると解されているわけではない）、私的な関係に適用されるものではない。

　雇用の場における男女の差別的な取扱いに関する慰謝料については、第５章で紹介しており、本章では他の差別的な取扱いに関する慰謝料を紹介するものである。

　私的な関係において差別的な取扱いが許されるかどうかは、差別の内容、取扱いの内容にもよるところであるが、原則としては私人の責任の下で自由に判断することができる事柄である。しかし、私的な関係であっても、関係する範囲、差別の内容・同期・経緯、差別の影響の内容・範囲、取扱いの内容等の事情によっては、不法行為上、違法であると認められるとの見解がありうる。

　差別的な取扱いが違法であると認められる場合、損害賠償の内容は、当該取扱いとの間の因果関係（事実的因果関係、相当因果関係）が認められる範囲

第13章　外国人差別による慰謝料

の種類、額のものであることになる。この場合、積極的な損害、経済的な損害が認められる事例もありうるが、精神的な苦痛による慰謝料が認められることが多いであろう。差別的な取扱いによる慰謝料の額については、明確な算定基準は形成されていないところであり、裁判官が差別的な取扱いに関する諸事情を考慮し、裁量的に金額を算定しているのか実情である。

　本章において紹介するのは、外国人差別をめぐる裁判例であり、店舗の入店拒否の事例、公衆浴場の入湯拒否の事例であり、いずれも慰謝料100万円を認めたものであるが、個々の事案の実情によるものの、比較的高額な慰謝料を認めたものということができる。

　なお、第11章❶大阪地判平成5・6・18判時1468号122頁は外国人差別に関する裁判例としても参考になるものである。

第13章 外国人差別による慰謝料

 店舗における外国人への退去要求に係る慰謝料請求

〔判　例〕　静岡地浜松支判平成11・10・12判時1718号92頁
〔慰謝料〕　100万円

【事件の概要】

　Y₁、Y₂は、浜松市内で有限会社名義（法人登記は未了）で宝石店を経営していた。ブラジル人であるXは、A株式会社の静岡支局で記者をしていたところ、平成10年6月、Y₁らの経営に係るB宝石店に入り、ショーケースの中で展示してある商品を見ていた。店内では、Y₁が近づき、英語でどこから来たのか質問し、ブラジルからと答えた途端、両腕を広げて追い出すような動作をしながら、外国人は立入禁止であると言い、店内の壁に貼ってあった外国人の入店を禁止する旨の張り紙を指すなどし、警察を呼ぶぞなどと言い、警察官、警備員が来た。Xの電話によって夫、新聞社の記者らが来たりして混乱し、Xが謝罪の手紙を求めたのに対し、Y₂が言葉が通じなくてごめんなさいなどと記載した紙を交付する等した。Xは、Y₁、Y₂に対して、不法行為に基づき慰謝料100万円、弁護士費用50万円の損害賠償を請求した。

●主張の要旨●

　本件では、弁護士費用のほか、慰謝料として100万円の損害が主張された。

●判決の概要●

　本判決は、一般の顧客として何らやましい態度は見受けられなかったのに、ブラジル人と知っただけで、店舗から追い出そうとし、警察官を呼ぶなどしたことが人格的名誉を傷つける不法行為にあたるとし、慰謝料100万円、弁護士費用50万円の損害を認め、請求を認容した。

第13章　外国人差別による慰謝料

判決文

二　被告らが営んでいる宝石商は、それが高価な品物を扱うという意味で、犯罪を行おうとする者から狙われやすいという点は、首肯し得るけれども、一般に街頭で店舗を構えている以上、それはその構造上と機能から日本人であると外国であると問わず途を歩く顧客一般に開放されているものというべく、防犯対策は、これら顧客の目の届かないところで対策を練るのが相当であるといわざるを得ない。

　商品を倉庫に備え置き、通信販売等の方法により、品物を紹介するとかいう形態を採れば格別、被告らのような店舗を構える経営者には、顧客対象を限定したり、入店制限を行うとか、被紹介者に限るとか、完全な会員制にするとかの自由はない。

三　以上のとおり、B店内に入り、そのショウウインドーを見物している原告には一般の顧客として何ら疚しい態度は見受けられないのにもかかわらず、被告らが原告をブラジル人と知っただけで追い出しをはかった行為は、その考え方において外国人をそれだけで異質なものとして邪険に取り扱うところであり、その方法についても見せてはいけない張り紙などを示して原告の感情を害したうえ、犯罪捜査に関係する警察官を呼びこむような行為は、あたかも原告をして犯罪予備軍的に取り扱うものとして妥当を欠き、原告の感情を逆なでするものであったといわざるをえない。

四　損害賠償額

以上のとおりであるとすれば、被告 Y_1 は、先代が過去に外国人風の盗賊に被害にあったとする不幸な出来事から神経質になり、ブラジル人であるということから、外国人入店お断りというビラを見せるとか、警察官を呼ぶとか、不穏当な方法により原告を店から追い出そうとしたことにより原告の人格的名誉を傷つけたものといわざるを得ず、被告 Y_2 においても外国人入店お断りという張り紙を作成したり、原告をして早く帰って貰おうと心底から出たのではないメモを渡すなどして原告の名誉を著しく傷つけたものとして民法第709条、第710条に基づき、原告に対して、その精神的苦痛を慰謝すべき責任があるところ、その額は原告の主張する慰謝料および弁護士費用を併せて金150万円とするのが相当である。

●慰謝料認定の考え方●

本件は、外国人が店舗に入って商品を見ていたところ、店舗の経営者から外国人であることを理由に、警察官を呼ばれる等して退去を求められたため、外国人が店舗の経営者らに対して損害賠償責任を追及した事件であり、損害

として慰謝料が主張されたものである。

　本判決は、店舗の経営者らの言動につき人格的名誉を侵害する不法行為を肯定したこと、慰謝料として100万円の損害を認めたことに特徴がある。本件のような店舗等の一般に利用できる施設における外国人に対する差別的な言動、差別的な取扱いは、言動、取扱いの内容、態様につき正当化できる合理的な理由がない限り、不法行為にあたると解することができるが、そのような不法行為に基づく損害賠償は、具体的な被害の内容、程度によって認定、判断するほかはない。また、外国人に対する差別的な言動、取扱いは、事案によっては、各種の実費、経済的損害が生じることがあるが、差別そのものによって精神的苦痛、名誉の侵害、侮辱（主観的名誉の侵害）のほか、人格権・人格的利益の侵害が生じることが多い。本判決は、前記のとおり、人格的名誉の侵害を認め、慰謝料として100万円の損害を認めたものであり、その旨の事例判断として参考になる（なお、人格的名誉の用語は実務上通常のものではない）。

公衆浴場における外国人の入浴拒否に係る慰謝料請求

〔判　例〕　札幌地判平成14・11・11判時1806号84頁
〔慰謝料〕　各100万円

【事件の概要】

X_1 は、ドイツ人であり、日本人女性と結婚し、札幌市に居住しており、X_2 は、アメリカ人であり、同様に、日本人女性と結婚し、札幌市に居住しており、X_3 は、アメリカ国籍を有していたが、日本国籍に帰化し、道内に居住していた。Y_1 株式会社は、小樽市において公衆浴場Aを経営しており、外国人の入浴を拒否していた（ほかにも外国人の入浴を拒否する公衆浴場があった）。X_1、X_2 は、平成12年10月、それぞれ家族と共に Y_1 の経営する公衆浴場に入場したが、Y_1 の従業員により外国人であることを理由に入浴を拒否されたし、X_3 は、同年12月、同様に、Y_1 の従業員により入浴を拒否された（地域ではロシア人の入浴マナーの悪さ等が問題になり、入浴拒否の撤廃が社会問題になっていた）。X_1 ないし X_3 は、Y_1 に対して、入浴拒否が違法な人種差別であり、人格権の侵害、名誉の侵害があったと主張し、不法行為に基づき慰謝料200万円の損害賠償、謝罪広告の掲載、Y_2 市（小樽市）に対して、人種差別撤廃のための実効性のある措置をとらなかったと主張し、国家賠償法1条1項に基づき損害賠償を請求した。

●主張の要旨●

本件では、慰謝料200万円の損害が主張された。

●判決の概要●

本判決は、公衆浴場を経営する会社が外国人の入浴を一律に拒否する経営方針の下、外国人の入浴を拒否したことは、人種差別にあたるとし（名誉毀

損は否定した)、不法行為を肯定し、慰謝料として100万円の損害を認め、Y_2の責任を否定し、Y_1に対する請求を一部認容し、Y_2に対する請求を棄却した。

判決文

4　争点(3)（損害論）について

　原告らは、本件入浴拒否によって、公衆浴場であるAに入浴できないという不利益を受けたにとどまらず、外国人にみえることを理由に人種差別されることによって人格権を侵害され、精神的苦痛を受けたものといえるから、前記のような諸事情をあわせ考慮すると、これを慰謝するにはそれぞれ100万円が相当である。

　被告Y_1は、本件入浴拒否は、原告らが世間にアピールする目的で、あらかじめ入浴が拒否されることを知りながらAを訪れ、入浴を拒否されたという事実を作出したものであって、原告らにとってAで入浴する必要性はそもそもなく、原告らは何ら精神的打撃を受けたとはいえず、損害は発生していない旨主張するけれども、原告らが、入浴拒否の事実を社会に認知してもらいたいという目的をもっていたとしても、本件入浴拒否によって、現実に入浴ができず、人種差別を受けて精神的苦痛を受けた以上、損害が発生していないということはできないから、被告Y_1の上記主張は採用することができない。

　したがって、被告Y_1は、原告らに対し、それぞれ100万円の損害を賠償すべき義務があるというべきである。しかし、本件入浴拒否によって原告らの社会的名誉が毀損されたとまで認めることはできないので、原告らの謝罪広告の掲載の請求は理由がない。

●慰謝料認定の考え方●

　本件は、公衆浴場において入浴しようとした外国人らが、これを経営する会社から外国人の入浴を禁止する経営方針の下、入浴を拒否されたため、会社に対して損害賠償責任を追及した事件であり、人種差別の人格権侵害、名誉毀損の慰謝料が問題になったものである。

　本判決は、公衆浴場である限り、希望する者は、国籍、人種を問わず、その利用が認められるべきであり、安易にすべての外国人の利用を一律に拒否するのは明らかに合理性を欠くものであり、外国人一律入浴拒否の方法によってされた本件入浴拒否は不合理な差別であって、社会的に許容しうる限度

を超え、違法であり、不法行為に該当するとしたこと、人種差別による精神的苦痛につき慰謝料として100万円が相当であるとしたこと、名誉毀損までは認められないとしたことに特徴がある。本判決は、公衆浴場の入浴拒否という人種差別につき精神的苦痛が生じたとし、慰謝料100万円が相当であるとしたものであり、その旨の事例判断として参考になるものである。

第14章　悪質商法による慰謝料

　社会で生活し、経済活動等の活動を行うにあたっては、契約の締結・履行等の取引を行うことが必要であるし、避けられないところである。契約の内容や契約締結の方法等の取引の内容・方法はさまざまであり、現代社会においては多様な契約が利用されている。取引の中には、日常生活に必要なもの、商品の購入・利用に関するもの、サービスの提供に関するもの、投資に関するもの、特定の関係・地位を形成するもの等、さまざまなものがあり、多種多様な事業者が取引の相手方になっている。

　取引の内容、方法、事業者等が社会的に広く認められている取引においては、内容・方法等が問題視されることは少ないが、時々、勧誘、説明（情報提供）、内容の瑕疵等が問題になることがある。このような取引をめぐる慰謝料の問題は、第11章で取り上げて紹介している。他方、取引の中には、取引の内容、方法や、事業者の属性そのものが問題視される取引もあり、相当数の顧客からクレームが出される等し、従来から悪質商法、悪徳商法と呼ばれ（事案によっては、詐欺商法、詐欺的商法と呼ばれるものもある）、不法行為等をめぐる法律問題が生じることがある。

　悪質商法は、事業者が取引を行うにあたって、勧誘の方法、取引の内容、取引の履行等の経過等の多くの事項に不正、不当性がみられるものであり、あるいは取引の相手方（若年の個人、高齢者、判断能力の低下した者等）の属性に乗じて勧誘、取引等を行うものであり、いくつかの事項、あるいは取引全般につき不法行為が主張されることが多い。悪質商法といっても、勧誘、取引の内容、事業者の属性等の事情はさまざまであり、不法行為の違法性の程度も多様であり、社会的に広く認められている取引との境界があいまいなものもある。他方、悪質性が著しい違法性の強い悪質商法もあり、悪質商法に分類するにあたっては注意が必要である。

第14章　悪質商法による慰謝料

　悪質商法の事業者の不法行為責任が追及され、不法行為が認められる場合、損害賠償の範囲、額は、まず、取引によって相手方が被った代金、手数料等、被害回復のための実費の損害が認められるほか（これらは、財産的な損害である）、被害者の精神的な苦痛、契約締結の自由の侵害に係る慰謝料が認められることがある（財産的な損害の賠償によって慰謝料が補塡されると判断されることもある）。この場合の慰謝料額の算定基準は明らかではなく、判断基準が形成されているとはいいがたく、裁判官が被害者の属性、被害の内容・態様、加害行為の内容・態様・悪性等の事情を考慮して、裁量的に慰謝料額を算定しているのが実情である。

　本書においては、悪質商法に係る慰謝料をめぐる裁判例として、虚偽結婚の事例、ワンクリック詐欺の事例、在宅ワーク商法の事例、自己啓発セミナーの事例、教材販売の事例、振り込め詐欺の事例を取り上げているが、社会において問題になっている悪質商法はほかにもあるし、時代によってさまざまな悪質商法が開発され、あるいは旧来の悪質商法が新たな装いで再開発されることがある。

第14章　悪質商法による慰謝料

 国際結婚の強制、虚偽の離婚届に係る慰謝料請求

〔判　例〕　京都地判平成 5・11・25判時1480号136頁
〔慰謝料〕　1200万円

【事件の概要】

　Yは、昭和54年、有限会社Aの名称で結婚相談所を経営し、スリランカから独身女性を来日させ、日本人男性に紹介する事業を開始し、事業を行っていた。Xは、スリランカ人の女性であり、昭和62年7月、スリランカの新聞に日本の会社で研修生を募集している旨の広告が出されたのを読み、これに応募した。Xは、これに採用され、昭和62年9月、24名のスリランカ人女性と共に来日した。Xらは、数名の女性と共にYの事務所、隣接する自宅に連れてこられ、Yの息子Aから日本人男性と結婚しなければならない旨を告げられた。Xらは、結婚を強く拒否したところ、渡航費等の支払いを求められたり、食事等で嫌がらせを受ける等した。Xは、結局、見合いに応じることになり、紹介されたBとの結婚に応じ、Bと共にスリランカに帰国し、コロンボで挙式した。Xは、再度来日し、Bと生活を始めたが、Bが不可解な行動をとったため、Yの事務所に相談に行ったところ、他の男性との再婚を勧められる等した。Bは、Xに執拗に離婚を求める等し、Xがこれを拒否していたが、昭和63年11月、法律事務所に相談に行ったところ、調査によって同年5月に離婚届が提出されていることを知った。Xは、Yに対して、YとBの共同不法行為を主張し、慰謝料の損害賠償を請求したものである。

●主張の要旨●

　本件では、慰謝料として2500万円、制裁的慰謝料として3000万円の合計5500万円のうち2000万円が主張された。

第14章　悪質商法による慰謝料

● 判決の概要 ●

　本判決は、Yによる強制結婚を認め、これが人身売買等に等しく、卑劣な方法でXの人権を無視したものであり、人道的に許しがたいとし、離婚届の偽造は人権無視も甚だしく、人道的に許しがたいとし、不法行為を肯定し、慰謝料1200万円を認め、制裁的慰謝料に関する主張を排斥し、請求を一部認容した。

判決文

四　原告の被った精神的損害

　前記認定事実によれば、原告は、日本においてコンピューター技術を身につけ、スリランカ帰国後、日本との合弁企業に勤務することを夢見て来日したのが、右来日は被告に騙されたものであったうえ、被告によって、来日直後にBとの見合い及び結婚を強要され（人間にとって結婚相手を決めることは一生の問題であり、その決定の自由は極めて重要な基本的権利である。しかるに、面接をして2日も経ず、話も全くしたこともない者との結婚を強制した被告の行為は、原告の右結婚の自由を侵害したものである。）、結婚後は6か月弱の間険悪で不幸な夫婦生活を過ごした末、今度は勝手に偽造された離婚届により離婚届出をされ、妻たる地位を事実上喪失させられ、B宅から放り出されてしまったものである。

　被告は、このように、嫌がる原告を無理矢理婚姻させておきながら、今度はすぐに離婚届を偽造して無理矢理離婚させようとしたものであり、原告が被告のこのような人道的に許し難い違法な行為によって人生計画を狂わされ、甚大な精神的苦痛を受けたことは〈証拠略〉により明らかであり、右精神的苦痛に対する慰謝料は、被告の行為の計画性、行為の方法、手段及び態様、行為の違法性の程度、原告の受けた精神的苦痛の程度など本件に表れた諸般の事情を総合勘案すると、被告固有の不法行為に対する慰謝料として700万円、被告とBとの共同不法行為に対する慰謝料として500万円と認めるのが相当である。

● 慰謝料認定の考え方 ●

　本件は、外国人女性を対象とした日本人男性との結婚あっせんを業とする事業者にスキームに騙されて来日し、結婚等した外国人女性が事業者に対して損害賠償責任を追及した事件である。

　本判決は、結婚の強制、離婚届の偽造について人道的に許しがたい不法行

為であるとしたうえ、慰謝料として1200万円の損害を認めたものである（制裁的慰謝料の主張は排斥した）。本件で問題になった被害者の権利は、結婚、離婚を内容とする人格権そのものであり、このような人格権侵害による慰謝料額が問題になったが、本判決は、1200万円の慰謝料額を認定し、算定したものであり、参考になる事例判断ということができる。

第14章 悪質商法による慰謝料

ワンクリック詐欺に係る慰謝料請求

〔判　例〕　東京地判平成18・1・30判時1939号52頁
〔慰謝料〕　30万円

【事件の概要】

　Yは、複数のインターネットサイトを運営し、そのうち、わいせつ写真画像閲覧サービスのサイトを運営していた。弁護士Xは、平成17年7月、法律事務所において使用しているパソコンに、Yの依頼を受けた第三者から電子メールを送信され、これを開いた。Xは、電子メール欄に記載されていた二つのURLのうち一つをクリックしたところ、Yの運営に係る本件サイトが表示された。Xが本件サイトのトップページに掲載されている女性の写真画像をクリックしたところ、入会登録が完了したので、3日以内に3万9000円支払えとの催告ページが現れた。Xは、Yに対して、画像閲覧サービスの会員登録の意思がないのに自動的に登録され、利用料名目で不当な支払いを請求された等と主張し、不法行為に基づき損害賠償を請求したものである。

●主張の要旨●

　本件では、精神的苦痛の慰謝料100万円、パソコンの点検に必要な期間の業務上の損害300万円が主張された。

●判決の概要●

　本判決は、Yの本件サイトは、本件訴訟の提起時には、あらかじめ利用料が有料である旨を表示したうえで、サイトの利用規約に同意した場合に限り、入力をすることができるようになっていたが、これがYによって事後的に改変されたものであるとし、Yの不当請求による不法行為を肯定し、慰謝料30万円の損害を認め、請求を一部認容した。

判決文

二　争点二について

　本件は、相手方に契約締結意思がないにもかかわらず、サイトの画面の写真画像をクリックしただけで、会員登録が終了したとして不当に利用料金を請求する、いわゆるワンクリック詐欺による不当請求事案であるが、その手口は、いきなり画面を暗転させ数字や文字を羅列させた後、個人情報取得終了との表示を行い、いかにも相手方のパソコン内にスパイウェアを侵入させ個人情報を窃取したかのような不安感を与えつつ、IPアドレスによってパソコンが特定でき、自宅や勤務先に直接請求するとともに、延滞料も請求することがあるなどと威圧的に請求を行うもので、しかも、羞恥心から泣き寝入りし、支払いに応じる者もあることを見込んでランダムに多数のメールを送りつけるというものであって、極めて悪質である。原告は、弁護士であり、かかる請求に対して支払義務のないことは理解してはいたが、自らのパソコンにスパイウェアを侵入され、またパソコン内の個人情報を窃取されたかもしれないとの懸念を抱き、パソコンの点検が済むまでの間パソコンの利用を差し控えたほか、自らの権利救済のために時間と費用をかけて本訴を提起しており、被告の行為により看過し難い精神的苦痛を負ったことは明らかである。本件に関する上記のような諸般の事情を総合勘案すると、本件における損害賠償金として30万円が相当であると思料する。

●慰謝料認定の考え方●

　本件は、インターネット上の電子メールを開き、クリックしたことによってサイトの運営事業者から利用料の請求を受けた弁護士が運営事業者に対して不法行為に基づき慰謝料、営業上の損害を請求した事件である。本件の背景にあるのは、ワンクリック詐欺と呼ばれている不当請求である。インターネットを利用していると、自分が利用するメールアドレスにさまざまな怪しい電子メール（Eメール）が送信されており（見るからに怪しいメールだけでなく、一見して通常のメールのようなものも相当数ある）、その数は決して少なくないが、これらのメールを開いたり、あるいは開いた後、記載欄をクリックしたり、指示に従って情報を入力したりした場合、どのような事態に陥るかは、個々のメールごとに異なるところ、さまざまな不利益を被るおそれが相当にある。インターネットの利用者らにおいては、多様な怪しいメールが

多数送信されていることは常識であり、利用上細心の注意を払っているし、仮に課金を内容とするメールが送信されたとしても（メールの中には、いきなり請求をする内容のものもある）、これを無視することが効果的な対策であるとされている。

　本判決は、インターネットの利用経験が豊富にある弁護士が、怪しい電子メールを開き、記載されたURLをクリックし、利用料の支払請求を受けたことが不法行為にあたるとしたうえ、慰謝料の損害30万円を認めたものであるが、不法行為を肯定した判断はあながち不合理とはいえないとしても、慰謝料30万円を認めた判断には、事例判断を提供するところ、不当請求であっても、弁護士であること、メールの利用状況・内容に照らし、これによる慰謝料を認めることにはいささか疑問が残る。

第14章　悪質商法による慰謝料

在宅ワークのあっせん等を勧誘文言とする商品販売に係る慰謝料請求

〔判　例〕　東京地判平成18・2・27判タ1256号141頁
〔慰謝料〕　精神的苦痛を被ったものの、財産的損害の補塡によっても補塡されない精神的損害がない旨の判断

──【事件の概要】──

　Y_1株式会社、Y_2株式会社、Y_3株式会社、Y_4株式会社（その他、Y_5ないしY_{11}は、Y_1らの代表取締役、監査役らである）は、コンピュータソフトウェアの開発、販売等を業としていたところ、在宅ワークのあっせんを説明する等し、パソコン教材を販売していた。Xら（合計9名）は、在宅ワークによって副収入を得られると思い、それぞれY_1らの従業員らから勧誘され、パソコン教材を購入し、Y_1が経営するインターネットプロバイダーであるAと契約を締結して会員となり、Aから業務委託を受け、業務委託料の支払いを受けた。Xらは、Y_1らの説明どおりの副収入が得られなかったことから、それぞれY_1らに対して、主位的に、内職詐欺商法等による不法行為に基づき既払金等の財産的損害、慰謝料、弁護士費用の損害賠償、予備的に、無効、取消し等による既払金の不当利得の返還を請求したものである。

●主張の要旨●

　本件では、既払金等の財産的損害、弁護士費用のほか、慰謝料の損害が主張された（判決文上、慰謝料の具体的な金額は省略されている）。

●判決の概要●

　本判決は、Xらのほか相当数の会員が実際に業務委託を受け、相当の受託料の支払いを得ていたこと等からY_1らの勧誘が内職詐欺商法とはいえないとしたものの、不実の告知、断定的判断の提供があり、Xらが営業のためま

たは営業としてパソコン教材等を購入したものではないとし、Y_1 らの勧誘が不法行為にあたるとし、既払金等の損害を認め、慰謝料を否定し、パソコン教材等を一部損益相殺する等し、無効、取消しを否定し、請求を一部認容した。

判決文

(2) 慰謝料について

　原告らは、前記各担当者の不法行為によって精神的苦痛を被ったと推測されるけれども、前記財産的損害の補填を受けることによってもなお補填することができない程の精神的損害を被ったと認めるに足りる証拠はないから、原告らの慰謝料請求は理由がない。

●慰謝料認定の考え方●

　本件は、在宅ワークのあっせん等を勧誘文言としてパソコン教材を購入した者らが販売事業者らに対して不法行為に基づき損害賠償責任を追及した事件であり、既払金等のほか、慰謝料の損害が主張されたものである。

　本判決は、購入者らが主張した詐欺商法による不法行為を否定したが、不実の告知、断定的判断の提供による不法行為を肯定したうえ、既払金等の財産的損害を認め、慰謝料については、財産的損害の補填を受けることによってもなお補填されない精神的損害を被ったと認めることはできないとし、否定したものであり、不正取引における慰謝料を否定した事例判断として参考になる。

第14章 悪質商法による慰謝料

4 自己啓発セミナーにおける暴力的行為等に係る慰謝料請求

〔判　例〕　東京地判平成19・2・26判時1965号81頁
〔慰謝料〕　200万円

【事件の概要】

Y_1株式会社、Y_2株式会社は、自己啓発セミナーの開催等を業としており、Y_3は、Y_1の開催するセミナーのゼネラルトータルプロデューサーであり（Y_3の妻は、Y_1の取締役であった）、Y_4は、Y_1の代表取締役社長であり、Y_5は、Y_1の代表取締役会長であり、Y_6、Y_2の代表取締役会長であり、Y_7は、Y_2の取締役であり、Y_1が開催する自己啓発セミナーの事業に関与していた。X（女性）は、平成14年7月から平成15年1月の間、Y_1の従業員らにセミナーに参加すれば悩みが解消される等の旨を告げられ、セミナーに参加し、セミナー中には、繰り返して誤りを指摘され、罵倒される等した。Xは、Y_1らに対してセミナー参加費用、商品購入代金、出店費用等の名目で多額の金銭を支払わされた。Xは、Y_1、Y_2、Y_3らに対して、不法行為に基づき支出した金銭相当額、慰謝料の損害賠償を請求したものである。

●主張の要旨●

本件では、支出金銭相当額のほか、慰謝料500万円、弁護士費用250万円の損害が主張された。

●判決の概要●

本判決は、Y_1、Y_2、Y_3らが実施した自己啓発セミナーは、マインドコントロールを施し、セミナー参加を中止したりすると、地獄のような生活を送らざるを得なくなると信じ込ませる等し、参加費用、商品購入代金等を支払わせたとし、一連の行為が不法行為にあたるとし、1203万3508円の財産的損

害（支出した金銭相当額）、200万円の慰謝料、140万円の弁護士費用の損害を認め、請求を一部認容した。

判決文

二　慰謝料
(1)　前記認定事実によれば、原告は、被告らの一連の違法行為により、マインドコントロールされた状態に意図的に陥れられ、罵倒句を浴びせかけた上で五体投地の姿勢で叩かれ続ける集団的恫喝（フィードバック）を継続的に受けるなど、激しい精神的苦痛を受けたものである。

　　精神医学や心理学の知識を濫用したり、他人を意図的にマインドコントロールされた状態に陥れる行為が著しく反社会的な行為であることは言うまでもない。また、考える余裕や反論する余裕を与えずに、集団で長時間一人の相手を罵倒し続けることは、精神的な拷問に等しく、半永久的に被害者の心に深い痛手を残すことになり、これまた、極めて非人間的な行為であるというほかはない。

　　原告がセミナー等において受けた暴力的、恫喝的行為による精神的損害を慰謝するための慰謝料の額は、その被害の期間、程度、加害者の反社会的な意図、本件訴訟においても事実関係を全く認めようとしない加害者の態度等を総合すると、100万円を下ることはないものというべきである。

(2)　前記認定事実によれば、原告は、被告らの一連の違法行為により、(1)で説示した被害のみならず、原告の生活の全面にわたるマインドコントロールを受けた結果、家庭の崩壊から離婚に至り、かつ、被告 Y_1 のような反社会的集団に一時的にせよ所属していたということを理由に、離婚に際して娘の親権を得ることができず、娘と面接交渉をすることすら元夫に拒否されるという状態に陥れられたものである。また、原告は、被告らの一連の違法行為により、マインドコントロールに陥らされた状態下で、弁済のあてがないことが明らかであるのに、多額の借金やクレジットカード等を利用した商品購入を無謀にもさせられ、これらの債務を返済していくことができず、その結果自己破産のやむなきに至らされたものである。

　　原告が離婚に追い込まれたばかりか、娘に会うことすらできない状態に置かれ、自己破産にも追い込まれたことによる精神的損害を慰謝するための慰謝料の額は、その被害の程度、加害者の反社会的な意図、本件訴訟においても事実関係を全く認めようとしない加害者の態度等を総合し、実額の厳密な証明ができないクレジット会社等への支払による損害の発生の事実も若干加味すると、100万円を下ることはないものというべきである。

(3)　以上によれば、原告に生じた慰謝料は(1)と(2)の合計の200万円であり、この

限度で原告の慰謝料請求は理由がある。

●慰謝料認定の考え方●

　本件は、自己啓発セミナーを開催する事業者らに勧誘され、これに参加した女性がマインドコントロールを施され、多額の参加費用、商品購入代金等を支払わされたため、事業者らに対して損害賠償責任を追及した事件であり、慰謝料も主張されたものである。

　本判決は、自己啓発セミナーを開催し、参加させた事業者らの不法行為を認めたうえ、財産的損害（支出した金銭相当額）、弁護士費用のほか、慰謝料として200万円の損害を認めたものである。本件のような不法行為の被害者について、どのような内容・程度の慰謝料を認めるかの明確な基準はなく、不法行為の内容、態様、期間、被害の内容、程度等の諸事情を考慮して相当な判断をするほかはない。本判決は、本件の諸般の事情（被害の期間、程度、加害者の反社会的な意図、本件訴訟における応訴態度等の事情）を考慮し、200万円の慰謝料額を認定、算定したものであり、事例判断として参考になる。

第14章 悪質商法による慰謝料

長期にわたる執拗な勧誘による教材販売に係る慰謝料請求

〔判　例〕　東京地判平成20・2・26判時2012号87頁
〔慰謝料〕　30万円、7万円

【事件の概要】

　Y_1株式会社（代表者はY_2）は、経営・法律実務に関する書籍等の販売等を業とし、Y_3株式会社（代表者はY_4）は、書籍・CD等の制作販売を業とし、Y_5株式会社（代表者はY_6）は、教育機器等の販売を業としている。Y_1、Y_3は電話を利用する通信販売を主とし、Y_2、Y_4は親子である。会社員であるXは、平成6年5月から平成16年7月までの間、Y_1、Y_3、Y_5の従業員らからそれぞれ電話で勧誘を受け、Y_1との間で4件、Y_3との間で24件、Y_5との間で4件の教材を購入し、合計1100万円以上支払った。Xは、Y_1、Y_2らに対して、詐欺的・恐喝的勧誘に係る不法行為に基づき既払金、慰謝料、弁護士費用の損害賠償、Y_1、Y_3に対して、公序良俗違反等を主張し、不当利得の返還を請求したものである。

●主張の要旨●

　本件では、既払金、慰謝料（Y_1、Y_2につき70万円、Y_3、Y_4につき20万円、Y_3ないしY_6につき10万円）、弁護士費用の損害が主張された。

●判決の概要●

　本判決は、Y_1の従業員らにおいてXが困惑していることを利用し、執拗に勧誘したこと、Xの年収が400万円であることに照らして教材の種類、内容および数量等の検討をしていない過量販売であることを認め、Y_1とY_3の組織的関連を認め、取引全体としての不法行為にあたるとし、Y_1、Y_2、Y_3、Y_4の共同不法行為を肯定し、損害として既払金、その約1割に相当する慰

謝料（Y_1、Y_2につき30万円、Y_3、Y_4につき7万円)、弁護士費用を認め、Y_1らに対する請求を一部認容し（過失相殺を2割認めた）、Y_5、Y_6の関与が明らかでないとし、Y_5、Y_6に対する請求を棄却した。

判決文

三　損害について
　（1）　被告Y_1社による損害
　既払金は、別表記載のとおり316万7812円であり、慰謝料は、長期に渡って執拗な勧誘により受けた精神的苦痛を補填するには、30万円が相当である。弁護士費用は34万円が相当である。
　（2）　被告Y_2社による損害
　既払金は、別表記載のとおり71万6550円であり、慰謝料は、長期に渡って執拗な勧誘により受けた精神的苦痛を補填するには、7万円が相当である。弁護士費用は7万5000円が相当である。

●慰謝料認定の考え方●

　本件は、複数の会社による長期にわたる教材販売の執拗な勧誘、販売が行われ、購入者が会社らに対して共同不法行為に基づく損害賠償責任等を追及した事件である。
　本判決は、二つの会社らによる個々の取引ごとでなく、取引全体の共同不法行為責任を肯定し、既払代金を損害とするとともに、長期にわたる執拗な勧誘による慰謝料として、1社につき30万円、他の1社につき7万円の損害を認めたものである。
　本件のような取引の勧誘行為による慰謝料が認められるかは、事案によるところであり、理論的に否定されるものではない。具体的な慰謝料額の算定にあたっては、被害者の属性、勧誘の内容・態様・期間、勧誘の違法性の程度、被害の内容・程度等の諸事情を考慮して判断されることになるが、本判決の勧誘行為と違法性の判断が概括的であり、被害者の具体的な精神的苦痛の内容・程度が明らかでないことに照らすと、前記の慰謝料額の判断は限界事例ということができよう。

振り込め詐欺に係る慰謝料請求

〔判　例〕　東京地判平成21・3・25判時2041号72頁
〔慰謝料〕　振込額の1割

【事件の概要】

　Y_1は、振り込め詐欺集団を統括し、複数の実行グループを指揮しており、Y_2は、そのうち一つの実行グループの実行責任者であった。Y_1らは、架空の出会い系サイト等の利用料金を請求したり、家族に自動車事故を仮装して示談金、修理代金等の名目で銀行口座に金銭を振り込ませたりする手口で組織的に犯罪を行っていた。Xら（16名）は、Y_1の統括する詐欺集団によって被害を受けたものであり、Y_2の実行グループによって被害を受けたか明らかでないものもいた。Xらは、Y_1、Y_2に対して、不法行為、共同不法行為に基づき損害賠償を請求したものである。

●主張の要旨●

　本件では、詐取された金員、その3割に相当する慰謝料、その1割に相当する弁護士費用の損害が主張された。

●判決の概要●

　本判決は、Y_1の不法行為を肯定し、Y_2の責任については、自ら実行役となったグループのほか、手口を指導する等したグループが行った詐欺も責任を負うとし、グループに加入した以降の詐欺につき不法行為を肯定し、振込額のほか、その1割に相当する慰謝料、弁護士費用の損害を認め、請求を一部認容した。

判決文

(2) 慰謝料について

　本件において、原告らは、本件詐欺グループにより、有料サイトの未納金がある、近親者が勤務先でわいせつ行為を行った、飲酒運転を行った、会社の車で事故を起こしたなど、全くの虚偽の事実を申し向けられ、不安な心理状態を利用されて金銭を詐取されたものであり、被告らの不法行為により相応の精神的苦痛を被ったものと認められる。

　そして、被告らによる詐欺が執拗なものであり、原告らの中には、複数回にわたりだまされ、高額の被害を受けた者もいることや、退職金や老後の資金をなくしたり、振込の資金が足りず、家族の預金等を用いたり消費者金融での借り入れをした者もいること、加えて、被告らによる本件振り込め詐欺が組織的・計画的なものであり、著しく反道徳的な方法によるものであることなど、本件に現れた一切の事情を総合すれば、原告らの被った精神的苦痛は、財産的損害の賠償をもってしても慰謝されるものとはいえず、各原告らに対する慰謝料として、上記(1)のそれぞれの財産的損害の額の1割と認めるのが相当である。

●慰謝料認定の考え方●

　本件は、振り込め詐欺の被害者らがグループの統括者、実行責任者に対して振込額（被害額）のほか、慰謝料、弁護士費用の損害につき損害賠償責任を追及した事件である。本件では、財産的損害のほか、慰謝料が認められるかが問題になった。

　本判決は、統括者、実行責任者の共同不法行為を肯定したうえ、振込額、弁護士費用のほか、振込額の1割に相当する慰謝料を認めたものである。不法行為に基づき財産的損害が認められる場合、財産的損害のほかに慰謝料が認められるかは、慰謝料が認められるに足りる特段の事情が必要であるが、本判決は、振り込め詐欺の内容・態様等を考慮し、慰謝料を認めたものであり、その旨の事例判断として参考になるところ、振込額の1割が慰謝料であるとの判断は、その根拠は明らかではなく、裁判官の裁量というほかはない。

第14章　悪質商法による慰謝料

 デート商法に係る慰謝料請求

〔判　例〕　東京地判平成26・10・30金商1459号52頁
〔慰謝料〕　20万円

【事件の概要】

　X（男性）は、平成24年10月、結婚紹介所のウェブサイトに登録したところ、同年11月、本件サイトに会員登録していたY_1から連絡を受け、メールの交換、電話をし合うようになり、食事等をするようになった。Xは、同年11月、Y_1と会ったところ、Y_1からマンション投資の話をもちかけられ、給与明細等を渡した。Xは、同年11月、Y_1と共に不動産業を営むY_2株式会社の従業員らと会い、マンション（ワンルームマンション）の購入を勧誘され、代金2570万円でマンションを購入する売買契約書を取り交わし、その後、面談したビルに所在していた銀行業を営むY_3株式会社の支店に赴き、代金2570万円のうち2310万円につき金銭消費貸借契約を締結した。Xは、Y_1が提供したFAX番号を検索したところ、出会い系サイトで投資不動産を勧誘された者が複数いることを知り、弁護士に相談に行き、同年12月、Y_2に対してクーリング・オフにより売買契約を解除した。Xは、Y_1に対して、恋愛心理を逆手にとった勧誘による不法行為に基づき慰謝料の損害賠償、Y_3に対して、主位的に、解除、無効を主張し、貸付金の返還債務の不存在、予備的に、信義則上の説明義務違反による不法行為に基づき損害賠償を請求したものである（Y_2に対しても訴訟が提起されたが、弁論が分離された）。

●主張の要旨●

　本件では、慰謝料300万円の損害が主張された（Y_1との関係）。

●判決の概要●

本判決は、Y_1が恋愛心理等を逆手にとって投資適格の高くないワンルームマンションの購入を決意させた勧誘は、信義則に著しく違反するものであるとし、不法行為を肯定し、慰謝料として20万円の損害を認め、Y_1に対する請求を一部認容し、金銭消費貸借契約の解除、無効を否定し、Y_2に対する請求を棄却した。

判決文

(2) 以上の事実関係等によれば、被告Y_1は、当初から、不動産業者と提携して投資適格の低いマンションの購入を勧誘する目的で、比較的金銭に余裕のある30歳代以上の女性を対象とするために虚偽の年齢を本件サイトに登録して原告に近付き、同被告に好意を抱いていた原告の交際に対する期待を利用し、原告に冷静な判断をさせる機会や情報を十分に与えないままに本件取引を行わせたというべきであって、財産的利益に関する十分な意思決定の機会を奪ったのみならず、原告の交際や結婚を願望する気持ちを殊更に利用し、かかる恋愛心理等を逆手にとって、上記勧誘が原告の人格的利益への侵害をも伴うものであることを十分認識しながら、投資適格が高いとはいえないマンションの購入を決意させたというべきであるから、被告Y_1の上記勧誘行為は、信義誠実の原則に著しく違反するものとして慰謝料請求権の発生を肯認し得る違法行為と評価することが相当である。

そして、上記のような事実関係の下において、原告が分離前相被告であるY_2との間で、原告が本件マンションの所有権を保持しながら相応の和解金を取得していることや本件マンションの売買代金の支払を一部免れていることなど（弁論の全趣旨）を含め本件に現れた一切の事情を踏まえると、原告の精神的損害に対する慰謝料は20万円とするのが相当である（なお、本件売買契約は平成24年12月24日に締結されていることから、同日以降遅延損害金が発生するものと認められる。）。

●慰謝料認定の考え方●

本件は、女性が男性に恋愛心理等を形成させ、不動産投資を勧誘し、不動産会社との間でワンルームマンションの売買契約を締結させ、銀行から金銭を借り受けて代金を支払わせたため、男性が女性に対して損害賠償責任を追及した事件であり（女性の勧誘は、デート商法と呼ばれる不正取引である。なお、

他の関係者との訴訟は省略する)、損害として慰謝料300万円が主張されたものである。

　本判決は、勧誘を行った女性の不法行為を肯定したうえ、慰謝料20万円の損害を認めたものであるが、具体的な判断基準は明らかではないものの、本件の諸事情を考慮し、慰謝料を認定、算定した事例判断として参考になる。

第15章　不当請求・不当訴訟の提起等による慰謝料

　法律問題は、当事者の一方が権利を主張し、他の当事者に対して権利を行使し、さまざまな方法、手段、手続を利用して権利の内容を実現する過程において発生する問題である。この過程のどこかで当事者の認識が食い違い、権利の存否、権利行使の仕方、実現の方法等をめぐって対立することが、民事紛争ということができる。民事紛争は、さまざまな方法、手段、手続によって、相当な期間を費やす過程を経て、最終的には民事訴訟手続によって解決されるものであるが（法律的には解決されるとしても、実際上解決されることになるかどうかは別問題である）、権利を主張し、行使した者の権利が実際には存在しなかったり、権利行使の方法、手段、手続を誤ったり、相当でなかったり、権利行使の目的・動機が相当でなかったりした場合には、権利を主張し、行使した者につき不法行為が認められることがある。

　このような権利の主張・行使に係る不法行為に基づく損害賠償については、権利の主張・行使の方法、手段、手続によって相手方に与える損害の発生の有無・範囲、発生時期等が異なるところがあるため、その方法等によって不法行為の成立する要件に違いがある。

　権利行使者が相手方に対して全く根拠を欠くことを認識しながら、権利を主張したような場合には、不法行為が成立するということができるが、損害の発生について、相手方の損害の発生、その額の証明が困難であるところ、権利主張の方法等、回数、内容等の事情によって慰謝料が認められることがある。

　権利行使者の権利行使の方法等が社会的に相当とはいえない場合には、権利主張の根拠があったとしても不法行為が認められ（その根拠が全くないか、あるいは乏しい場合には、不法行為の違法性が強いと判断されることになる）、権

利主張の方法等、根拠の有無・程度、内容等の事情によって慰謝料が認められるものである。

　権利行使者が権利を主張する場合、最終的には訴訟を提起し、権利の存在、内容を確定させることが必要であるが、訴訟の提起が根拠を欠くとか、乏しいとき、敗訴判決を受け、確定することになるが（もっとも、訴訟の実務においては、訴訟の提起に根拠が乏しくても、勝訴判決を得る事例を見かけることがあるが、実に不思議なことである）、このような場合、根拠のない訴訟を提起することが不法行為を構成するかが議論され、訴訟上も争点になってきた。訴訟を提起し、敗訴判決を受け、その判決が確定した場合、敗訴判決を受けたことにつき不法行為を認める見解、過失を推定する見解もあるが、最判昭和63・1・26民集42巻1号1頁は、権利行使者の主張する権利、法律関係が事実的、法律的根拠を欠き、そのことを知りながらまたは通常人であれば容易にそのことを知り得たといえるのに訴訟を提起したなど、訴訟の提起が裁判制度の趣旨目的に照らして著しく相当性を欠くと認められる場合に限り、不法行為が認められるとの法理を採用し、以後の訴訟実務はこの判例に従っている。

　訴訟以外の裁判を利用する場合もあるが、権利行使者が仮処分、仮差押えを申し立て（民事保全法の制定前は、総称して保全処分と呼ばれ、同法施行後は、民事保全と呼ばれている）、執行した場合、その後、仮処分等が取り消されたり、本案訴訟において敗訴判決を受け、仮処分等が取り消されたときは、仮処分等が根拠のないものであったことが判明することになる。この場合、仮処分等の申立て、執行が不法行為を構成することがあるが、権利行使者の過失を推定するとの判例が確立している。仮処分等の申立て、執行は、本来本案訴訟を提起し、勝訴判決を受け、これが確定した後に初めて権利を行使することができるとの制度を超え、勝訴判決が確定する前に公的な強制力を利用するものであり、著しい利便性を利用する反面、仮処分等が取り消されたことに伴う損害賠償責任を負うことが公平の理念に合致すると考えられている。

そのほか、民事訴訟法等の裁判に関する法律には、権利行使者が裁判を利用することができる手続が定められ、これを利用することによって、相手方は裁判に対応することを強制されるが、裁判手続の利用が根拠を欠く等して不法行為が認められることがある。

権利行使者が裁判手続を利用したり、私的な方法・手段を利用したりして権利を主張し、実際に権利を行使したものの、その権利行為につき不法行為が認められる場合、その損害賠償は、事実的因果関係、相当因果関係が認められる範囲において、実損（権利行使に対する防御のために弁護士に依頼し、防御活動を行う費用、報酬等も実損にあたる）、逸失利益、経済的損害、非経済的損害、慰謝料、無形の損害を問わず認められるものである。このような類型の不法行為の場合には、権利行使者によって被害を受けた者が個人である場合には、他の種類の損害賠償と共に慰謝料が認められることがあるし、慰謝料だけが認められることもある。このような場合の慰謝料の算定については、権利行使の動機・目的、権利主張の内容・根拠、被害の内容、不当な権利行使の期間等の諸事情を考慮して適切な慰謝料額が判断されることになる。

本書においては、権利を主張する者が民事保全の申立て・執行、訴訟の提起から債権の取立て等の事例をめぐる裁判例を紹介している。

1 不当な仮差押えの執行による慰謝料

 不当な仮差押えの申請・執行をした者に対する慰謝料請求

〔判　例〕　神戸地判平成元・10・31判時1371号127頁
〔慰謝料〕　200万円

―【事件の概要】――――――――――――――――――――

　Xは、不動産を所有していたところ、Yが昭和31年4月付けの金銭消費貸借契約に基づく債権を保全すると主張し、X所有の不動産につき仮差押えを申請し、裁判所が申請を認容し、仮差押えの登記がされた。Xは、仮差押えに異議を申し立て、異議審の第1審判決は仮差押えを認可したものの、Xが控訴したところ、控訴審判決は仮差押命令を取り消す判決をし、同判決が確定した。その後、Yは、本案訴訟を提起したが、第1審判決は請求を棄却し、Yが控訴したところ、控訴審判決は控訴を棄却し、同判決が確定した。Xは、Yに対して被保全権利がないのに仮差押えを申請し、執行した等と主張し、不法行為に基づき担保保証料の支給停止に係る損害（530万円）、弁護士費用（450万円）、調査費用（70万円）、慰謝料（300万円）の内金1300万円の損害賠償を請求したものである。

●主張の要旨●

　本件では、担保保証料の支給停止に係る損害（530万円）、弁護士費用（450万円）、調査費用（70万円）のほか、慰謝料（300万円）の損害が主張された。

●判決の概要●

本判決は、本件仮差押えの申請は、Y主張の貸金の存在をうかがわせる事情はなく、被保全権利がないことにつきYの悪意が認められるとし、違法な仮差押えの申請・執行であるとして不法行為を肯定し、担保保証料の支給停止に係る損害を否定したものの、弁護士費用として320万円、調査費用として52万5000円、慰謝料として200万円の損害を認め、請求を一部認容した。

判決文

4　慰謝料　200万円

被告がその真正の極めて疑わしい書証を本件仮差押の疎明資料として仮差押決定を得て本件不動産に執行したこと、それにより原告が実質的な経営者であるA株式会社の経営に支障があったと窺われることからすると、この執行によって原告が蒙むった精神的苦痛についても200万円の限度で被告に賠償させるのを相当とする。

●慰謝料認定の考え方●

本件は、貸金債権を主張する者が相手方の所有不動産につき仮差押えを申請し、仮差押えを執行した後、異議訴訟、本案訴訟でいずれも敗訴判決を受け、判決が確定したことから、相手方が仮差押えの申請・執行をした者に対して損害賠償責任を追及した事件であり、相手方が担保保証料の支給停止に係る損害（530万円）、弁護士費用（450万円）、調査費用（70万円）のほか、慰謝料（300万円）の損害を主張したものである。なお、仮差押え、仮処分が執行された後、仮差押え等が取り消された場合（不当な仮差押えの執行等と呼ばれることがある）には、債権者は債務者に対して不法行為に基づき損害賠償責任を負う可能性があるが、この場合、過失が推定されるのが判例である。

本判決は、被保全権利である貸金債権の存在をうかがわせる事情がないのに、仮差押えの申請・執行をしたことによる不法行為を肯定したこと、被保全権利がないことにつき申請者の悪意を肯定したこと、担保保証料の支給停止に係る損害を否定したこと、弁護士費用として320万円、調査費用として

52万5000円、慰謝料として200万円の損害を認めたことに特徴があり、不当な仮差押えの申請・執行による不法行為を肯定した事案について、仮差押えの執行等の対応に関して必要になった弁護士費用等の損害を認めたうえ、慰謝料を認め、慰謝料額を200万円と算定した事例判断として参考になる。

2 不当な仮差押えの申立てをした者に対する慰謝料請求

〔判　例〕　大阪地判平成9・3・28判タ970号201頁
〔慰謝料〕　300万円

【事件の概要】

　Y_2は、弁護士Y_4を申立代理人とし、X株式会社を債務者として、Y_2がXに対して9000万円の小切手の交付による貸金債権を被保全権利として、X所有の動産につき仮差押えの申立てをし、Xの工場倉庫内にあった製品の仮差押えをした。Xが起訴命令の申立てをしたことから、Y_2がXを被告として貸金の返還を請求する本案訴訟を提起した。本案訴訟において、裁判所はY_2の請求を棄却する判決をし、同判決が確定し、Y_2は、仮差押えの申立てを取り下げ、これにより仮差押えの執行が取り消された（本件の事案の内容は複雑であるが、本書のテーマに限定し、詳細は省略した）。Y_1がX、Zに対して、XらがXの元社長Aの貸金債務を引き受けたと主張し、貸金の返還を請求したのに対し（甲事件）、XがY_1、Y_2、Y_3、Y_4に対してY_1ないしY_3において訴訟詐欺を共謀し、Y_4を代理人として前記仮差押えの申立てをし、執行する等したと主張し、不法行為に基づき製品の販売不能による金利相当額522万7251円、取引量減少による損害2141万1850円、信用毀損等による精神的損害4396万6678円、弁護士費用1300万円の損害賠償を請求したものである（乙事件。本書のテーマに関係するのは、乙事件である）。

●主張の要旨●

　本件では、製品の販売不能による金利相当額522万7251円、取引量減少による損害2141万1850円、弁護士費用のほか、信用毀損等による精神的損害4396万6678円が主張された。

●判決の概要●

　本判決は、仮差押え、仮処分等の保全処分は暫定的な性格を有するものの、債務者に事実上重大な影響を与えることがあり、保全異議訴訟、本案訴訟において被保全権利の存在が否定され、判決等が確定した場合には、債権者が被保全権利の存在を信じたことにつき相当の理由がある場合などの特段の事情のない限り、債権者に過失があったことが推定されるところ、本件では本件仮差押決定の被保全権利である貸金債権が消滅したことが明らかであり、本案訴訟を実質的に遂行したのがY_1であり、Y_2は、Y_1に指示されるまま仮差押えの申立て等を行ったとし、Y_1、Y_2の共同不法行為を肯定し、製品の販売不能による金利相当額425万4305円、取引量減少による損害を認めず、Ｘの精神的損害である慰謝料として300万円、弁護士費用400万円の損害を認め、Y_3の関与を否定し、Y_4については違法な提訴、申立てであることを容易に認識できるのに漫然とこれを看過したとはいえないとし、甲事件のY_1の請求を棄却し、乙事件のＸのY_1、Y_2に対する請求を認容し、Y_3、Y_4に対する請求を棄却した。

判決文

３　別件仮差押えの執行等による原告会社の精神的損害について

　前記一1㈠の事実に加え、〈証拠略〉によれば、原告会社は、昭和62年11月には倒産寸前であったが、昭和63年10月当時には、その従業員等の努力による商品の販路の開拓、銀行等からの借入れ、人員削減等の措置などにより、経営の再建が軌道にのりかかっていたこと、別件仮差押事件の執行によって、その取引量のほぼ１か月分に相当する在庫について出荷できなくなり、その結果、一時、銀行等に対する返済が困難になったこと、しかし、その後、一層の人員削減や従業員の努力などにより、原告会社の経営状態がようやく回復したことが認められる。

　右事実によれば、原告会社は、別件仮差押えの執行によって、信用の失墜や従業員等の士気の低下などに著しい影響を受け、様々な無形の損害を被ったことが認められる。これら無形の損害の額は、本件に現われた一切の事情を総合し、300万円とするのが相当である。

●慰謝料認定の考え方●

　本件は、貸金債権を主張する債権者が債務者（株式会社）の動産に対して仮差押えの申立てをし（なお、この場合、債権が実際に認められるかどうかは、本案訴訟の判決の確定等を待つことになり、暫定的なものであり、債権者・債務者の名称は形式的なものである）、債務者の所有する製品に仮差押えの執行がされた後、本案訴訟において債権者が敗訴判決を受け、判決が確定したため、債務者が債権者に対して損害賠償責任を追及した事件であり、債務者が製品の販売不能による金利相当額、取引量減少による損害、弁護士費用のほか、精神的損害である慰謝料4396万6678円を主張したものである。

　本判決は、仮差押えの申立ての債権者、実質的に申立て等を行った者の不法行為を肯定したこと、製品の販売不能による金利相当額425万4305円、債務者の精神的損害である慰謝料として300万円、弁護士費用400万円の損害を認めたこと、取引量の減少による損害を否定したことに特徴があり、仮差押えの申立て等に係る債権者の不法行為を肯定したうえ、会社である債務者の慰謝料の損害を認め、慰謝料額を300万円と算定した事例判断として参考になるものである。特に本判決は、会社につき精神的損害を認めたものであり、一つの見解であるが、事例判断として興味深いものである。

第15章　不当請求・不当訴訟の提起等による慰謝料

2　不当な訴訟の提起等による慰謝料

1　不当な訴訟の提起等をした者に対する慰謝料請求

〔判　例〕　東京地判平成2・12・25判時1379号102頁
〔慰謝料〕　被相続人につき100万円、相続人らにつき固有の各50万円

【事件の概要】

　Aは、Yに建物の一部（本件建物）を賃貸していたところ、YがBに転貸したことを理由に賃貸借契約を解除した。YがBに対して本件建物の明渡請求訴訟を提起し、Aが同訴訟に当事者参加の申立てをしたことから、A、B、Yの間で当事者参加の申立てを取り下げ、転貸借契約を解除すること等を内容とする訴訟上の和解が成立した。Yが前記和解の無効を主張し、期日指定の申立てをし、訴訟が和解によって終了した旨の判決がされる等した後、Yは、Aについて告訴を繰り返し、Aに対して解除の無効を主張し、賃借権の確認を請求する訴訟の提起等を繰り返し、Aが死亡した後においては、Aの相続人であるX_1、X_2に対して訴訟の提起等を繰り返した。X_1、X_2は、Yに対して訴権、告訴権の濫用を主張し、不法行為に基づきAの損害として、応訴のための弁護士費用70万円、慰謝料100万円、X_1、X_2の固有の損害として、応訴のための弁護士費用各35万円、慰謝料各50万円、本訴のための弁護士費用各15万円の損害賠償を請求したものである（Yは、本人訴訟）。

●主張の要旨●

　本件では、応訴、本訴のための弁護士費用のほか、慰謝料として被相続人

につき100万円、固有のものとして各50万円の損害が主張された。

● 判決の概要 ●

本判決は、Yは、自己の請求や告訴に理由がないことを認識しながら、いたずらにAないしX_1らを民事訴訟の被告あるいは刑事事件の被疑者の座に据え、あえて財産的出捐をさせ、あるいは精神的苦痛等を与えることを目的としたものであり、訴権、告訴権の濫用にあたるとし、不法行為を肯定し、Aの応訴のための弁護士費用70万円、慰謝料100万円、X_1ら各自の応訴のための弁護士費用各35万円、慰謝料各50万円、本訴の弁護士費用各15万円の損害を認め、請求を全部認容した。

判決文

(1) 亡訴外Aの損害
　ア　応訴のための弁護士費用　70万円
　　亡訴外Aは、被告が提起した本件訴訟一ないし七につき、弁護士Cに訴訟追行を委任して応訴し、同弁護士に対し、その着手金として、本件訴訟一、二、五及び六につき各10万円、成功報酬として、本件訴訟三につき10万円、本件訴訟七につき20万円の合計70万円を支払っているところ、これは応訴のためのやむをえない出費であったと認められる。
　イ　慰謝料　100万円
　　亡訴外Aは、被告の不法行為としての民事訴訟（本件訴訟一ないし七）の提起及び刑事告訴（本件告訴一及び二）により、多大の精神的苦痛を被ったものであり、これに対する慰謝料としては、被告の不法行為の動機、態様その他一切の事情を考慮し、100万円をもって相当と考える。

(2) 原告らの損害
　ア　応訴のための弁護士費用　各35万円
　　原告らは、被告が提起した本件訴訟八ないし一四につき、弁護士Cに訴訟追行を委任して応訴し、同弁護士に対し、その着手金として、本件訴訟八ないし一一につき各10万円、本件訴訟一三及び一四につき合わせて20万円、成功報酬として、本件訴訟一二につき10万円の合計70万円を支払っているところ、これは応訴のためのやむをえない出費であったと認められる。
　イ　慰謝料　各50万円
　　原告らは、被告の不法行為としての民事訴訟（本件訴訟八ないし一四）の提起及び刑事告訴（本件告訴三及び四）により、当事者本人又は亡訴外Aの遺族として多大の精神的苦痛を被ったものであり、これに対する慰謝料とし

第15章　不当請求・不当訴訟の提起等による慰謝料

ては、被告の不法行為の動機、態様その他一切の事情を考慮し、原告ら各自につき各50万円をもって相当と考える。

●慰謝料認定の考え方●

　本件は、賃貸借をめぐる紛争が訴訟上の和解によって解決されたものの、賃借人が賃貸人、同人の死亡後は相続人らに対して執拗に刑事告訴、民事訴訟の提起等を繰り返したため、相続人らが賃借人に対して損害賠償責任を追及した事件であり、相続人らが被相続人の慰謝料等の損害のほか、固有の慰謝料等を主張したものである。

　本判決は、賃借人の民事訴訟の提起、刑事告訴等が理由がないことを認識しながら、いたずらに民事訴訟の被告あるいは刑事事件の被疑者の座に据え、あえて財産的出捐をさせ、あるいは精神的苦痛等を与えることを目的としたものであるとし、不法行為を肯定したこと、被相続人の損害として応訴のための弁護士費用70万円、慰謝料100万円、相続人らの固有の損害として、応訴のための弁護士費用各35万円、慰謝料各50万円、本訴の弁護士費用各15万円の損害を認めたことに特徴があり、不当な訴訟の提起、刑事告訴等に係る不法行為に基づく慰謝料額の算定事例として参考になる。

従業員の横領に係る不当な訴訟の提起をした会社に対する慰謝料請求

〔判　例〕　広島高判平成25・12・24判時2214号52頁
〔慰謝料〕　50万円

【事件の概要】

　X株式会社（本社は京都市に所在）は、機械の製作・販売等を業としていたところ、Y_1は、福山市所所在の事務所で事務を担当する従業員であり、Y_2は、本社で経理担当の従業員であった。Xは、Y_1が無断でXの預金を引き出したと認識し、Y_1に対して横領に係る4201万9749円の損害賠償を請求し（甲事件）、Y_2に対してY_1と共謀した不法行為を主張し、同額の損害賠償を請求した（乙事件）。Y_2は、反訴として、Xの乙事件の訴訟の提起は何らの根拠のない不当な訴訟の提起であると主張し、不法行為に基づき慰謝料200万円、弁護士費用630万円の損害賠償を請求したものである（丙事件）。

　第1審判決（広島地福山支判平成25・8・5判時2214号55頁）は、甲事件、乙事件、丙事件の各主張に理由がないとし、Xの本訴請求、Y_2の反訴請求を棄却したため、X、Y_2が控訴した。

●主張の要旨●

　本件では、慰謝料に関連する部分に限定して紹介すると、慰謝料200万円、弁護士費用の損害が主張された。

●判決の概要●

　本判決は、Y_1らの預金口座への入金状況から横領を裏づけることは到底できないとし、Y_1、Y_2の不法行為を否定し、Y_2がXの代表者の指示を受ける等して預金口座から払戻しがされ、払戻しに係る現金はXの代表者、取締役に交付したものと認め、Xの訴訟の提起は事実的・法律的根拠を欠く

ものであり、そのことを容易に知り得たとし、不当訴訟の提起に係る不法行為を肯定し、慰謝料として50万円、弁護士費用200万円の損害を認め、Xの控訴を棄却し、Y_2の控訴に基づきY_2の反訴部分を変更し、Y_2の反訴請求を一部認容した。

判決文

ア　慰謝料

　乙事件は、一審被告Y_2に対し、一審被告Y_1と共謀して約4200万円を横領したとして損害賠償を求めるものである。一審被告Y_2は、乙事件を提起されたことにより精神的苦痛を受けたと推認される。これに対する慰謝料額は、事案の内容等に照らして、50万円とするのが相当である。

●慰謝料認定の考え方●

　本件は、会社の従業員らが会社から横領に係る不法行為に基づき損害賠償を請求する訴訟を提起され、従業員の一人が反訴として不当訴訟の提起に係る損害賠償を請求した控訴審の事件であり、従業員が弁護士費用のほか、慰謝料200万円の損害を主張したものである。

　本判決は、会社の主張に係る不法行為を否定したこと、会社の従業員に対する訴訟の提起が事実的・法律的根拠を欠く等としたこと、会社の従業員に対する不法行為を肯定したこと、慰謝料として50万円、弁護士費用200万円の損害を認めたことに特徴がある。本判決は、会社の従業員に対する損害賠償訴訟の提起が不法行為であるとし、慰謝料として50万円等の損害額を認めた事例判断として参考になる。

3 その他の不当な請求による慰謝料

原因関係の消滅した小切手を取立てに回した会社に対する無形の損害の賠償請求

〔判　例〕　東京地判平成13・10・26判タ1111号158頁
〔慰謝料〕　400万円（無形の損害）

【事件の概要】

　X株式会社は、平成9年10月から平成10年2月までの間、Y株式会社から合計1000万円を借り受け、その支払いのため小切手10枚を振り出し、交付し、その際、Xの代表者A、B株式会社の代表者Cらは、担保の趣旨で、期限の利益を喪失したときはXの有する債権をYに譲渡することを約した。また、A、B、CらはXの債務につき連帯保証をした。Xは、合計3枚の小切手の決済をしたが、平成10年3月5日支払日の小切手につき小切手不渡りを出し、期限の利益を喪失した。Yの従業員は、Cらと交渉をし、50万円の代位弁済を受け、さらにBが700万円を調達し、手持資金を加えて代位弁済したことから、Bらとの間でBの保証債務が終了したこと、融資残高はゼロであること等が記載された領収証を発行し、Cの求めに応じて、Xとの間の関係書類、保管中の小切手をBに渡す旨を言明した。Yは、同年5月6日、Xの振出しに係る小切手を支払場所に呈示したため、Xは、2回目の小切手不渡りを出し、銀行取引停止処分を受けて倒産した。Xは、Yに対して原因関係が消滅した小切手を取立てに回した不法行為を主張し、営業損害1億5069万7065円、弁護士費用1506万9706円の損害賠償を請求したものである。

第15章　不当請求・不当訴訟の提起等による慰謝料

●主張の要旨●

　本件では、会社の倒産による営業損害1億5069万7065円、弁護士費用1506万9706円の損害が主張され、慰謝料が主張されたものではないが、後記のとおり、本判決は、無形の損害を認めたものであり、紹介する。

●判決の概要●

　本判決は、第1回目の小切手不渡りの後、保証人からの代位弁済の状況を認定し、貸金債務の消滅を認め、Yが小切手を取立てに回したことは、少なくとも過失があるとし、不法行為を肯定し、3年分の付加価値を基準とした営業損害に関する主張は、企業が倒産させられ、企業そのものが受けた損害を評価する基準としては採用できないとし、財産的損害に関する主張については、損害が発生したとは認められないとし、無形の損害については、銀行取引停止処分を受けたことによる信用毀損として認められ、400万円と算定されるとし、弁護士費用60万円を認め、請求を一部認容した。

判決文

ア　付加価値を基準とする営業損害について
　原告は、損益計算書上の税引前当期利益に人件費を加算した付加価値を基準として、本件不渡事故が起こらなければ、原告が少なくとも営業を続けられたであろう3年間分の付加価値が原告の営業損害であり、損害額であると主張し、〈証拠略〉中には、これに沿う部分が存する。
　しかしながら、そもそも付加価値という概念は、企業が自己の営業活動によって、新たに作り出した価値一般を指すものと解されるところ、これは当該企業の社会的価値を評価する基準とはなり得るとしても、不法行為により企業が倒産させられたことによって、企業そのものが受けた損害を評価する基準として採用するのは相当でないものと考えられる。
　のみならず、原告がその根拠として使用した平成8年10月1日から平成9年9月30日までの原告の損益計算書〈証拠略〉には、負債がゼロと記載されているところ、〈証拠略〉によれば、本件不渡事故の時点で、原告の債務は概算で4792万円（D所有の不動産の担保提供分として3000万円、B株式会社等に対する債務として1092万円、平成10年3月分と4月分の未払い賃金として合計700万円）は存在していたことが認められるから、その約8か月前の負債がゼロであるとは考え難く、損益計算書の記載自体の信用性が極めて疑われる。

また、前記前提となる事実によれば、原告は本件不渡事故の前に既に第1回目の不渡りを出しており、その後は、代表者Aが資金繰りに奔走しながら本件不渡りを回避できなかったのであるから、原告が本件不渡事故がなかったならば、今後3年間も営業を継続できたものと推認することはできず、これを認めるに足りる証拠もない。
　そうすると、原告主張の損害は、その基礎数値が全く不正確であるといわざるを得ない。
　したがって、原告の付加価値を基準とする営業損害の主張は、到底採用することができない。
イ　財産的損害について
　そこで、原告の被った財産的損害について検討するに、前記争いのない事実等及び前提となる事実によれば、原告は本件不渡事故の前に既に第1回目の小切手不渡りを出しており、その後は、代表者Aが資金繰りに奔走している状況が認められるうえ、従業員給与の支払にも窮し、多額の地方税の滞納があった状況であり〈証拠略〉、また、本件不渡事故の際も、100万円の小切手債務請求に対して全く資金を用意できなかったのであるから、本件不渡事故がなくとも早晩倒産する蓋然性が大であったことが認められる。
　したがって、本件不渡事故により原告に財産的損害が生じたことを認めることはできない。
ウ　無形の損害
　㈠　しかしながら、法人は、名誉毀損ないし信用毀損に基づいて、無形の損害の賠償を請求することができると解されるところ（最高裁判所昭和39年1月28日第一小法廷判決参照）、被告は、その時点においては、原告が未だ銀行取引停止処分を受ける原因が存しないのに、原因関係上の権利を喪失した、債権としての実体を有しない小切手を行使して、原告に銀行取引停止処分を受けさせ、もって、本件不渡事故により、原告の信用を著しく毀損したことが認められる。
　　　したがって、原告は、被告に対し、信用毀損に基づいて、無形の損害の賠償を請求することができると解するのが相当である。
　㈡　そして、〈証拠略〉によれば、原告は、本件不渡事故により、銀行取引停止処分を受けたことが原因で、産業廃棄物処理業等の業務を実質的に行うことができなくなったこと、取引先であるEから、工事中であったF県庁舎G工事事務所の現場への入場を停止されたこと、平成7年度から下請二次業者として取引を続行していたHから取引関係を断たれたこと、原告がI県J市で計画していた焼却炉設置についても、工事途中で本件不渡事故が起こったために工事が中止され、原告が相手方に支払った一部金900万円が無駄になったことが認められる。
　㈢　以上の事情を総合勘案すれば、本件不渡事故によって原告が被った無形の

第15章　不当請求・不当訴訟の提起等による慰謝料

損害は、金400万円と認めるのが相当である。

●慰謝料認定の考え方●

　本件は、会社が金融業者から金銭を借り入れ、その支払いのために小切手を振り出し、交付していたところ、小切手不渡りを出した後、保証人らが代位弁済をし、融資残高がなくなったのに、金融業者が小切手を取立てに回し、小切手不渡りになり、会社が銀行取引停止処分を受けて事実上倒産したため、会社が金融業者に対して損害賠償責任を追及した事件であり、会社が倒産による経済的損害を主張したものである。

　本判決は、原因関係の消滅した小切手を取立てに回したことにつき不法行為を肯定したこと、3年分の付加価値を基準とした営業損害に関する主張、財産的損害に関する主張を採用しなかったこと、会社が銀行取引停止処分を受けたことによる信用毀損に基づく無形の損害を認め、400万円と算定したことに特徴がある。本判決が認めた無形の損害は、会社らの法人について認められてきた類型の損害であり、判決によっては法人の慰謝料として認めるものもあったところである。本判決が認めた無形の損害は、会社の主張に係る経済的損害が認められない場合における補完的な類型の損害ということができ、慰謝料と同様な機能をもつものである。

不当な支払督促の申立てをした貸金業者に対する慰謝料請求

〔判　例〕　東京地判平成20・2・29判タ1319号206頁
〔慰謝料〕　各5万円

【事件の概要】

X_1、X_2、X_3、X_4は、それぞれ破産手続開始決定を受けると同時に廃止決定を受けた。X_1らは、その後、それぞれ免責許可決定を受けたが、貸金業を営むY株式会社は、X_1らに対して貸金債権を有すると主張し、支払督促の申立てをし、支払督促がX_1らに送達された。X_1らは、Yに対して免責許可決定が確定しているにもかかわらず、支払督促の申立てをしたことにつき不法行為に基づき慰謝料各100万円の損害賠償を請求したものである。

●主張の要旨●

本件では、慰謝料として各100万円の損害が主張された。

●判決の概要●

本判決は、支払督促の申立てが違法になるかは、訴訟の提起の場合に準じて考えるべきであるとし、免責許可決定の対象になる貸金債権は、強制執行することができないものである等とし、法的手続によって正当な権利の実現を図るという裁判制度の趣旨目的に照らして著しく相当性を欠き、違法性が認められるとし、不法行為を肯定し、X_1ら各自につき5万円の慰謝料を認め、請求を一部認容した。

判決文

3　争点(2)（損害発生の有無及び額）について
(1)　前提事実及び上記認定した事実によれば、原告らは、免責許可決定が確定

した後、約2週間ないし3か月半という短期間の後に、被告から免責された債権について支払督促の申立てをされたこと、支払督促が発せられた場合は、督促異議の申立てをしない限り、仮執行の宣言が付され、支払督促に確定判決と同一の効力が生じるおそれがあり、督促異議の申立てを行ったとしても、通常の訴訟に移行するのであるから、速やかな取下げなどがない限り、なおこれに応訴する必要が生じるなどしたことが認められる。その結果、原告らは、支払督促の送達を受けたことに驚き、困惑して弁護士に相談したり、家族からも免責されていない債務の存在を疑われるなどしたことが認められ〈証拠略〉、それぞれに精神的苦痛を受けたことは明らかである。

そして、かかる精神的苦痛を慰謝するには、原告ら1人について、5万円をもってするのが相当である。
(2) この点、被告は、原告らは支払督促の送達を受けた直後に、弁護士に相談しているから、適切なアドバイスを得ることができ、精神的苦痛を受けることはないと主張するが、原告らが弁護士から適切なアドバイスを受けていたとしても、原告らが支払督促に対して対応をとる必要が生じることは上述のとおりであるから、原告らが精神的苦痛を受けないとすることはできない。

●慰謝料認定の考え方●

本件は、破産後、免責許可決定が確定した債務者らに対して、免責の対象となる貸金債権を有する貸金業者が支払督促の申立てをしたため、債務者らが貸金業者に対して損害賠償責任を追及した事件であり、債務者らが慰謝料各自100万円の損害を主張したものである。

本判決は、支払督促の申立ての違法性の判断基準として、訴訟の提起の場合（最判昭和63・1・26民集42巻1号1頁）に準ずるとしたこと、免責許可決定の確定後、免責の対象となる貸金債権につき支払督促の申立てをしたことは、裁判制度の趣旨目的に照らし、著しく相当性を欠き、違法であるとしたこと、貸金業者の不法行為を肯定したこと、慰謝料として各5万円の損害を認めたことに特徴があり、その旨の事例判断として参考になる。

3 不当な報酬の支払請求をした経営コンサルタントに対する慰謝料請求

〔判　例〕　東京地判平成23・12・27判時2145号49頁
〔慰謝料〕　単独の不法行為につき200万円、共同不法行為につき100万円

【事件の概要】

　Xは、フランチャイズチェーン事業を営むA株式会社の創業者・経営者Bの妻であり、A死亡後、子Cと共に、Aの株式等の多額の遺産を相続していた。Xは、Cが経営コンサルタントを称するY_1と知り合った後、Aの株式等をめぐるトラブルに巻き込まれ、XらがY_1に金銭を支払う等していた。Xは、Y_1に対して報酬の支払義務の不存在確認を請求する訴訟を提起し、Y_1が反訴を提起したところ、Y_1の請求を棄却する判決がされ、控訴されたものの、控訴棄却の判決がされ、同判決が確定した。その後もY_1が執拗に債権の支払いを求めたり、同判決で否定された債権をY_2、Y_3に譲渡をした旨を通知する等し、XがY_1に対して報酬の支払いを求める内容を通知することを禁止する仮処分の申立てをし、裁判所において報酬の支払いを求めないこと等を内容とする裁判上の和解をした。Xは、Y_1から債権譲渡の通知を受ける等したことから、Y_1、Y_2、Y_3に対して報酬の支払いを求めること等の差止め、不法行為に基づき慰謝料（Y_1につき1000万円、Y_2、Y_3につき各300万円）、弁護士費用（慰謝料額の10％）の損害賠償を請求したものである。

●主張の要旨●

　本件では、弁護士費用のほか、慰謝料（Y_1につき1000万円、Y_2、Y_3につき各300万円）が主張された。

第15章 不当請求・不当訴訟の提起等による慰謝料

●判決の概要●

　本判決は、報酬支払債務の不存在が既判力をもって確定しているにもかかわらず、執拗に報酬の支払いを請求する等し、通知書には生命身体への危険を連想させる記載がある等の人格権の侵害を認め、差止請求を認容し、不法行為を肯定し、慰謝料として、Y_1の単独のものとして200万円（和解に基づき受領した10万円を控除した）、Y_1、Y_2らの共同不法行為のものとして100万円、弁護士費用の損害を認め、請求を一部認容した。

判決文

三　争点二（損害）について
　(1)ア　前記争いのない事実等及び上記一、二認定事実によれば、①　被告Y_1は、自ら原告に対して裏付けのない報酬支払請求を、執ように、かつ、生命身体への危険の可能性をうかがわせる文言を用いて行った上、本件債務不存在確認判決や本件和解成立後も請求を繰り返したこと、そして、被告らの共同不法行為を主導したこと、②　被告Y_2らは、被告Y_1の支払請求行為を手助けしつつ、執ように請求を繰り返したことがそれぞれ認められ、これらの行為により、原告は精神的苦痛を被ったものと認められる。その他、本件和解の内容を含め、本件に顕れた全事情を考慮すれば、原告の被った精神的苦痛を慰謝するには、被告Y_1の単独の不法行為によるものについて200万円、被告らの共同不法行為によるものについて100万円と認めるのが相当である。
　　イ　上記1認定事実によれば、原告は、平成22年3月16日、被告Y_1から10万円の送金を受け、これを本件請求に係る債権の弁済に充当したものと認められ、この事実に照らせば、被告Y_1の単独の不法行為によるものに係る損害200万円から10万円を控除すべきである。

●慰謝料認定の考え方●

　本件は、相続によって取得した株式等をめぐる紛争が発生している状況において、報酬の支払いの請求を受けた者が、支払義務の不存在確認請求訴訟を提起する等し、支払義務のないことが判決によって確定した後、執拗に報酬の支払いを求められ、また、第三者に債権を譲渡した旨の通知をされる等したため、報酬の支払いを求める者に対して損害賠償責任を追及した事件で

あり、請求を受けた者が弁護士費用のほか、慰謝料（首謀者につき1000万円、共同不法行為者につき各300万円）を主張したものである。

　本判決は、執拗に報酬の支払いを請求した者の不法行為を肯定したこと、債権の譲渡を受けたと主張した者の共同不法行為を肯定したこと、慰謝料として、首謀者の単独の不法行為につき200万円、共同不法行為につき各100万円の損害、弁護士費用の損害を認めたことに特徴がある（差止請求も認容したものである）。本判決は、判決で不存在が確定した後、不当に債権の支払いを要求したことにつき共同不法行為を肯定し、慰謝料として首謀者に300万円、共同不法行為者に各100万円の損害を認めた事例として参考になる。

第15章 不当請求・不当訴訟の提起等による慰謝料

4 違法な求償債権の取立てをした保証業者に対する慰謝料請求

〔判　例〕　大阪地判平成22・5・28判時2089号112頁
〔慰謝料〕　5万円

【事件の概要】

Xは、平成19年7月、マンションの管理を業とするB株式会社の仲介により、Bからマンションの1室を賃料月額8万5000円で賃借したが、その際、家賃保証等を業とするY株式会社に保証を委託し（Aの仲介による）、YがBに連帯保証をした。Xは、平成20年9月分の賃料の支払いを怠ったが、Yは、Bに賃料を支払い、その従業員C、DがXに対して9万円につき求償債権の取立てを行い、玄関ドアに督促状を貼り付け、高圧的な口調で退去させることを示し、支払いを請求する等したことから、Xが滞納賃料相当額を支払った。Xは、Yに対して不法行為に基づき慰謝料100万円、損害金名目で取り立てられた金員5000円、代理人費用10万円の損害賠償を請求したものである。

●主張の要旨●

本件では、損害金名目で取り立てられた金員、代理人費用のほか、慰謝料100万円の損害が主張された。

●判決の概要●

本判決は、社会通念上相当とされる限度を超えた違法な取立てであったとし、不法行為を認め、慰謝料として5万円、根拠がなく取り立てられた5000円、弁護士費用1万円の損害を認め、請求を認容した。

判決文

(1) 慰謝料

原告は、CはDによる上記(1)ないし(3)の各不法行為によって精神的苦痛を受けたと認められるところ、上記認定した事情その他本件に顕れた一切の事情を斟酌すると、上記精神的苦痛に対する慰謝料は、5万円と認めるのが相当である。

●慰謝料認定の考え方●

　本件は、建物（住宅）の賃借人が保証業者に保証委託をし、建物を賃借していたところ、賃料の支払いを滞納し、保証業者が賃料を代位弁済したことから、強硬な求償債権の取立てを行ったため、賃借人が保証業者に対して損害賠償責任を追及した事件であり、賃借人が損害金名目で取り立てられた金員、代理人費用のほか、慰謝料100万円の損害を主張したものである。

　本判決は、保証業者の求償債権の取立てが社会通念上相当とされる限度を超えた違法な取立てであったとしたこと、保証業者の不法行為を肯定したこと、根拠がなく取り立てられた5000円、弁護士費用1万円の損害のほか、慰謝料として5万円の損害を認めたことに特徴がある。建物の賃貸借の実務においては、時折、賃料債権、求償債権の強硬な取立てが問題になることがあり、本件は、保証業者の求償債権の取立てにつき不法行為責任の成否が問われたものである。本判決は、保証業者の求償債権の取立てにつき不法行為を肯定し、慰謝料として5万円を認めた事例判断として参考になるが、5万円の慰謝料が妥当な金額であるかには議論が残る。

第16章　自力救済等による慰謝料

　世上、権利を有しているとしても、その権利を実行し、権利の内容を実現することは容易ではない。まず、権利の行使において、義務者が任意に義務の履行に応じるかが問題になるところ、義務者が円滑に義務を履行しない事例は少なくなく、権利者としては義務の履行を督促する等し、手間をかけさせられる。義務者が義務の任意の履行に応じない事例は、世上珍しいことではないが、この場合、権利者としては、調停、訴訟等の法的な手続に従って権利を行使することが必要であるものの、法的な手続をとることは、手間、時間、費用等の無視できない負担がかかるものである。

　義務者が義務の任意の履行に応じない場合、権利者としては、前記の法的な手続をとることなく、自ら強制力を行使し、権利の内容を実現しようとすることがあり、現実に権利の内容を実現する事例も散見されるが、このような権利行使は、緊急の必要性が認められる場合を除き、権利者につき不法行為が認められると解されている（この法理は、自力救済の禁止と呼ばれている）。

　義務者が義務の任意の履行に応じない場合、権利者と義務者との間に自力救済による権利実現を認める合意がされていることがあるが（たとえば、建物の賃貸借契約においては、賃借人に建物の明渡義務が生じた場合には、賃貸人、あるいは管理業者が建物内の家具、動産類を撤去し、処分する等の内容の特約が締結されていることがある）、このような合意は原則として無効であると解される。仮に権利者がこのような合意に基づき自ら権利内容を強制的に実現したような場合には、原則として不法行為が認められると解される。

　権利者が自力救済によって権利内容を実現しようとし、あるいは実現したことから、不法行為が認められる場合、損害賠償の内容、範囲は、義務者の被った損害の内容・態様によって判断され、廃棄等された物の価格相当額、逸失利益、損害回復の費用等のほか、精神的な苦痛、生活上の利益の侵害等

による慰謝料が認められることがある。特に建物の賃借人が賃貸人らによって建物の明渡しが強制されたような場合には、生活上の利益の侵害による慰謝料が認められることが多い。

建物の元所有者の動産の廃棄処分をした者に対する慰謝料請求

〔判　例〕　東京地判平成14・4・22判時1801号97頁
〔慰謝料〕　200万円

【事件の概要】

　X_1 は、A 金融公庫から金銭を借り入れ、土地、建物（本件不動産）を購入し、借入金債務の担保として本件不動産に抵当権を設定した。X_1 は、A に対する弁済を怠ったため、B 保証協会が A に代位弁済し、B が本件不動産につき競売開始決定の申立てをし、同決定がされた。Y 株式会社は、平成9年8月、本件不動産を落札し、売却許可決定を受け、同年9月9日、代金を納付し、本件不動産の所有権を取得した。本件建物内には、X_1 の動産のほか、離婚した X_2 の動産が存在した。Y は、同年9月9日頃、不動産引渡命令の申立てをすることもなく、本件建物内の動産を廃棄処分した。X_1、X_2 は、Y に対して不法行為に基づき X_1 につき、動産の物的損害1000万円、慰謝料500万円、弁護士費用150万円、X_2 につき動産の物的損害100万円、慰謝料200万円、弁護士費用30万円の損害賠償を請求したものである。

●主張の要旨●

　本件では、X_1、X_2 の各人につき動産の物的損害、弁護士費用のほか、慰謝料500万円、200万円の損害が主張された。

●判決の概要●

　本判決は、本件建物内にはごみと同視しうるものしか存在しなかった旨の Y の主張を排斥し、Y が本件建物内に X_1 所有の動産類が存在し、これを廃棄処分したことを認め、不法行為を肯定したこと、X_2 の動産に関する主張はこれを認めるに足りる証拠がないとしたこと、X_1 の動産の物的損害とし

て100万円を認め、慰謝料として200万円、弁護士費用30万円を認め、X_1の請求を一部認容し、X_2の請求を棄却した。

判決文

イ　慰謝料について

　不法行為により物品が毀損、廃棄された場合において、当該物品に係る財産的損害が填補される場合であっても、当該物品を喪失したことにより、被害者が、特段の精神的苦痛を被ったと認められるときは、被害者は、財産的損害についての賠償のほかに、当該精神的苦痛を慰謝するための慰謝料を請求することができると解すべきである。

　そこで、本件について、上記特段の事情の有無について検討するに、〈証拠略〉によれば、被告によって廃棄された本件残置動産類の中には、原告X_1が祖父母の代から受け継いだ桐だんす2棹や茶だんす等が含まれているほか、仏壇、神棚等もあり、これらのものは原告X_1にとって、何物にも代え難い貴重なものであること、しかるに、これらの物品が、被告により焼却場に運ばれ、ごみの類と一緒に、廃棄されたことにより、原告X_1は、多大の精神的苦痛を被ったことが認められ、これらの事情は、慰謝料請求を認めるべき上記特段の事情に当たるものというべきである。

　そして、その慰謝料額は、前記認定の事実関係を総合すれば、200万円とするのが相当である。

●慰謝料認定の考え方●

　本件は、土地と土地上の建物につき不動産競売手続で所有権を取得した者が、不動産引渡命令等の法的な手続をとることなく、無断で建物内の動産を撤去、処分したため、建物の元の所有者らが処分をした者に対して損害賠償責任を追及した事件であり、所有者らが動産の物的損害、弁護士費用のほか、慰謝料（それぞれ500万円、200万円）の損害を主張したものである。本件は、不動産競売で不動産の所有権を取得した者が、建物内にはごみと同視しうるものしか存在しなかった旨を主張し、現況調査報告書、物件明細書の各記載等を無視し、建物の引渡しの自力救済を行ったものであるが、不法行為責任を負うべき事件であることは明白であり、損害の認定、損害額の算定が注目される事件である。

第16章　自力救済等による慰謝料

　本判決は、建物の元所有者の動産を廃棄処分したことの不法行為を肯定したこと、離婚した元所有者の夫の動産の存在を認めなかったこと、動産の物的損害として100万円、慰謝料200万円、弁護士費用30万円の損害を認めたことに特徴があり、比較的高額な慰謝料を認めた事例判断として参考になる。

第16章　自力救済等による慰謝料

不法な家財道具の搬出等をした賃貸人・管理業者に対する慰謝料請求

〔判　例〕　大阪高判平成23・6・10判時2145号32頁
〔慰謝料〕　80万円

【事件の概要】

　Xは、平成14年4月、Aから賃貸住宅の1室を賃料月額3万5000円で賃借していたところ、Aが平成18年9月に死亡し、Y_1が相続により本件貸室の賃貸人の地位を承継した。Xは、平成21年5月から同年10月分まで賃料の支払いを遅滞したことから、同年11月、Y_1が賃貸住宅の管理を委託していたY_2株式会社（Y_1は、取締役）の従業員B（Y_1の子）、同行したリフォーム業者が本件貸室内に入り、X所有の動産を搬出し、玄関の鍵を取り替えた（なお、搬出された家財道具は長期にわたって倉庫内に放置された）。Xは、Y_1、Y_2に対して不法行為に基づき家財道具109万8215円、慰謝料100万円、弁護士費用20万8000円の損害賠償を請求し、Y_1が反訴として賃料の支払いを請求したものである。

　第1審判決（大阪地判平成22・9・29判例集未登載）は、Y_1らの主張に係る合意解除を否定し、Y_2の不法行為（使用者責任）を認め、請求を一部認容したが、Y_1の共同不法行為を否定し、請求を棄却し、Y_1の反訴請求を認容したため、Xが控訴した。

●主張の要旨●

　本件では、家財道具109万8215円、弁護士費用20万8000円のほか、慰謝料100万円の損害が主張された。

●判決の概要●

　本判決は、Y_1、Y_2の共同不法行為を認め、原判決を変更し、家財道具に係る損害として70万円、慰謝料として80万円、弁護士費用として15万円を認

判決文

(4) 慰謝料

　被控訴人会社（従業員のＢ）は、実力で控訴人を本件貸室から追い出し、瞬時に、控訴人に寝泊まりする場所のない状態に陥らせたこと、控訴人は、被控訴人会社から暴力的に住まいを奪われ、今晩からどこで寝泊まりすればよいのかを考えると、目の前が真っ暗になり、これから先の生活に絶望して、自殺すら考えたほどの精神的打撃を受けた（前記一(1)ア(ウ)(エ)）ことからすれば、控訴人が、被控訴人会社に連絡をとろうとせず、被控訴人会社による度重なる賃料等支払催告を黙殺した（前記一(1)ア(イ)ｃ）こと等を考慮しても、その慰謝料は相当に高額なものになるといわざるを得ない。

　そして、上記の事情及び本件に現れた一切の事情を考慮して、その慰謝料額は80万円をもって相当と認める。

●慰謝料認定の考え方●

　本件は、建物（住宅）の賃借人が賃料の支払いを滞納したことから、管理業者（賃貸人の同族会社）が部屋に立ち入り、家財道具を搬出し、鍵を取り替えたため、賃借人が賃貸人、管理業者に対して損害賠償責任を追及した事件であり、賃借人が家財道具、弁護士費用のほか、慰謝料100万円の損害を主張したものである。

　本判決は、管理業者の従業員の不法行為責任を肯定し、管理業者の使用者責任を肯定したこと、賃貸人の共同不法行為責任を肯定したこと、家財道具に係る損害として70万円、弁護士費用として15万円、慰謝料として80万円を認めたことに特徴がある。本判決は、建物の明渡しに関する賃貸人、管理業者の自力救済に係る不法行為が問題になった事案について、不法行為を肯定し、生活の侵害等の慰謝料を認め、慰謝料額を80万円と算定し、比較的高額の慰謝料額を算定した事例判断として参考になる。

第16章　自力救済等による慰謝料

不法な家財道具の撤去・処分等をした保証業者に対する慰謝料請求

〔判　例〕　東京地判平成24・9・7判時2171号72頁
〔慰謝料〕　20万円

【事件の概要】

Xは、平成21年7月頃、A株式会社から賃料月額7万9000円等の約定でマンションの1室を賃借し、賃貸借保証を業とするY₁株式会社（代表取締役はY₂）は、Xの賃料債務等につき保証をした。Xは、平成22年1月頃から賃料を支払うことができなくなり、同年5月、本件部屋のドアの内側にY₁の開錠、自主退去の要請等を記載した張り紙がされ、同年7月、Xが仕事から帰宅したところ、鍵が取り替えられ、室内の物品が撤去され、Y₁は、その後、間もなく処分した。XはY₁に対して不法行為、Y₂に対して会社法429条1項に基づき家財道具270万円、慰謝料100万円、弁護士費用37万円の損害賠償を請求したものである。

●主張の要旨●

本件では、家財道具270万円、弁護士費用37万円のほか、慰謝料100万円の損害が主張された。

●判決の概要●

本判決は、Y₁はXの賃料の滞納後7回訪問し、携帯に65回架電し、連絡を求める書面をドアにはさんでいたのに、Xが黙殺する対応をした状況においてY₁が本件部屋に立ち入ったことにはやむを得ない措置として違法性を欠くとしたものの、実力による占有排除、動産の処分につき不法行為を肯定し、Y₂については会社法429条1項の責任を免れないとし、動産の損害30万円、慰謝料20万円、弁護士費用5万円の損害を認め、請求を一部認容した。

判決文

(2) 次に、慰謝料額について検討するに、原告は、本件居室を追い出され、その後、新たな住居を見つけるまで、サウナや自動車内で夜を過ごさなければならなくなったことは前述のとおりであり、また、本件物品を処分されたことで、その後の生活に多大な不便を強いられたであろうことは想像に難くない。これらによる原告の精神的苦痛は重大なものがあったというべきである。

しかし、原告は、平成22年1月20日の入金を最後に、Aへの賃料の支払及び被告会社への求償金の支払を一切しなくなり、そのような状態が約6か月も継続したこと、この間、被告会社は、多数回にわたって本件居宅を訪れ、連絡を求める旨の書面をドアに挟んだり、原告の携帯電話に繰り返し架電するなどしたのに、原告は、電話にも出ず、折り返しの電話連絡もせず、連絡を求める旨の書面も黙殺するという態度を継続していたのであり、まれに見る悪質な賃借人であると非難されてもやむを得ない不誠実な対応であったといわなければならない。そのために被告会社が不法行為責任を免れるものでないことは前述したとおりであるが、原告の上記のような不誠実な対応によって、保証会社である被告会社において、対応に窮することとなったことは否定し得ない。また、原告は、仮に、賃貸人から本件賃貸借契約を解除の上で明渡しを求められた場合には、直ちに応じざるを得ない法的立場にあったことも明らかである。こうしたことは、慰謝料額の算定上考慮に入れるべき重要な事情というべきである。

これらの点を含む一切の事情を総合的に勘案し、原告の精神的苦痛に係る慰謝料額は20万円と認めるのが相当である。

●慰謝料認定の考え方●

本件は、建物の賃借人が賃料の支払いを滞納し、保証業者の担当者が部屋に立ち入り、鍵を取り替え、家財道具を撤去し、処分したため、賃借人が保証業者、その代表者に対して損害賠償責任を追及した事件であり、賃借人が家財道具、弁護士費用のほか、慰謝料100万円の損害を主張したものである。なお、本件は、賃貸人の法的な責任は追及されず、保証業者の代表者の法的な責任が追及されたことが特徴的である。

本判決は、賃借人が長期にわたって賃料の支払いを遅滞し、保証業者による支払いの督促を無視したことから、部屋への立入りの違法性を否定したこと、実力による占有排除、動産の撤去・処分の違法性を認め、不法行為を肯

定したこと、動産の損害30万円、慰謝料20万円、弁護士費用 5 万円の損害を認めたことに特徴がある。本判決は保証業者の賃借人に対する自力救済の違法性を認め、不法行為を肯定したことは合理的な判断であり、賃借人の生活を侵害し、動産を無断で処分したことにつき慰謝料を認め（なお、本件では、賃借人の対応の不適切さも相当程度考慮されている）、20万円と算定したことは事例判断として参考になる。

第17章　原因究明に係る慰謝料

　社会生活を送っていると、さまざまな出来事に遭遇することがあり、事情によってはその出来事につき説明を求められることがある。

　たとえば、交通事故を目撃したような場合、誰でも警察当局、裁判所から呼び出され、目撃内容につき証言を求められることがあるが、証言をすることが義務づけられるのか検討を迫られ、証言を拒絶したり、証言が事実と異なったりすると、その損害賠償責任を問われることがないではない。

　また、医師らの専門家であり、患者の診察、治療等を担当し、あるいは診療録等の記録によって原因の解明をしたような場合、原因の説明を拒絶したり、説明が事実と異なったりすると、その損害賠償責任が問われることがないではない。同様の説明は、さまざまな専門家について問題になることがあるだけでなく、商品、サービスを提供する事業者についても問題になることがある。

　これらの場合、説明を求めた者、説明によって被害を主張する者と説明を求められた者との間に契約関係があるときは、当該契約の解釈によっては説明義務が認められる可能性があるが、契約関係がないときは、説明義務が認められるか、どのような内容の説明義務が認められるかも問題になる。

　また、仮にこのような原因の解明等につき説明義務が認められ、説明義務違反が認定されたような場合、具体的に何が損害になるのかを明らかにし、損害の内容・実態を証明することは容易ではないし、損害賠償額を認定し、算定することは困難であることが多いであろう。この場合、説明義務によって保護される法的な利益の侵害が損害であるとし、その利益侵害の額を慰謝料として算定するとしても、その額の算定基準は明らかであるとはいいがたい。

　本書においては、このような原因究明・説明等をめぐる裁判例を紹介するが、原因究明・説明に関する義務を広く認めることにも問題があるし、他方、

全くこれを認めないことにも抵抗があるところであり、この分野の今後が注目される。

第17章　原因究明に係る慰謝料

患者の死因の事後説明を誤った医師等に対する慰謝料請求

〔判　例〕　広島地判平成4・12・21判タ814号202頁
〔慰謝料〕　各20万円、10万円

【事件の概要】

　Aは、昭和58年1月9日朝、左片麻痺を起こして立ち上がれなくなり、B病院で診察を受け、脳出血と診断され、脳内血腫除去の手術を受けた。Aは、同月17日、急性腎不全を併発し、人工透析を受けるため、Y_1の運営に係るY_1外科に転入院し、人工透析を受ける等し、鼻から胃に挿入されたチューブにより流動食が注入される等した。Aは、その後間もなく、呼吸が停止し、担当医師Y_2が心マッサージを行う等したが、死亡した。Y_2の説明は、Aの夫X_1に対して死亡原因は消化管からの吐血を気管内に誤飲して窒息死したというものであった。X_1、Aの子X_2、X_3は、Y_1、Y_2に対して窒息死を招いた過失を主張し、不法行為に基づき死亡による損害賠償を請求したが、その後、死因が重い脳障害と腎機能障害の全身の悪化による急性心不全であるとの鑑定の結果が出されたため、死因が誤飲による窒息死であるとの誤った説明をしたことに係る債務不履行、不法行為を主張したものである（慰謝料としてX_1ら各自につき100万円を請求した）。

●主張の要旨●

　本件では、誤った事故説明につき慰謝料として遺族ら各自につき100万円、弁護士費用の損害が主張された。

●判決の概要●

　本判決は、医師の診療上の過失を否定したものの、自己が診療した患者が死亡した場合、死亡に至った経緯・原因につき診療を通じて知り得た事実に

基づき、遺族に対して適切な説明を行うことは、医師の遺族に対する法的な義務であり、医師の基礎的な医学上の知識の欠如等の重大な落ち度によって誤った説明が行われた場合には、医師に不法行為上の過失があるとし、Y_2 の不法行為を肯定し、X_1 につき慰謝料20万円、X_2、X_3 につき慰謝料各10万円、各弁護士費用の損害を認め、Y_2 に対する請求を一部認容し、Y_1 に対する請求を棄却した。

判決文

(四) 以上のとおりであるから、被告 Y_2 は、A の夫と子である原告ら遺族に対して、不法行為による損害の賠償として、このような誤った事後説明により受けた精神的苦痛に対する慰藉料を支払う義務がある。

そして、このような原告らの精神的苦痛に対する慰藉料の額としては、被告 Y_2 の説明が医学上の基礎的な認識を欠いたものであること、他方、A の死亡は結局のところ被告らの医療の過誤によってもたらされたものではなく、病勢の自然の帰結であって、現在においては、〈証拠略〉により、死因が右のとおりであるとの正当な説明がされていること、その他本件の一切の事情を考慮して、原告 X_1 について20万円、同 X_2 と同 X_3 についてそれぞれ10万円ずつとするのが相当と認める。弁護士費用は、原告 X_1 について5万円、同 X_2 と同 X_3 についてそれぞれ2万5000円ずつとするのが相当である。

●慰謝料認定の考え方●

本件は、医師の治療を受けている間に患者が死亡し、遺族に死因の説明が行われたところ、診療上の過失が認められなかったものの、説明が誤っていたことについて、患者の遺族の医師に対する損害賠償責任が問題になった事件である（医師の説明不足の問題に限定して紹介する）。本件では、弁護士費用のほか、慰謝料として100万円の損害が主張されたものである。

本判決は、自己が診療した患者が死亡した場合、死亡に至った経緯・原因につき診療を通じて知り得た事実に基づき、遺族に対して適切な説明を行うことは、医師の遺族に対する法的な義務であること、医師の基礎的な医学上の知識の欠如等の重大な落ち度によって誤った説明が行われた場合には、医

師に不法行為上の過失があること、説明を担当した医師の不法行為が認められること、遺族の慰謝料として20万円、10万円の損害が認められることを判示したものである。本件のように医師が患者の死亡後、説明が誤った場合、医師が法的な責任を負うか、その前提として死因の説明の法的な義務を負うかは、医師の倫理の問題は別として、法的な義務等については慎重に検討すべき問題であり、本判決も原則としては否定すべき見解に立つものと推測される。本判決は、前記の要件の下に医師の死因の説明義務を認め、義務違反による慰謝料として遺族の損害を認めたものであるが、今後の議論が予想されるところ、事例判断を提供するものである。

第17章 原因究明に係る慰謝料

2 患者の死因究明の措置等をとらなかった病院に対する慰謝料請求

〔判　例〕　東京地判平成9・2・25判時1627号118頁（第1審判決）、
東京高判平成10・2・25判時1646号64頁（控訴審判決）
〔慰謝料〕　第1審判決：400万円（妻につき200万円、子につきそれぞれ100万円）、控訴審判決：否定

【事件の概要】

　Aは、平成5年9月5日、下腹部、腰部の不快感、下痢、嘔吐の主訴で、Y財団法人の運営する病院の救急外来を受診し、消化器科のB医師、外科のC医師の診断を受けた。Bは、C医師の診断、各種検査の結果から急性腸炎と診断したが、尿路結石等も疑われる等し、Aを入院させた。Aは、Y病院で治療を受けたが、同月8日、意識不明となり、急性心筋梗塞の治療を受ける等したものの、死亡が確認された。Aの妻X_1、子X_2、X_3は、Yに対して、Aの死因が腹部大動脈瘤破裂による失血死を原因とする心不全であることから診療義務違反、死因に関する説明義務違反、原因の解明義務違反を主張し、不法行為に基づき逸失利益、葬儀費用のほか、慰謝料2600万円の損害賠償を請求したものである。

　第1審判決（東京地判平成9・2・25判時1627号118頁）は、鑑定結果等を基に死因を断定、推定することは困難である等とし、診療義務違反を否定し、死因に関する説明義務違反、原因の解明義務違反については、死体解剖保存法の定め等を前提とし、病院に入院中の患者が死亡した場合、死因が不明であり、または病院が特定した死因と抵触する症状や検査結果があるなど当該死因を疑うべき相当な事情があり、かつ、遺族が死因の究明を望んでいるときは、病院としては、遺族に対し、病理解剖の提案またはその他の死因究明に必要な措置についての提案をして、そ

れらの措置の実施を求めるかどうかを検討する機会を与える信義則上の義務を負うとしたうえ、本件では、遺族の主張の各義務は実質的にこの死因解明義務の主張と解されるとし、解明義務違反を肯定し、慰謝料として400万円の損害を認め、請求を認容した。

●主張の要旨●

本件では、死亡に係る逸失利益、葬儀費用、慰謝料2600万円の損害が主張された。

●判決の概要●

控訴審判決は、診療義務違反については、基本的に第1審判決を引用し、これを否定し、死因に関する説明義務違反、原因の解明義務違反については、死体解剖保存法の規定を通覧しても、医療機関と患者の遺族との私法上の法律関係を起立する死因解明・説明義務なるものを導き出す根拠を見出すことはできない等とし、X_1らの控訴を棄却し、原判決中、Y敗訴の部分を取り消し、請求を棄却し、予備的・追加的請求を棄却した。

判決文

〔第1審判決：東京地判平成9・2・25〕
三　死因解明義務違反の有無
〈中略〉
　ところで、死体解剖保存法（昭和24年法律第204号）によれば、政令で定める地（現在の指定地は東京都23区ほか4市）を管轄する都道府県知事は、その地域内における死因の明らかでない死体について、その死因を明らかにするため監察医を置き、これに検案させ、又は検案によっても死因の判明しない場合には解剖させることができるものとしている（8条）。また、2人以上の医師が診療中であった患者が死亡した場合において、主治の医師を含む2人以上の診察中の医師がその死因を明らかにするため特にその解剖の必要を認め、かつ、解剖について遺族の承諾を得るいとまのないような場合には、遺族の承諾がなくても解剖することができるものとされている（7条）。さらに、死体の解剖は、特に設けた解剖室においてしなければならないものとされ（9条）、一定規模以上の病院には解剖室が備えられている。このように、死因が判明しない場合の解剖について法律に規定が

設けられているのは、人の死亡という重大かつ厳粛な事態が生じた場合には、できる限り死因を明らかにすることが公衆衛生の向上及び医学の進歩の上で必要であり（同法１条）、かつ、解剖が死因解明の最も直接的かつ有用な手段であることが社会的に承認されているためである。

　このような実定法の定めと、病院の機能及び役割並びに死者を悼む遺族の感情を考慮すると、本件のように病院に入院中の患者が死亡した場合において、死因が不明であり、又は病院側が特定した死因と抵触する症状や検査結果があるなど当該死因を疑うべき相当な事情があり、かつ、遺族が死因の解明を望んでいるときは、病院としては、遺族に対し、病理解剖の提案又はその他の死因解明に必要な措置についての提案をして、それらの措置の実施を求めるかどうかを検討する機会を与える信義則上の義務を負っているものというべきである。原告らの死因に関する説明義務ないし病的原因の解明義務の主張は、実質的には右死因解明義務の主張であると解される。

〈中略〉

四　死因解明義務違反による損害

　原告らは、被告病院の死因解明義務違反の行為により、Ａの死亡後遅滞なくその死因を知る機会を失ったものであり、その後、公平な第三者である裁判所に対し、死因に関する被告病院の言い分が正当かどうかの判断と、客観的証拠に基づくできる限りの死因の解明を求めて本件訴訟を提起せざるをえず、弁護士に本件訴訟の提起を委任し、弁護士を通じてカルテその他の死因を明らかにする証拠を収集し、鑑定の申請をして死因についての解明を求め、その結果、前記一認定のとおり、Ａの死因に関する被告病院の言い分が必ずしも正当とはいえない面があること及び客観的事実に基づきＡの死因をどのように考えるべきであったかを知ったものであり、原告らが本件訴訟を提起したことは、まことに無理からぬことであったというべきである。また、原告らがその希望に反して遅滞なくＡの死因を解明することができず、これによって精神的苦痛を被ったことも明らかである。これらの事実を考慮すると、被告病院が死因解明義務を尽くさなかったことにより原告らに生じた精神的苦痛に対する慰藉料の額は、原告らが本件訴訟を提起し、追行するのに要した費用のうち、死因の解明に向けての手続に必要であった部分と、被告病院が死因解明義務を尽くさなかったことによる原告らの精神的苦痛の程度を総合して算定すべきものである。

　そして、原告らが本件訴訟の提起に際して訴状に貼付した印紙の額は17万8600円であること、死因の解明を主たる目的とした鑑定の費用として原告らは80万円を支出したこと、本件訴訟の提起のために弁護士を通じてカルテの証拠保全その他の証拠収集を行い、これに相当の労力及び費用を要したこと、本件訴訟を提起するについて、弁護士を通じて医師その他の専門家の意見を徴し、そのために経費を要したと推認されること、被告病院は心筋梗塞以外に死亡の原因疾患はないとの姿勢を取り続け、原告らの申請に基づいて実施された鑑定の結果を見て、初

めて仮定的ではあるが、腹部大動脈瘤破裂による失血も死因としてありうることを主張したこと等の事情を総合すると、原告らに対する慰藉料の総額は400万円と認めるのが相当である。これに、Ａの死亡による原告らの身分関係及び法定相続分の定めを考慮すると、右慰藉料のうち、原告 X_1 分は200万円、原告 X_2 及び原告 X_3 分はそれぞれ100万円と認めるのが相当である。

〔控訴審判決：東京高判平成10・2・25〕
㈠　第１審原告らは、病院が入院中に死亡した患者の遺族に対しその主張のような死因解明・説明義務を負うとする論拠として、死体解剖保存法の規定を挙げる。

　しかしながら、死体解剖保存法は、専ら「公衆衛生の向上を図るとともに、医学の教育又は研究に資する」ことを目的として（同法１条）、厚生大臣が適当と認定した者が解剖する場合（同法２条１号）、医学に関する大学の解剖学、病理学又は法医学の教授又は助教授が解剖する場合（同条２号）等の例外的な場合を除いて、死体の解剖を保健所長の許可にかからしめる（同条本文）とともに、右の許可の基準について、「公衆衛生の向上又は医学の教育若しくは研究のために特に必要があると認められる場合でなければ、……許可を与えてはならない。」とし（同条２項）、あるいは、一定の例外的な場合を除き、死体を解剖しようとする者は、その遺族の承諾を受けなければならない（同法７条）とするなど、死体の解剖等の適正を期すべく、一定の行政上の規制を定めた法規であって、同法の規定を通覧しても、第１審原告らが主張するような、医療機関と患者の遺族との私法上の法律関係を規律する死因解明・説明義務なるものを導き出す根拠を見出すことはできない。

㈡　また、第１審原告らは、その主張のような死因解明・説明義務は、診療契約上の義務の一環として存在し、病院は、診療契約上の善管注意義務の一内容としての右義務を負うとも主張する。

　しかし、医療機関は、患者との間の診療契約に基づいて、患者に対し、医療水準に適合した真摯かつ誠実な医療を尽くすべき義務を負うのであるが、右の診療契約の内容として、医療機関が死亡した患者の遺族に対し、その主張のような死因解明・説明義務を負担していると解することには無理があるといわざるを得ない。

● 慰謝料認定の考え方 ●

本件は、病院の救急外来を受診し、入院した患者が数日後に死亡したため、遺族が病院に対して損害賠償責任を追及し、診療義務違反のほか、死因に関する説明義務違反、原因の解明義務違反を主張し、主として後者の義務違反

の有無が問題になったものである。第1審判決が病院としては、遺族に対し、病理解剖の提案またはその他の死因究明に必要な措置についての提案をして、それらの措置の実施を求めるかどうかを検討する機会を与える信義則上の義務を負うとし、死因解明義務を肯定したうえ、慰謝料として400万円の損害を認めたため、控訴審においてこれらが重要な争点になったものである。

　第1審判決は、死体解剖保存法の規定等を根拠に死因解明義務を認めたわけであるが、同法の性質等に照らすと、論理の大きな飛躍があるほか、死因究明義務違反による慰謝料が400万円であるとする根拠も見出せないものである。

　控訴審判決は、これに対して、死因解明義務自体を否定したものであるが、双方の判決の違い、その理由だけでなく、判決が個々の裁判官ごとに相当にまちまちであり、合理的な根拠もなくまちまちであることを示すものとして紹介しておきたい。

第17章 原因究明に係る慰謝料

児童の自殺に関する適切な調査・説明をしなかった地方自治体に対する慰謝料請求

〔判　例〕　札幌地判平成25・6・3判時2202号82頁
〔慰謝料〕　両親につき各50万円

―【事件の概要】――――――――――――――――――――――

　X_1、X_2の子A（当時、小学校5年生）は、Y_1町（遠軽町）の設立した小学校に通学しており（5年生に至るまで、各学年において1クラスで編成されていた）、平成19年、Bが担任教諭であった。Bは、担任クラスの児童に厳しく指導しており、Aにも厳しく指導していた。Aは、平成20年4月3日、自宅トイレで自殺した。小学校の校長Cは、X_1らに対してPTA総会において自殺ではなく、不慮の事故である旨を説明するよう求めたり、Bが辞意を表明しているのを、責任がないとして撤回するように慰留してほしい旨を依頼したり、事故報告書に死亡の原因が多臓器不全と記載する等した（死体検案書には、直接の死因として多臓器不全、原因として縊首と記載され、死因の種類として自殺に丸が付されていた）。Cの後任の校長Dは、X_1らの責任追及により、Bが辞意を表明しており、執拗な追及を止めてほしい旨を述べる等した。X_1、X_2は、Y_1のほか、Y_2道（北海道）に対してBの違法な指導があってAが自殺したとか、真実解明調査・報告義務違反があった等と主張し、国家賠償法1条1項等に基づき死亡慰謝料、逸失利益、固有の慰謝料、弁護士費用の損害賠償を請求したものである。

●主張の要旨●

　本件では、死亡慰謝料、逸失利益、固有の慰謝料、弁護士費用の損害が主張された。

●判決の概要●

　本判決は、児童に対する指導は、教育的効果と児童の被るべき権利侵害の程度を比較衡量し、児童の心身の発達状況等を考慮したうえ、指導による教育的効果を期待しうる合理的な範囲において正当な指導の一環として許容されるとし、本件では、Bの指導方法がやや厳しいものと認められるものの、合理的範囲を超えるものではないとし、違法性を否定し、自殺した児童の保護者から自殺の原因につき報告を求められた場合、学校設置者は信義則上、在学契約に付随し、保護者に対して調査義務に基づいた結果を報告する義務を負うところ、本件では適切な調査を行わず、合理的な説明もしていないとし、Y_1、Y_2の違法性を認め、X_1、X_2各自につき慰謝料50万円、弁護士費用10万円の損害を認め、請求を一部認容した。

判決文

4　争点⑥（原告らに生じた損害）について
(1)　原告らは、本件報告義務違反により、本件事件の原因がB教諭の指導によるものか否かについて適正に報告を受ける機会を失い、本件小学校関係者による配慮に欠けた言動も相まって、Aの死亡による原告らの精神的苦痛は増大したものといえるが、①B教諭の指導について、本件ドリルのチェックの依頼を除けば、本件事件以前に原告らから相談や指導改善の申入れはされていないこと、②原告らは、本件事件当日、他の児童や保護者に対する状況説明の仕方に関する要望として、Aは不注意でけがをして入院したとだけ言って下さいと言っており、その後、他の説明をして欲しいといった話をすることはなかったこと、③原告らがY_1町教育委員会に事実確認をするよう申入れをしたのは、本件事件から1年近く経過した平成21年3月31日だったこと、④Aの同級生は小学校6年生という精神的に未発達な児童であった上、1学級がAを含めて13名と少人数であったことからすれば、児童への聴取り調査は慎重を期する必要があったといえること等の事情に加え、⑤原告らが長時間にわたる聴取りや多数回にわたる書面のやり取りを行うといった強硬な態度をとったこととY_1町教育委員会が原告らに迎合する態度をとったことにより、B教諭に対するそれぞれの認識の齟齬が強くなったと考えられることも考慮すると、本件報告義務違反による原告らの精神的苦痛に対する慰謝料の額は、原告らそれぞれにつき50万円と認めるのが相当である。

第17章　原因究明に係る慰謝料

●慰謝料認定の考え方●

　本件は、町立小学校の小学生が自殺し、保護者（両親）が担当教諭の厳しい指導が原因であると疑っていたところ、小学校の校長らが小学生の保護者に死因につき異なる説明をするよう求めたり、異なる報告をしたり、担当教諭に対する責任追及を止めるよう求める等したことから、保護者が町、道に対して損害賠償責任を追及した事件である。本件では、死亡慰謝料、逸失利益、固有の慰謝料、弁護士費用の損害が主張されたものである。

　本判決は、担当教諭の指導の違法性を否定したこと、自殺した児童の保護者から自殺の原因につき報告を求められた場合、学校設置者は信義則上、在学契約に付随し、保護者に対して調査義務に基づいた結果を報告する義務を負うとしたこと、本件では学校設置者は適切な調査を行わず、合理的な説明もしなかったとしたこと、児童の自殺についての調査・説明の違法性を肯定したこと、保護者各自につき慰謝料50万円、弁護士費用10万円の損害を認めたことに特徴がある。本判決は、自殺した児童の保護者から自殺の原因につき報告を求められた場合、学校設置者は信義則上、在学契約に付随する義務として、調査義務、報告義務を認めているが、一般的にこのような法的な義務を認めることには議論がある。もっとも、本件は、小学校の校長らは、児童の死因について保護者の要請にもかかわらず事実と異なる説明をしたり、保護者に求めたりしただけでなく、異なる死因を報告したものであり、見方によっては事実の隠蔽と評価され得るものであって、故意の法益侵害行為ということができるから、この観点からの保護者の慰謝料を認めるのが相当である。

第17章 原因究明に係る慰謝料

患者の自殺に関する的確な説明をしなかった病院に対する慰謝料請求

〔判　例〕　大阪高判平成25・12・11判時2213号43頁
〔慰謝料〕　20万円

【事件の概要】

　Aは、大学卒業後、意識障害等を起こし、病院に入通院して治療を受けていた。Aは、重度の抑うつ状態になり、平成22年11月、Y医療法人の運営するB病院に緊急入院した。Aは、平成23年1月、B病院の2階精神病棟（閉鎖病棟）の洋式トイレ個室内で首をつって自殺しているのが発見された。B病院は、マニュアルに反して、夜勤者に自殺に使用された黒紐を廃棄させ、B病院の院長らは、Aの両親 X_1、X_2 に対して自殺の経緯、原因を説明を的確に行わなかった。X_1 らは、Yに対して自殺防止義務違反を主張し、不法行為に基づき慰謝料等の損害賠償を請求したものである。

　第1審判決（神戸地姫路支判平成25・3・25判例集未登載）は、精神科病院として通常尽くすべき法的義務を十分に尽くしていたとし、請求を棄却したため、X_1 らが控訴し、予備的に、Aの死因の顛末等の説明義務違反を主張し、慰謝料150万円等の損害賠償を請求した。

●主張の要旨●

本件では、説明義務違反については慰謝料150万円、弁護士費用の損害が主張された。

●判決の概要●

本判決は、主位的請求につき原判決を基本的に引用し、自殺防止義務違反を否定し、主位的請求に関する控訴を棄却したが、予備的請求について、医療機関は、患者に悪しき結果が生ずるに至った経緯や原因（顛末）につき、

診療を通じて知り得た事実に基づいて患者本人ないしその家族に適切に説明すべき法的な義務があるとし、本件では夜勤者に自殺に使用された黒紐を廃棄させ、適切に説明をしなかったとし、説明義務違反の不法行為を肯定し（慰謝料20万円、弁護士費用5万円の損害を認めた）、予備的請求を認容した。

判決文

(4) 前記(2)で説示したところによれば、控訴人らは、本件自殺後、Cのマニュアル違反によって本件黒紐が廃棄されたため、本件自殺に至った経緯やその原因（顛末）について被控訴人病院から適切な説明を受けることができなかったところ、本件認定事実(7)クに加え、〈証拠略〉によれば、控訴人らは、本件自殺後のB病院長らの説明が不十分、不誠実であると受け止め、本件自殺の真相を明らかにするため、本件自殺から約4か月後の平成23年3月15日に本件訴訟の提起に先立って被控訴人病院の保管に係るAの診療録等の証拠保全の申立てをし、同月21日にその証拠保全手続が行われ、本件自殺から約5か月後の同年5月6日に本件訴訟を提起していることが認められるのであり、これらの事実経過に照らすと、Cのマニュアル違反による本件黒紐の廃棄、ひいてはB病院長らによる説明義務違反によって控訴人らが受けた精神的苦痛は、決して小さくないと認めることができる。そして、以上の説示に加え、本件に現れた諸事情を考慮すると、控訴人らの精神的苦痛を慰謝するに足りる金額は、控訴人らそれぞれにつき20万円と認めるのが相当である。

●慰謝料認定の考え方●

本件は、精神科病院に入院中の患者がトイレで自殺し、患者の両親が自殺防止義務違反のほか、自殺の経緯・原因の説明義務違反を主張し、病院の運営者に対して損害賠償責任を追及した控訴審の事件である。本件は、自殺の経緯・原因の説明義務違反の主張について、法的義務の有無、義務違反の有無、説明義務違反による慰謝料が主として問題になったところに特徴がある。

本判決は、患者の死亡等の悪しき結果が生じるに至った経緯や原因（顛末）については、多くの場合診療にあたって医師にしか容易に説明できず、少なくとも当該医師によって説明されることがふさわしい事項であること等を指摘し、この説明は医師の本来の責務である医療行為そのものではないと

しても、法的な保護に値する利益であること、医療機関は、患者に悪しき結果が生ずるに至った経緯や原因（顛末）につき、診療を通じて知り得た事実に基づいて患者本人ないしその家族に適切に説明すべき法的な義務があること、本件では夜勤者に自殺に使用された黒紐を廃棄させ、適切に説明をしなかったこと、損害として慰謝料20万円、弁護士費用5万円の損害を認めるのが相当であることを判示している。本判決は、病院における患者の死亡（自殺）につき病院の死亡の経緯・原因の説明義務違反が問題になった事案について、医師の高度の専門性等を基に、この説明義務を認めたうえ、説明義務違反を認めた興味深い事例判断を提供するものであるとともに、説明義務違反による慰謝料として20万円の損害を認めた事例判断を提供するものである。もっとも、本件のような説明義務違反による慰謝料が20万円であると判断した根拠は明らかではない。

5 羊水検査の報告を誤った医師等に対する慰謝料請求

〔判　例〕　函館地判平成26・6・5判時2227号104頁
〔慰謝料〕　夫婦につき各500万円

【事件の概要】

　X_1、X_2の夫婦は、X_2が妊娠し、X_2がY_1医療社団法人の開設した診療所において、院長で産婦人科医師Y_2から、当時41歳であり、高齢出産であること、胎児の首の後ろに膨らみがあること、先天性異常に関する出生前診断の説明を受けた。X_2は、Y_2から羊水検査を受けた。検査の結果、染色体異常が認められる等の内容であったが、Y_2は、内容を誤り、X_2にダウン症につき陰性であること等を告げた。X_2は、B病院に緊急搬送され、緊急帝王切開により、Aを出産したが、Aがダウン症児であることが判明した。Aは、3カ月後、死亡した。X_1、X_2は、Y_1、Y_2に対して、検査結果報告に誤りがあり、中絶の機会を奪われ、ダウン症児を出産し、さまざまな疾患の末死亡した等と主張し、不法行為、診療契約上の債務不履行に基づき慰謝料500万円の損害賠償を請求したものである。

●主張の要旨●

　本件では、各慰謝料500万円の損害が主張された。

●判決の概要●

　本判決は、Y_2が検査結果を誤り、ダウン症児であることに陰性であることを告げたとしたこと、検査結果の誤報告とAの出生との間には相当因果関係を肯定することはできないとしたこと、検査結果の誤報告とAの死亡との間には相当因果関係を肯定することはできないとしたこと、X_1らの被った損害は、生まれてくる子どもに先天性異常があるか否かを調べることを

主たる目的として羊水検査を受けたものであり、生まれてくる子どもが健常児であるか否かは今後の家族設計において最大の関心事であるのに、Y_2の羊水検査結果の誤報告により、X_1らはこのような家族設計選択の機会を奪われ、しかも、Aが出生後ダウン症児であることを知っただけでなく、短期間のうちに重篤な症状に苦しみ死亡した姿を目の当たりにした精神的苦痛は甚大である等とし、各500万円の慰謝料を認め、請求を認容した。

判決文

(2) 原告らの選択や準備の機会を奪われたことなどによる慰謝料　それぞれ500万円

ア　原告らは、生まれてくる子どもに先天性異常があるかどうかを調べることを主目的として羊水検査を受けたのであり、子どもの両親である原告らにとって、生まれてくる子どもが健常児であるかどうかは、今後の家族設計をする上で最大の関心事である。また、被告らが、羊水検査の結果を正確に告知していれば、原告らは、中絶を選択するか、又は中絶しないことを選択した場合には、先天性異常を有する子どもの出生に対する心の準備やその養育環境の準備などもできたはずである。原告らは、被告Y_2の羊水検査結果の誤報告により、このような機会を奪われたといえる。

　そして、前提事実に加え、〈証拠略〉によれば、原告らは、Aが出生した当初、Aの状態が被告Y_2の検査結果と大きく異なるものであったため、現状を受入れることができず、Aの養育についても考えることができない状態であったこと、このような状態にあったにもかかわらず、我が子として生を受けたAが重篤な症状に苦しみ、遂には死亡するという事実経過に向き合うことを余儀なくされたことが認められる。原告らは、被告Y_2の診断により一度は胎児に先天性異常がないものと信じていたところ、Aの出生直後に初めてAがダウン症児であることを知ったばかりか、重篤な症状に苦しみ短期間のうちに死亡する姿を目の当たりにしたのであり、原告らが受けた精神的衝撃は非常に大きなものであったと考えられる。

　他方、被告Y_2が見誤った原告X_2の羊水検査の報告書は、分析所見として「染色体異常が認められました」との記載があり、21番染色体が3本存在する分析図が添付されていたというのであるから、その過失は、あまりに基本的な事柄に関わるものであって、重大といわざるを得ない。

イ　ところで、〈証拠略〉及び弁論の全趣旨によれば、被告法人は、原告X_2の9月1日から同月8日までのB病院における入院医療費18万4530円及び同月29日の同所における医療費3320円を原告X_2に代わって支払ったこと、また、

Aの11月1日から12月16日までのB病院における入院医療費4万5634円を原告らに代わって支払ったことが認められる。もっとも、これらの費目は、本訴において損害として請求されていない。また、〈証拠略〉によれば、被告Y_2は、原告らに対し、11月13日、原告らが毎日のAの付添いで駐車場代金や交通費を負担していることなどを考慮して見舞金として50万円を、12月18日、香典として10万円を支払ったことが認められる。そうとはいえ、これらの見舞金及び香典は、その内容及び金額に照らし、本訴において損害として請求されていない費目に関するものであるか、原告らの損害を填補する趣旨のものではなく、社交儀礼上交付されたにすぎないものと認めるのが相当である。これらの支払が損害を填補する趣旨であるとの被告らの主張は採用することができないが、慰謝料額の算定に当たって考慮すべき一事情となるのは当然である。

ウ　しかし、このような事情があるとしても、先に指摘した事実経過や原告らの精神的苦痛の重大性、被告Y_2の過失の重大性等のほか、本件全証拠及び弁論の全趣旨によって認められる本件に関する一切の事情を総合考慮すれば、原告らに対する不法行為ないし診療契約上の債務不履行に基づく損害賠償として、原告らそれぞれにつき500万円の慰謝料を認めるのが相当である。

●慰謝料認定の考え方●

　本件は、高齢出産を迎えた女性が医師の診断を受け、先天性異常に関する出生前診断の説明を受け、羊水検査を受けたところ、染色体異常等が認められたのに、医師がダウン症につき陰性である旨の説明をしたことから、女性がダウン症児を出産し、新生児がその後死亡したため、女性とその夫が医師、医療社団法人に対して損害賠償責任を追及した事件である。本件では、夫婦につき慰謝料各500万円が主張されたものであるが、損害の実態は、医師の検査結果報告に誤りがあり、中絶の機会を奪われたというものである。近年、産婦人科の分野でも、社会的にも話題になり、議論になっている出生前診断、羊水検査の問題が訴訟になった事件として注目され、現代社会における判断困難な問題を提起したものである。

　本判決は、夫婦の損害と因果関係について、検査結果の誤報告と新生児の出生、あるいは死亡との間には相当因果関係を肯定することはできないとしたこと、夫婦の損害は、生まれてくる子どもに先天性異常があるか否かを調

べることを主たる目的として羊水検査を受けたものであるとし、生まれてくる子どもが健常児であるか否かは今後の家族設計において最大の関心事であるのに、医師の羊水検査結果の誤報告により、夫婦がこのような家族設計選択の機会を奪われたこと等であるとしたこと、慰謝料として夫婦につき各500万円の損害を認めたことに特徴がある。本判決は、注目される問題についてダウン症の新生児の出生、死亡による損害、医師の後報告との因果関係を否定したことに注目されるとともに、夫婦の家族設計選択の機会の喪失の損害を認め、慰謝料を夫婦につき各500万円と算定したことは一つの見解として参考になるものである。

第18章　名誉毀損・プライバシー侵害による慰謝料

　名誉毀損は、従来から多数の判例、裁判例が法律雑誌等に公表されている類型の不法行為であり、損害賠償の内容として慰謝料が広く認められているものである。名誉毀損の被害者は、個人のほか、株式会社、社団法人等の法人、団体も含まれるが、慰謝料は、個人に対する名誉毀損の場合だけでなく、法人、団体に対する名誉毀損の場合にも認める裁判例がある（法人、団体の場合には、無形の損害を認める裁判例もある）。また、法人、団体の場合、個人の事業者の場合には、名誉のうち、特に信用が毀損されることが多く、信用毀損と呼ばれることがあるが、この場合には、慰謝料のほか、経済的な損害を認めることが相当であることもある。

　名誉毀損の不法行為が認められる場合、加害者に損害賠償責任が認められるが、具体的な損害賠償の内容は、損害の発生を前提とし、名誉毀損との間で事実的因果関係、相当因果関係の存在する範囲で金銭的に算定した損害賠償である。

　名誉毀損による損害の発生は、基本的には現実に損害が発生したことが必要であるところ、名誉毀損が人の社会的な評価を低下させるという不法行為であり、これによって発生する損害は、現実的に発生する損害、経済的な損害、財産的な損害であることもあるが、相当程度抽象的なもの、金銭的に算定することが相当困難なものにならざるを得ない。名誉毀損によって経済的な損害が発生することは、民法709条、710条の各規定の文言に照らしても明らかであるし、実際にも経済的な損害が発生することがある。特に被害者が会社等の法人、団体であったり、個人であっても事業者であったりして、信用が毀損されたりした場合には、経済的な損害が発生するものであり、経済的な実損害だけでなく、逸失利益、名誉の回復に必要な措置をとったことに

よる費用相当の損害が含まれる。また、名誉毀損によって上場会社の株価が下落する事例、企業価値が下落する事例もみられるところであり、これらの損害も名誉毀損との間に前記の各因果関係が認められうるものである。

　名誉毀損による非経済的損害、非財産的損害については、個人の場合には、前記のとおり、精神的な苦痛による損害として取り上げられ、慰謝料が認められている。個人が名誉毀損の被害を受けた場合には、実務上は、慰謝料のみを主張し、慰謝料の損害が認められることが多い。訴訟における慰謝料の算定基準は、長年にわたり、合理的な根拠も、検討もなく、おおむね100万円程度で推移していたところであるが（筆者は、拙著「名誉と信用の値段に関する一考察──名誉・信用毀損肯定判例の概観(1)(2)(3・完)」NBL617号40頁以下、628号41頁以下、634号48頁以下において、これを根拠のない100万円の賠償のルールと名づけ、この慣行を批判したことがある）、突然、裁判所内で研究会等が開催され、400万円・500万円程度に増額する見解が提唱され（このように研究会等の検討、意見を踏まえて基準を一律に増額すること自体、裁判のあり方に疑問を投げかけるものである）、一時期、この判断基準に沿った下級審の判決が続いていた（このような動向については、拙著「名誉毀損・信用毀損の実務の変貌(1)(2)(3・完)」NBL777号28頁以下、786号59頁以下、787号39頁以下参照）。ところが、近年、この水準も下降気味であるが、名誉毀損による慰謝料額の算定は、実際に被害者が受けた損害の性質、内容、態様の実情に即して適正な額を算定すべきものである。

　他方、プライバシーの侵害は、比較的新しい類型の不法行為であるが、近年、個人の自己情報に関する関心の高まり、個人情報保護法の制定・施行等によって話題になることが多い類型の不法行為である。

　プライバシーの侵害は、個人情報保護法の制定・施行の時期を前後して、裁判例におけるプライバシーの範囲の考え方が変化しつつあり、著しく拡大する傾向がみられる。裁判例は、プライバシーという従来の伝統的な概念を使用しつつ、その内容を伝統的なプライバシーを一層拡大し、個人識別情報、あるいは個人情報を広く含む内容のものとして理解しているものがみられる

ようになっている。拡大されたプライバシーの概念を採用している裁判例は、その判断の中では、伝統的なプライバシーの要件を一応は使用しながら、その要件の解釈を拡大するか、あるいはそれとともにその要件の該当性の判断を緩和するかしているものであるが、そのようなプライバシーの拡大を認めるに足りる根拠を十分に説示していないものが一般的である。最近の裁判例を概観すると、プライバシー（プライバシー権）の法理に関する裁判例は、実質的には、従来の裁判例を変更しているものということができるから、その要件（プライバシーの要件、侵害の要件）、効果、違法性の阻却、責任の阻却、要件の該当性の判断基準等のプライバシーをめぐる法律問題につき十分な検討が必要である。特にプライバシーとして保護される内容が拡大し、個人識別情報、個人情報までも含まれることがあるため、プライバシーとしての保護の必要性、保護の程度が伝統的なプライバシーよりも相当程度低下している。保護の必要性、程度の低いプライバシーをどのような侵害の要件の下で保護するか、あるいはそのような侵害が肯定される場合であっても、どのような内容の法的な保護を与えるかは、従来の裁判例を概観する限り、伝統的なプライバシーの侵害の要件を採用するだけであり、一見すると、何の変化もみられないようであるが、実際には、伝統的なプライバシーの侵害の概念、要件を採用していることによって、保護の範囲が著しく拡大している傾向がみられるものである。

　このようなプライバシーの侵害をめぐる裁判例の動向は、個人が自ら公表したり、日常的に使用している個人情報も不法行為の保護の対象になる場合もあることから、プライバシーの侵害の不法行為の場合、損害の発生、違法性の判断があいまいで、不明確になっている。プライバシーとして保護される情報の中には、病気、経済的な信用状態等の公開、漏えい等の侵害によって具体的な悪影響が生じるものがある反面、住所、氏名、電話番号等の保護の必要性がないか、あるいは必要性に乏しいものもあるため、損害の発生、違法性、慰謝料の必要性、慰謝料額の算定等については慎重な判断が必要である。プライバシーに属する情報が公開、漏えい等した場合であっても、情

報の対象である個人らにつき不利益が発生していないとか、不利益の発生が抽象的であり、不安といった程度であったり、慰謝料を認めるに足りる程度の違法性が認められないこともありうる。また、仮にプライバシーの侵害が違法な不法行為であると認められる場合には、その慰謝料の額の算定基準は明らかではないし、算定基準が形成されているものではない。

　個人は、現代社会において人間関係、近隣関係、行政関係、顧客関係、法律関係等のさまざまな関係を形成し、維持し、変化させてさまざまな活動を行うものであるが、この多様な関係の基礎となっているのが個人の情報であり、プライバシーに属する情報である。個人は、必要に応じて個人情報を開示し、利用して社会生活を送り、各種の活動を行うものであり、これらの情報は、個人が社会において存在し、活動するための基本的な情報であり、潤滑油である。個人情報が社会において開示され、利用されることを踏まえた社会のシステムが構築され、運用されているものであり、このシステムは、社会の基盤の一つである。裁判例によって不当に広く個人情報を含むプライバシーが損害賠償として保護されることは、人間関係、経済、行政等の分野で弊害が発生することになり、しかも重大な弊害であるということができる。

1　名誉毀損による慰謝料

週刊誌による法人に対する名誉・信用毀損に係る慰謝料請求

〔判　例〕　東京地判平成20・2・13判タ1283号174頁
〔慰謝料〕　500万円

【事件の概要】

雑誌等を発行するY_1株式会社は、週刊誌AにY_2の執筆に係る音楽著作権を管理するX社団法人につき「使用料100億円の巨大利権　音楽を食い物にする呆れた実態」との見出しの記事を掲載した。Xは、Y_1、Y_2に対して名誉・信用毀損を主張し、信用の低下等3000万円、インターネット上の企画による損害9900万円、弁護士費用300万円の損害賠償、謝罪広告の掲載を請求したものである。

●主張の要旨●

本件では、信用の低下等の損害3000万円、インターネット上の企画による損害990万円、弁護士費用300万円の損害が主張された。

●判決の概要●

本判決は、記事が社会的評価を低下させるものであるとしたうえ、Y_2の裏づけ取材、反対取材の証拠がないとし、記事が真実ではなく、真実であると信じるにつき相当の理由もないとし、名誉毀損を認め、慰謝料500万円、弁護士費用50万円の損害を認め、損害賠償請求を一部認容し、その余の請求を棄却した。

判決文

3 争点(5)（損害額）について

　本件記事は、原告の名誉を毀損してその社会的評価を低下させるものであり、その内容について真実であることの証明がなく、意見又は論評としてもその前提事実の重要な部分について真実であることの証明がなく、むしろ明らかに真実ではないと認められる事実を摘示したり、それに基づく意見や論評をしているものであり、取材やそれに基づく判断にかなりの偏りが感じられ、被告らがそれを真実であるとか又は意見・論評が正しいと信じる相当の理由も見当たらないものである。そして、本件記事の表現・体裁もかなり一方的かつ独断的であり、調査不足や誤解、更には悪意に基づいて構成されているのではないかと疑念を持たれてもやむを得ないようなものであることに加え、Aの発行部数や影響力、更に本件記事を本件雑誌において発表するのみならずウェブサイトにアップロードする等名誉毀損の態様が広範囲かつ長期間にわたる形態となっていること（本件記事のウェブサイトへのアップロードについて被告Y_2もその責任を問われていることを考慮すると、これを別個の不法行為とする主張があるものとは解されない。）、本件記事が原告の著作権等管理事業にどの程度の経済的な影響があったか正確には算定し難く、大きな損害は生じていないのではないかとも考えられるが、有形無形のそれなりの損害は生じている可能性は否定することができないと考えられること、その他本件に現れた一切の事情を総合考慮すると、本件記事による名誉毀損によって生じた原告の精神的損害に対する慰謝料は、500万円とするのが相当である。

●慰謝料認定の考え方●

　本件は、週刊誌が音楽著作権の管理を業とする法人についての記事を掲載し、法人が信用毀損を主張して週刊誌の発行会社、執筆者に対する損害賠償責任を追及した事件であり、法人が信用の低下等の損害3000万円、インターネット上の企画による損害990万円、弁護士費用300万円の損害を主張したものである。

　本判決は、本件記事がXの社会的評価を低下させるものであり、真実といえないし、真実であると信ずる相当の理由があるともいえないとし、名誉毀損に係る不法行為を肯定したこと、Xの事業への経済的影響は正確に算定しがたいとしたこと、有形無形のそれなりの損害が生じている可能性は否定

できないとしたこと、一切の事情を考慮して慰謝料として500万円の損害を認めたこと、弁護士費用50万円の損害を認めたこと、謝罪広告掲載の必要性があるとまではいえないとしたことに特徴がある。本判決は、週刊誌の記事による社団法人に対する名誉・信用毀損の事案について、経済的損害が主張されていたところ、法人の精神的損害に対する慰謝料として500万円の損害を認めた事例判断として参考になる。なお、本判決は、社団法人が経済的損害を主張していたのに対し、精神的損害である慰謝料を認めたものである。

週刊誌による個人に対する名誉毀損に係る慰謝料請求

〔判　例〕　東京地判平成21・2・4 判時2033号 3 頁
〔慰謝料〕　300万円、75万円

> 【事件の概要】
>
> 　週刊誌等を発行する Y_1 株式会社（編集長は、Y_2、代表取締役は、Y_3）は、元横綱 X_1、妻 X_2 に関する、X_1 の借金、暴力団とのかかわり、八百長相撲等を内容とする記事を週刊誌に 5 回にわたって掲載した。X_1、X_2 が Y_1、Y_2 に対して名誉毀損を主張し、損害賠償（X_1 につき財産的損害、慰謝料としての内金3000万円、X_2 につき財産的損害、慰謝料としての内金750万円）、Y_3 に対して任務懈怠を主張し、同額の損害賠償を請求したものである。

●主張の要旨●

　本件では、元横綱につき慰謝料3000万円、妻につき750万円の慰謝料が主張された。

●判決の概要●

　本判決は、記事の内容が X_1、X_2 の社会的評価を低下させるものであるとし、裏づけ取材がされていない等とし、真実と認める証拠はなく、真実と信ずる相当の理由もないとし、名誉毀損を認めたうえ、Y_3 の責任については、記者、編集者の名誉毀損に関する法的知識、裏づけ取材のあり方の意識が不十分であり、社内における権利侵害防止の慎重な検討が不足していたこと等が原因であり、Y_3 の重大な任務懈怠があるとし、責任を肯定し、X_1 につき慰謝料300万円、X_2 につき慰謝料75万円の損害を認め（財産的損害に関する主張は、相当因果関係を認めるに足りる証拠がないとし、排斥した）、請求を一部認容した。

第18章　名誉毀損・プライバシー侵害による慰謝料

判決文

六　原告らの損害について検討する。
(1)　〈証拠等略〉によれば、原告らとAとの確執といういわば家庭内の不和に関する内容を中心とし、原告 X_1 が、暴力団関係者と関わりがあるとか、片八百長をしたとして、原告らの名誉を毀損する本件各記事が掲載されたことにより、原告らが多大な精神的苦痛を被ったことが認められ、本件に顕れた諸事情を総合考慮して、原告 X_1 の損害額を300万円、原告 X_2 の損害額を75万円と算定する。
(2)　原告らは、種々の財産的損害をも主張するが、本件各記事による名誉毀損と原告ら主張の財産的損害との間に特定し得る相当因果関係を認めるに足りる証拠がない。

●慰謝料認定の考え方●

　本件は、週刊誌が元横綱、妻に関する記事を掲載し、元横綱、妻が週刊誌の発行会社、編集長、代表取締役に対して名誉毀損等を主張し、損害賠償責任を追及した事件であり、元横綱らが財産的損害のほか、慰謝料の損害（内金の損害として3000万円、750万円）を主張したものである。

　本判決は、借金、暴力団とのかかわり、八百長相撲等を内容とする週刊誌の記事による社会的評価の低下を認めたこと、記事が真実でもなく、裏づけ取材がされておらず、真実と信ずる相当の理由もないとし、名誉毀損の不法行為を肯定したこと、代表取締役については、記者、編集者の名誉毀損に関する法的知識、裏づけ取材のあり方の意識が不十分であり、社内における権利侵害防止の慎重な検討が不足していたこと等が原因であるとし、重大な任務懈怠があるとし、懈怠責任を肯定したこと、元横綱の慰謝料300万円、妻の慰謝料75万円の損害を認めたことに特徴がある。本判決は、元横綱の慰謝料、妻の慰謝料を認めた判断は、記事の内容に照らして当然であるが、慰謝料額が低額にすぎるということができ、疑問が残るところである。また、本判決は、名誉毀損にあたる記事の掲載を続ける出版社の代表取締役の任務懈怠責任を肯定したものであるが、注目される判断である。

スポーツ紙による芸能人に対する名誉毀損に係る慰謝料請求

〔判　例〕　大阪地判平成22・10・19判時2117号37頁
〔慰謝料〕　250万円

【事件の概要】

スポーツ紙Aを発行するY株式会社は、B株式会社に所属する漫才関係の芸能人Xにつき仮名で芸能人Cに脅迫状が送られ、警察で事情聴取され、容疑が固まれば逮捕されるなどの旨の記事、実名で任意聴取を受けており、Cがタレント活動を休養させることを発表した旨の記事を掲載したスポーツ紙を発行した。Xは、Yに対して名誉毀損を主張し、慰謝料1060万円、弁護士費用106万円の損害賠償を請求したものである（Z株式会社がYを吸収合併し、訴訟を承継した）。

●主張の要旨●

本件では、弁護士費用のほか、慰謝料1060万円の損害が主張された。

●判決の概要●

本判決は、第1回目の記事は仮名であり、Xを特定することが困難であるとしたが、第2回目の記事は実名報道であり、脅迫状の被疑者がXであり、警察から事情聴取を受けていると理解され、Xの社会的評価を低下させるものであり、Yの取材につき取材源の秘匿を理由として取材対象である警察関係者を明らかにせず、具体的に主張・立証しないとし、真実であると信ずることに相当の理由があるとはいえないとし、名誉毀損を認め、慰謝料250万円、弁護士費用30万円の損害を認め、請求を一部認容した。

判決文

(1) 慰謝料

ア　前記一認定事実によれば、原告はＢに所属する芸能人であったところ、被告を含む複数の報道機関により本件脅迫状事件の容疑者として報道され、特に本件記事2において、捜査機関から事情聴取を受けたなどと報道されたことにより、長期間にわたり芸能活動の休止を余儀なくされ、経済的にも困窮し、その結果、精神疾患の症状を呈するに至っていることが認められるところ、芸能人は社会的評価による影響が極めて大きい職種であること、被告の発行するＡは全国で販売されており、本件記事2は現在もなおインターネット上で閲覧に供されていることを考慮すると、本件記事2が原告の社会的評価に与えた影響は大きく、名誉毀損の程度は重大なものであるというべきである。

イ　他方、前記一認定事実によれば、本件記事2が発表された前日には、既に複数の新聞や雑誌によって、原告が本件脅迫状事件の犯人として疑われており、間もなく警察から事情聴取を受ける見込みである旨の実名報道がされていることを認めることができ、本件記事2発表以前に、原告の社会的評価は上記各報道により一定程度低下していたといえること、被告は、他の新聞及び週刊誌が当初から実名報道をする中、本件記事1においては匿名報道を行っているし、本件記事2においても、原告の言い分の掲載に多くの紙面を割いており、一応は慎重な報道を心がけていたとも評価することもできる。

ウ　上記の事情等本件に顕れた一切の事情を斟酌すると、原告の慰謝料額は250万円が相当である。

●慰謝料認定の考え方●

　本件は、スポーツ紙が芸能人の犯罪容疑に関する二度の記事を掲載し、芸能人がスポーツ紙の発行会社に対して損害賠償責任を追及した事件であり、芸能人が慰謝料1060万円、弁護士費用の損害を主張したものである。

　本判決は、第1回目の記事は仮名であり、特定が困難であるとし、名誉毀損を否定したこと、第2回目の記事は芸能人の社会的評価を低下させるとしたこと、真実であることの相当の理由がないとしたこと、慰謝料として250万円、弁護士費用30万円の損害を認めたことに特徴があり、スポーツ紙による名誉毀損の不法行為を肯定した事案について慰謝料250万円を認めた事例判断として参考になるが、記事の内容に照らし、慰謝料額が低額であるとの印象は否定できない。

4 テレビ報道による経営者に対する名誉毀損に係る慰謝料請求

〔判　例〕　札幌地判平成23・2・25判時2113号122頁
〔慰謝料〕　70万円

【事件の概要】

X_2 は、札幌市内でラーメン店を経営する X_1 株式会社の代表取締役であり、建設業を営む A 株式会社の代表取締役であった。X_2 は、冬季雇用安定奨励金を詐取したとして、Aの常務Bと共に逮捕され、被疑事実を否認したものの、拘留された。テレビ局を経営する Y 株式会社は、報道番組において人気ラーメン店経営の裏の顔等と表示し、被疑事実の報道のほか、雇用保険制度を悪用し、X_1 の経営を指摘する内容の放映をした（X_2 は、その後、嫌疑不十分で不起訴処分になった）。X_1、X_2 は、Yに対して名誉毀損を主張し、各1100万円（X_1 につき信用喪失の損害1000万円、X_2 につき慰謝料1000万円、弁護士費用100万円）の損害賠償を請求したものである。

●主張の要旨●

本判決は、会社の経営者につき弁護士費用のほか、慰謝料1000万円の損害が主張された。

●判決の概要●

本判決は、テレビ報道は X_1 の社会的信用を低下させるものではないとしたものの、X_2 の悪質巧妙な詐欺を繰り返した旨の事実を摘示し、公共の利害に関するものであり、もっぱら公益を図るものと推定できるが、真実であると認めるに足りる証拠を提出しないとし、名誉毀損を認め、慰謝料70万円、弁護士費用10万円の損害を認め、X_2 の請求を一部認容し、X_1 の請求を棄却した。

第18章　名誉毀損・プライバシー侵害による慰謝料

判決文

四　争点(4)（原告らの損害）について

　本件報道がテレビジョン放送によって広く社会に向けて発信されたものであること、他方で、前記前提となる事実(2)に認定したとおり、本件報道のうち、原告X_2が本件被疑事実により逮捕された旨の事実の摘示は真実であり、かつ、〈証拠略〉によれば、その逮捕の旨は、本件報道がなされるよりも前の平成20年10月25日に既に報道されていることが認められること、さらには、被告が本件事後報道により原告X_2が嫌疑不十分により不起訴処分となった旨を報じていること（前記前提となる事実(6)）、その他本件記録に顕れた一切の諸事情にかんがみれば、本件報道により原告X_2が受けた名誉毀損についての慰謝料は70万円とするのが相当であると判断される。

●慰謝料認定の考え方●

　本件は、会社の経営者に関するテレビの報道番組が放映され、経営者、会社がテレビ局に対して損害賠償責任を追及した事件であり、経営者が慰謝料1000万円、弁護士費用100万円の損害を主張したものである。

　本判決は、会社については社会的評価を低下させないとし、名誉毀損を否定したこと、経営者については名誉毀損を肯定したこと、慰謝料として70万円、弁護士費用10万円の損害を認めたことに特徴があり、テレビ報道による名誉毀損の不法行為を肯定した事案について慰謝料70万円を認めた事例判断として参考になるものの、慰謝料額が低額にすぎるということができる。

5 テレビ放映による国会議員に対する名誉毀損に係る慰謝料請求

〔判　例〕　東京地判平成25・1・29判時2180号65頁
〔慰謝料〕　300万円

【事件の概要】

　Xは、自由民主党の衆議院議員であり、経済産業大臣を務めた経験を有していた。テレビ局を運営するY₁株式会社のプロデューサーY₂、ディレクターY₃は、東日本大震災に伴う原子力発電所事故が発生した後、今後の原子力発電をどうするか等についてXにカメラインタビューを申し込み、Xのインタビューが実施された。Xは、インタビューの際、A衆議院議員の提出に係る質問主意書を示して質問することを事前に知らされていなかったことから、Y₂らが質問主意書を示して質問をしたため、Xがインタビューを中断し、取材を拒否する旨を伝えた。Y₂らは、社内に持ち帰って検討する旨を伝える等し、その後、政治ジャーナリストY₄がホストを務める番組でXが前記の質問主意書を読む様子のビデオを放映し、取材を中断したこと、質問主意書には原子力発電所事故を予言するような指摘がされていたこと等をナレーションで伝え、Aらの話を続ける等した。Xは、Y₁、Y₂らに対して名誉毀損を主張し、慰謝料1000万円、弁護士費用150万円の損害賠償、謝罪放送を請求したものである。

●主張の要旨●

　本件では、弁護士費用のほか、慰謝料1000万円の損害が主張された。

●判決の概要●

　本判決は、Xが原発政策を担当する経済産業大臣でありながら、津波で電源を喪失する危険性の意識もなかったとし、何もせずに大丈夫だとしていた

が、実際にはその当時その指摘があったことを示す資料があるのに、それを見せられると取材を中断して逃げ出したと印象を与えるものであり（実際には資料である質問主意書にはそのような指摘はなかったが、放送ではあったように紹介した）、社会的評価を低下させたものであるうえ、真実性、相当の理由の証明もなく、Y₁、Y₂、Y₃の名誉毀損の不法行為を肯定し、Y₄の責任を否定し、慰謝料300万円、弁護士費用30万円を認め、損害賠償請求を一部認容し、その余の請求を棄却した。

判決文

(1) 慰謝料について

　前提事実(1)イのとおり、被告会社は、自社で関東一都六県をカバーするほか、全国6局の系列ネットワークを有し、全国視聴可能世帯の70パーセントをカバーしているのであり、本件放送の与える影響は大きいといわざるを得ない。また、本件VTRの内容は、実際には本件質問主意書に「津波で電源を失う危険性」についての指摘などないのに、これがあるかのように紹介するとともに、質問事項一の6に対する回答として政府答弁一の7を引用した上、「何もしていないが大丈夫だと胸を張った」との事実に反するナレーションを付したものとなっており、事実を適切に報道すべき報道機関としては行うべきでない不適切な編集がされたものとなっている。そして、本件VTRを視聴した視聴者に対し、平成18年発足の安部政権において経済産業大臣であった原告が、津波で電源を喪失する危険性についての指摘も意識もなかったとし、何もせずに大丈夫だとしていたが、実際にはその当時その危険性の指摘があったことを示す資料（本件質問主意書）があり、それを見せられると、取材を中断して逃げ出したという印象を与えたものであるから、その内容は、原告の社会的評価を損なうものであるといえる。この点、原告は国会議員であって、しかも、前提事実(1)アのとおり、国政において長年にわたり枢要な立場に立ってきたのであるから、一般の私人に比べ、その言動が、社会の批判、議論にさらされることもやむを得ない立場にいると考えられるが、事実に基づいた批判は甘受すべきであるといえても、事実に反する批判までをも甘受すべきであるとは解されない。また、前記のとおり、原告は、被告Y₄の申出により、本件質問主意書を示されて以降の一切の映像が用いられないとの期待を抱いており、そのような期待を抱いたことについても無理からぬところはあったというべきであるところ、本件放送において本件映像2及び本件映像3といった、本件質問主意書を示されて以降の映像が用いられたことにより、その期待を害されているのであり、この点も慰謝料額を算定するに当たって考慮すべきである。

　他方、被告会社は、前提事実(7)のとおり、本件放送の翌週には本件訂正放送を

放送していること、前提事実(8)のとおり、その後も本件謝罪文案を送付するなどして、問題の収束に一定程度の努力をしていると認められること、前記2(5)のとおり、もともと被告Y₄の原告に対するインタビュー自体には不適切な質問方法があったとは認められず、被告Y₄の上記編集は、インタビューを中断し、本件質問主意書を示した時点以降のインタビューの内容を使用しないよう求めた原告の対応に対し、記者として、福島の被災者のことも考えて憤りを感じ、その感じたところを伝えたいとの思いから行われたことであること〈証拠略〉などは、被告らに有利な事情としてしんしゃくすべきである。

以上の事情を総合的に考慮すると、本件放送により原告が被った精神的苦痛を慰謝するに足る金額は、300万円が相当であるというべきである。

●慰謝料認定の考え方●

本件は、テレビ局が放映することを予定し、原子力発電をめぐる議論に関して国会議員にインタビューを実施し、その途中で議員の知らない書面を示して質問がされ、議員がこれを拒否したところ、インタビューの内容、様子とは全く異なる内容として放映されたため、議員がテレビ局、プロデューサー、ディレクターに対して損害賠償責任を追及した事件であり、議員が慰謝料1000万円、弁護士費用の損害を主張したものである。

本判決は、インタビューの内容、状況と異なる内容、様子を放映したとし、議員の社会的評価の低下を認めたこと、真実性、真実であると信ずる相当の理由もないとし、テレビ局、プロデューサー、ディレクターの名誉毀損の不法行為を肯定したこと、慰謝料として300万円、弁護士費用30万円の損害を認めたことに特徴がある。本判決は、テレビ放映による慰謝料として300万円を認めた事例を加えるものであるが、テレビ局、プロデューサー、ディレクターがインタビューの内容、様子を捏造したと評価できるものであり、放映の内容、議員の被害の内容に照らすと、低額にすぎるものである。

第18章　名誉毀損・プライバシー侵害による慰謝料

ウェブサイト上の地方議会議員に対する名誉毀損に係る慰謝料請求

〔判　例〕　千葉地松戸支判平成21・9・11判時2064号88頁
〔慰謝料〕　20万円

【事件の概要】

　A県B市（千葉県柏市）市議会議員Yは、自分が運営するウェブサイト上にA県議会議員Xにつき政務調査費を無駄使いしている旨の記事を掲載したところ、Xが自己の運営するウェブサイト上にYの記事の調査が杜撰である旨の記事を掲載した。Xは、Yに対して名誉毀損を主張し、慰謝料500万円、弁護士費用30万円の損害賠償を請求したのに対し、Yが反訴として名誉毀損を主張し、慰謝料300万円、弁護士費用30万円の損害賠償を請求したものである。

●主張の要旨●

　本件では、弁護士費用のほか、市議会議員につき慰謝料500万円、県議会議員につき慰謝料300万円の損害が主張された。

●判決の概要●

　本判決は、Yの記事は重要な部分が真実であるとして名誉毀損を否定し、本訴請求を棄却し、Xの記事が重要な部分につき真実である証明がない等として名誉毀損を肯定し、慰謝料20万円、弁護士費用2万円の損害を認め、反訴請求を一部認容した。

判決文

　ア　慰謝料　20万円
　本件原告記事①は、被告が市民を裏切るような行為をしたとの事実を摘示し、被告が公職者として適任でない人物であるとの印象を読者に与えたと認めること

ができる。本件原告記事①の掲載された本件原告ホームページは、Ｂ市選挙区選出の県議会議員である原告が自己の政治活動や政見等を公表するため作成及び管理しているもので、Ａ県Ｂ市周辺においては、それなりの数の閲読があったと考えられること等の事情を考慮すると、被告の社会的地位は相当程度低下したものとみるべきである。もっとも、被告は、Ｂ市議会議員の地位にあり、一定の批判を甘受しなければならない地位にあること、本件原告記事①の内容に照らすと、一般の読者が普通の読み方をしても原告が感情的に記載したものと容易にみてとることができ、かえって信用性に乏しいものになっているといえること、本件原告記事①は、政策的論評を主とするものとみられる本件被告記事に対して政策的な反論又は立論・提案を全く含まない内容であり、許容される言論の応酬の範囲を逸脱したものである（上記(4)参照）とはいえ、一応反論としてなされたものであること、その他本件に顕れた一切の事情を総合考慮すると、被告が被った精神的苦痛に対する慰謝料は、20万円が相当であると判断する。

●慰謝料認定の考え方●

　本件は、市議会議員が自己の開設・運営するウェブサイト上に県議会議員に関する記事を掲載し、県議会議員が自己の開設・運営するウェブサイト上に市議会議員に関する記事を掲載した状況において、県議会議員が名誉毀損を主張し、市議会議員に対する損害賠償責任を追及し（本訴請求）、他方、市議会議員が名誉毀損を主張し、県議会議員に対する損害賠償責任を追及した事件である。本件では、県議会議員、市議会議員の双方が慰謝料（県議会議員につき500万円、市議会議員につき300万円）の損害を主張したものである。

　本判決は、市議会議員の掲載した記事については名誉毀損を否定したこと、県議会議員の掲載した記事については名誉毀損を肯定したこと、市議会議員の慰謝料として20万円、弁護士費用２万円の損害を認めたことに特徴があり、地方議会議員同士のウェブサイト上の地方政治に関する記事による名誉毀損の慰謝料として20万円の損害を認めた事例判断として参考になる。

ウェブサイト上の専門職に対する名誉毀損に派生する不当な懲戒請求・告訴に係る慰謝料請求

〔判　例〕　東京地判平成23・5・25判タ1382号229頁
〔慰謝料〕　100万円

【事件の概要】

　行政書士Xは、行政書士事務所を開設し、ウェブサイト上に不法行為または各種人権侵害に対する損害賠償請求、相談業務等などを対応業務として記載し、業務を行っており、ウェブサイトにおいて「Eメールによる法律相談」という有料サービスを開始した。認定司法書士Yは、本件ウェブサイトを運営するA株式会社の担当事務局に本件サービスが弁護士法74条2項に違反する旨の電子メールで通知していたが、Xが本件サービス上で離婚後の養育費等につき相談に応じていることを見て、弁護士法違反等を指摘する書き込みを行った。Xは、これに反論する書き込みを行い、法務局長にYの懲戒を請求する等した。Xは、Yに対してウェブサイト上の書き込みによる名誉毀損、業務妨害を主張し、慰謝料350万円の損害賠償を請求し、その後、懲戒請求につき処分が行われない通知がされたところ、Xが検察庁にYを告訴したため、Yが反訴として懲戒請求、告訴、本訴の提起が不法行為にあたると主張し、慰謝料300万円、弁護士費用の損害賠償を請求したものである（Xは、その後、Yの訴訟代理人である弁護士Bにつき弁護士会に懲戒を請求する等した）。

●主張の要旨●

　本件では、行政書士につき慰謝料350万円、司法書士につき慰謝料300万円、弁護士費用42万円の損害が主張された。

1　名誉毀損による慰謝料

●判決の概要●

　本判決は、Yの書き込みがXの社会的評価を低下させるものであるとしたものの、意見ないし論評として違法性がないとし、Xの本訴請求を棄却し、本訴の提起は違法ではないとしたが、懲戒請求、告訴の一連の行為が違法であるとし、慰謝料100万円、弁護士費用10万円の損害を認め、反訴請求を一部認容した。

判決文

8　争点10（被告の損害）について
(1)　上記7記載のとおり、原告のした本件一連行為は違法なものであり、被告はこれにより精神的苦痛を被ったものと認められるところ、本件一連行為の経緯、内容その他本件に顕れた全事情を考慮すると、被告の上記精神的苦痛に対する慰謝料は、100万円と認めるのが相当である。

●慰謝料認定の考え方●

　本件は、行政書士がウェブサイトを開設し、法律相談に関する業務を行っていたところ、司法書士がこれを批判する書き込みを行い、行政書士がこれに反論する書き込みを行い、懲戒請求、告訴等に発展したことから、行政書士が司法書士に対して損害賠償責任を追及し、他方、司法書士が行政書士に対して損害賠償責任を追及した事件である。本件で問題になる損害は、行政書士につき慰謝料350万円、司法書士につき慰謝料300万円が主張されたものである。

　本判決は、司法書士の書き込みについては、意見ないし論評として違法性がないとし、不法行為を否定したこと、行政書士の懲戒請求、告訴については、違法であるとし、不法行為を肯定したこと、慰謝料として100万円、弁護士費用10万円の損害を認めたことに特徴がある。本判決は、司法書士の書き込みの違法性を否定したのに対し、行政書士の対応（懲戒請求、告訴）の違法性を肯定し（これらの行為は、実質的には名誉毀損にもあたる）、慰謝料として100万円の損害を認めた事例判断として参考になる。

第18章　名誉毀損・プライバシー侵害による慰謝料

動画インターネットウェブサイト上のテレビ局等に対する名誉毀損等に係る慰謝料請求

〔判　例〕　東京地判平成23・4・22判時2130号21頁
〔慰謝料〕　100万円

【事件の概要】

　X株式会社（代表取締役は、A）は、動画インターネットウェブサイトBを運営していたところ、Y_1（日本放送協会）が放映した番組につき事実を捏造、歪曲している等と批判していた。Aは、動画の中でY_1の職員が不祥事を起こし、Y_1が揉み消した等と発言したことから、Y_1がXに謝罪と訂正を求める文書を送付した。Y_1の放送総局長Y_2は、定例記者会見でXの批判が事実無根であり、訂正、謝罪を求める文書を抗議文を発送した旨の発言をし、Y_1の公式ウェブサイト上にその旨の記事を掲載する等した。Xは、Y_1、Y_2に対して名誉毀損、業務妨害を主張し、名誉毀損の損害、営業の損害として1000万円の損害賠償を請求し、Y_1が反訴としてAの動画中の発言が名誉毀損であると主張し、無形の損害として1000万円の損害賠償、人格権に基づき動画中の発言部分の削除等を請求したものである。

●主張の要旨●

　本件では、協会につき無形の損害として1000万円の損害が主張された。

●判決の概要●

　本判決は、Y_1の公式ウェブサイトに掲載された記事等が社会的評価を低下させるものではない等とし、名誉毀損にあたらないとし、本訴請求を棄却し、Aの動画中の発言が一般視聴者に対しY_1において職員の違法行為を公表しないだけでなく、組織的に隠蔽工作まで行うような組織であり、放送自

体が公正性、信頼性を欠いているとの印象を与えるものである等とし、名誉毀損、人格権としての名誉権侵害を認め、慰謝料として100万円を認め、損害賠償等の請求を一部認容した。

判決文

(3) 損害回復方法等について

ア　以上のとおり、本件発言は、被告 Y_1 の社会的評価を低下させ、名誉毀損が成立すると認められるところ、これを視聴できる本件動画が、動画インターネットウェブサイトであるB上の本件サイトに、現在も不特定多数の者に対して配信可能な状態に置かれていること、インターネットが、現代の通信手段として国民に広く利用されていること、本件発言による被告 Y_1 の社会的評価の低下は、その放送内容の公正性、中立性という報道機関に対する信頼の根幹を揺るがせるおそれがあることなどに照らすと、本件発言によって被告 Y_1 が被った無形の損害は、決して軽微なものとはいえないというべきである。他方、本件動画は、それを視聴しようとする者が自ら本件動画のアドレスにアクセスするか、本件動画の題名などを検索しなければ視聴できず、アップロードされた平成21年7月16日から平成22年12月6日までの再生・閲覧回数が9243回であることからすると、新聞、雑誌、テレビ等の記事や番組のような社会全般に広く流通する媒体とも異なることなどの事情も認められる。

　　上記のような事情と下記のとおり別紙1(ア)、(イ)及び(オ)記載の本件発言の一部分（以下「本件発言部分」という。）の削除を命ずることによって今後被告 Y_1 に対する名誉毀損行為が行われなくなることその他本件に現れた一切の諸事情を総合すると、被告 Y_1 が本件各発言によって被った無形の損害に対する慰謝料は、100万円が相当である。

●慰謝料認定の考え方●

本件は、動画インターネットサイトの運営会社がテレビ局を運営する協会の番組を批判したのに対し、協会の局長が運営会社を批判したことから、運営会社が協会らに対して損害賠償責任を追及し、他方、協会が運営会社に対して損害賠償責任を追及した事件である。本件で慰謝料が問題になるのは、後者の事件であり、協会が無形の損害として1000万円の損害を主張したものである。

本判決は、協会の批判につき名誉毀損を否定したこと、動画の運営会社の

批判につき名誉毀損を肯定したこと、慰謝料として100万円の損害を認めたことに特徴がある。本判決は、協会が無形の損害として1000万円の損害を主張していたところ、慰謝料として損害を認め、100万円と算定した事例判断として参考になる。

1 名誉毀損による慰謝料

弁護士等の客観的根拠を欠いた告訴、ブログへの記載等の名誉毀損に係る慰謝料請求

〔判　例〕　長野地上田支判平成23・1・14判時2109号103頁
〔慰謝料〕　150万円

【事件の概要】

　A県のB高校の高校1年生Cは、高校に不登校になる等していた。Cの母Y₁は、高校の対応に不満を抱くなどしていたが（Cは、Y₁から財布からの金銭の持ち出しにつきY₁と口論する等し、家出することがあった）、平成17年12月、Cが自宅で自殺した。Y₁とその委任を受けた弁護士Y₂は、B高校のX校長に説明を求めたり、その責任を追及する等していたが、Xは、Cの自殺後における記者会見の際、自殺につながるいじめ、暴力がないことを説明したほか、家出、財布からの金銭の持ち出しにも触れたことがあった。Y₁、Y₂は、XにつきCに対する殺人罪等を犯したとする告訴状を警察署長に提出したり、記者会見を開き、告訴状を記者らに配布し、説明したり、ブログ上に告訴状の内容を掲載したり、損害賠償を請求する訴訟を提起する等した（告訴は不起訴処分となり、訴訟は請求棄却の判決となり、控訴後、取下げとなった）。Xは、Y₁、Y₂に対して、本件告訴等が名誉毀損にあたる等と主張し、不法行為に基づき慰謝料500万円、弁護士費用100万円の損害賠償、謝罪広告の掲載を請求したものである。

●**主張の要旨**●

　本件では、弁護士費用のほか、慰謝料として500万円の損害が主張された。

●**判決の概要**●

　本判決は、本件告訴が嫌疑をかけうる客観的根拠が認められず、本件ブロ

グへの掲載も名誉毀損にあたるし、Y_2 の行為は正当業務行為にあたらない等とし、Y_1、Y_2 の共同不法行為を肯定し、慰謝料として150万円、弁護士費用15万円の損害を認め、損害賠償請求を一部認容し、謝罪広告掲載請求を認容した。

判決文

二 慰謝料

　前記のとおり、本件告訴等による各摘示事実の内容は、Cが通学する本件高校の校長である原告が、その生徒であるCを殺害し、亡くなった後もCの名誉を毀損したなどという、センセーショナルなものであり、教育者としての原告の立場からすれば、その名誉及び信用に極めて重大な影響を及ぼすものである。そして、係る摘示事実が真実であることの根拠が極めて薄弱なものであったことは前記のとおりである。その上、係る摘示事実を、被告らによる本件記者会見によりマスコミに説明するとともに、本件ブログに掲載した。その結果、全国紙を初めとする報道各社が報道し、また、本件ブログも、何時、誰でも閲覧できる状態において、本件告訴以上に、前記摘示事実を公にした。これにより、原告の名誉及び信用は、広く大きく毀損されたものといえる。

　また、原告は、相当な客観的根拠もない殺人罪及び名誉毀損罪という犯罪を行ったと疑われる被疑者の地位におかれ、捜査機関の取調べを受けることになった。係る本件告訴は、捜査機関の適正な捜査により、結局、真偽が判明するという性格を有して、早急な捜査が必要であったところ、本件告訴をした被告 Y_1 自身が、長野地方検察庁上田支部の再三の呼出しに応じなかったこと（当事者間に争いがない。）から、捜査が長引くことになった。これらにより、原告は、被疑者として取調べを受けて屈辱的な立場に立たされるとともに、さらに捜査結果が出ないという中途半端な状況に長期間追いやられ、必要以上の精神的苦痛を受けることになったといえる。

　さらに、本件ブログに本件告訴状等が長期間掲載されたこともあり、インターネット上で、原告を誹謗中傷する記載が多数なされるなどした。加えて、原告が本件高校の校長という立場であったことから、本件高校の同窓会やPTAの会合において、本件告訴についてなど説明を求められることもあったし、多数の匿名の抗議電話を受けることにもなった。

　さらに、原告の個人的な事情として、娘の婚儀や家庭内に少なからず影響を受けた。

　これらの事情のほか、本件に顕れた諸事情を総合考慮すると、慰謝料額としては、150万円が相当というべきである。

●慰謝料認定の考え方●

　本件は、高校生の母親が高校でいじめを受けた旨のクレームを高校側に付け、高校の対応に不満を抱いている間、高校生が自殺をしたことから、弁護士に依頼し、高校の校長を殺人罪等で告訴し、ブログに掲載する等したため、校長が母親、弁護士に対して損害賠償責任を追及した事件であり、損害として弁護士費用のほか、慰謝料500万円の損害が問題になったものである。

　本判決は、母親、弁護士の告訴は客観的根拠を欠き、ブログの記載は名誉毀損にあたるとしたこと、弁護士の正当業務行為の主張を排斥したこと、慰謝料として150万円、弁護士費用15万円の損害を認めたことに特徴があり、母親、弁護士の共同不法行為責任を肯定した事例判断として参考になるものである。高校生の不登校、自殺の原因については、いじめ等に関する母親の主張を排斥したものであり、高校における保護者のクレーム対応の事例としても参考になるものであるが、本判決が慰謝料として150万円を認めた判断は、加害行為の内容・態様に照らして、低額すぎるものである。

第18章　名誉毀損・プライバシー侵害による慰謝料

10　株主への文書送付による代表取締役に対する名誉毀損に係る慰謝料請求

〔判　例〕　東京地判平成24・12・19判時2189号71頁
〔慰謝料〕　50万円

【事件の概要】

　Xは、有線テレビジョン放送事業等を業とするA株式会社の代表取締役であったところ、Aの株主Y_1、Y_2、Y_3がB地方裁判所にXを含むAの取締役らの解任等を決議する臨時株主総会の招集の許可を申し立てた。Y_1、Y_2、Y_3は、Aの株主らに対してXにつきC株式会社の代表取締役を務めていた際、二重売買されていることを知りながら会社につき売買契約を締結したこと、その際、Cの資金4500万円を流用したこと、資金流用を理由にCの代表者を追われたこと、Cから使途不明金の返還訴訟を提起され、敗訴したこと、敗訴による返済の原資をAから流用した疑いがあることを内容とする文書を送付した。Aは、その後に開催された臨時株主総会において、Xを解任する決議を行った。Xは、Y_1、Y_2、Y_3に対して名誉毀損を主張し、不法行為に基づき慰謝料1000万円、弁護士費用100万円の損害賠償、謝罪広告の掲載を請求したものである。

●主張の要旨●

　本件では、弁護士費用のほか、慰謝料1000万円の損害が主張された。

●判決の概要●

　本判決は、Y_1らの作成、送付に係る文書については、XがCから法的責任を追及されたことはあるものの、前提事実が異なるとし、摘示された事情のうち重要な部分が真実であるとはいえない等とし、名誉毀損を肯定し、慰謝料50万円、弁護士費用5万円を認め、損害賠償請求を一部認容し、その余

の請求を棄却した。

判決文

ア　慰謝料

　前記1のとおり、本件記載は原告の名誉を毀損するものであるところ、本件各摘示事実が本件記載を読んだ株主に対して与える印象は、原告が代表取締役を務める会社に対する背任ないし横領となりかねない行為をしたというものであるといえ、本件文書が、本件株主総会の直前に送付されており、本件株主総会における行使議決権数からみても、Aの株主1920名のうち多数の者が本件文書を閲読したと推察されることからみれば、本件記載による原告の社会的評価の低下の度合いは必ずしも低いものということはできない。しかし、本件文書には、本件記載のほかにも、原告がAの取締役としての適格性を欠くことを基礎付ける記載が複数あり（前記1(1)ウ(ｳ)）、これらに対比すると本件記載自体がもたらす原告の社会的評価の低下は自ずから限られたものであるとみることができ、本件記載自体が株主の判断に与えた影響は明らかでないことや、原告としても、本件株主総会の開催までに反論する暇がなかったとはいえず、また、本件株主総会においても反駁の機会があったと認められること〈証拠略〉、前記1(1)にみた本件文書の送付に至る経緯などの事情を総合すれば、本件文書が送付されたことにより原告の被った損害に対する慰謝料の額は、50万円と認めるのが相当である。

●慰謝料認定の考え方●

　本件は、会社の代表者と株主との間の紛争に派生して発生したものであり、株主らが臨時株主総会の招集の許可の申立てをし、代表取締役を批判する文書を株主らに送付したため（臨時株主総会が開催され、代表取締役らが解任された）、代表取締役が文書を作成、送付した株主らに対して損害賠償責任を追及した事件であり、代表取締役が慰謝料1000万円、弁護士費用の損害を主張したものである。

　本判決は、株主らの作成、送付した文書につき名誉毀損の不法行為を肯定したこと、慰謝料として50万円、弁護士費用5万円の損害を認めたことに特徴がある。会社の経営をめぐる紛争が発生し、取締役らの解任が問題になると、さまざまな怪文書が飛び交うことがあるが、これらは解任等の目的を達成するために作成、送付されるものであり、内容も虚実を取り混ぜたもので

あることが多い。このような状況においては、名誉毀損をめぐる紛争が派生的に発生することが多いところ、本件もこのような類型の事件であるが、名誉毀損が認められたとしても、文書の作成・送付の目的を一応達成することも多いのが実情である。本判決は、慰謝料として50万円の損害を認めたものであり、事例を加えるものであるが、低額にすぎるものである。

1 名誉毀損による慰謝料

11 警察官の駐車違反者に対する名誉感情を害する発言に係る慰謝料請求

〔判　例〕　東京高判平成25・8・23判時2212号33頁
〔慰謝料〕　1万円

【事件の概要】

　Y県（神奈川県）のA警察署は、平成23年11月、駐車の苦情を内容とする匿名の通報を受け、警察官らが現場に到着したところ、Xが勤務先から預かり、運転していたトラックが駐車していた。警察官らは、本件トラックにつき放置駐車違反と認識し、確認証票を貼付した。その後間もなく、Xが駐車中の車両にいたずらをされた旨の110番通報を行い、警察官らが現場に派遣されたが、その後二度も同様の通報を行った。現場において、警察官が反則切符を作成し、運転免許証の提示を求めたところ、Xがエンジンオイルが噴出した等と繰り返し、さらに口論を仕掛ける等した。Xは、さらに110番通報を繰り返す等したが、A警察署に赴き、大声で怒鳴る等した。A警察署においては、警察官らが対応したが、Xは、ほかにも駐車違反がある等と指摘したり、違反者の撤去を求め、大声で怒鳴る等したことから、警察官の一人があなたは頭がおかしい旨の発言（本件発言）をした。Xは、その後、本件発言につき謝罪を求めるため、警察署に電話をする等し、本件発言の確認を求めた際、警察官が頭がおかしいからしょうがねえじゃないかとの旨の発言をした。Xは、Yに対して侮辱的発言を受けた等と主張し、国家賠償法1条1項に基づき慰謝料300万円の損害賠償、謝罪広告の掲載を請求したものである（Xは、本人訴訟である）。

　第1審判決（横浜地判平成25・3・27判例集未登載）は、請求を棄却したため、Xが控訴した。

433

第18章　名誉毀損・プライバシー侵害による慰謝料

●主張の要旨●

本件では、慰謝料300万円の損害が主張された。

●判決の概要●

本判決は、警察官の本件発言はささいな言葉の弾みなどと看過することができないものであり、Xの名誉感情を害するものであるとし、慰謝料として1万円の損害を認め、原判決を変更し、請求を一部認容した。

判決文

二　慰謝額について

本件発言に至る経緯、その内容、同発言がされた場所、周囲の状況等の前記認定事実その他本件記録に顕れた一切の事情を考慮すれば、慰謝額は1万円と認めるのが相当である。

●慰謝料認定の考え方●

本件は、自ら駐車違反を犯し、反則切符を作成されようした者が、1日のうちに執拗に警察署に電話をかけ、現場に来た警察官にさまざまなクレームを付け、警察署に赴き、大声を上げて怒鳴る等した際、警察官が頭がおかしい旨を発言（本件発言）したことから（トラブルの内容・経緯の詳細は、判決文に記載されている）、県に対して損害賠償責任を追及した控訴審の事件である。本件では、名誉感情の侵害（侮辱）につき慰謝料として300万円の損害が主張されたものである。

本判決は、警察官の本件発言はささいな言葉の弾みなどと看過することができないとしたこと、本件発言が違反者の名誉感情を害するものであるとしたこと、名誉感情の侵害に係る慰謝料として1万円の損害を認めたことに特徴がある。本判決が警察官の本件発言が違法であると判断していることは、警察官の発言は公務に従事する者としての品位を維持することが必要ではあるものの、本件のトラブルの内容・経緯、違反者の対応の内容に照らすと、疑問がある。なお、本判決が名誉感情の侵害として1万円の慰謝料を認めた

判断は、軽微な損害である旨を明らかにしようとしたものであり、さして根拠のある判断ではない。

労働基準監督署の担当者の侮辱的な言動に係る慰謝料請求

〔判　例〕　和歌山地判平成17・9・20判タ1235号164頁
〔慰謝料〕　70万円

【事件の概要】

　XのOf夫Aは、ホテルの料理長として勤務していたところ、平成12年3月、勤務中、くも膜下出血を発症し、倒れ、病院に緊急搬送され、治療を受ける等したが、意識を回復することなく、平成14年7月、死亡した。Xは、平成12年7月31日、労災申請のためにB労働基準監督署を訪れ、窓口でBの担当者 Y_2 に事情を説明し、申請の相談をした。Y_2 は、Xの説明だけでは労働時間を確認できない等の理由で労災の見通しにつき否定的な回答をしたほか、女性一人で相談に来たことや仕事が忙しいこと等を指摘した。Xは、うつ病に罹患した等と主張し、Y_1（国）に対して国家賠償法1条1項、Y_2 に対して民法709条に基づき治療費、慰謝料500万円、弁護士費用の損害賠償を請求したものである。

●主張の要旨●

　本件では、治療費、弁護士費用のほか、慰謝料500万円の損害が主張された。

●判決の概要●

　本判決は、Y_2 がXの労災申請が無駄であるかのように断定的に述べ、Xを追い返すような侮辱的な言動をしたことを認め、Xがうつ病に罹患し、Y_2 の言動との間の因果関係を肯定し、Y_2 の個人責任は否定したものの、Y_1 の責任を肯定し、治療費のほか、慰謝料70万円を認め、素因減額を2分の1認め、弁護士費用を認め、Y_1 に対する請求を認容し、Y_2 に対する請求を棄却した。

判決文

イ　慰謝料

　原告が、平成12年7月31日の被告 Y_2 の言動によって、うつ病を発症し、平成13年8月以降通院治療を余儀なくされたものであるところ、これらの精神的及び肉体的苦痛を金銭をもって慰謝するには、本件違法行為の回数・程度、原告の罹患した疾病・治療期間等本件に顕れた諸事情を総合すれば、70万円が相当であると認める。

●慰謝料認定の考え方●

　本件は、夫の労災申請について労働基準監督署に相談に赴いた妻が、窓口の担当者に事情を説明し、相談をしたのに対して、担当者が侮辱的な発言をしたことから、妻が国、担当者の損害賠償責任を追及した事件である。本件では、侮辱的発言の有無、内容、担当者の個人責任の有無等が問題になったほか、治療費、弁護士費用のほか、慰謝料として500万円の損害が主張されたものである。

　本判決は、労働基準監督署の担当者に侮辱的な言動があったことを認めたうえ、妻のうつ病の罹患、担当者の言動との因果関係を認めたこと、担当者の個人責任を否定したこと、国の国家賠償責任を肯定したこと、慰謝料として70万円の損害を認めたこと（素因減額を2分の1認めた）に特徴がある。国、地方自治体においては、窓口来訪者の暴言が問題になったり、本件のように窓口担当者の暴言が問題になったりすることがあり、いささか殺伐とした現代社会の一端をうかがわせる事件が発生している。本判決は、労働基準監督署の窓口担当者の相談者に対する侮辱を認め、慰謝料として70万円の損害を認めた事例判断として参考になる。

13 論文の著者順位の変更に係る慰謝料請求

〔判　例〕　東京地判平成8・7・30判時1596号85頁
〔慰謝料〕　100万円

【事件の概要】

　Xは、A大学の夜間大学院に入学し、B助教授の指導を受け、経営システム科学の研究を行った。Xは、平成4年3月、修士論文を作成し、大学院に提出し、修士課程を修了したが、同年9月、Y_1学会から同論文につき学生論文賞を受賞した。Xは、その間、平成4年4月、Bの指示により、Y_1の機関誌であり、その発行に係る雑誌（月刊誌）に前記論文を掲載するため、雑誌の編集委員であるY_2の助言を受けることになった。Xは、平成4年6月、BからY_1学会で発表するよう指示を受け、論文を助言を受け、手直しして発表予定論文を準備したところ、Bが第一著者をXとするほか、第二著者としてY_2を加えるよう指示された。Xは、Y_1学会で論文を発表したところ、前記のとおり、学生論文賞を受賞した。Y_2は、平成4年10月、雑誌に掲載するため、Y_1学会に論文を再提出したところ、編集委員で副編集長Y_3の査読を経て、平成5年5月1日号に第一著者Y_2、第二著者Xとする論文が掲載された（Y_2が著者の順序を変更したほか、Xの氏名の一部に誤記もあった）。Xは、Y_1ないしY_3に対して、氏名表示権等の著作者人格権の侵害、名誉毀損を主張し、慰謝料300万円、弁護士費用50万円の損害賠償、謝罪広告の掲載を請求した。

●主張の要旨●

　本件では、弁護士費用のほか、慰謝料として300万円の損害が主張された。

1　名誉毀損による慰謝料

●判決の概要●

　本判決は、Xの氏名の一字の誤記は、誤植であり、修士論文と掲載論文を比較し、鑑定結果を考慮したうえ、掲載論文の主要な著者はXであるとし、第一著者かどうかは評価等の点で大きな違いがあり、第一著者が研究の責任と権利をもっていることに照らし、Y_2がXの承諾なくして順序を変更し、Y_1学会に再提出したことは不法行為にあたるとし、Y_1学会、Y_3の不法行為を否定し、慰謝料として100万円、弁護士費用20万円の損害を認め、Y_2に対する損害賠償請求を一部認容し、その余の請求を棄却した。

判決文

1　慰謝料
　前記一1に認定の諸事情を考慮すると、本件著作物につき著作者順序が入れ替わった本件著作物が掲載されたことにより原告が被った精神的苦痛等に対する慰謝料としては金100万円が相当である。

●慰謝料認定の考え方●

　本件は、大学院の学生が指導する助教授の下で修士論文を作成し、修士課程を修了した後、助教授の指示により、学会誌の編集委員の助言の下で学会における発表論文を第一著者を元学生、第二著者を助言者として作成したほか、学会誌である雑誌にも論文を掲載することになった際、助言者が前記論文を手直しし、第一著者を助言者、第二著者を元学生として作成して提出し、掲載されたため、元学生が助言者、学会らに対して損害賠償責任を追及した事件である。本件では、慰謝料300万円、弁護士費用50万円の損害が主張されたが、その実質は、氏名表示権等の著作者人格権の侵害である。

　本判決は、雑誌に掲載された論文の主要な著者は元学生であるとしたこと、第一著者かどうかは評価等の点で大きな違いがあり、第一著者が研究の責任と権利をもっていることとしたこと、助言者である編集者が元学生の承諾なくして順序を変更し、掲載論文を学会に提出したことが不法行為にあたると

したこと、慰謝料として100万円、弁護士費用20万円の損害を認めたこと、学会らの不法行為を否定したことに特徴がある。本判決は、雑誌に掲載された論文の著者の順序につき、主要な著者の承諾を得ないで変更したことが不法行為にあたるとした事案において、その根拠は明らかではないものの、慰謝料を100万円と算定した事例判断を提供するものである。なお、本判決の認めた慰謝料は名誉毀損にも関係するが、主体は著作者人格権の侵害によるものである。

2　プライバシー侵害による慰謝料

 ウェブサイトに送信・登録された顧客情報の流出に係る慰謝料請求

〔判　例〕　東京地判平成19・2・8判時1964号113頁
〔慰謝料〕　顧客ごとに各3万円

―【事件の概要】――

　Y株式会社は、東京ビューティーセンターの名称でエステティックサロンを全国で営業していた。Yは、平成8年頃、A株式会社との間で、インターネット上にウェブサイトを開設する等するため、サーバーコンピュータのレンタル契約を締結し、Aの施設内にあるサーバー上にウェブサイトを開設した。Yは、さらに、平成11年頃、ホームページの制作、保守管理に関する契約を締結し、ウェブサイトの内容更新等を委託し、随時、無料体験の募集、資料送付依頼の受付け等を行い、顧客らがウェブサイト上に所定の登録フォームに必要事項、質問に対する回答等を入力させる等していた（氏名、年齢、住所、職業、電話番号、電子メールアドレス等の個人情報を入力させた）。AがYの同意を得て、平成14年3月、4月、ウェブサイトをY専用のサーバーに移設する作業を行った際、インターネット上の一般の利用者が閲覧可能で自由にアクセスできる状態におかれ、平成14年5月、Yの保管する個人情報が大量に流出したことを示す書き込みがされる等した。X_1ないしX_{14}は、Yに対してウェブサイトに入力し、プライバシーが侵害された等と主張し、不法行為に基づき慰謝料各15万円、弁護士費用の損害賠償を請求したものである。

●主張の要旨●

本件では、弁護士費用各15万円のほか、慰謝料各100万円の損害が主張された。

●判決の概要●

本判決は、ウェブサイトに送信された氏名、職業、年齢、性別、電話番号、電子メールアドレス等の個人情報が送信者の想定を超えてインターネット上に流出したことはプライバシーの侵害にあたるとし、不法行為を肯定し、それぞれ慰謝料として3万円、弁護士費用として5000円の損害（X_{10}については、Yから本件情報流出事故に関して3000円の支払いを受けたとし、慰謝料が1万7000円と算定された）を認め、請求を一部認容した。

判決文

四　次に、原告らに生じた損害について検討する。

(1)　原告らは、本件情報は、センシティブ情報あるいは機微情報に該当し、そのような性質の情報をインターネットに常時接続されているサーバー内に保管するという杜撰な管理をしていたので、本件情報流出事故の態様は悪質であり、原告らの慰藉料の算定にも考慮されるべきであると主張する。

　　前記「民間部門における電子計算機処理に係る個人情報の保護に関するガイドライン」（平成9年3月4日通商産業省告示第98号）は、人種及び民族、門地及び本籍地（所在都道府県に関する情報を除く）、信教（宗教、思想及び信条）、政治的見解及び労働組合への加盟並びに保健医療及び性生活といった内容を含む個人情報を「特定の機微な個人情報」としてその収集の原則的禁止を定めている（6条）。本件情報は、保健医療そのものに該当するものではないが、氏名、住所等の基本的な識別情報のみの場合と比較して、一般人の感受性を基準にしても、秘匿されるべき必要性が高いことは否定できない。

　　その上、本件情報流出事故の態様は、本件ウェブサイトのサーバー移設作業の際に、個人情報を含む本件電子ファイルをウェブサーバーの公開領域に置きながら、アクセス制限の設定をしなかったという技術的には初歩的過誤による過失に端を発し、これによって、インターネット上で公表された特定のURLを入力することで誰でも自由に閲覧することができる状態に置かれ、実際に、閲覧した第三者によってインターネット上に流出し、その結果、掲示板に掲載されて、性的興味の対象とされたり、興味本位の書込みがされたり、アプリケーションソフトを利用することで検索が可能な情報としてファ

2 プライバシー侵害による慰謝料

イル交換ソフトによって広範囲に流布したりしたものであり、被告がプロバイダに対する協力依頼や発信者情報開示請求訴訟を提起する措置を講じたにもかかわらず、完全にそれを回収することは困難な状況にある。

このような本件情報の性質、情報流出の態様等に照らすと、自己の個人情報が社会に広く流布し、場合によってはそれが悪用されるのではないかとの原告らの不安は大きく、原告らが本件情報流出事故により被った精神的苦痛は決して軽視できるものではないというべきである。

しかも、原告 X_{10} を除く各原告らに対しては、本件情報流出事故の発生以後に、いわゆる迷惑メールが送信され、ダイレクトメールが送付され、いたずら電話がかかるなどしているところ、本件情報がアプリケーションソフトを利用することによって検索が可能なものとしてインターネットを通じて広く流布し、インターネットの掲示板においても、それを事業者に売却することを示唆するような書込みもされている上、各原告らは、全国各地に居住し、本件ウェブサイトに氏名、住所等の個人情報を送信したこと以外に共通する要素がないにもかかわらず、実際に送付されたいわゆる迷惑メールやダイレクトメールのうち相当数のものは全く同種のものであったことなどが認められるから、自動的にメールアドレス文字列を生成するソフトが販売され、ダイレクトメールアドレスを販売する業者もあるような社会状況〈証拠略〉を考慮しても、これらのいわゆる迷惑メール、ダイレクトメール及びいたずら電話等は、そのすべてかどうかは別にして、少なくともその相当部分は、本件情報流出事故により何らかの方法で本件情報を取得した者によって送信、送付等がされたものと推認することができる。したがって、このように本件情報が実際に見知らぬ者らによって不当に利用されたこと（いわゆる二次流出あるいは二次被害）によって、上記の各原告らの不安が現実化し、各原告らは、一層大きな精神的苦痛を受けたものと認められる。

そして、これらの本件情報の性質、本件情報流出事故の態様、実際に二次流出あるいは二次被害があること、原告らの本件訴訟の提起の目的が被告の行為の違法性を確認するためにいわゆる名目的な損害賠償を求めるものではなく、精神的な苦痛を慰藉するために損害賠償を求めるものと認められること、本件情報流出事故の発生後、被告は、謝罪のメールを送信し、全国紙に謝罪の社告を掲載するとともに、データ流出被害対策室及び Y 顧客情報事故対策室を設置して、二次被害あるいは二次流出の防止のための対策を検討し、発信者情報開示請求訴訟の提起や保全処分事件の申立てをするといった措置をとったことなど、本件に現れた一切の事情を考慮すると、原告らの精神的苦痛を慰藉するには、被告に対し、原告ら一人当たり各 3 万円の慰藉料の支払を命ずるのが相当である。

なお、原告 X_{10} については、本件情報流出事故後にいわゆる迷惑メールが送信されたなどといった二次流出あるいは二次被害の主張立証はない上、本

件情報流出事故に関して、被告から3000円の支払を受けたものと認められるから、原告 X_{10} に対する慰藉料は1万7000円とするのが相当である。
(2) 原告らの中には、個別の事情として、結婚を予定していたこと（原告 X_2）、男性であること（原告 X_4、原告 X_{13}）など、本件情報が当該原告にとって、特に秘匿性の高い情報であったことを強調する者もあるが、本件情報の内容は、各原告らにほぼ共通のものであり、その情報内容に格別の差異があるものとは考え難い。また、原告らの中には、物的損害として、治療費及び休業損害（原告 X_7）、携帯電話の割引特典及び解約手数料（原告 X_8）並びにパソコン代金、ルータ代金、NTT 局内工事費用、ZDSL 初期費用及び使用料等（原告 X_9）を請求する者もあるが、それらの損害が本件情報流出事故と相当因果関係があるものと認めるには十分ではない。さらに、本件情報流出事故後の被告の対応を批難する者（原告 X_{12}、原告 X_{13}）もあるが、被告のそれら原告らに対する対応が慰藉料を増額させるほどの不快感を与えたものとは認め難い。

●慰謝料認定の考え方●

本件は、会社が事業の遂行のためにインターネット上にウェブサイトを開設し、顧客から特定の登録フォームに個人情報を入力、送信させていたところ、他の会社に情報の移設作業を行わせた際、個人情報の漏えい事故が発生したため、個人情報を送信した者らがウェブサイトを開設・運営した会社に対して損害賠償責任を追及した事件であり、送信者らが慰謝料として各15万円、弁護士費用の損害を主張したものである。

本判決は、ウェブサイトに送信、登録された個人情報の流出がプライバシーの侵害にあたるとしたこと、ウェブサイトの開設・運営した会社の不法行為を肯定したこと、慰謝料として各3万円（一人の例外がある）、弁護士費用各5000円の損害を認めたことに特徴があり、個人情報の漏えい事故について慰謝料3万円を認めた事例判断として参考になる。

2　市役所の臨時的任用職員による戸籍情報の漏えいに係る慰謝料請求

〔判　例〕　京都地判平成20・3・25判時2011号134頁
〔慰謝料〕　5万円

【事件の概要】

　Y_2は、Y_1市（京都市）の臨時的任用職員として採用され、市民窓口課に勤務していた。Y_2は、平成5年ないし平成9年以降、Xの妻Aと親しく付き合うようになり、Aを通じて、Xとも付き合うようになっていたが、XとAが協議離婚し、その後も行き来をしていた。Y_2は、平成17年12月、Y_1の職務執行中、Xの戸籍原簿、除籍原簿の記載事項（Xが再婚したこと）を知り、Aに電話し、Xが再婚したことを告げた（Xは、地方公務員法違反により略式命令を受けた）。Xは、Y_1らに対して不法行為に基づき損害賠償を請求したものである。

●主張の要旨●

　本件では、給与の逸失利益のほか、慰謝料として300万円の損害が主張された。

●判決の概要●

　本判決は、Y_1の国家賠償責任を否定し、Y_2のプライバシーの侵害を認め、不法行為を肯定し、慰謝料として5万円を認め、請求を一部認容した。

判決文

3(1)ア　上記1及び2の説示から明らかなとおり、原告は、被告Y_2に対して、原告とAとの関係や解雇、通院にかかる精神的苦痛についての慰謝料を請求することはできない。
　　　しかしながら、本件漏洩行為が原告のプライバシーを侵害することは明らかであるから、原告は、被告Y_2に対して、プライバシー侵害そのものに

かかる精神的苦痛についての慰謝料を請求することができるというべきである。
　イ　上記第二の二で認定した事実など本件に現れた諸事情を考慮すると、プライバシー侵害そのものにかかる原告の精神的苦痛を慰謝するには５万円が相当である。

●慰謝料認定の考え方●

　本件は、戸籍に関する業務を担当していた市役所の臨時的任用職員が知人に離婚した夫の戸籍情報（再婚したこと）を告げたため、元夫が職員らに対して損害賠償責任を追及した事件であり、元夫が慰謝料300万円の損害を主張したものである。本件では、再婚した旨の戸籍情報というプライバシーの侵害が問題になったものである。

　本判決は、職員の戸籍情報の漏えいに係る不法行為を肯定したこと、市の国家賠償責任を否定したこと、慰謝料として５万円の損害を認めたこと、元夫の元妻との関係、解雇、通院に係る慰謝料、逸失利益に関する主張を排斥したことに特徴がある。本件における元夫の精神的苦痛は、情報の性質・内容、情報の伝達先の事情に照らすと、被害の程度は極めて軽微であるということができ、５万円の慰謝料を認めた判断には疑問が残る。

2 プライバシー侵害による慰謝料

3 議員宿舎の建替え計画に反対する住民に関する個人情報の漏えいに係る慰謝料請求

〔判　例〕　東京地判平成21・4・13判時2043号98頁
〔慰謝料〕　50万円

【事件の概要】

　Xは、参議院の議員宿舎に隣接して土地を所有し、土地上の建物で事業を行っていたが、新宿舎の建設計画が立てられていることを知り、近隣の住民等とこの計画に反対し、参議院事務局に問い合わせる等した。参議院事務局は、平成19年1月15日、担当者等が建設に賛成する会の役員ら（Aが会長、Bが役員）と近隣住民に対する対応策を協議する会合を開催し、この会合の際、参議院の事務局担当者CらがX役員らにXらにおいて参議院、国土交通省に電話した日時、氏名、住所、電話番号、電話による発言内容、Xの病歴等が記載された文書を交付した。Xらは、その後、建設計画に反対する運動を続けたところ、Xは、週刊誌の記者からの取材によって本件文書の交付を知った。Xは、Y（国）に対して個人情報の漏えいを主張し、不法行為に基づき損害賠償を請求したものである。

●主張の要旨●

　本件では、弁護士費用50万4000円のほか、慰謝料200万円の損害が主張された。

●判決の概要●

　本判決は、議院宿舎の建設計画に関する参議院事務局の担当者、賛成者、反対者の動向、本件文書の内容、交付の経緯等を詳細に認定したうえ、Xが参議院事務局の担当者らに対する問合せ、意見表明のためにした発言は、こ

れが記録されて外部に文書として渡されることを想定して話していないところ、何らの合理的必要性もなく、外部の者に本件文書を渡したものであり、第三者に知らせることを想定していなかった個人的情報をみだりに第三者に開示したものとして違法な行為であるとし、不法行為を肯定し、慰謝料として50万円、弁護士費用相当額として20万円認め、請求を一部認容した。

判決文

(3) 本件文書は、以上の経過の中で、推進派代表であるAらに対し、反対派と目される者の具体的申出内容を知らせるために交付されたものであり、しかも、その後、参議院事務局の者が、A、Bに交付した本件文書の原本を回収しただけでなく、Aの事務所にあった本件文書のコピーも回収したことからみて、Aらが本件文書のコピーを作成していたことが認められること、さらに、雑誌記者にコピーが提供されたことなどからみて、複数のコピーが作成されたことが認められるところであり、本件文書交付行為は、Cや本件文書交付を了解した上司の主観的意図はともかく、客観的には、推進派に対して、反対派となるかもしれない者に関する情報を提供する行為であって、公正性が要求される国の機関である参議院事務局等が、地域の本件宿舎建設計画推進派との間で連絡を取り合って反対派に対処しようとしていることを対外的にも明確に示すこととなってしまった。

(4) しかも、本件文書には、原告の携帯電話の番号や原告の自宅住所、在宅時間等のほか、原告の病気のことなど原告個人にかかわる情報も記載されていたのであり、これを原告と対立する考え方に立つ本件宿舎建設計画推進派に交付したことは、違法性の程度が大きいといわなければならない。

(5) その後の経過をみても、前記認定のとおり、原告ら19名による「要望書」、「意見書」が提出され、再度、参議院事務局、国土交通省による説明会が開かれたものの、実際には、「紀尾井町まちづくり協議会」主導による集まりとなってしまい、実質的な討議、説明がされず、本件宿舎建設計画推進派が原告ら反対派を攻撃する場となってしまい、その後、東京都知事に対する紛争調整あっせん等を要する経過となってしまった。

(6) 以上の経過は、参議院事務局が、建設を計画した本件宿舎の近隣住人等と「紀尾井町町会員」と「紀尾井町まちづくり協議会会員」の三者を明確に識別することをせず、漫然と、近隣住人等に対する対応を「紀尾井町まちづくり協議会」主導に委ねてしまったことの結果であり、このような取扱自体が著しく妥当性を欠くことは明らかである。

(7) そして、以上の経過の中で行われた本件文書交付行為は、要するに、○○

アートギャラリーを設置する所有地を有する原告が、その隣地である本件土地に、高層の本件宿舎を建設する計画が具体化していることを知り、参議院事務局、国土交通省の担当者に対して電話で問い合わせて説明を求めるなどしたところ、本件宿舎建設を要望、推進する者らに対して、当該電話の内容等を具体的に記載した本件文書を交付したものであり、原告が全く想定していなかった相手方に対する交付行為である上、原告の住所、携帯電話番号等のほか、原告が、事業経営者として、手術を要する病歴があったことを明かしていなかったのに、大病を患って手術を受けていたとの発言を具体的に記載した本件文書を上記建設推進派に交付したものであって、対外的には、本件宿舎建設事業を推進しようとする参議院事務局等と同事業推進派の者との間の密接な関係を同事業に反対する者らを含む第三者に対し公表するのも同然の行為であるというべく、本件宿舎建設推進派による原告ら反対派を攻撃する材料を提供するも同然の行為であって、公正性が要求される国の機関における行為規範に著しく違反するものであるといわざるを得ない。
(8) その結果、本件宿舎建設計画推進派による攻撃に曝されることとなった原告が被った精神的損害に対する慰謝料としては50万円をもって相当と認める。

●慰謝料認定の考え方●

　本件は、議員宿舎の建替え計画が公表され、近隣の住民が反対運動をした際、参議院の担当者らが住民に関する個人情報（参議院、国土交通省に電話した日時、氏名、住所、電話番号、電話による発言内容、病歴等）をまとめた文書を作成し、会合で参加者に交付したため、住民が国に対して損害賠償責任を追及した事件であり、住民が慰謝料として200万円の損害を主張したものである。本件では、議員宿舎の建替え計画に反対する住民に関する個人情報（もっとも、建替え計画に関する意見、病歴も含まれている）というプライバシーの侵害（個人情報の漏えい）が問題になったものである。

　本判決は、参議院事務局の担当者らに対する問合せ、意見表明のためにした発言は、これが記録されて外部に文書として渡されることを想定して話していないこと、何らの合理的必要性もなく、外部の者に意見のほか、住所、携帯電話番号、病歴等が記載された文書を渡したことは、第三者に知らせることを想定していなかった個人的情報をみだりに第三者に開示したものであり、違法な行為であるとしたこと、国の不法行為を肯定したこと、慰謝料と

して50万円、弁護士費用相当額として20万円の損害を認めたことに特徴がある。本判決は、前記内容の個人情報を文書にし、意見を異にする者らに漏えいした事案について、意見を異にする者らからの攻撃に曝されることになったこと等を考慮し、50万円という比較的高額な慰謝料額を算定した事例判断として参考になる。

2 プライバシー侵害による慰謝料

病院による文書送付嘱託前の診療情報の提供等に係る慰謝料請求

〔判　例〕　さいたま地川越支判平成22・3・4判時2083号112頁
〔慰謝料〕　100万円

【事件の概要】

　Xは、A株式会社の従業員として稼働中、他の従業員が落下させたプラスチック製の箱が頭部に当たり、頭部打撲等の傷害を負い、Bクリニックで治療を受けた後、Y_2医療法人（代表者は、医師Y_1）の診察、治療を受ける等し、労災傷害等級9級の認定を受けた。Xは、Aに対して本件事故につき損害賠償を請求する訴訟を東京地方裁判所に提起し、Aは、Y_2にXの診療録、検査結果等診療記録につき文書送付嘱託を申し立て（この申立て前に、Aの従業員CがY_2の病院を訪れ、Xの病状を確認していた）、裁判所がこの申立てを採用し、Y_2が診療記録を東京地方裁判所に送付した。Aは、診療録等を書証として裁判所に提出したのに対し、裁判所が診療録には判読不可能な箇所が多々あるとし、判読可能にするよう指示したことから、CがY_2の病院に赴き、診療録の説明を受け、Y_1がXの症状に関する意見書を作成し、Aがこの意見書を書証として裁判所に提出した。Xは、Y_1、Y_2に対してXの事前の同意なく診療情報を開示したと主張し、債務不履行、不法行為に基づき慰謝料500万円の損害賠償を請求したものである。

●主張の要旨●

本件では、慰謝料として500万円の損害が主張された。

●判決の概要●

　本判決は、文書送付嘱託に応じて診療録等を送付したことは法令に基づくものであり、違法性はないとしたものの、文書送付嘱託前に診療情報を提供

第18章　名誉毀損・プライバシー侵害による慰謝料

したことや、送付されなかった診療録に添付されていた情報をCに説明したことや、Xの症状の原因が加齢によるものであり、本件事故とは因果関係がないとのY₁の医学的判断をしたこと等、診療情報を漏えいしたことは、正当化できず、違法であるとし、不法行為を肯定し、慰謝料100万円を認め、請求を一部認容した。

判決文

五　損害額（争点(4)）について

　上記のとおり、被告医師は、原告の主治医でありながら、原告の症状に関する診療情報を、原告の提起した訴訟の相手方であった訴外会社側に伝えており、このことにより、訴外会社側から被告医師の所見が記載された準備書面や被告医師の意見書が別件裁判所に提出されたものであって、これを知った原告は、被告医師に対する信頼を裏切られたとして精神的苦痛を被ったものと認められる。なお、被告医師が前記認定に係る診療情報の漏示の前後にも、複数回にわたり、来訪した訴外会社側の担当者と面接していることは、前記認定のとおりである。

　他方で、被告医師は、前記のとおり、訴外会社から意見書の作成についての報酬を受け取るなどの見返りを得ていたとは認められず、単に別件裁判所の審理に協力しようという意図の下に訴外会社側に対し診療情報を提供し、意見書を作成したにすぎないと認められるのであって、訴外会社側担当者との面接が複数回にわたっているとはいえ、前記四に判示したとおり、原告をあえて害そうという意図の下にこれらの行為に及んだとまで認めることはできない。

　これら一切の事情を考慮すれば、原告に支払われるべき慰謝料の額は、100万円が相当である。

●慰謝料認定の考え方●

　本件は、会社の従業員が仕事中、他の従業員の行為で負傷し、病院で診察、治療を受けた後、従業員が会社に対して損害賠償請求訴訟を提起したところ、会社の他の従業員が病院で診療情報の説明を受け、病院の代表者から意見書の作成、交付を受けたため、従業員が医療法人らに対して損害賠償責任を追及した事件であり、従業員が慰謝料500万円の損害を主張したものである。本件は、診療情報というプライバシーの侵害であり、診療情報に関連する訴訟が係属中において被告とされた会社によって診療情報の調査等が行われた

ところに特徴がある。

　本判決は、病院が文書送付嘱託に応じて診療録等を裁判所に送付したことは違法でないとしたこと、文書送付嘱託前に診療情報を提供したこと、送付されなかった診療録に添付されていた情報を会社の担当者に説明したこと、症状の原因が加齢によるものであり、本件事故とは因果関係がないとの医学的判断を説明したこと等は違法であるとしたこと、医療法人、その代表者である医師の不法行為を肯定したこと、慰謝料として100万円の損害を認めたことに特徴がある。本判決は、病院における診察、治療の内容が訴訟の重要な証拠になっている状況において、裁判所の採用した文書送付嘱託以外の方法、内容の診療情報の提供が違法であるとし、慰謝料として100万円の損害を認めたものであり、議論が予想される事例判断として参考になる。本判決を前提とすると、訴訟の当事者が事件に関係する事項を調査することができる範囲が相当に制限されるおそれがあり、特に訴訟が提起された状況において重大な制限になるおそれがある。

社会通念上受忍すべき限度を超えた態様での防犯カメラの設置等に係る慰謝料請求

〔判　例〕　東京地判平成21・5・11判時2055号85頁
〔慰謝料〕　プライバシー侵害につき各10万円、名誉毀損につき20万円・30万円、名誉感情の侵害につき20万円

【事件の概要】

　X_1、X_2夫婦の自宅は、Y_1、Y_2夫婦の自宅の私道を挟んで向かい側にあった。Y_1らは、X_1らとのトラブルがあり、トラブルが悪化し、X_1らを監視する目的で、X_1らの自宅に向けて防犯カメラを設置した（なお、Y_1らは本件の前にも3台の防犯カメラを設置していた）。Y_1らは、インターネット上のウェブサイトでX_1らに関する記事を掲載した。X_1、X_2は、Y_1らに対してプライバシー権に基づきカメラの撤去、設置禁止、名誉権等に基づき記事の削除、不法行為に基づき損害賠償を請求したものである。

●主張の要旨●

　本件では、X_1、X_2につき各200万円の損害（プライバシーの侵害のほか、名誉毀損、名誉感情の侵害に係る慰謝料）が主張された。

●判決の概要●

　本判決は、プライバシー権を侵害するような態様でのカメラの設置、継続的な監視は社会通念上受忍すべき限度を超えているとし、撤去請求、設置禁止請求、不法行為を肯定し、慰謝料としてプライバシーの侵害につき各10万円の損害（ほかに、X_1につき、名誉毀損の慰謝料20万円、X_2につき、名誉毀損の慰謝料30万円、名誉感情の侵害の20万円の損害）を認め、損害賠償請求を一部認容した。

2 プライバシー侵害による慰謝料

判決文

(3) 損害賠償について

 上記二によれば、被告らによる本件カメラの設置は、原告らのプライバシーを侵害したものであること、上記三によれば、本件記事①、②、⑤、⑦、⑧及び⑪の本件ホームページへの掲載は原告らの名誉を、本件記事③、④、⑥、⑨及び⑩の本件ホームページへの掲載は原告 X_2 の名誉を、それぞれ毀損したものであること、そして、上記四によれば、本件記事⑪、⑬、⑮、⑯、⑱及び⑲は、原告 X_2 の名誉感情を侵害したものであることが認められ、〈証拠略〉によれば、原告らは、上記各不法行為によって、それぞれ精神的苦痛を被ったものと認められる。

 しかしながら、上記二(1)によれば、本件カメラが撮影しているのは、居宅内での原告らの映像ではなく、居宅外（原告宅の玄関付近及びその延長空間としての本件私道部分）での原告らの映像であること、弁論の全趣旨によれば、本件ホームページへのアクセス件数は、それほど多くはなかったと認められること、また、本件ホームページは、上記のとおり、本件訴訟が提起された直後に、被告らによって閉鎖されて、一般への公開が停止されたこと、本件記事の記載内容、本件記事に用いられている表現・言葉、原告 X_1 よりも原告 X_2 に関する記載の方が多いこと、その他、本件の一切の事情を総合勘案するならば、原告らの精神的苦痛に対する慰謝料としては、原告 X_1 について合計30万円（プライバシー侵害に対して10万円、名誉毀損に対して20万円）、原告 X_2 について合計60万円（プライバシー侵害に対して10万円、名誉毀損に対して30万円、名誉感情の侵害に対して20万円）を認めるのが相当である。

●慰謝料認定の考え方●

 本件は、近隣の住民同士にトラブルが発生していたところ、一方の夫婦が他方の自宅に向けて防犯カメラ（監視カメラ）を設置し、撮影し、ホームページを開設し、他方の夫婦に関する記事を掲載したため、他方の夫婦が一方の夫婦に対して損害賠償責任等を追及した事件であり、他方の夫婦が慰謝料として各200万円の損害を主張したものである。本件では、慰謝料の根拠として、プライバシーの侵害のほか、名誉毀損、名誉感情の侵害に係る慰謝料が主張されたものである。

 本判決は、プライバシー権を侵害するような態様でのカメラの設置、継続的な監視は社会通念上受忍すべき限度を超えているとしたこと、防犯カメラ

を設置等した夫婦の不法行為を肯定したこと、損害について、夫婦のうち、夫の損害としてプライバシーの侵害につき10万円の慰謝料、名誉毀損の慰謝料20万円、妻の損害としてプライバシーの侵害につき10万円の慰謝料、名誉毀損の慰謝料30万円、名誉感情の侵害の20万円を認めたことに特徴がある。プライバシーの侵害は、その内容、場所・場面、方法等は多様であるだけでなく、プライバシーに隣接する人格的な法益である名誉、名誉感情があわせて侵害されることが少なくないが、本件は、防犯カメラの設置・撮影、インターネットの利用によってプライバシーの侵害等が実行されたため、複数の人格的な法益が侵害されたものである。本判決は、プライバシーの侵害に係る慰謝料として夫婦につき各10万円の損害を認めた事例判断としても、隣接する名誉、名誉感情の侵害に係る慰謝料を認めた事例判断としても参考になる。

2 プライバシー侵害による慰謝料

6 監視カメラの動画を利用したテレビ番組の映像の一部につきウェブサイトへの掲載に係る慰謝料請求

〔判　例〕　東京地判平成22・9・27判タ1343号153頁
〔慰謝料〕　100万円

【事件の概要】

　Y_1 有限会社（代表者はA）は、コンビニエンスストアを経営しており、防犯監視システム機器の開発、販売を業とする Y_2 株式会社に依頼し、店舗に監視カメラを設置していた。Y_1 は、従業員から商品の一部の不足を報告され、Aはカメラの映像を再生し、Bの挙動につき万引きが疑われると判断していた（Bは著名人であった）。Y_1 は、テレビ局を経営するC株式会社と契約を締結した制作会社の記者から万引きの増加を題材とする番組の作成に協力を求められ、映像に係る動画ファイルを提供し、Y_2 は、Cが放映したテレビ番組の一部をウェブサイトに掲載し、自社のカメラの性能等を宣伝する等した（Bは、窃盗により逮捕され、起訴された）。Bは、Y_1、Y_2 に対して肖像権、プライバシー権の侵害を主張し、不法行為に基づき損害賠償を請求したものである（Bが訴訟係属中に死亡し、妻Xが訴訟を承継した）。

●主張の要旨●

　本件では、弁護士費用のほか、Y_1 に対する慰謝料500万円、Y_2 に対する慰謝料1000万円の損害が主張された。

●判決の概要●

　本判決は、違法性は受忍限度の理論によって判断すべきであるとしたうえ、Y_1 については監視カメラによる撮影、撮影された個人の映像を報道機関に提供することが違法ではないとし、不法行為を否定し、Y_1 に対する請求を

棄却し、Y_2 についてはＣの番組の一部を抜粋、編集した動画はＢの社会的評価を低下させるものであり、DVDを作成し、放映したことはプライバシー権の侵害等にあたるとし、これらが販売促進のためにされたものであるとし、不法行為を肯定し、慰謝料100万円、弁護士費用10万円の損害を認め、Y_1 に対する請求を一部認容した。

判決文

3　争点(3)（亡Ｂが被った損害の内容及び額）について判断する。

　上述したところによれば、亡Ｂは、被告 Y_2 の前記名誉毀損、肖像に係る人格的利益の侵害及びプライバシー権侵害により、精神的苦痛を被ったものと認められる。

　そして、被告 Y_2 は、著名人である亡Ｂが、万引きした場面とされている肖像を利用すると、一般私人の肖像よりも人の目を引きやすい点に着目して、いわば亡Ｂのマイナスイメージを自らの商業目的に利用した面があったものと推認されること、本件ホームページ動画は、インターネットにおいて約３か月半にわたって、公開されたものであり、不特定多数の者がアクセスすることが可能な状態に置かれたこと、本件DVDが放映された本件展示会には相当多数の者が来場したこと〈証拠略〉、被告 Y_2 は、本件展示会において、少なくとも本件DVDを100枚近く配布し〈証拠略〉、さらに、被告 Y_2 のセールスマンが、その営業先に対し、本件DVDを配布したこともあったことなどが認められる。

　しかし、他方において、前記前提となる事実(3)エ記載のとおり、Ｃテレビが本件動画ファイルを基にした映像を放映した後、その他の民放各社も、それぞれ、連日のように、本件動画ファイルを基に、亡Ｂを特定し得る形で同人の本件店舗内における挙動を繰り返し放映したものであり、亡Ｂの上記映像は相当多数の者の知るところとなったことが認められること、被告 Y_2 は、亡Ｂからの指摘を受けた後、本件ホームページ動画のリンクから亡Ｂの映像を直ちに削除したものであり、その後は、当時のURLを直接打ち込まない限りは、上記映像を閲覧することができなくなったこと〈証拠略〉なども認められる。

　以上の事情を総合考慮すれば、被告 Y_2 が、亡Ｂの相続人である原告に対し支払うべき慰謝料は100万円とするのが相当である。また、被告 Y_2 の不法行為と相当因果関係を有する弁護士費用は10万円と認めるのが相当である。

●慰謝料認定の考え方●

　本件は、コンビニエンスストアにおいて防犯監視システムの開発会社に依

頼して監視カメラが設置され、監視カメラによって特定の者の万引きが疑われていたところ、万引きをテーマとするテレビ番組を制作する会社に動画ファイルを提供し、番組が放映された後、開発会社が自社のウェブサイトに番組の一部を掲載したため、万引きを疑われた者（後に逮捕、起訴）がコンビニエンスストアの経営会社、開発会社に対して損害賠償責任を追及した事件であり、疑われた者が慰謝料（経営会社につき500万円、開発会社につき1000万円）の損害を主張したものである。本件では、コンビニエンスストアの経営会社については、監視カメラによる動画ファイルの提供に係るプライバシーの侵害等であり、開発会社については、放映されたテレビ番組の一部の自社のウェブサイトへの掲載に係るプライバシーの侵害等（プライバシーの侵害のほか、肖像権の侵害、名誉毀損を含む）による慰謝料が問題になったものである。

　本判決は、コンビニエンスストアの経営会社については、監視カメラによる撮影、撮影された個人の映像を報道機関に提供することが違法ではないとし、不法行為を否定したこと、開発会社については、テレビ番組の一部を抜粋、編集した動画は社会的評価を低下させるものであり、DVDを作成し、放映したことはプライバシー権の侵害、肖像権の侵害、名誉毀損にあたるとしたこと、開発会社は販売促進のためにしたものであり、不法行為を肯定したこと、プライバシー権の侵害、肖像権の侵害、名誉毀損による慰謝料として100万円、弁護士費用10万円の損害を認めたことに特徴がある。本判決は、動画を利用したテレビ番組の一部を抜粋し、編集し、自社のウェブサイトに掲載したことがプライバシー権の侵害、肖像権の侵害、名誉毀損が合わさったものであるとし、慰謝料として100万円の損害を認めた事例判断として参考になる。

第18章 名誉毀損・プライバシー侵害による慰謝料

7 タウンミーティングへの参加者抽選において行われた作為的な選別に係る慰謝料請求

〔判　例〕　大阪高判平成21・9・17判時2068号65頁
〔慰謝料〕　各5万円

【事件の概要】

　X_1ないしX_4は、Y_1（国）とY_2市（京都市）が共催する、内閣の閣僚等が重要な課題につき広く意見を聞き、内閣が国民との対話を促進するために行われるタウンミーティング（TM）に参加を申し込んだ。タウンミーティングの参加者は、応募者が多数の場合には、抽選が行われることが予定されていた。X_1らは、以前、閣僚の出席したイベントにおいて、会場でプラカードを掲げ、指名がないのに、大声を上げる等したことがあったが、Y_2がX_1らの活動歴等の情報をY_1に伝えた。Y_1らは、抽選によらないでX_1らを落選させた。X_1ないしX_4は、Y_1、Y_2に対して、タウンミーティングに参加し、意見を述べる機会を奪われ、憲法13条の権利が侵害され、プライバシー等を侵害された等と主張し、国家賠償法1条1項に基づき慰謝料200万円の損害賠償を請求したものである。

　第1審判決（京都地判平成20・12・8判時2032号104頁）は、タウンミーティングに参加する権利は憲法上保障されておらず、X_1らに関する情報はY_2が相当性を逸脱する方法で収集したものではなく、一般人の私生活上の平穏を害する態様で開示されたものではない等とし、プライバシーを違法に侵害したものではないとし、請求を棄却したため、X_1らが控訴した。

2 プライバシー侵害による慰謝料

●主張の要旨●

本件では、慰謝料として200万円の損害が主張された。

●判決の概要●

本判決は、X_1 らがタウンミーティングの進行を妨害し、会場を混乱させる具体的な危険性があったとは認められないとし、無作為の公正な抽選が実施させるものと信頼させ、一定の確率で抽選において当選することを期待させたのに、作為的な選別を行ったとし、信頼と期待を裏切ったことが国家賠償法上の保護された利益を侵害するとし、違法性を認め、X_1 ないし X_3 につき各慰謝料5万円の損害を認め、プライバシーの侵害を否定し、原判決を変更し、X_1 ないし X_3 の各請求を一部認容し、X_4 の請求を棄却した。

判決文

(4) 損害及びその数額について

控訴人 X_1、同 X_2 及び同 X_3 は、被控訴人らの上記各行為により、公正な抽選を受けることなく落選させられただけでなく、抽選を行ったとの通知が事実を糊塗する虚偽のものであったと知り、相当程度のショック、不快感を感じたものと認められる。この精神的苦痛は、社会通念上許される限度を超えるものと認められるから、結局、上記控訴人らに対して、TMの共同主催者である被控訴人らは、連帯して前記精神的苦痛を賠償する義務を負うというべきである。

その賠償額は、控訴人らが、TMに参加して意見を述べることができなかったことを何より残念に考えていると認められるところ、その参加・意見陳述自体は、抽選に当選した上で可能となる不確実なものにすぎず、その点で実害は大きくないといえること、本件に関する事実を含め、AらTM室の関係者が戒告、厳重注意等の不利益処分を受けており〈証拠略〉、かつ、被控訴人国は謝罪を申入れていて〈証拠略〉、これらは、被控訴人 X_1、同 X_2 及び同 X_3 の精神的損害を多少なりとも慰謝するものであること、本件抽選の動機そのものは、TMの円滑な運営、他の参加者への配慮であって、悪性の高いものとは言い切れないこと等、本件証拠に現れた諸般の諸事実に鑑み、控訴人 X_1、同 X_2 及び同 X_3 について、各5万円をもって相当と認める。

●慰謝料認定の考え方●

本件は、過去に閣僚の出席したイベントにおいて、会場でプラカードを掲

げ、指名がないのに、大声を上げる等したことがあった者が国、市の共催に係るタウンミーティングに参加を申し込んだところ、過去の活動歴等を理由に参加者の抽選から除外し、落選させられたため、申込者らが国、市に対して損害賠償責任を追及した控訴審の事件である。本件では、損害として慰謝料200万円が問題になったものである。

　本判決は、申込者らがタウンミーティングの進行を妨害し、会場を混乱させる具体的な危険性があったとは認められないとしたこと、無作為の公正な抽選が実施させるものと信頼させ、一定の確率で抽選において当選することを期待させたのに、作為的な選別を行ったとし、信頼と期待を裏切ったことが国家賠償法上の保護された利益を侵害するとしたこと、慰謝料として各5万円の損害を認めたこと、過去の活動歴等を知らせたことにつきプライバシーの侵害を否定したことに特徴がある。本判決は、無作為の公正な抽選が実施させるものと信頼させ、一定の確率で抽選において当選することを期待させたことが法的な保護に値する利益であると判断したものであるが、この判断はにわかに賛同しがたいものであるだけでなく、その前提となる事実認定を概観すると、申込者らの供述を基にこの信頼と期待を認定したことにも疑問が残るものである。また、本判決が慰謝料として各5万円の損害を認めた判断は、前記のとおり、プライバシーの侵害によるものではないが、これに関するものとして紹介するところ、その根拠がないだけでなく、高額にすぎるとの問題がある。

第19章　その他の類型の慰謝料

　本書で紹介したさまざまな類型の不法行為について慰謝料を認める裁判例があるほか、その他の類型の不法行為についても慰謝料が認められることは否定できない。

　不法行為に基づき認められる損害賠償における損害の種類、項目は、民法710条が規定するように、財産以外の損害も広く認められうるものであり、身体、自由、名誉にかかわらなくても認められうるものである。

　民法710条に基づき認められる損害の種類は、慰謝料に限定されるものではないが、慰謝料が含まれることもいうまでもない。

　その他の類型の不法行為が認められる場合、その損害として慰謝料が認められることがあるが、その場合、損害が発生したと認められること、慰謝料を肯定しうる程度の違法性が認められることが必要である。慰謝料の内容、実態については、精神的な苦痛が主要なものであるが、苦痛以外の精神的な利益の侵害が認められるものも慰謝料の対象になるということができよう。

　損害の発生が認められるには、他人の権利または法律上保護される利益の侵害が認められることのほか、不法行為後において不法行為前よりも利益状態が減少し、あるいは喪失していることが必要である。精神的な苦痛は、不法行為によって精神的な苦痛を受けるものであり、損害にあたるということができる。精神的な利益は、苦痛を受けない平穏な精神的な状態のほかにも、社会的な評価を受けている精神的な状態、精神的な満足の状態、自由に判断することができるという精神的な状態、具体的な結果を期待することができるという精神的な状態等、さまざまな精神的な状態がありうるものである。損害の発生は、これらの精神的な利益が侵害されたことをいうものである。

　慰謝料を肯定しうる程度の違法性については、前記のとおり、慰謝料が認められるかどうかが問題になる。法律上保護される利益の侵害は、その利益

の内容、侵害の態様等が抽象的で、曖昧であることが多いこと、違法性が相関関係理論（加害行為の内容・態様、被侵害利益の内容・程度を相関的に判断することを基本とする見解）によって判断されること（議論はあるが、最高裁判所の判例は、この見解に立っていると解することができる）の事情があることから、法律上保護される精神的な利益の内容、利益侵害の内容・程度が前記の損害の発生についても重要な事情として考慮されるだけでなく、違法性についても重要な事情として考慮されるものである。法律上保護される精神的な利益の内容、利益侵害の内容・程度によっては、精神的な利益の侵害が認められるとしても、侵害行為が違法ではないと判断されることがあるということができる。

　その他の類型の不法行為についても慰謝料が認められることがあるが、この場合、慰謝料の認定、慰謝料額の算定は、前記の各過程を検討したうえ、不法行為の類型が明確でないことに照らし、慎重に判断することが必要である。

　たとえば、個人に特定の病気、症状、事態が生じた場合、法律に基づき病院等の施設への入院等を強制することが認められることがある。施設への入院等を強制するにあたっては、法律に基づき一定の者の申請を経たり（関係機関の職権によることもある）、一定の手続を経たり、特定の資格を有する専門家の認定を得たり、特定の機関の判断を経ることが必要であることが通常であるが、専門家の認定、判断が誤ることがあるのも否定できない。施設への入院等を強いられたものの、法律上の要件を欠いていたり、手続上の瑕疵があったりし、施設への入院等が違法であった場合、損害賠償をめぐる紛争が発生することがある。この場合、損害賠償責任が追及される者としては、申請者、認定を行った専門家、判断を行った機関等が想定されるが、損害賠償の内容、実態は、施設への入院等がされるべきではなかったのに、一定の期間強制的に拘束されたこと、拘束から解放されるための諸費用、その期間における所得の喪失等の経済的な損害がありうる。これらの損害のうち、一定の期間強制的に拘束されたことは、その期間の自由な生活を失ったもので

あり、重大な損害であるものの、これを損害の種類として具体化し、特定し、金銭的に評価することは困難であるため、慰謝料として主張されることが多いであろう。このような慰謝料の額を算定する判断基準は、形成されているわけではない。

　本章においては、このほかにも、いくつかの慰謝料をめぐる裁判例を紹介している。

第19章　その他の類型の慰謝料

法定相続人に遺言執行状況の報告等をしなかった遺言執行者等に対する慰謝料請求

〔判　例〕　東京地判平成19・12・3判タ1261号249頁
〔慰謝料〕　各10万円

【事件の概要】

　Aは、土地、建物を所有していたところ、夫と死別し、子もいなかったことから、信仰していた宗教法人の知人Y_1、Y_2を遺言執行者に指定し、Y_1らに遺産を換価させ、換価費用等を控除した残額を宗教法人に遺贈する等の内容の公正証書遺言をした。Aは、平成17年1月、死亡した。Y_1、Y_2は、信託銀行業を営むY_3株式会社を遺言執行補助者に選任し、Y_3が法定相続人の調査を行ったところ、Aの実弟X_1、Aの実兄の子X_2、X_3がいることが判明したものの、遺留分を有しない者であったことから、連絡しなかった。Y_1、Y_2は、平成18年3月、本件土地、建物につき相続を原因としてX_1らに所有権移転登記を経たうえ、B株式会社に売却し、その後、本件建物が取り壊された。X_1らは、本件建物の取壊しを知り、Bに連絡をとったところ、Y_1らの代理人であるC弁護士から遺言等の概要を知らされたが、詳細な説明を拒絶された。X_1ないしX_3は、Y_1ないしY_3に対して遺言執行の詳細の説明をせず、相続財産目録を交付しなかったことに係る不法行為に基づき慰謝料100万円、弁護士費用の損害賠償等を請求したものである。

●主張の要旨●

　本件では、慰謝料として100万円、弁護士費用、調査費用の損害が主張された。

第19章　その他の類型の慰謝料

●判決の概要●

　本判決は、遺言執行者が相続人に対して説明、報告義務を負うものの、その時期、内容は個別具体的に判断すべきであり、相続財産の処分に先立ち、通知すべき義務を負うとし、遺言執行の補助者であった信託銀行は、遺言執行者に指導的立場で処理したものであり、相続人の権利を不当に侵害しようようにすべき一般的な注意義務を負うとし、本件では、これらの義務違反を認め、X_1ら各自の慰謝料として10万円、弁護士費用、調査費用等につき各自15万円の損害を認め、請求を一部認容した。

判決文

オ　そして、原告らは、これらの財産的な損害のほか、前記認定のとおり、原告らの知らないうちに平成18年3月14日付けで本件土地・建物につき原告ら名義の相続登記がなされていたことや、C弁護士に依頼して被告らに経緯を尋ねたにもかかわらず遺言執行の詳細について明らかにしてもらうことができず、そうこうしているうちに、同年6月9日には練馬都税事務所から「X_1様方A様」としてX_1宛に固定資産税等の納税通知書が送付されてきたことなどから、誰かが原告らの実印や印鑑証明書などを盗用したり偽造したのではないかとか、関係のない税負担だけを強いられることになるのではないかなど、精神的な損害を被ったこと、しかも、そのような混乱の原因には被告らの当時の代理人による形式的な対応が背景となっていることも否定できない事実である。したがって、そのような本件に顕れた諸般の事情を総合的に勘案すれば、原告ら各人が受けた精神的な損害に対する慰謝料としては、原告1人当たり10万円をもって相当とする。

●慰謝料認定の考え方●

　本件は、高齢者が相続人以外の者に包括遺贈をする公正証書遺言をした後、死亡し、遺言執行者らが信託銀行を遺言執行補助者に選任し、不動産を売却する等の遺言を執行したところ、遺留分を有しない相続人らが説明、報告を求める等したのに、代理人である弁護士は遺言等の概要にとどまる説明をしたことから、相続人らが遺言執行者ら、信託銀行に対して損害賠償責任を追及した事件である。本件では、弁護士費用、調査費用のほか、慰謝料として

100万円の損害が主張されたものである。なお、本件では、相続人らの説明等の要求に対して、代理人になった弁護士の説明等の対応が概要にとどまり、十分でなかったとか、信託銀行が指導的に遺言の執行事務を行っていたものであり、信託銀行の事務処理が十分でなかったとの問題がある。

　本判決は、遺言執行者らは、相続人に対して説明、報告、通知義務を負うとしたこと、遺言執行の補助者であった信託銀行は、遺言執行者に指導的立場で処理したものであり、相続人の権利を不当に侵害しようようにすべき一般的な注意義務を負うとしたこと、本件では、各義務違反を肯定したこと、弁護士費用、調査費用として各相続人ごとに15万円、慰謝料として各相続人の10万円の損害を認めたことに特徴がある。本件では、被相続人が相続人以外の者に遺産の全部を遺贈する内容であり、相続人といっても遺留分を有しない場合であるから、相続人が遺産につき経済的な利益を全く有しないという特徴があるところ（弁護士に依頼して行った調査費用は別である）、本件のような遺言執行者らの義務違反が認められるとしても、相続人らに損害が生じたのか、精神的損害が生じたのかが重要な問題になっている。本件について慰謝料を否定したとしても、あながち不合理とはいいがたいが、本判決は、10万円の慰謝料を認めているが、その根拠は明らかでなく、その実質も議論があろう。

税理士に脱税の指導を受けたという虚偽の供述をした被告人に対する慰謝料請求

〔判　例〕　名古屋地判平成20・10・9判時2039号57頁
〔慰謝料〕　500万円

---【事件の概要】---

　Xは、税理士であり、Y₁は、食品加工業を営み、その妻Y₂は、経理を担当していたが、XがY₁の顧問税理士を務め、確定申告の手続を行う等していた。A税務署は、平成6年9月、Y₁に対して所得税申告の税務調査を実施したが、Y₂が各種の架空計上をしたことから、Y₁が修正申告を余儀なくされた。A税務署は、平成9年12月、Y₁に対して税務調査を実施し、平成10年2月、査察に移行したが、Y₁は、修正申告を余儀なくされる等した。Y₁、Y₂は、共謀のうえ所得税法違反を犯したことを理由に起訴される等し、それぞれ実刑を内容とする有罪判決を受け、平成11年1月、有罪判決が確定した。その間、Y₁、Y₂は、所得税法違反につきXから指導を受ける等した旨の供述をしたため、Xは、平成10年9月、所得税法違反の共同正犯の容疑で逮捕され、勾留された後、起訴され、第1審裁判所で無罪判決を受け、検察官が控訴したものの、控訴審裁判所が控訴を棄却し、無罪判決が確定した（脱税工作に関する具体的な指示に関する証拠としては、Y₂の供述がほとんど唯一の証拠であったが、各裁判所は信用性を否定した）。Xは、Y₁、Y₂に対して、捜査機関に虚偽の供述をした等と主張し、不法行為に基づき7335万9281円の営業損害（逸失利益）、慰謝料1500万円、刑事事件の弁護費用2971万5000円、弁護士費用500万円の損害賠償を請求し（甲事件）、Y₁は、Xに対して、内容虚偽の所得税確定申告書を作成し、提出したことにつき債務不履行に基づき損害賠償を請求し（乙事件本訴）、Xが反訴として不当訴訟の提起につき不法行為に基づき損害賠償を請求したものである

（乙事件反訴）。

● 主張の要旨 ●

本件では、営業損害（逸失利益）、刑事事件の弁護費用、弁護士費用のほか、慰謝料として1500万円の損害が主張された。

● 判決の概要 ●

本判決は、Y_1、Y_2 が共謀し、Y_2 において捜査機関に X が脱税を指導した旨の供述をしたが、Y_2 の供述は信用できないものである等とし、共同不法行為を肯定し、営業損害2387万6532円、慰謝料500万円、刑事事件の弁護料1900万円、本件訴訟の弁護士費用480万円の損害を認め（刑事補償金250万円を控除した）、X の債務不履行責任を追及することは信義則に反するとし、Y_1 による乙事件本訴の提起が不当であったとし、不法行為を肯定し、慰謝料70万円、弁護士費用7万円を認め、甲事件の X の請求を一部認容し、乙事件本訴の Y_1 の請求を棄却し、乙事件反訴の X の請求を一部認容した。

判決文

イ　慰謝料

本件事案の性質及び本件刑事事件における原告の身柄拘束期間が約200日と長期であったことを考慮すれば、本件における原告の慰謝料は、500万円とするのが相当である。

● 慰謝料認定の考え方 ●

本件は、顧問税理士と委任契約を締結し、確定申告等を行っていた事業者が所得税違反で起訴される事態に至り（有罪判決を受けた）、その過程で、事業者、その妻が脱税につき税理士の指導を受けた旨の供述をし、税理士が共同正犯として起訴されたものの、無罪判決を受け、判決が確定したことから、税理士が事業者夫婦に対して損害賠償責任を追及した事件である（前記のとおり、双方が訴訟を提起しているが、税理士の提起した訴訟のみを紹介する）。本

件は、犯罪で起訴された者が関係者につき虚偽の供述をし、関係者も共同正犯として起訴され、無罪判決を受けた場合、虚偽の供述に係る不法行為責任の成否が問題になったところに特徴がある。訴訟等においては当事者、証人が虚偽の供述をする事例を見かけることは少なくないが、虚偽の供述が基になり、刑事事件、民事事件で不利な結果を強いられる事態もないではないところ、虚偽の供述をした者が不利な結果を受けた者に対して不法行為責任を負うかは、興味深い問題である。

　本判決は、事業者夫婦が共謀し、税理士につき脱税の指導を受けた旨の虚偽の供述があったこと、税理士が第１審、控訴審で無罪判決を受け、確定したことを判示したものであり、虚偽の供述をした者らの共同不法行為責任を肯定した事例判断として参考になるものである。また、本判決は、前記の共同不法行為による損害として、税理士の営業損害2387万6532円、慰謝料500万円、刑事事件の弁護料1900万円、本件訴訟の弁護士費用480万円の損害を認めた判断としても参考になる内容である。

第19章　その他の類型の慰謝料

親族らによる精神病院への入院の強制に係る慰謝料請求

〔判　例〕　東京地判平成22・4・23判時2081号30頁
〔慰謝料〕　300万円

【事件の概要】

　Xは、昭和60年、外交官Aと婚姻したが、平成13年、離婚した。Y_1は、Xの実兄で、B財団法人の理事長であり、Y_2は、Y_1の妻、Y_3は、Xの母、Y_4は、Xの実妹、Y_5は、Y_4の夫であった。Y_1らは、平成16年11月、X方を訪れ、Bが運営するC精神病院に連れて行き、C病院のD医師の診断を受けさせるため、9日間入院させ、妄想型人格障害等の診断を受けた（当時、Aは、大使として外国に赴任していた）。Y_1は、同年12月、家庭裁判所に保護者選任の申立てをし、平成17年1月、家庭裁判所は、Y_1を保護者に選任された。Y_1らは、その後、Xを精神病院に連れて行こうとしたものの（精神保健及び精神障害者福祉に関する法律33条に基づく医療保護入院が行われようとした）、Xの依頼した弁護士が来る等し、連れて行かれることはなかったが、自宅を離れ、ホテル等の宿泊を余儀なくされた。Xは、Y_1ないしY_5に対して、共同不法行為を主張し、慰謝料1500万円、弁護士費用170万円の損害賠償を請求したものである。

●主張の要旨●

　本件では、弁護士費用のほか、慰謝料として1500万円の損害が主張された。

●判決の概要●

　本判決は、精神病院の医師による精神状態の異常があるとの診断には根拠がなく、Y_1らは、Aとの紛争から外務省関係者らに迷惑をかけ、ひいてはY_1らの社会的地位、信用が害されることを避けるため、精神病院に収容す

ることを企図したものであるとし、Y_1らの共同不法行為を肯定し、ホテル等の宿泊費用合計52万5450円、自宅破損の修理費用合計16万4021円、診断書等の費用合計1万2580円を含め、慰謝料も含めて300万円、弁護士費用50万円の損害を認め（交通費、通信費等が必要になったことは推認できるが、慰謝料算定の事情として考慮するものとした）、請求を一部認容した。

判決文

(2) 前記のとおり、原告には損害合計70万1243円が認められるところ、本件不法行為の態様、経緯、動機、その他これによって原告が被った精神的苦痛の程度、さらに弁護士に依頼して救出してもらうなど、本件に顕れた諸事情を総合考慮し、(1)①で指摘した点も考慮に入れて、原告に対する慰謝料を含めた損害総額は、300万円をもって相当と判断する。

●慰謝料認定の考え方●

本件は、親族らが精神病院に入院させようとし、医師の診断書を作成し、家庭裁判所で保護者の選任をさせ、入院を強行しようとしたため、本人が関係した親族らに対して損害賠償責任を追及した事件である。本件では、慰謝料1500万円、弁護士費用170万円の損害が主張された。

本判決は、精神病院の医師による精神状態の異常があるとの診断には根拠がないこと、親族らは、他の目的から精神病院に収容することを企図したものであることを判示したものであり、親族らの共同不法行為責任を肯定した事例判断として参考になる。また、本件の場合の慰謝料については、他の実損と慰謝料を含めて300万円の損害を認めたものであり、いわば包括的な損害を慰謝料として認定し、算定した事例として参考になるものである。

犯罪被害者への公判期日の不通知に係る慰謝料請求

〔判　例〕　大阪地判平成24・6・14判時2158号84頁
〔慰謝料〕　5万円

【事件の概要】

　X_1（女性。当時、中学2年生）は、ゲームセンターに遊びに行っていた際、他の中学生と口論になり、男性 Y_1 が自分に言われたものと誤解したことから、暴行を受け、負傷した。A地方検察庁に属する検事は、本件を暴行事件、傷害事件としてB地方裁判所に公判請求（起訴）した。検事は、X_1 の母 X_2 に、公判請求をしたこと、期日等については問い合わせること等を書面で通知し、X_2 は、A検察庁の担当者に公判期日の連絡を毎回してほしい旨を申し入れた。B地方裁判所では数回の公判期日が開かれたが、A検察庁の担当者が X_2 に通知をしなかったことから、X_2 らが傍聴しなかった。B地方裁判所は、平成20年2月、Y_1 につき懲役1年6月、3年間の執行猶予の判決をし、A検察庁は、X_1、X_2 に判決結果を通知した。X_1 は、Y_1 に対して不法行為に基づき、Y_2（国）に対して公判期日の通知を受けなかったことにつき国家賠償法1条1項に基づき、X_2 は、Y_1、Y_2 に対して公判期日の通知を受ける利益等の侵害を主張し、損害賠償を請求したものである。

●主張の要旨●

　本件では、X_1、X_2 につき、被害者参加期待権の侵害による慰謝料として各50万円の損害等が主張された。

●判決の概要●

　本判決は、Y_1 の不法行為を認め、被害者等通知制度は、平成11年4月1日から法務省刑事局長の依命通達により実施されているところ、元々被害者

等の公判期日の通知を受ける利益を保護することを直接の目的としていたと解することはできないとしたものの、平成17年4月1日、犯罪被害者等基本法が施行され、平成19年6月、犯罪被害者等の権利利益の保護を図るための刑事訴訟法等の一部を改正する法律の公布により刑事訴訟法が改正され、被害者参加制度が創設される等し、平成20年12月1日施行されたこと等から、犯罪被害者等の個々人が被害者等通知制度により公判期日の通知を受ける利益は、国家賠償法上も保護される利益として保障された等とし、X_1、X_2の各慰謝料を5万円、弁護士費用を各5000円等とし、請求を一部認容した。

判決文

(8) 以上より、大阪地方検察庁の検察官が原告らに本件刑事事件の公判期日を通知しなかったことによって、同検察官は、原告らの被害者等通知制度により公判期日の通知を受ける法的利益を違法に侵害したものと認められ、同利益の侵害に対する慰謝料は、原告らそれぞれにつき5万円が相当である。

●慰謝料認定の考え方●

本件は、犯罪の被害者（未成年者）とその保護者である母が加害者が起訴された状況において、検察庁が刑事事件の公判期日を通知しなかったことから、国に対して損害賠償責任を追及した事件である。本件では、公判期日の通知を受ける利益の侵害に係る慰謝料の損害が主張されたものである。

本判決は、犯罪被害者等の個々人が被害者等通知制度により公判期日の通知を受ける利益は、国家賠償法上も保護される利益として保障されるとしたこと、国の国家賠償法1条1項所定の損害賠償責任を肯定したこと、慰謝料として被害者、その保護者につき各5万円の損害を認めたことに特徴がある。もっとも、本判決における公判期日の通知を受ける利益が法的な保護に値するとの判断、その根拠として本件の発生時以降の法令の動向を考慮した判断は疑問があるし、このような利益の侵害による慰謝料額が5万円とする判断には合理的な根拠を見出すことは困難である。

軟禁、偽証強要に係る慰謝料請求

〔判　例〕　京都地判平成18・5・25判タ1243号153頁
〔慰謝料〕　軟禁につき200万円、偽証強要につき50万円

【事件の概要】

　X_2有限会社を経営するX_1は、指定暴力団の構成員であるA、B、Cから暴行、強迫等を受け、X_2名義のキャッシュカードを奪われた（その後、X_2の口座から2079万円が引き出された）。X_1は、Y_2に本件強盗致傷事件への対処を相談し、Y_2は、さらに他の者らに相談をし、AらがX_1に1000万円を返金し、謝罪することになり、Aが謝罪し、500万円が返金された（残る500万円は、交渉の手数料として差し引かれた）。X_1は、警察署に本件強盗致傷事件につき被害届を提出したところ、A、B、Cが警察に逮捕された。その後、X_1、Y_1、Y_2、暴力団の関係者らがホテルに集まり、対策を協議し、X_1を糾弾し、本件被害届けを取り下げさせ、X_1を監視下におくことが合意され、数日後、X_1、Y_1、Y_2、D弁護士が警察署に赴き、本件被害届の取下げ等を願い出たものの、Aらは釈放されなかった。X_1は、その後、Y_1らの監視下におかれ、被害届けを取り下げること等を内容とする上申書を作成させられ、検察庁に提出したが、Aらが強盗致傷等で起訴された。Y_1、Y_2らは、Aらの罪責を免れさせるため、刑事裁判においてX_1に偽証させることを合意し、その後、X_1は、公判期日に証人として出廷し、偽証をした。X_1は、数カ月後、警察署に出頭し、証言した内容が虚偽であったことを告げ、裁判所において同様な証言をしたが、Y_1、Y_2が偽証で起訴され、有罪判決を受けた。X_1、X_2は、Y_1、Y_2に対して、軟禁、偽証強要に係る不法行為に基づき、X_1につき軟禁に係る慰謝料500万円、偽証強要に係る慰謝料300万円等の損害、X_2につき営業上の損害、預金の損害、賃借権喪失によ

る損害等の損害の損害賠償を請求したものである。

● 主張の要旨 ●

本件では、軟禁に係る慰謝料500万円、偽証強要に係る慰謝料300万円等の損害が主張された。

● 判決の概要 ●

本判決は、Y_1、Y_2による軟禁、偽証強要に係る不法行為を肯定し、X_1につき軟禁に係る慰謝料200万円、偽証強要に係る慰謝料50万円の損害等を認め、X_2につき営業権侵害、預金等の損害を認め、X_1、X_2の各請求を一部認容した。

判決文

ア　軟禁による慰謝料　200万0000円

上記2(1)で判示したとおり、原告X_1は、平成15年6月8日から同年12月19日までの間、被告らの監視下のもと、その行動の自由を制限されている。したがって、原告X_1は、上記被告らの行為により、精神的苦痛を受けたと認められるところ、本件に表れた一切の事情を考慮すれば、上記精神的苦痛を金銭で慰謝するには200万円が相当である。

イ　（略）

ウ　偽証強要による慰謝料　50万0000円

原告X_1は、上記2(3)に判示したとおり、被告らから本件偽証を強要されたことにより、精神的苦痛を被っているものと認められるところ、同原告が、本件偽証により、単に自己の意思に反した行為をすることを強要されただけでなく、偽証罪により処罰される危険にさらされたことや、その外に、上記アのとおり同じく本件強盗致傷事件に起因する軟禁による慰謝料額が200万円と認められること、その他、本件に現れた一切の事情に照らすと、上記精神的苦痛を金銭で慰謝するには50万円が相当であると認められる。

● 慰謝料認定の考え方 ●

本件は、強盗致傷事件の被害者が事件の関係者らから軟禁されたり、証人として出廷した際、偽証を強要されたため、加害者らに対して損害賠償責任

を追及した事件である（事件の内容、経過は、判決文に詳細に認定されている）。本件では、各種の損害が主張されているが（被害者の経営する有限会社の各種の損害も主張されており、損害論の観点からは興味深い事件である）、慰謝料の観点からは、軟禁に係る慰謝料500万円、偽証強要に係る慰謝料300万円が主張された。

　本判決は、軟禁、偽証強要に係る不法行為を肯定したこと、軟禁に係る慰謝料200万円、偽証強要に係る慰謝料50万円の損害を認めたことに特徴があるが、特に偽証強要という珍しい不法行為の慰謝料額を算定した事例判断として参考になる。

6 県による猟銃所持許可に係る慰謝料請求

〔判　例〕　宇都宮地判平成19・5・24判タ1255号209頁
〔慰謝料〕　各800万円・500万円

【事件の概要】

　Y_2は、Y_1県の警察官であり、警察署に勤務し、Y_3は、Y_1県の警察官であり、警察本部に勤務しており、Y_4は、Y_1公安委員会の委員長であった。Aは、Bと隣接する土地・建物に居住しており、20年来、トラブルを抱え、近隣でも認識されており、Bは、Aの各種の嫌がらせにつき警察署に相談する等していた。Aは、Y_1公安委員会に猟銃等講習会の受講の申込みをする等の所定の手続を経て（なお、その間、警察官は、Aの身元調査を行い、近隣とのトラブルを指摘し、許可につき熟慮が必要であるとの意見を述べていた。銃砲刀剣類所持等取締法5条1項6号は、他人の生命、身体に危害を加えるおそれがあることを認めるに足りる相当な理由がある場合が不許可事由になっていた）、公安委員会に猟銃所持の許可を申請し、平成14年6月、許可を得た。Aは、同年7月、B宅のベランダにいたBに自宅から猟銃を発砲し、死亡させ、異変を察知して外に出たBの義妹X_4にも猟銃の散弾が当たり、負傷した。Aは、事件直後、猟銃で自殺した。Bの夫X_1、子X_2、Bの実弟X_3、X_4のほか、Bの親族X_5ら、X_4の親族X_6ら（合計13名）は、Y_1ないしY_4に対して、前記許可の違法等を主張し、民法709条、国家賠償法1条等に基づきX_1ないしX_4につき各800万円の慰謝料、X_5らにつき各500万円の慰謝料の損害賠償を請求したものである。

●主張の要旨●

　本件では、各800万円の慰謝料、X_5らにつき各500万円の慰謝料の損害が

第19章　その他の類型の慰謝料

主張された。

●**判決の概要**●

　本判決は、AとBの近隣トラブルは長年にわたり、険悪かつ深刻なものであり、AがBに対する加害目的で猟銃の所持許可を申請したものであり、担当警察官はAに加害意思はなく、穏和な性格であると誤認して、不許可事由に該当しないと判断したものである等とし、銃の所持許可が違法であり、許可がなければ本件事件の時点で死亡することはなかったとして猟銃の所持許可とBの死亡等との間の因果関係を認める等し、X_1ないしX_4の慰謝料として各800万円、X_4の子X_5、X_6、X_4の母X_7につき各500万円の損害を認め、その余のXらの損害を否定し、X_1ないしX_7のY_1に対する請求を認容し、その余の請求を棄却した。

判決文

5　争点(5)（原告らの損害）について

(1) 以上認定した事実に基づき、南署警察官らの違法な職務行為により原告らが被った損害について検討する。

　本件事件は、白昼自宅ベランダに居たBを、本件猟銃を手にしたAが、庭から突如狙撃し、続いて、窓ガラスを割って屋内へ土足で押し入り、頭部に被弾し痛みに苦しみながら助けを請うBの右胸に向けて、至近距離から冷酷に銃弾を撃ち込み、Bを死に至らしめるとともに、Aの暴挙を押しとどめようと必死に声を上げたX_3に対してまで、さらに狙撃を重ね、重大な傷害を与えたという、まれにみる凄惨かつ悲惨なものであった。

(2) 本件猟銃の凶弾を受けたBの戦慄、苦痛はおよそ筆舌に尽くし難いものがあったと思料され、なぜAが猟銃を持っているのかもわからないまま、夫の定年退職を間近にし、夫婦だけの静かな生活を目前にして非業の死を遂げることとなったその苦しみ、無念さは、察するになお余りあるところである。

　原告X_1は、妻Bと共に轢過事件の捜査を警察に要請し、その過程で、B共々、警察の言動に不信を感じるとともに、留守宅のBを案じながら、定年退職を3か月後に控えて十数年間の長い単身赴任生活を終えようとする最中に、Bを本件猟銃の凶弾によって失い、甚大な悲しみを味わうとともに、本件猟銃の所持が警察の許可によるものであることを知るに及び、銃の許可さえなければ本件事件は起きなかっただろうとの悔しさを拭えないままでおり〈証拠略〉、原告X_2は、本件事件発生を止められずにむざむざ母Bを死なせて

しまったことに深い後悔とやるせない思いを抱き、事件後対人関係を築くのに困難を抱えつつ、警察に対して、Bからの相談に対処せずにAに凶器を提供したとの憤りを抑えきれない状態にあり〈証拠略〉、これらの事情に加え、本件で認定した各事情を総合すると、Bの死亡により原告 X_1 及び同 X_2 に生じた精神的損害を慰謝するには、それぞれ800万円を下回ることはないと認めるのが相当である。

(3) 原告 X_3 は、よもや自分がAから攻撃を受けるとは想像だにしない中、いわば巻き添えとなる形で銃撃を受けたことにより、多大な精神的恐怖と身体的苦痛を被り、今もなお、重大な後遺症と絶え間ない痛みに苛まれ、生活もままならない状態を余儀なくされているものであり〈証拠略〉、これらの事情に加え、本件で認定した各事情を総合すると、その精神的損害を慰謝するには、少なくとも800万円を下回ることはないと認めるのが相当である。

原告 X_4 は、本件事件により妻 X_3 が上記重大な傷害を負ったことで受けた精神的苦痛は悲痛なものであることに加え、原告 X_3 の日々の通院や生活の介護に専念するまでとなっており〈証拠略〉、原告 X_7 及び同 X_6 並びに同 X_7 は、母あるいは娘である原告 X_3 が本件事件により上記のとおり重大な傷害を負わされたことで、深い悲しみを受けるとともに、原告 X_3 の介護や生活の援助等の負担を負うに至っており〈証拠略〉、これらの事情に加え、本件で認定した各事情を総合すると、原告 X_4 に生じた精神的損害を慰謝するには800万円を、同 X_7、同 X_6 及び同 X_7 に生じた精神的損害を慰謝するにはそれぞれ500万円を下回ることはないと認めるのが相当である。

●慰謝料認定の考え方●

本件は、近隣トラブルが長年継続していた隣人が隣人を猟銃で射殺し、被害者の親族（義妹）が負傷し、加害者が自殺した事件が発生し、被害者、その家族、親族らが猟銃の所持許可をした県らに対して損害賠償責任を追及した事件である。本件では、被害者の死亡、負傷に係る慰謝料であるが、慰謝料請求の根拠が違法な猟銃の所持許可であるところに特徴があり、各800万円の慰謝料、各500万円の慰謝料が主張されたものである。

本判決は、加害者が猟銃の所持許可の申請をし、県の担当者らが銃砲刀剣類所持等取締法5条1項6号所定の、他人の生命、身体に危害を加えるおそれがあることを認めるに足りる相当な理由がある場合の判断を誤ったとし、所持許可が違法であるとしたこと、被害者との関係によって各800万円の慰

謝料、各500万円の慰謝料の損害を認めたことに特徴がある。本判決が県による猟銃所持許可の違法性を肯定した判断は、事例判断を提供するものであるが、微妙な判断であり、県の責任を否定したとしても不合理ではなかろう。また、本判決は、被害者との関係によって各800万円の慰謝料、各500万円の慰謝料の損害を認めたものであるが、その前提となる因果関係の判断にも問題が残るだけでなく、県の猟銃所持許可の違法による損害としては行き過ぎであり、疑問が残るものである。

【判例索引】

- 「慰謝料認定の考え方」を掲載している判例はゴシック体、それ以外のものは明朝体とした。

〔最高裁判所〕

最判昭和31・2・21民集10巻2号124頁、判時73号18頁 …………………… 25
最判昭和33・4・11民集12巻5号789頁、判時147号4頁 …………………… 29
最判昭和35・3・10民集14巻3号389頁、判時217号19頁 …………………… 10
最判昭和38・2・1民集17巻1号160頁 ………………………………………… 30
最判昭和38・3・26集民65号241頁 …………………………………………… 16
最判昭和39・1・28民集18巻1号136頁、判時363号10頁 …………………… 9, 11
最判昭和40・12・17判時440号33頁 …………………………………………… 20
最判昭和43・5・28判時520号52頁 ……………………………………………… 32
最判昭和44・9・26民集23巻9号1727頁、判時573号60頁、判タ240号141頁
　……………………………………………………………………………………… 21, 93
最判昭和46・7・23民集25巻5号805頁、判時640号3頁 …………………… 26
最判昭和47・6・22判時673号41頁 ……………………………………………… 15
最判昭和48・4・5民集27巻3号419頁、判時714号184頁 …………………… 14
最判昭和52・3・15民集31巻2号289頁、判時849号75頁 ………………… **4**
最判昭和54・3・30民集33巻2号303頁、判時922号3頁、判タ383号46頁
　……………………………………………………………………………… **22, 23, 93**
最判昭和56・10・8判時1023号47頁 …………………………………………… 16
最大判昭和56・12・16民集35巻10号1369頁、判時1025号39頁 …………… 37
最判昭和63・1・26民集42巻1号1頁 ………………………………………… 368
最判昭和63・2・16民集42巻2号27頁、判時1266号9頁 …………………… 51
最判昭和63・12・20判時1302号94頁 …………………………………………… 50
最判平成5・9・9判時1477号42頁 ……………………………………………… 49
最判平成6・2・22民集48巻2号441頁、判時1499号32頁 …………………… 16
最判平成6・3・24判時1501号96頁 ……………………………………………… 47
最判平成7・7・7民集49巻7号1870頁、判時1544号18頁 …………………… 34
最判平成7・9・5判時1546号115頁 …………………………………………… 33
最判平成8・6・18家月48巻12号39頁 ………………………………………… 24
最判平成12・2・29民集54巻2号582頁、判時1710号97頁 ………………… 60
最判平成12・9・22民集54巻7号2574頁、判時1728号31頁 ………………… 59

判例索引

最判平成15・12・9民集57巻11号1887頁、判時1849号93頁 ･････････････････ 53
最判平成16・11・18民集58巻8号2225頁、判時1883号62頁 ･････････････ 55, 266
最判平成16・11・18判時1881号83頁 ･････････････････････････････････ 31
最判平成17・9・8判時1912号16頁 ･･････････････････････････････････ 57
最判平成18・1・24判時1926号65頁 ･･････････････････････････････････ 64
最判平成20・6・10判時2042号5頁 ･･････････････････････････････････ 65
最判平成25・4・16民集67巻4号1049頁、判時2199号17頁 ････････････････ 303

〔高等裁判所〕
広島高判昭和33・4・17民集14巻3号402頁 ････････････････････････････ 10
東京高判昭和34・5・27民集18巻1号177頁 ････････････････････････････ 12
福岡高判昭和34・10・23判例集未登載 ････････････････････････････････ 16
大阪高判昭和37・3・27民集17巻1号167頁 ････････････････････････････ 30
大阪高判昭和41・9・12判例集未登載 ･････････････････････････････････ 32
福岡高判昭和42・11・7民集25巻5号821頁 ････････････････････････････ 27
大阪高判昭和43・6・5民集27巻3号439頁 ･････････････････････････････ 14
東京高判昭和46・11・30判例集未登載 ････････････････････････････････ 15
大阪高判昭和50・11・27民集35巻10号1881頁 ･･････････････････････････ 37
東京高判昭和50・12・22民集33巻2号324頁 ･･･････････････････････････ 22
東京高判昭和55・11・25判時990号191頁 ･････････････････････････････ 16
名古屋高判昭和57・6・9判時1051号99頁 ･････････････････････････････ 283
大阪高判昭和58・5・31判タ504号105頁 ･･･････････････････････････････ 50
福岡高判昭和58・7・21民集42巻2号54頁 ･････････････････････････････ 52
大阪高判昭和58・10・27判時1112号67頁 ･･････････････････････････････ 283
福岡高判平成元・3・31民集48巻2号776頁 ････････････････････････････ 16
東京高判平成元・8・30判時1325号61頁 ･･･････････････････････････････ 48
大阪高判平成3・9・24労判603号45頁 ････････････････････････････････ 33
大阪高判平成4・2・20民集49巻7号2409頁 ･･･････････････････････････ 34
東京高判平成6・5・20判時1495号42頁 ･･････････････････････････････ 122
東京高判平成7・1・30判時1551号77頁 ･･････････････････････････････ 98
東京高判平成8・9・26民集54巻7号2611頁 ･･･････････････････････････ 59
東京高判平成10・2・25判時1646号64頁 ･････････････････････････････ 389
東京高判平成10・4・22判時1646号71頁 ･･････････････････････････････ 63
大阪高判平成10・5・29判時1686号117頁 ･････････････････････････････ 63
福岡高判平成11・10・28判タ1079号235頁 ････････････････････････････ 281

484

東京高判平成13・7・16判時1757号81頁 ……………………………………… 63
大阪高判平成13・10・31民集57巻11号2057頁 ……………………………… 53
東京高判平成14・1・31判時1815号123頁 …………………………………… 63
東京高判平成14・3・13判タ1136号195頁 …………………………………… 63
福岡高判平成16・1・20判タ1159号149頁 …………………………………… 64
広島高岡山支判平成16・6・18判時1902号61頁 ……………………………… **82**
大阪高判平成17・3・29判時1912号107頁 …………………………………… 64
東京高判平成18・2・16判タ1240号294頁 …………………………………… **127**
東京高判平成18・8・30金商1251号13頁 ……………………………………… 64
大阪高判平成18・9・14判時1226号107頁 …………………………………… 64
東京高判平成19・1・31判時1263号280頁 …………………………………… 64
大阪高判平成19・4・13判時1986号45頁 ……………………………………… **264**
東京高判平成19・9・27判時1990号21頁 ……………………………………… **279**
大阪高判平成19・10・30判タ1265号190頁 …………………………………… 65
東京高判平成19・10・31判時2009号90頁 …………………………………… **114**
東京高判平成19・12・17判タ1285号159頁 ………………………………… **247**
東京高判平成20・1・31判時2005号92頁 ……………………………………… 65
福岡高判平成20・2・15判タ1284号245頁 …………………………………… **187**
福岡高判平成20・5・29判時2025号48頁 ……………………………………… 65
東京高判平成20・7・9金商1297号20頁 ……………………………………… 65
大阪高判平成20・7・9判時2025号27頁 ……………………………………… **267**
東京高判平成21・2・24判タ1299号186頁 …………………………………… 65
東京高判平成21・2・26判時2046号40頁 ……………………………………… 65
東京高判平成21・5・28判時2060号65頁 ……………………………………… 65
大阪高判平成21・9・17判時2068号65頁 ……………………………………… **460**
東京高判平成21・12・25判時2068号41頁 …………………………………… 65
大阪高判平成22・5・28判時2131号66頁 ……………………………………… 306
福岡高宮崎支判平成22・12・22判時2100号50頁 …………………………… 303
東京高判平成23・3・23判時2116号32頁 ……………………………………… 65
大阪高判平成23・6・10判時2145号32頁 ……………………………………… **379**
東京高判平成23・11・30判時2152号116頁 …………………………………… 66
福岡高宮崎支判平成23・12・21金商1418号17頁 …………………………… 303
福岡高判平成25・7・30判時2201号69頁 ……………………………………… **167**
東京高判平成25・8・23判時2212号33頁 ……………………………………… **433**

大阪高判平成25・8・29判時2220号43頁 …………………………………… 193
東京高判平成25・8・30判時2209号10頁 …………………………………… 66
福岡高判平成25・10・3判時2210号60頁 …………………………………… 304
大阪高判平成25・10・9労判1083号24頁 …………………………………… 170
大阪高判平成25・12・11判時2213号43頁 …………………………………… 397
広島高判平成25・12・24判時2214号52頁 …………………………………… 361
東京高判平成26・3・27判時2230号102頁 …………………………………… 66

〔地方裁判所〕
大阪地判昭和41・4・14民集27巻3号434頁 ………………………………… 14
福岡地直方支判昭和41・12・6民集25巻5号814頁 ………………………… 27
東京地八王子支判昭和45・8・6判例集未登載 ……………………………… 15
横浜地判昭和50・5・23判タ327号236頁 …………………………………… 283
大阪地判昭和59・12・26判タ548号181頁 …………………………………… 283
浦和地判昭和60・9・10判タ614号104頁 …………………………………… 81
神戸地判昭和61・9・3判時1238号118頁 …………………………………… 283
大阪地判昭和62・2・18判タ646号165頁 …………………………………… 283
京都地判昭和62・5・12判時1259号92頁 …………………………………… 81
神戸地判昭和63・5・30判タ691号193頁 …………………………………… 283
神戸地判平成元・10・31判時1371号127頁 ………………………………… 352
京都地判平成2・6・14判時1372号123頁 …………………………………… 77
東京地判平成2・12・25判時1379号102頁 ………………………………… 358
東京地判平成3・3・27判時1378号26頁 …………………………………… 122
福井地判平成3・3・27判時1397号107頁 …………………………………… 104
岡山地津山支判平成3・3・29判時1410号100頁 …………………………… 80
福岡地判平成3・12・26判時1411号101頁 ………………………………… 251
京都地判平成4・10・27判タ804号156頁 …………………………………… 94
名古屋地判平成4・12・16判タ811号172頁 ………………………………… 91
広島地判平成4・12・21判タ814号202頁 …………………………………… 386
横浜地判平成5・3・23判タ813号247頁 …………………………………… 96
大阪地判平成5・6・18判時1468号122頁 …………………………… 235,322
横浜地川崎支判平成5・10・29判例集未登載 ……………………………… 98
京都地判平成5・11・25判時1480号136頁 ………………………………… 331
札幌地判平成6・8・29判タ880号169頁 …………………………………… 293
静岡地富士支判平成8・6・11判時1597号108頁 …………………………… 103

判例	頁
東京地判平成8・7・30判時1596号85頁	438
札幌地判平成8・9・25判時1606号113頁	125
大津地判平成8・10・15判時1591号94頁	237
東京地判平成9・2・25判時1627号118頁	389
大阪地判平成9・3・28判タ970号201頁	355
横浜地判平成9・4・23判時1629号103頁	240
秋田地判平成9・12・19判時1656号134頁	105
長野地判平成10・2・13判タ995号180頁	243
大阪地判平成10・4・16判時1718号76頁	208
大阪地判平成10・6・29判タ1038号236頁	181
東京地判平成10・9・18判タ1002号202頁	63
東京地判平成10・10・12判時1653号54頁	63
東京地判平成10・10・16判タ1016号241頁	63
東京地判平成10・11・26判タ1040号242頁	183
津地判平成11・2・25判タ1004号188頁	191
札幌地浦河支判平成11・8・27判タ1039号243頁	63
東京地判平成11・8・31判時1687号39頁	63
静岡地浜松支判平成11・10・12判時1718号92頁	323
奈良地判平成11・10・20判タ1041号182頁	63
浦和地判平成11・11・30判時1725号152頁	63
静岡地浜松支判平成11・12・21判時1713号92頁	86
札幌地小樽支判平成12・2・8判タ1089号180頁	284
横浜地判平成12・9・6判時1737号101頁	63
大阪地判平成12・9・7判タ1067号200頁	63
東京地判平成12・10・31判時1768号107頁	63
宇都宮地判平成12・11・15判時1741号118頁	63
大阪地判平成12・12・22判タ1115号194頁	185
仙台地判平成13・3・22判時1829号119頁	84
東京地判平成13・5・30判タ1071号160頁	63
札幌地判平成13・6・28判時1779号77頁	274
東京地判平成13・10・26判タ1111号158頁	363
東京地判平成13・11・8判時1797号79頁	254
大阪地判平成13・11・30判時1802号95頁	211
東京地判平成14・3・25判タ1117号289頁	64

東京地判平成14・3・28判時1793号133頁	64
東京地判平成14・4・22判時1801号97頁	64, 376
岡山地判平成14・9・25判例集未登載	82
札幌地判平成14・11・11判時1806号84頁	326
名古屋地判平成14・11・29判タ1134号243頁	317
東京地判平成14・12・20判タ1138号137頁	286
大阪地判平成15・5・9判時1828号68頁	108
東京地判平成15・7・1判タ1157号195頁	64, 290
東京地判平成15・7・31判タ1150号207頁	64
広島地判平成15・8・28判タ1160号158頁	214
東京地判平成16・1・23判タ1172号216頁	155
東京地判平成16・1・28判タ1172号207頁	271
東京地判平成16・5・14判タ1185号225頁	157
東京地判平成16・7・12判タ1275号231頁	149
甲府地判平成17・2・8判タ1220号147頁	64
東京地判平成17・4・7判タ1181号244頁	159
大分地判平成17・5・30判タ1233号267頁	257
東京地判平成17・6・27判時1897号129頁	161
金沢地判平成17・8・8判タ1222号181頁	64
和歌山地判平成17・9・20判タ1235号164頁	436
東京地判平成17・9・27判タ1240号298頁	127
神戸地判平成17・11・24判例集未登載	264
東京地判平成17・12・14判タ1249号179頁	218
大阪地判平成17・12・15判時1936号155頁	64
東京地判平成17・12・28判時1950号103頁	313
東京地判平成18・1・30判時1939号52頁	334
東京地判平成18・2・20判タ1236号268頁	111
東京地判平成18・2・27判タ1256号141頁	337
横浜地判平成18・3・28判タ1235号243頁	130
大阪地判平成18・4・27判時1958号155頁	64
東京地判平成18・4・28判時1944号86頁	64
東京地判平成18・5・12判タ1249号167頁	175
京都地判平成18・5・25判タ1243号153頁	476
横浜地判平成18・6・15判タ1254号216頁	276

東京地判平成18・8・25判タ1239号169頁	64
東京地判平成18・9・26判時1952号105頁	114
東京地判平成18・10・31判時1962号125頁	64
東京地判平成18・11・17判タ1249号145頁	64
東京地判平成18・11・24判時1965号23頁	64
東京地判平成18・11・29判時1967号154頁	**143**
東京地判平成19・2・8判時1964号113頁	441
東京地判平成19・2・26判時1965号81頁	339
横浜地川崎支判平成19・3・9判例集未登載	247
広島地判平成19・5・24判タ1248号271頁	133
宇都宮地判平成19・5・24判タ1255号209頁	479
東京地判平成19・5・30判タ1268号247頁	177
福岡地判平成19・9・7判タ1284号247頁	187
東京地判平成19・10・3判時1987号27頁	221
東京地判平成19・10・26判時2012号39頁	65
東京地判平成19・12・3判タ1261号249頁	466
東京地判平成20・2・13判タ1283号174頁	408
東京地判平成20・2・26判時2012号87頁	342
京都地判平成20・2・28判時2025号33頁	267
東京地判平成20・2・29判タ1319号206頁	367
東京地判平成20・3・12判タ1295号242頁	65
京都地判平成20・3・25判時2011号134頁	445
東京地判平成20・4・28判タ1275号329頁	65, 261
大阪地判平成20・9・25判時2057号120頁	117
名古屋地判平成20・10・9判時2039号57頁	469
京都地判平成20・12・8判時2032号104頁	460
東京地判平成21・2・4判時2033号3頁	411
さいたま地判平成21・3・13判時2044号123頁	201
東京地判平成21・3・25判タ1307号174頁	298
東京地判平成21・3・25判時2041号72頁	344
東京地判平成21・4・13判時2043号98頁	447
東京地判平成21・5・11判時2055号85頁	454
東京地判平成21・5・21判時2047号36頁	65
東京地判平成21・6・18判時2049号77頁	65

判例	頁
東京地判平成21・6・29判時2052号116頁	146
東京地判平成21・7・9判タ1338号156頁	65
名古屋地判平成21・8・7判時2070号77頁	65
千葉地松戸支判平成21・9・11判時2064号88頁	420
鹿児島地名瀬支判平成21・10・30判時2059号86頁	301
大阪地判平成21・12・4判時2105号44頁	305
名古屋地判平成21・12・11判時2072号88頁	65
さいたま地川越支判平成22・3・4判時2083号112頁	451
東京地判平成22・4・23判時2081号30頁	472
東京地判平成22・5・12判タ1331号134頁	307
東京地立川支判平成22・5・13判時2082号74頁	223
大阪地判平成22・5・28判時2089号112頁	372
京都地判平成22・6・2判タ1330号187頁	137
大津地判平成22・7・1判タ1342号142頁	65
東京地判平成22・8・31判時2088号10頁	199
東京地判平成22・9・27判タ1343号153頁	457
大阪地判平成22・9・29判例集未登載	379
大阪地判平成22・10・19判時2117号37頁	413
長野地上田支判平成23・1・14判時2109号103頁	427
札幌地判平成23・2・25判時2113号122頁	415
東京地判平成23・4・22判時2130号21頁	424
横浜地横須賀支判平成23・4・25判時2117号124頁	65
東京地判平成23・5・25判タ1382号229頁	422
鹿児島地名瀬支判平成23・8・18金商1418号21頁	303
福岡地判平成23・9・15判時2133号80頁	65
東京地判平成23・12・27判時2145号49頁	369
東京地判平成24・3・15判時2155号71頁	226
大阪地判平成24・6・14判時2158号84頁	474
東京地判平成24・6・22金商1397号30頁	66
東京地判平成24・9・7判時2171号72頁	381
大津地判平成24・10・30労判1073号82頁	170
東京地判平成24・12・19判時2189号71頁	430
東京地判平成25・1・29判時2180号65頁	417
高知地判平成25・2・8判タ1390号209頁	66

福岡地行橋支判平成25・3・19判例集未登載………………………………… 167
神戸地姫路支判平成25・3・25判例集未登載…………………………………… 397
神戸地社支判平成25・3・26判時2220号46頁………………………………… 193
横浜地判平成25・3・27判例集未登載…………………………………………… 433
福岡地判平成25・3・28判時2209号49頁……………………………………… 66
札幌地判平成25・6・3判時2202号82頁……………………………………… 394
東京地判平成25・6・20判時2202号62頁…………………………………… 164
広島地福山支判平成25・8・5判時2214号55頁……………………………… 361
東京地判平成26・2・24判時2223号56頁…………………………………… 318
東京地判平成26・3・25判時2250号36頁…………………………………… 228
函館地判平成26・6・5判時2227号104頁…………………………………… 400
東京地判平成26・7・9判時2236号119頁…………………………………… 311
東京地判平成26・10・30金商1459号52頁………………………………… 346
東京地判平成26・12・10判時2250号44頁………………………………… 173
東京地判平成27・1・13判時2255号90頁…………………………………… 309
熊本地判平成27・3・27判時2260号85頁…………………………………… 88
大阪地判平成27・12・11判時2301号103頁………………………………… 203

〔著者紹介〕

升田　純（ますだ　じゅん）

〔略歴〕
昭和25年4月15日生まれ
昭和48年　　　国家公務員試験上級甲種・司法試験合格
昭和49年3月　 京都大学法学部卒業
昭和52年4月　 裁判官任官、東京地方裁判所判事補
昭和62年4月　 福岡地方裁判所判事
昭和63年7月　 福岡高等裁判所職務代行判事
平成2年4月　 東京地方裁判所判事
平成4年4月　 法務省民事局参事官
平成8年4月　 東京高等裁判所判事
平成9年4月　 裁判官退官、聖心女子大学教授
平成9年5月　 弁護士登録
平成16年4月　 中央大学法科大学院教授

〔著書〕
『詳解 製造物責任法』（商事法務研究会、平成9年）
『高齢者を悩ませる法律問題』（判例時報社、平成10年）
『現代社会におけるプライバシーの判例と法理』（青林書院、平成21年）
『モンスタークレーマー対策の実務と法〔第2版〕』（共著、民事法研究会、平成21年）
『警告表示・誤使用の判例と法理』（民事法研究会、平成23年）
『判例にみる損害賠償額算定の実務〔第2版〕』（民事法研究会、平成23年）
『一般法人・公益法人の役員ハンドブック』（民事法研究会、平成23年）
『風評損害・経済的損害の法理と実務〔第2版〕』（民事法研究会、平成24年）
『不動産取引における契約交渉と責任』（大成出版社、平成24年）
『民事判例の読み方・学び方・考え方』（有斐閣、平成25年）
『現代取引社会における継続的契約の法理と判例』（日本加除出版、平成25年）
『インターネット・クレーマー対策の法理と実務』（民事法研究会、平成25年）
『変貌する銀行の法的責任』（民事法研究会、平成25年）
『名誉毀損の百態と法的責任』（民事法研究会、平成26年）
『最新PL関係判例と実務〔第3版〕』（民事法研究会、平成26年）
『自然災害・土壌汚染等と不動産取引』（大成出版社、平成26年）
『要約マンション判例170〔新版〕』（学陽書房、平成27年）
『実戦民事訴訟の実務〔第5版〕』（民事法研究会、平成27年）
『なぜ弁護士は訴えられるのか』（民事法研究会、平成28年）
『民法改正と請負契約』（大成出版社、平成29年）
『民法改正と賃貸借契約』（大成出版社、平成30年）　　　　　　　　　　　　　など

判例にみる慰謝料算定の実務

平成30年5月28日　第1刷発行

定価　本体5,000円＋税

編　　者	升田　純
発　　行	株式会社　民事法研究会
印　　刷	株式会社　太平印刷社

発 行 所　株式会社　民事法研究会
〒150-0013　東京都渋谷区恵比寿3-7-16
〔営業〕　TEL 03(5798)7257　FAX 03(5798)7258
〔編集〕　TEL 03(5798)7277　FAX 03(5798)7278
http://www.minjiho.com/　　info@minjiho.com

落丁・乱丁はおとりかえします。　ISBN978-4-86556-228-6　C2032　￥5000E
カバーデザイン：袴田峯男

▶合理的・説得的な賠償額の算定の仕方、あり方、判断基準を探究する好評書の第2版！

判例にみる 損害賠償額算定の実務 〔第2版〕

升田 純著

A5判・491頁・定価 本体4,000円＋税

本書の特色と狙い

▶近時話題の士業等の専門家責任をめぐる裁判例など14例の判例を追加するとともに、損害賠償責任が問われた事業者の類型を追録し大幅改訂増補！

▶100件超の損害賠償請求事件の裁判例を取り上げ、事業者の事業の種類、加害行為の種類、損害の種類によって類型化して精緻に分析・検証し、損害賠償額の認定・算定が困難な事例における賠償額の立証や認定・算定の実務のあり方を示す好個の書！

▶著者の好評書『風評損害・経済的損害の法理と実務』の姉妹編として位置づけ、損害賠償責任が問われた者の加害行為と、損害賠償責任を追及する者の受けた損害との間の因果関係の有無、損害賠償額の立証、算定、過失相殺等の法理を探究！

▶判例索引・損害類型別索引を収録しており、裁判官・弁護士などの法律実務家や研究者、企業の法務担当者の訴訟実務にとっては至便な手引書！

本書の主要内容

序章 概説

第1章 事業活動における損害額の認定・算定
不動産・建設関係事業者の責任／金融関係業者の責任／貸金業者の責任／信販業者の責任／保険業者の責任／M＆Aの関係事業者の責任／国際取引の関係事業者の責任／食品業者の責任／フランチャイズ事業者の責任／研究開発事業者の責任／販売業者の責任／旅行業者の責任／放送事業者の責任／国・地方自治体の責任／弁護士の責任／司法書士の責任／行政書士の責任／税理士の責任／建築士の責任／不動産鑑定士の責任／医師の責任／獣医師の責任／カウンセラーの責任

第2章 加害行為に基づく損害額の認定・算定
善管注意義務・忠実義務／安全配慮義務／債務不履行責任／不法行為責任／その他の義務・責任

第3章 権利侵害に基づく損害額の認定・算定
法律行為による侵害／競争法上の侵害／生活権侵害／情報侵害／迷惑行為／その他の権利侵害

第4章 株価の下落をめぐる損害額の認定・算定
1 株価の下落と広範な影響
2 株価の下落と株主の権利・利益の侵害
3 株主の権利・利益をめぐる裁判例
4 今後の課題と展望

発行 民事法研究会

〒150-0013 東京都渋谷区恵比寿3-7-16
（営業）TEL.03-5798-7257　FAX.03-5798-7258
http://www.minjiho.com/　info@minjiho.com

▶因果関係の存否・損害額の算定が困難な紛争類型の裁判例を検証し、法理を解説する好評書の第2版！

風評損害・経済的損害の法理と実務〔第2版〕

升田 純 著

A5判・530頁・定価 本体4,500円＋税

本書の特色と狙い

▶第2版では、福島原発事故に伴う損害の立証、被害額の算定などの訴訟実務の解説、最新判例17件の解説を追録して大幅増補！

▶事業者が取引事故によって被った営業上の逸失利益、営業機会の喪失による損害、稼働妨害・営業妨害、信用毀損、経済的損害、風評損害といった困難な損害賠償額をめぐる問題を徹底検証！

▶マスコミ・インターネット等によって今後ますます紛争が増大するであろう新たな分野に対応するための弁護士、企業関係等必携の1冊！

本書の主要内容

第1部 風評損害・経済的損害の法理
- 第1章 はじめに──損害賠償額に対する関心
- 第2章 現代の損害賠償実務の風景
- 第3章 損害賠償の実務
- 第4章 風評損害の意義と認識
- 第5章 福島原発事故と風評損害・経済的損害

第2部 風評損害の類型と裁判例
- 第1章 マスメディア等のメディアによる信用毀損の裁判例
- 第2章 行政機関等による信用毀損の裁判例
- 第3章 その他の信用毀損の裁判例
- 第4章 汚染・事故等による風評損害の裁判例
- 第5章 その他の裁判例

第3部 経済的損害の類型と裁判例
- 第1章 経済的損害をめぐる議論の現状
- 第2章 経済的損害をめぐる裁判例
- ・判例索引

発行 民事法研究会

〒150-0013 東京都渋谷区恵比寿3-7-16
（営業）TEL.03-5798-7257　FAX.03-5798-7258
http://www.minjiho.com/　info@minjiho.com

■弁護士、司法書士等に向けてセルフＯＪＴの役割を担う１冊！

〈事例に学ぶシリーズ〉
事例に学ぶ 損害賠償事件入門
――事件対応の思考と実務――

損害賠償事件研究会　編

Ａ５判・394頁・定価　本体3,600円＋税

本書の特色と狙い

▶相談から裁判外交渉、訴訟での手続対応と責任論、損害論等の論点の分析を書式を織り込み解説！

▶名誉毀損、医療過誤、喧嘩闘争、ペットトラブル、介護施設事故、いじめ、漏水、スポーツ、リフォーム、著作権侵害、従業員の不正行為、弁護過誤の12事例を収録！

▶具体事例を通して事件終結に至るプロセスをたどることで、問題点把握能力や事案処理能力の向上ができる！

本書の主要内容

第１編　損害賠償請求事件のポイント
　第１章　損害賠償事件処理のプロセス
　第２章　一般不法行為（新民法709条）
　第３章　特殊不法行為
　第４章　不法行為の一般的抗弁事由
　第５章　債務不履行

第２編　損害賠償請求事件の現場
　　　　――モデルケースを素材として
　第１章　医療過誤――接骨院の施術による受傷の有無、医学的因果関係
　第２章　インターネット上の名誉毀損
　第３章　喧嘩闘争
　第４章　ペットに伴うトラブル――動物の占有者・管理者の責任
　第５章　施設内転倒事故

第６章　いじめ事件
第７章　漏水事故
第８章　スポーツ中の事故
第９章　リフォーム工事の請負契約に基づく損害賠償請求
第10章　知的財産権（著作権）侵害
第11章　従業員の不正行為
第12章　弁護過誤

発行　民事法研究会

〒150-0013　東京都渋谷区恵比寿3-7-16
(営業) TEL. 03-5798-7257　FAX. 03-5798-7258
http://www.minjiho.com/　info@minjiho.com

実践　訴訟戦術シリーズ（全3巻）

2014年2月刊　勝つためのノウハウ・負けないための留意点・和解のための段取り等を詳解！

実践　訴訟戦術
─弁護士はみんな悩んでいる─

法廷マナー、訴状・答弁書の書き方、尋問の手法、控訴の留意点、依頼者との関係のあり方など、訴訟戦術の視点から若手・中堅・ベテランが新人弁護士の質問に答える貴重な研究会の内容を開示！

東京弁護士会春秋会　編　　　　　　　（Ａ5判・275頁・定価　本体2300円＋税）

2016年2月刊　示談・接見・尋問・文書作成の手法から公判・上訴・裁判員裁判に取り組む戦術的視点を詳解！

実践　訴訟戦術［刑事弁護編］
─弁護士はみんな悩んでいる─

示談、交渉、刑事文書作成、尋問、上訴から裁判員裁判まで効果的な弁護活動のあり方を検証し、弁護人が刑事事件にどのように取り組むべきかを解説した手引書！

東京弁護士会春秋会　編　　　　　　　（Ａ5判・391頁・定価　本体3200円＋税）

2018年3月刊　ＤＶ事案や渉外離婚といった個々の類型における留意点にも言及し、実務全般をカバー！

実践　訴訟戦術［離婚事件編］
─弁護士はここで悩んでいる─

交渉から裁判手続、執行までの手続上の留意点から子ども、離婚給付等の争点、最近のトピックの渉外離婚まで経験豊富な弁護士が新人弁護士の質問に答える貴重な研究会の内容を開示！

東京弁護士会春秋会　編　　　　　　　（Ａ5判・603頁・定価　本体5400円＋税）

発行　民事法研究会

〒150-0013　東京都渋谷区恵比寿3-7-16
（営業）TEL 03-5798-7257　FAX 03-5798-7258
http://www.minjiho.com/　　info@minjiho.com

最新実務に役立つ実践的手引書

2014年2月刊 近年増加傾向にある弁護士と顧客をめぐる紛争と裁判例を検討・分析！

なぜ弁護士は訴えられるのか
―判例からみた現代社会と弁護士の法的責任―

現代社会において、相当なリスクにさらされている弁護士がおかれている状況と、多様な事件処理に際して依頼者との対応で留意すべき事項や諸問題について詳しく解説！

升田　純　著　　　　　　　　　　　（Ａ５判・734頁・定価 本体6900円＋税）

2016年2月刊 現場での的確なクレーム対応の実現、迅速な解決を図るため、業態ごとの事例をほぼ倍増！

モンスタークレーマー対策の実務と法〔第2版〕
【法律と接客のプロによる徹底対談】

法律実務の専門家とクレーム対応の専門家が、クレームの本質から実情、対策、解決の方向性まで具体的に明示！　学校や病院のみならず金融業界、建築業界でのクレーム対応まで収録！

升田　純・関根眞一　著　　　　　　（Ａ５判・349頁・定価 本体2900円＋税）

2013年6月刊 インターネットの利用に伴う弊害・被害をめぐる問題を法的な観点から検討し、分析！

インターネット・クレーマー対策の法理と実務
―判断分析を踏まえて―

「ネットリンチ」、「ＳＮＳ炎上」、「電凸」、「本人特定」など変化の激しいインターネット・クレーマー被害の根底を究明するとともに、法的救済を理論・実務の視点から分析・解説！

升田　純　著　　　　　　　　　　　（Ａ５判・349頁・定価 本体2900円＋税）

発行　**民事法研究会**　〒150-0013　東京都渋谷区恵比寿3-7-16
（営業）TEL 03-5798-7257　FAX 03-5798-7258
http://www.minjiho.com/　　info@minjiho.com